U0511528

中国资源型城市转型指数：各地级市转型评价 2016

李虹　等著

商务印书馆
The Commercial Press

2016 年・北京

图书在版编目(CIP)数据

中国资源型城市转型指数：各地级市转型评价2016 /
李虹等著. — 北京：商务印书馆，2016
ISBN 978 - 7 - 100 - 12391 - 4

Ⅰ.①中… Ⅱ.①李… Ⅲ.①城市经济－转型经济－
评价－研究－中国－2016 Ⅳ.①F299.2

中国版本图书馆CIP数据核字(2016)第157420号

所有权利保留。

未经许可，不得以任何方式使用。

中国资源型城市转型指数：

各地级市转型评价2016

李虹　等著

商　务　印　书　馆　出　版
(北京王府井大街36号　邮政编码 100710)
商　务　印　书　馆　发　行
三 河 市 尚 艺 印 装 有 限 公 司 印 刷
ISBN 978 - 7 - 100 - 12391 - 4

2016年5月第1版　　　开本 787×1092　1/16
2016年5月北京第1次印刷　印张 29 1/4

定价：86.00元

丛书顾问委员会

（按姓氏音序排列）

陈大卫　原住建部副部长

杜祥琬　中国工程院院士、国家能源咨询专家委员会副主任、原中国工程院副院长

方　宁　国务院参事室副主任

胡存智　原国土资源部副部长

胡文瑞　中国工程院院士、原中国石油天然气股份有限公司副总裁

季晓南　国务院国有重点大型企业监事会主席

蒋省三　中国再生资源回收利用协会会长、原中华全国供销合作总社监事会主任

李玉光　国务院参事、原国家知识产权局副局长

李忠杰　中央党史研究室副主任

刘东升　国家林业局副局长

刘　伟　中国人民大学校长

刘燕华　国务院参事、原科技部副部长

吕新华　南南促进会会长、原外交部副部长

倪维斗　中国工程院院士、原清华大学副校长

仇保兴　原住建部副部长

闪伟强　《紫光阁》杂志社社长

沈建国　中国民间商会副会长、原中国工商联副主席

石元春　中国工程院院士、中国科学院院士、原中国农业大学校长

王为民　国务院参事室副主任

吴晓青　环保部副部长

谢克昌　中国工程院院士、原中国工程院副院长、中国科协副主席

徐念沙　保利集团董事长

徐如人　中国科学院院士、吉林大学化学学院教授

许宪春　国家统计局副局长、北京大学兼职教授

张大卫　中国国际经济交流中心副理事长、河南省人大常委会副主任

张国宝　外交部外交政策顾问委员会委员、中国产业海外发展协会会长、原国家
　　　　发改委副主任、能源局局长

张军扩　国务院发展研究中心副主任

赵文智　中国工程院院士、中国石油勘探开发研究院院长

序　一

　　资源型城市因"资源而兴"，但如今却面临着"因资源而废"的发展困境。随着资源的不断开采利用，加之近年来国际资源价格的波动，资源型城市发展中存在的产业结构单一、环境污染加剧等矛盾日益凸显，经济衰退、失业扩大等潜在风险不断累积，城市的可持续发展难以维系，转型势在必行。从本质来看，资源型城市转型的内涵在于如何正确处理资源环境和经济社会发展的关系，因此转型的压力不仅来自资源型城市的自身发展需要，同时也是贯彻国家生态文明战略部署，构建和谐社会的内在要求。无论是对于资源型城市而言，还是对于我国重大战略发展部署而言都具有重要的意义。

　　早在 20 世纪 90 年代初，我国便划定了第一批资源枯竭城市，开始转型的探索。此后陆续出台了一系列政策措施，制定了资源型城市发展的目标、原则和任务，形成了具有中国特色的、以政府为主导的资源型城市转型发展之路。在 2013 年，我国公布了《全国资源型城市可持续发展规划（2013—2020 年）》，从全国范围统一部署了资源型城市转型，实现可持续发展的任务安排，并将 2020 年全面建成小康社会之年作为资源型城市转型任务圆满完成的节点。

　　在此背景下，北京大学国家资源经济研究中心出版了此书，在资源型城市转型内涵、评价内涵、评价方法、指标体系等多方面进行了开创性探索，首次对全国 115 个资源型地级城市的转型效果进行逐一评价，客观还原、呈现了当前时间节点上我国地级资源型城市在探索转型中所面临的共性、特性、内外部问题，可以成为下一步转型的突破口或发力点。此书的出版对促进中国资源型城市的转型无疑是大有裨益的。

　　此书是北京大学国家资源经济研究中心"资源城市研究系列"的开篇之作，非常期待中心后面陆续推出的有关资源型城市转型压力、转型能力、转型路径等系列研究成果，相信此套丛书一定会为中国资源型城市的转型做出巨大的贡献。

张国宝

外交部外交政策顾问委员会委员、中国产业海外发展协会会长

2016 年 5 月

序 二

　　党的十八大以来，走中国特色、科学发展的新型城镇化道路成为重要共识，而资源型城市转型和棚户区改造是推进新型城镇化的重要任务。受资源分布及历史因素的影响，我国多数资源型城市沿着"依矿建厂，以厂建镇，连镇城市"的发展轨迹而逐步建设，城市布局缺乏系统规划，市政基础设施建设相对较为落后。在后续的发展中，以棚户区为代表的社会问题先于经济问题最早凸显，成为我国资源型城市的一大特点，也是转型中面临的突出问题。因此，如何以新型城市化建设为契机，以社会转型与经济转型并重，共同推动资源型城市可持续发展，对于多数城市而言，既是机遇，也是挑战。

　　作为一个世界性的问题，资源型城市转型问题引发了国内外学者的持续关注。从已有研究来看，国外学者更注重资源型城市的社会经济学探讨，总结归纳资源型城市转型的产业转变、社会重构等经验，并从单个城市的关注转向在区域或全球范围内的多个资源型城市的探讨。国内学者也对中国资源型城市转型经验进行总结，研究尚多集中在个案研究分析。如何立足中国国情和资源型城市发展模式和发展特点，同时吸取国外资源型城市转型发展的成功经验，对中国当前资源型城市转型的现状和未来发展模式进行研究，通过体制机制再造来全方位提升可持续发展后劲，是一个重要的研究课题。

　　这本著作充分考虑了资源型城市转型的复杂性，就转型所涉及的经济、产业、社会等多方面进行分析和考量，全面探讨了影响资源型城市可持续发展的分项、分类因素，相比之下在理论基础、实践应用和政策分析等方面的时效性更强，将在理论和实际层面有效推进对资源型城市的转型研究。

刘燕华

国务院参事、原科技部副部长

2016 年 5 月

序 三

从起点来看，我国资源型城市的转型意识和实践探索并不晚。早在改革开放之初，一些资源型城市就通过改造传统产业、培育新兴产业等方式推动产业结构转型升级，以经济转型为先导，推动经济、社会、生态的协调发展，部分城市甩掉了"煤都"、"油城"的帽子，获得了可持续发展的新动力。但全国来看，仍有大多数城市尚未摆脱资源依赖的发展路径，经济结构失衡、社会不稳定因素增加、环境污染加剧等问题依然未得到根本性扭转，因此转型任务依然艰巨。

需要注意的是，我国资源型城市许多成长于计划经济时期，在早期的发展中，在"先生产后生活"指导思想下，未建立起可持续发展的长远发展观，遗留了大量历史问题。因此，当前资源型城市的转型，除了要破除资源依赖的问题，更要注重体制机制的优化，必须采取特殊的符合国情的方法来解决我国资源型城市转型的问题。

北京大学国家资源经济研究中心建立的这套具有全面性、针对性和适用性的资源型城市转型评价体系，从转型效果、转型能力、转型路径等多维度建立起综合化、立体化的资源型城市转型指数体系，作为判断资源型城市转型的评价标准，其评价结果既服务于现有政府管理需要和城市转型需求，同时为未来转型的方向、重点进行预测，提出具有先见性的预防性政策建议、产业发展建议，促进产学研的深入结合。

资源型城市的转型是我长期高度关注的问题，我本人也对此进行了许多思考，阅读了此书的初稿后，许多观点和结论使我深受启发。我相信，此书的出版必会对我国资源型城市的转型起到很大的促进作用，我也希望北京大学国家资源经济研究中心以此书的出版为基础，深入研究资源型城市可持续发展的其他相关问题，再接再厉，做出更好更多的成果。

刘伟

中国人民大学校长

2016 年 4 月

内容提要

推动资源型城市转型、实现持续发展是我国发展中的重大战略问题。李克强总理在 2015 年全国人大所做的《政府工作报告》中指出："我国经济发展进入新常态，正处在爬坡过坎的关口。"资源型的城市的发展特征也与此相同。根据《全国资源型城市可持续发展规划（2013—2020 年）》的要求，至 2020 年，资源枯竭型城市的历史遗留问题得到解决，可持续发展的能力需显著增强，从而完成转型任务；基本达成资源富集地区的经济社会发展、资源开发与生态环境保护相协调的格局；资源型城市的可持续发展长效机制得到健全和增进。对照这份"任务清单"，资源型城市转型还有不少坡和坎要爬、要过，迫切需要依靠科学理论的引导和支撑。[①]

为更好地服务于资源型城市转型的政府决策和产业的需求，北京大学国家资源经济研究中心拟建立"中国资源型城市的转型指数"，借助于一套具有全面性、针对性和适用性的综合指标体系，利用该指数评估资源型城市转型效果、能力等内容，并在此基础上进一步探索资源型城市在转型中"拐点"、"阈值"等问题，为未来资源型城市转型指明重点、方向，提出科学、可操作的政策和产业发展建议。

《中国资源型城市转型指数：各地级市转型评价 2016》作为系列研究的开篇，不仅形成了中国首个"资源型城市转型效果指数"，并且对资源型城市转型内涵、评价内涵、评价方法、指标体系等多方面进行了开创性探索，更为重要的是开创性地对全国 115 个资源型地级城市的转型效果进行逐一评价，客观还原、呈现当前时间节点上我国地级资源型城市在探索转型中所面临的共性、特性问题，成为推动各资源型城市下一步转型的突破口或发力点。

在本书中，资源型城市转型效果指数是由一套相互关联、层次分明的指标经过标准化处理及科学计算所得出的复合体，其构建过程是理论与实践相结合的过程，更贴近资源型的城市发展实践。与既有的指标不同的是，资源型城市的转型效果指数的主要特点是：第一，为准确反映资源型城市转型中的核心问题，即经济发展对资源的依赖程度，本书将资源型产业界定为"采掘业"（对资源的直接开采），比例越大说明经济发展对资源依赖程度越高；第二，借鉴国内外评估城市转型的主流方法，加入对

---

① 中华人民共和国中央人民政府网，http:// www.gov.cn/zwgk/2013-12/03/content-2540070.htm。

"劳动力结构"子指标来分别评估劳动力的产业分布和年龄分布，反映了城市经济的活力；第三，与西方国家市场主导的城市转型不一样，政府在我国城市转型中承担着不可替代的功能，为此本书注重考量中国资源型城市转型的制度支撑，从政府效率、市场效率两方面评估制度转型效果。

为进一步体现"资源型城市转型效果指数"的实践指导价值，本书选取了《全国资源型城市可持续发展规划（2013—2020 年）》定义中的我国资源型城市中的 115 个地级市 [①]，对其 2014 年的转型效果进行综合评价，覆盖河北、山西、内蒙古、辽宁、山东、新疆、广东等 24 个省（自治区），占全国地级城市（293 个）的 39.25%，包含成长型、成熟型、衰退型、再生型资源型城市，体现了东中西部、南北方的差异，同时也涵盖了享受区域性政策（京津冀一体化）、民族性政策（新疆克拉玛依）等的地区。从评价结果来看，2014 年资源型地级城市的全国转型指数为 0.537，其中经济转型指数为 0.561，社会转型指数为 0.371，环境转型指数为 0.729，制度转型指数为 0.304，其中：

综合转型指数位列前十位的分别是：包头（0.773）、三明（0.696）、铜陵（0.694）、湖州（0.675）、池州（0.667）、乌海（0.667）、龙岩（0.666）、南平（0.648）、韶关（0.642）、广元（0.639）；

经济转型指数位列前十位的分别是：云浮（0.859）、包头（0.759）、韶关（0.749）、三明（0.749）、龙岩（0.737）、贺州（0.732）、赣州（0.723）、湖州（0.714）、铜陵（0.709）、南平（0.698）；

社会转型指数位列前十位的分别是：铜陵（0.722）、东营（0.676）、攀枝花（0.648）、榆林（0.638）、大庆（0.636）、延安（0.631）、包头（0.621）、克拉玛依（0.608）、乌海（0.579）、鄂尔多斯（0.572）；

环境转型指数位列前十位的分别是：克拉玛依（0.884）、龙岩（0.868）、新余（0.858）、池州（0.846）、三明（0.844）、景德镇（0.837）、韶关（0.837）、朔州（0.834）、宜春（0.824）、大庆（0.822）；

制度转型指数位列前十位的分别是：伊春（0.707）、广安（0.706）、牡丹江（0.705）、池州（0.682）、滁州（0.666）、宣城（0.625）、邵阳（0.584）、亳州（0.581）、三明（0.566）、南平（0.563）。

未来本中心将持续关注资源型城市转型及评价，并陆续推出有关资源型城市转型压力、转型能力、转型路径等系列研究成果，在基础研究相对成熟后还将把评价对象扩展至所有城市，形成有关城市可持续发展的系列成果。敬请关注！

---

① 根据《全国资源型城市可持续发展规划（2013—2020 年）》，资源型城市中地级市总数为 126 个。由于部分城市数据缺失较多，因此未纳入评价。

目 录

1 前言

1.1 研究背景

"因资源而兴，因资源而衰"是资源型城市发展的真实写照。面对有限的资源，在不断地开采利用下，经济社会发展与资源环境约束之间的矛盾日益突出，各类经济问题、环境问题、社会问题不断涌现，如何更好地使资源型城市保持可持续发展的同时实现转型，使其不再过度依赖于不可再生的耗竭性资源，摆脱单一型资源依赖型产业体系，发展适宜的主导产业，进而推动城市经济持续、稳定发展，成为各国经济和社会领域相当迫切的重大问题。

就中国而言，1949 年以来为了加快工业化进程、完善工业产业体系，各地纷纷围绕钢铁、煤炭等资源丰富地区设立工厂，逐渐形成了一批资源型城市，如著名的"铁人"王进喜所在的大庆市。这些城市在工业化进程中，发挥了重要的作用。但是，这些资源型城市普遍存在以初级产品为主且产业结构单一的特点，随着资源的逐渐消耗，逐渐出现经济增长乏力、居民收入水平下降、城市失业率上升、生态环境恶化等一系列问题，并引发"荷兰病"和"资源诅咒"，使资源型城市难以实现经济社会连续、稳定和高速的发展。自 20 世纪 80 年代以来，随着不断开采利用，资源衰竭问题日益突出，我国资源型城市开始陆续出现资源型产业发展停滞现象，并由此产生了一系列经济、社会甚至于生态环境问题，制约了资源型城市的发展，一场由资源型产业转型为先导的资源型城市转型之路在我国拉开序幕。所谓资源型城市产业转型，是使资源型城市不再以资源为唯一主导产业，而是根据区域的资源禀赋和产业特点对城市产业的长期发展进行新的规划和布局，实现城市的综合可持续发展。

中国政府对资源型城市转型问题高度重视。国家发改委同国土资源部、财政部等多个部门自 1991 年起对以阜新市为代表的东北老工业基地开展了一系列转型专项试点，出台了一系列相关扶持政策，并划拨专项财政补贴经费，以帮助城市完成转型工作。2007 年，《促进全国资源型城市可持续发展的若干意见》（以下简称《意见》）经由国务院首次发布。《意见》提出了促进产业转型、扶持就业、改造棚户区等一系列政策。2008 年，国家发改委、国土资源部、财政部联合行动，分三批在全国筛选了69 个资源枯竭型城市作为转型试点。国务院在 2013 年 12 月发布了《全国资源型城市可持续发展规划》，在全国首次确定 262 个资源型城市，指导并促进其可持续发展。2015 年 12 月 20 日，中央城市工作会议时隔 37 年后再度召开。整个会议立足于我国城镇化步伐不断加快的新现状，着眼于未来城镇化发展的大布局，全面统筹部署了未来我国人口城镇化的战略方针。会议既对传统新兴城市布局做出了高屋建瓴的规划，也为资源型城市转型升级提供了方向，是资源型城市转型升级探索的一个千载难逢的机遇。

在此背景之下，展开资源型城市转型的研究不仅十分必要，而且任务也异常艰巨。研究资源型城市的转型，除了要在可持续发展和循环经济等理论的基础之上进行新的探索外，更为重要的是形成对当前资源型城市转型效果的客观评价，发现问题、总结经验，并进一步研究转型的"拐点"、"路径"等问题，对未来转型的方向、重点进行预测，并提出具有先见性的政策建议，更好地服务于当前资源型城市的政府管理和城市转型发展的实际需要。

1.2 现实意义

在中国，资源型城市的数量和人口占有相当高的比重，随着我国经济进入新常态，大多数资源型城市面临着资源枯竭、产能过剩等生产问题；而随着"供给侧"改革的不断推进，"去产能"步伐不断加快，资源型城市面临着经济增速下降、劳动力再就业压力增大等一系列经济社会问题。能否顺利实现转型对整个国家经济发展和社会稳定的影响较大，因此现阶段开展资源型城市转型研究具有较强的现实意义。当前我国正处于经济发展新常态和经济结构调整的叠加期，经济社会发展任务艰巨。推进资源型城市转型，就是要依靠科技创新提高资源产业附加值，利用绿色技术促进环境治理与生态恢复；同时要加快促进接续产业发展，鼓励"全民创新"、"大众创业"、"万众创新"，为资源城市的可持续发展提供原动力。这既是实现资源型城市的成功转型的需要，也是实现整个社会可持续发展的需要。与此同时，还将创造新的经济增长点。同时，促进经济、社会、环境等协调发展，还能有效地推动全面建设小康社会、建设生态文明等发展战略目标的实现。

1.3 研究创新

有关资源型城市转型评价的研究，当前政府管理部门和学术界都进行了有益的探索。从官方层面来看，国家发改委建立了资源枯竭城市转型年度绩效考核评估办法，分别从定量评价（指标体系）、定性评价、社会评价三个层面对资源枯竭城市的转型绩效进行判定。其中在定量评价时，分别选取了经济发展指标、民生改善指标、环境治理指标作为共同指标，而把反映城市资源特点的要素，如煤炭、金属、油气等，作为特殊指标进行评价。在学术层面，往往从经济、社会、环境、资源四个层面构建分级指标进行评价，每种方法都带有作者的主观认识和特殊的知识结构，并且大多数是对某一地区转型情况进行初步评价，未形成体系。

鉴于此，本书在吸收和借鉴前人经验的基础上，探索建立一套可以充分体现我国当前资源型城市转型需求、特点、目标的立体化、多维化的评价体系，并在此基础上形成对资源型城市转型内涵、路径、阶段等系统研究，服务于政府管理需要，服务于资源型城市转型需要，同时也供研究同行探讨。

本研究的特色和创新点主要体现在：

一是评价指标的选取更具针对性、全面性。首先，为了准确反映资源型城市转型中的核心问题，即经济发展对资源的依赖程度，本书将资源型产业界定为"采掘业"（对资源的直接开采）。"采掘业"比重大，说明城市经济发展对资源依赖程度高。其次，借鉴国内外评估城市转型的主流方法，综合考虑转型效果和转型能力，本书重视"劳动力结构"，考虑劳动力的产业分布和年龄分布。尤其是年龄分布，反映了城市经济的活力。第三，与西方国家市场主导的城市转型不一样，在我国城市转型中政府承担了不可替代的功能，本书重视资源型城市在我国转型的制度支撑。从政府效率、市场效率两方面评估制度转型效果。

二是对全国115个资源型城市进行转型效果评价并给出建议。本书对国务院国发〔2013〕45号文件中界定的我国资源型城市中115个地级市2014年的转型情况进行综合评价，覆盖河北、山西、内蒙古、辽宁、山东、新疆、广东等24个省（自治区），占全国地级城市（293个）的39.25%。指标涵盖了成长型、成熟型、衰退型、再生型资源型城市，涵盖了东、中、西部地区和南方、北方地区的差异性，涵盖了享受区域性政策（京津冀一体化）、民族性政策（新疆克拉玛依）等多个层面。通过评价，客观还原115个地级资源型城市的转型进程、特点和问题。

2 相关概念界定

2.1 资源型城市

资源型城市是指以该城市区域内的自然资源（例如矿产、森林等）的开采和相应资源产品的加工为主导产业的城市类型（在中国包括地级市、地区等地级行政区和县级市、县等县级行政区）。该类城市的发展和延续与资源开发存在密切的联系，承担了为我国经济社会运行提供资源保障的功能。

2.2 资源型产业

资源型城市的典型特征和根本问题是经济社会发展依赖于自然资源，在产业发展层面，表现为经济社会发展对资源型产业的依赖。

由于各城市之间禀赋结构和产业结构不同，城市经济转型的目标也不同，因而产业转型的横向比较和指标化是很困难的。2013年，《国务院关于印发全国资源型城市可持续发展规划（2013—2020年）的通知》中提出了"采矿业增加值占该地区生产总值比重"、"服务业增加值占该地区生产总值比重"两个具体指标。但在学术研究中还没有获得广泛认同的指标或指标体系，目前文献中比较常见的指标主要是全要素生产率（白雪洁、汪海凤、闰文凯，2014；董锋、龙如银、李晓晖等，2012），用全要素生产率来测度资源型城市转型，能比较全面地反映城市经济的综合效率，但不能具体反映东北三省资源型城市的特征。由于这些城市普遍存在的产业结构单一、能源效率低、环境污染压力大的特征，在政府政策目标中，这些城市的经济转型的含义主要体现在产业结构升级、能耗下降两方面。其中产业结构升级是最重要的政策目标，最能综合性地反映经济转型。因此，对资源型城市经济转型的评价，必须首先严格界定资源型产业的范畴。

界定资源型产业的范畴，在准确反映经济对资源的依赖的同时，还要考虑到资源型城市经济转型的目标和路径是要建立在原有产业链的基础上，是对原有产业的改造升级以及产业链的延伸。故本书对资源型产业的界定为"采掘业"。

2.3 资源型城市界定

国家发改委宏观经济研究院在 2002 年完成《我国资源型城市经济结构转型研究》课题时，提出了资源型城市的界定原则[①]，即城市发展与资源开采之间的先后发生关系原则，如"先矿后城"或"先城后矿"；动态原则，沿着动态的眼光，从过去、现在、未来的角度来判断是否为资源型，因为一些城市曾经是资源型城市，但通过产业结构调整和升级，成功实现了发展的转型，摆脱资源依赖路径；以及定性与定量相结合的原则，并以定量为主，定性为辅。这三大原则得到研究界的普遍认可，此后诸多学者分别结合自身研究领域，提出了界定资源型城市的界定指标，通常来说主要从资源型产业、资源型产业的就业人员数量的绝对规模和相对比重层面进行衡量：

一是以资源型产业产值占工业总产值的比重来确定。后来一些学者进一步提出了以采掘业来代表资源型产业，并把临界值定在10%。之所以选择10%是考虑到从全国来看采掘业产值占工业总产值的平均比重一般为6%—7%，略高出平均值的部分则表现出较为明显的资源发展路径依赖的问题；

二是以资源型产业的产值规模来确定。对于县级市而言，其资源型产业产值应高于1亿元，而对地级市而言，相应产值应超过2亿元；

三是以资源型产业从业人员占全社会就业人口的比重来确定。一般临界值选定为5%，主要是考虑到当前中国城市中资源型产业从业人员占全部从业人员的比重平均为2%—3%，若大于5%则说明该产业对城市的就业稳定将产生较为重要的影响；

四是以资源型产业从业人员规模来确定。其中县级市资源型产业从业人口应超过1万人，而地级市资源型产业从业人数应超过2万。

在研究中，我们将同时满足上述四项指标的县级市与地级市定义为资源型城市。

本书中进行转型评价的资源型城市来源于 2013 年发布的《全国资源型城市可持续发展规划（2013—2020 年）》所划定的城市清单。

2.4 资源型城市转型

资源型城市转型是指转变资源型城市经济、社会发展模式。由于资源型城市社会

[①] 国家计委宏观经济研究院课题组：《我国资源型城市的界定与分类》，《宏观经济研究》2002 年第 11 期。

发展进程中，不可再生资源日趋衰竭，为逐渐摆脱对不可再生资源的依赖，产业发展逐渐向资源深加工或其他产业转变，实现社会经济的可持续发展。可以说，资源型城市的发展主要依托于矿产资源的可开采量，在这类城市中，城市经济的繁荣和生活水平绝大程度上取决于资源采掘数量的高低，如果资源产出衰竭，社会不可再生资源的开采出现问题，将直接导致企业亏损甚至破产，该产业就业人员的工资和社会保障将下降，甚至大量失业，那么城市经济必然面临垮台或崩溃的风险。

较多的观点认为资源型城市转型在经济方面主要包括产业结构和机制体制两个方面的转型。产业结构转型指由于资源配置的不合理，当外部环境发生较大变化（如资源价格的波动），导致资源型产业的发展受阻，因此必须通过产业结构的调整、替代产业的培育等多种手段，形成新的、具有高附加值的产业链，从而实现资源型产业和资源型城市经济的可持续发展。

产业结构的优化升级是经济转型的关键，必须根据城市自身的优势，以主导产业为基点，培育接续产业，使得经济结构逐渐发展成为多种产业共同发展的多元化产业结构，实现产业结构的优化升级。机制体制转型是指为了改善资源衰竭的困境，完善机制体制，从资源的计划经济体制逐渐向市场经济体制过渡的过程。机制体制转型主要包括社会福利制度、财税制度、金融制度等机制体制的战略升级，促进生产力的提高。资源型城市转型还需要重点完成的任务有环境治理与恢复、棚户区改造、公共服务与保障水平提高等。

3 中国资源型城市的发展困境和转型目标

3.1 发展困境

3.1.1 经济增长方式的"资源诅咒"困境

依托丰富的自有资源优势，资源型城市普遍形成了以矿产开采和初加工为主的产业结构。2014 年的全国统计数据显示，在大多数资源型城市的产业结构中，采掘业占第二产业的比重超过五分之一，而附加值较高的加工制造、自主创新等产业发展迟缓。在这种经济结构下，资源型城市的经济发展往往陷入"资源诅咒"的困境，主要表现在：一是资源型城市的产业结构普遍具有相对单一、产业链过短、附加值偏低且易受资源价格波动影响、抵御风险的能力较弱等问题，经济发展存在后劲不足的问题；二是由于资源型产业的发展多处于初级阶段，高耗能、高污染、高排放项目多，具有相似资源的地区存在着较为突出的重复建设问题，由此导致经济积累能力弱，配套条件差，造成新兴产业发育缺陷；三是我国资源型城市主要分布在自然资源禀赋较高的内陆地区，这些地区交通区位优势较差，气候环境恶劣，不利长期发展。我国绝大部分矿业城市都存在不同程度的资源耗竭问题，逐步出现工业增长不景气。如大庆也出现主力油田油气产量衰减问题。

3.1.2 大宗商品市场低迷加剧经济走低

近年以来，国际大宗商品价格持续下跌。由于一些资源型城市产业结构单一、层级较低，城市经济发展对资源的开采和低端加工依赖严重，资源价格下跌导致经济走低，相关产业受到牵连。例如，中国市场的煤炭价格，连续下跌两年后，在 2015 年仍然保持走低态势。2013 年动力煤价格区间为 515—620 元 / 吨；2014 年的价格区间为 471—622 元 / 吨。2013 年煤价走低，使得山西省全省的财政收入减少了 1000 亿元。2004 年以来鄂尔多斯政府斥巨资兴建的康巴什新城，当地房价一度超过 1 万元每平方米，但随着近几年煤炭价格过山车式的走势，房地产的繁荣转瞬即逝，康巴什新城成为一座"空城"。

3.1.3 人力资本积累不足导致内生动力缺乏

在采掘业等资源初级加工产业占据主导地位的单一产业结构之下，资源型城市人力资源多样性不足，高端人才储备欠缺，导致城市内生能力不足，阻碍了城市产业升级与经济的可持续增长。

多数资源型城市的劳动力主要集中在采掘、加工、维修等工作岗位，高端人才相对短缺，特别是具有较强经营管理能力的高端人才。大部分工人知识水平较低，劳动技能单一拉低了整个资源型产业的职工技术水平和工资水平。由于历史原因，我国高等教育资源集中在省会城市，而受限于自身的生活水平、交通条件、社会福利等因素，资源型城市对高端人才吸引不足，导致其转型升级所需的高层次人才匮乏。

从资本积累来看，对于需要资金发展的新建城市和处于亏损状态的衰退型城市，资源型产业难以抽出资金发展其他产业。对于投入产出比增加的成长型城市和稳定的成熟型城市，资金不愿意转向其他行业。

3.1.4 制度不健全导致发展长期背离市场规律

受到产权制度不清晰、市场规则不健全等因素影响，在资源型城市的发展中，往往存在大量"资源错配"以及"寻租"行为，从而导致市场扭曲，甚至出现"僵尸"企业。无论在计划经济时代，还是在市场经济时代，这种问题都曾出现。

在计划经济体制下，通常国家会根据既有计划以较低的价格向资源型城市购买资源产品，而又通过高价返销轻工产品，僵硬的体制不仅制约了转型的内在动力，并且存在明显剥夺特点的宏观经济政策，导致了利益的双重流失。

市场经济体制改革以来，我国在资源价格机制方面进行了大量的尝试，初步形成了以市场定价为主体的资源交易机制。但仍然存在大量资源价格扭曲现象，导致资源产业结构难以根据产品价格的变化形成相应的动态调整。同时，多数资源型企业，尤其是产值规模较大的企业往往是资源型城市的经济主体，多受垂直管理体系的制约，导致资源型城市的城市体系与矿业经济长期游离于国家工业化体系之外。

3.1.5 可持续发展的综合规范严重欠缺

资源型城市"因矿而生"、"因矿而建"，城市功能区划分不清，导致城市面貌不佳。旧城沿矿而建，城市环境较差，基础设施普遍落后；而新城建设受到矿区分布的制约，地质条件复杂，甚至出现采空塌陷等危险。因此资源型城市的转型升级往往受到城市建设规划的制约，削弱了城市可持续发展能力。

3.2　转型目标

资源型城市的重要特征之一就是主要依托资源的开采利用。随着不可再生资源的不断减少，可能导致产业链的断裂，对城市经济的发展进步造成阻碍。积极发展接续替代产业，依靠技术进步开展经济转型的战略，很大程度上可以提高资源的利用效率，延长资源的使用寿命和对城市的服务年限。中国产业布局不平衡、地区发展参差不齐、区域差距较大，各地区必须立足于区域现状，充分发挥自身优势，引导本区域的资源型城市发挥"增长极"作用，提供资金、人才、科技、物资等重要物质基础，积极实行经济转型策略，摆脱资源衰竭抑制经济的局面，促进中国多元化产业集群的快速发展，争取早日实现全面建设小康社会的战略目标。

资源型城市的转型关键是以经济转型为中心，实现资源型城市的经济、社会、环境的可持续发展。以此角度分析发现，资源型转型的目标可以概括为以下四点：

一是经济发展活力增强。接续替代产业逐渐发展壮大，逐渐形成低能耗、低污染的多元化产业集群，有效支撑经济发展；形成具有创新性、融合性、可持续性的新型产业体系，优化产业结构；使产业自主创新能力普遍增强，技术、人才、资本、信息、管理成为产业支撑，以科技进步促进产业链延伸。

二是完善公共服务水平，改善居民生活。

三是修复治理、优化生态环境，形成健康、友好的人居环境。

四是转变政府职能，完善市场机制、激发市场活力，提高政府效率和市场效率，提供促进增长方式转型的制度保障。

3.3　转型内容

在对我国资源型城市现状的深入研究的基础上，《全国资源型城市可持续发展规划（2013—2020年）》对资源型城市转型的规划目标进行了首次提出和定义：至2020年，资源枯竭型城市历史遗留问题基本解决，可持续发展的能力显著增强，转型任务基本完成；资源富集地区资源开发与经济发展、生态环境保护相协调的格局基本形成。转变经济发展方式取得实质性进展，建立健全促进资源型城市可持续发展的长效机制。

第一，经济转型方面。资源型城市转型的首要政策目标为实现以产业转型为核心的经济转型。通过培育多元化产业体系，发展现代服务业、高技术产业，培育新的接续产业；在原有产业结构基础上，通过技术改造和提升、延伸产业链等多种方式，提升经济发展的技术水平和价值链；通过优惠政策和经济转型发展来吸引人才，保障经济发展的人才供给。降低经济发展、财税收入对资源直接使用的依赖性，形成新的经济增长活力。

第二，社会转型方面。以经济转型发展为基础，促进就业、提升居民收入和生活水平，完善社会保障体系、提升社会保障水平，改善居民住房条件，通过提升公共服务和居民生活水平，促进社会转型；推动再就业，推动劳动力结构化调整，加大对"大众创业"、"万众创新"支持力度，同时完善基本社会保障体系，充分利用社保"兜底能力"。

第三，环境转型方面。在经济、社会转型发展的同时，对采空区、沉陷区、土壤污染、水污染等历史遗留的生态环境问题进行修复治理，改善、提高环境质量，实现环境友好的目标。

第四，制度转型方面。优化经济机制体制，建立和完善资源使用制度。如果想要使经济社会的发展突破自然资源产出的限制，则一元化的主导产业必须逐渐转型过渡至支柱产业多元化或去自然资源化发展，即实施经济转型的策略。不管是优化产业结构还是产业链延伸，抑或是经济机制体制的创新，均是为了改善因资源的枯竭所造成的社会经济问题，切实实现资源型城市的经济社会可持续发展。

4 中国资源型城市转型评价指数

4.1 研究综述

20世纪50年代以来，一些发达国家的资源型城市开始出现经济衰退、环境污染、产业结构失衡等问题，开始陆续探索转型发展，并取得不同的进展。资源型城市的兴起与衰落、资源与经济增长的关系、资源型城市的发展方向等问题，引发了各方学者的广泛关注。资源型城市发展在国内外相关理论研究和案例探索的持续进展，使得资源型城市的转型与发展研究具备了完善的理论依据。

4.1.1 国外资源型城市发展与转型研究综述

关于资源型城市的研究在欧美国家起源和发展，伴随着欧美国家资源型城市兴起与演变的周期，国外相关研究具有比较明显的阶段性[①]：

第一阶段，问题起源与特点分析阶段（20世纪20年代—20世纪70年代中期）。在工业发展带动采矿业高速发展、资源型城市大量兴起的背景下，一些学者关注到矿业城市问题。现有文献中，较早关注到矿业城市问题的是肖克尔（B. H. Schockel，1917）关于乔戴维斯（伊利诺伊州）的铅、锌矿城镇兴起与发展的研究。而19世纪英国煤矿城镇大量涌现，英国学者奥隆索（Auronsseau，1921）提出矿业镇（Mining Town）的概念，则成为资源型城市的最初概念。从地域分布上来讲，主要集中在对加拿大、英国、美国等发达国家矿产城市的研究。加拿大政治经济学家英尼斯（Innis），最早系统性地研究资源型城市发展周期和兴起理论问题，被认为是对资源型城市进行研究的开拓者。一些学者根据资源型城市的发展历程，提出了资源型城市生命周期理论，如卢卡斯（R. A. Lucas，1971）提出了单产业城镇或地区的建设、雇佣、过渡和成熟四阶段理论。但此阶段的研究过于乐观，只是对资源型城市发展过程中出现的个别社会问题进行了研究，基本没有意识到资源型城市会有下滑、衰退的可能性，研究对象也局限在单个城镇或区域。[②]

[①] 柳泽、周文生、姚涵（2011），曾万平（2013）对国外资源型城市研究文献进行了梳理和阶段划分。

[②] R. A. Lucas:*Mine Town Mill Town Rail Town:Life in Canadian Communities of Single Industry*, Toronto:University of Toronto Press, 1971, pp.31-39.

第二阶段，理论建立与系统性实证研究（20 世纪 70 年代初期—20 世纪 80 年代中期）。爱德温（Edwin S. Mills 1964，1967）开拓性地建立了一个单中心城市数理模型。菲利普和约翰（Philip G. Hartwick and John M. Hartwick，1974）再将其拓展为多中心城市模型，城市经济领域的研究进入了实证与规范研究相结合的阶段。这一时期的代表人物还有布莱德伯里（Bradbury）、马什（Marsh）等。在此期间，研究者们见证了资源型城市的衰落，补充、完善了卢卡斯的生命周期理论。研究视角也从单个城镇扩展到了群体，对资源型城市发展过程中资源型城镇、跨国大企业、政府等主体之间的关系进行了较为深入的研究。布莱德伯里等学者运用依附理论、国际化理论，通过分析，指出资源型城镇的发展过程中，由于其对资源及输入地的依赖，使其经济发展具有明显的脆弱性，而跨国公司和资源输入地区处于相对优势的地位，甚至在跨国公司的作用下，形成了一种资源产地和大都市区的"中心—外围"关系。马什等学者对资源型社区居民归属感和社区互动等进行了研究。

第三阶段，资源型城市转型与可持续发展研究（20 世纪 80 年代末至今），该阶段的研究重点主要有资源型城市产业结构、劳动力结构、综合承载力、转型战略与产业政策等。由于受到经济发展方式转型的影响，资源型城市在此阶段面临各种危机与挑战，有学者提出资源型城市和社区应做出相应的调整，以求达到新的平衡。也有学者开始关注资源过度开发和耗尽的问题，并对此背景下资源型城市转型问题进行了分析，寻找资源型城市发展的新路径。

21 世纪初期，可持续发展理念成为共识，学者们将视角拓展到资源、环境、能源等多个方面，除传统的经济发展理论、国际贸易理论外，还综合发展、运用了环境经济学、社会学。可持续发展理论主要的理论依据包括环境经济学、制度经济学、发展社会学、可持续发展理论等。研究资源型城市的转型与可持续发展问题，提出具体的转型策略，强调资源型城市经济、社会、文化和环境的协调发展，对资源型城市发展新阶段中的居民福利、女性权利、工作条件、劳动力市场动态变化、工作通勤、身心健康等民生问题较为关注。

4.1.2　国内资源型城市发展与转型评价研究综述

关于如何更好地实现资源型城市的转型和可持续发展，已成为近年我国社会科学界研究的热点问题。为了对资源型城市的问题进行更全面、准确的分析，学者们还建立了一系列的数理模型和计量模型，构建量化指标体系来对资源型城市的可持续发展能力和状态进行测度和评价。

（一）资源型城市的可持续发展评价

国内学者对资源型城市的可持续发展评价进行了大量研究，运用综合评价原理和工具，综合考虑社会、经济、生态等方面的均衡发展，为资源型城市的可持续发展水平建立和完善了各种评价指标体系，采用因子分析、层次分析、灰色管理分析、模糊评价或者 DEA 等研究方法，对资源型城市可持续发展水平进行横向或者纵向比较，寻找影响其水平提高的因素，并提出相应的对策建议。

　　资源型城市实现可持续发展的一个重要条件是科学地测度其发展带来的生态负荷和所具有的生态承载力，对该城市可持续发展的程度进行定量评估，确定区域可持续发展的主要矛盾，为资源型城市可持续发展的战略制定提供依据。顾晓薇等[1]（2005）、臧淑英等[2]（2006）、陈烈等[3]（2005）运用生态足迹模型，研究资源型城市发展与资源、生态平衡问题，以评价资源型城市可持续发展状况。金丹、卞正富[4]（2010）则结合能值理论和方法，运用能值转换率和能值密度，对生态足迹模型进行改进，采用区域能值的密度，对资源型城市的可持续发展状态和能力进行评价。

　　由于资源型城市的产业结构是基于资源优势形成，所以结构往往较为单一，资源依赖程度高，因此资源供应能力的变化对其经济可持续发展的扰动较为突出。苏飞（2008）、李鹤（2008）、张平宇（2008）、孙平军（2011）等学者依据区域经济系统脆弱性的理念，从资源型城市经济系统面对资源储量变化的敏感程度和对资源逐渐枯竭的应对能力两方面，构建脆弱性评估模型，识别其经济系统的敏感状态，提出相应对策措施予以干预，以期实现其稳定、可持续发展。

　　苏飞等[5]（2008）对煤矿城市经济系统的脆弱性评价从可采煤炭资源的逐渐枯竭的应对能力，及其对经济系统面对可采煤炭资源储量变化的暴露—敏感性两个方面进行，根据产业结构、就业结构及当地煤炭资源的可采储量，构建了暴露—敏感性指数 ES，从城市的经济实力、区位条件、产业结构综合发展水平、基础设施状况、城市经济集约发展水平、经济外向型、城乡居民的经济应对能力等方面选取了 18 个指标构建煤矿城市经济系统应对能力的指标体系，形成了脆弱性的评估模型，采用主成分的分析法，对 25 个煤矿城市的经济系统的脆弱性进行了评价。李鹤、张平宇[6]（2008），孙平军、修春亮[7]（2011）在应对能力的评价指标中，考虑了反映经济发展推动力、科教投

[1]　顾晓薇等：《辽宁省自然资源可持续利用的生态足迹分析》，《资源科学》2005 年第 4 期。

[2]　臧淑英、智瑞芝、孙学孟：《基于生态足迹模型的资源型城市可持续发展定量评估——以黑龙江省石油城市大庆市为例》，《地理科学》2006 年第 4 期。

[3]　陈烈、李瑞霞、王峰玉：《资源型城市生态足迹分析》，《生态环境》2005 年第 14 期。

[4]　金丹、卞正富：《基于能值的生态足迹模型及其在资源型城市的应用》，《生态学报》2010 年第 7 期。

[5]　苏飞、张平宇、李鹤：《中国煤矿城市经济系统脆弱性评价》，《地理研究》2008 年第 4 期。

[6]　李鹤、张平宇：《东北地区矿业城市经济系统脆弱性分析》，《煤炭学报》2008 年第 1 期。

[7]　孙平军、修春亮：《基于 PSE 模型的矿业城市经济发展脆弱性研究》，《地理研究》2011 年第 2 期。

入和环境改善能力的指标。孙平军、修春亮[1]（2011）基于 PSE 模型，将资源型城市经济脆弱性分解成压力、敏感和弹性三方面，并从人口压力和资源压力两方面衡量压力，敏感度指标则从产业结构、所有制结构、就业结构、技术结构、投资结构和组织结构 6 个方面展开，弹性度评价指标包括人才、资金及区位优势三个方面。

余敬、姚书振[2]（2001）以我国矿业城市为研究对象，构建出以"发展力"和"协调力"为两大支撑功能的资源型城市可持续发展的评价指标体系，以及模糊综合评价模型。穆东、杜志平[3]（2005）对 DEA 方法进行展开的基础之上，建立和完善了区域系统之间以及其内部的协同发展状况评价模型，在资源型区域的内部系统和其子系统之间，提供"协同"和"发展"的有效程度的评价方法，从而进一步建立了区域协同发展的综合评价指标体系。

赵丹丹、高世葵[4]（2015）从 3 个方面（经济、社会、资源环境）为资源型城市可持续发展的水平和能力评估建立了评价体系，同时采用了层次分析法评价 2013 年山西省 11 个资源型城市的可持续发展水平。

在方法运用方面，除常用的层次分析法、模糊综合评价法外，李春民等[5]（2006）运用 BP 神经网络方法，张永凯[6]（2006）、郝传波等[7]（2008）用熵值法评价了若干资源型城市的可持续发展水平。其中，基于熵值法确定指标权重，在一定程度上避免了人为因素的影响，具有较好的客观性。

（二）资源型城市效率与转型效率评价

一些资源型城市面对严重的资源、生态、社会问题压力，开始寻找新的发展路径，希望能成功实现发展转型。一些研究人员从生产技术效率的角度，开展了对资源型城市发展与转型效率的研究，所采用的研究方法有 DEA 分析、层次分析法、因子分析法、系统动力学分析等。

资源型城市经济发展效率是指在一定的生产技术水平，城市所有要素资源的总产出与总投入的比例，能够综合反映资源型城市资源的配置和利用效率、经营管理水平和产业转型效果对于资源型城市发展效率的评价，国内外许多学者采用了数据包络分析（DEA）方法。

① 孙平军、修春亮：《基于 PSE 模型的矿业城市经济发展脆弱性研究》，《地理研究》2011 年第 2 期。
② 余敬、姚书振：《资源型城市可持续发展模糊综合评价模型》，《科技进步与对策》2001 年第 12 期。
③ 穆东、杜志平：《资源型区域协同发展评价研究》，《中国软科学》2005 年第 5 期。
④ 赵丹丹、高世葵：《基于 AHP 的资源型城市可持续发展水平评价研究——以山西省为例》，《资源与产业》2015 年第 5 期。
⑤ 李春民等：《基于 BP 神经网络方法的矿业城市可持续发展综合评价模型》，《中国矿业》2006 年第 9 期。
⑥ 张永凯：《熵值法在干旱区资源型城市可持续发展评价中的应用》，《资源与产业》2006 年第 5 期。
⑦ 郝传波、代少军：《基于熵的煤炭资源型城市可持续发展评价》，《资源与产业》2008 年第 3 期。

汤建影等[①]（2003）、刘祥[②]（2004）、龙如银等[③]（2006）、郭海涛等[④]（2007）、孙威、董冠鹏[⑤]（2010）、董锋等[⑥]（2012）、张丽华、赵利广[⑦]（2014）、白雪洁等[⑧]（2014）均选择了 DEA 方法计算资源型城市发展或转型效率，这些研究的区别主要在于研究的视角和指标选择方面。

资源型城市的转型重点为经济发展方式和产业结构的升级，由原来高度依赖资源、结构单一的经济结构，转变为多种产业健康发展，人民生活水平得到提高，环境和生态得到恢复，城市综合竞争力得到显著和长远的提升。资源枯竭城市转型主要涉及经济、社会、环境等方面，部分学者致力于从这些方面出发，构建转型效率综合评价指标体系。余建辉、张文忠等[⑨]（2011）建立了一个具有一定影响力的资源枯竭型城市发展类型转型的指标体系，从而进一步测量各个资源枯竭城市在自身的转型和区域发展地位提升两方面的发展状态。车晓翠、张平宇[⑩][⑪]（2011）综合考虑资源型城市经济发展的质量和规模，反映出社会系统的运行状况，主要资源的保护、培育、恢复和开发利用程度以及生态环境容量等重要因素，构建并完善资源型城市经济发展转型的绩效评价指标体系方法，运用变异系数法、熵值法及层次分析法对大庆市的经济转型绩效进行了测度分析。王艳秋等[⑫]（2012）建立了一个包含经济、社会、资源、环境、科技 5 个子系统的指标体系，运用熵理论评价资源型城市绿色转型能力。马丽等[⑬]（2014）从经济、社会、生态三方面建立了林业资源型城市转型的评价指标体系，对2006—2012 年伊春市的城市转型进行了实证评价。

宋冬林、汤吉军（2004）则应用投资模型，从经济性和社会性的沉淀成本角度分

---

① 汤建影、周德群：《基于 DEA 模型的矿业城市经济发展效率评价》，《煤炭学报》2003 年第 4 期。
② 刘祥：《矿业城市经济发展规模效率浅析》，《中国矿业》2004 年第 9 期。
③ 龙如银、汪鸥：《矿业城市经济发展规模效率评价与分析》，《数学的实践与认识》2006 年第 6 期。
④ 郭海涛、于琳琳、李经涛：《我国资源型城市效率的 DEA 方法评价》，《中国矿业》2007 年第 6 期。
⑤ 孙威、董冠鹏：《基于 DEA 模型的中国资源型城市效率及其变化》，《地理研究》2010 年第 12 期。
⑥ 董锋、龙如银、晓晖：《考虑环境因素的资源型城市转型效率分析——基于 DEA 方法和面板数据》，《长江流域资源与环境》2012 年第 5 期。
⑦ 张丽华、赵利广：《资源型经济转型效率测度与比较分析——基于 DEA 交叉效率模型》，《经济问题》2014 年第 11 期。
⑧ 白雪洁、汪海凤、闫文凯：《资源衰退、科教支持与城市转型——基于坏产出动态模型的资源型城市转型效率研究》，《中国工业经济》2014 年第 11 期。
⑨ 余建辉、张文忠、王岱：《中国资源枯竭城市的转型效果评价》，《自然资源学报》2011 年第 1 期。
⑩ 车晓翠、张平宇：《基于 AHP 的资源型城市经济转型绩效的测度与评价》，《安徽农业科学》2011 年第 1 期。
⑪ 车晓翠、张平宇：《基于多种量化方法的资源型城市经济转型绩效评价——以大庆市为例》，《工业技术经济》2011 年第 2 期。
⑫ 王艳秋、胡乃联、苏以权：《我国资源型城市绿色转型能力评价》，《技术经济》2012 年第 5 期。
⑬ 马丽、黄凤、贾利：《我国林业资源型城市转型评价标准与实证研究——以伊春市为例》，《林业经济》2014 年第 6 期。

析了资源型城市的转型阻力。

景普秋、张复明[1]（2005）对资源型地区发展进程中工业化与城市化的偏差现象进行了分析，重点研究工业化与城市化关系演进中的动力与传导机制。

郑伟[2]（2013）采用偏离—份额分析法（SSM），研究了 9 个首批资源枯竭型城市的偏离增长情况，认为这 9 个城市虽然整体转型效果较好，但分化明显。这些城市产业结构优势消失，竞争优势明显。第一产业劣势仍普遍持续，第二产业发生明显分化，第三产业转型显著并成为优势产业。

很多文献在评价城市转型的指标选择方面达成了共识，即经济、社会、环境和资源 4 个基本方面。其中：

以赵海云[3]（2004）等构建的指标体系为例，该指标体系包含了经济、社会、资源、环境四个维度，用人均财政收支、人均 GDP、人均工业产值和第一、第二、第三产业增加值来评价经济指标，用城市年末总人口、城市就业人口、城市下岗人口、城市人均收入、矿业从业人口来评价社会指标，用资源保有储量、开采规模、资源利用水平、资源本地生产和外购、资源从业人员素质、资源产业产值来衡量资源指标，用废水排放量、废气排放量、固体废物生产量、土地复原及处理、地面塌陷面积来评价环境指标。文中对 52 个矿业城市进行了可持续评估，根据评估结果把这些城市主要分为 2 类，一类是处于基本可持续发展水平的矿业城市，这样的城市最好的道路是进一步优化资源配置，通过产业上下游合作提高资源型产业附加值，通过鼓励创新，扶持新兴产业发展，促进产业多元、协调、可持续发展。而对于不可持续发展的城市，需要未雨绸缪，提早规划城市未来产业发展方向，利用接续产业推动转型升级。就像我们看到的阜新成功转型。吴冠岑等[4]（2007）更是专门研究了融入可持续发展理念来构筑新的资源转型城市评价体系。

商允忠等（2012）[5]则提出"转型效率"的概念，构建了资源型城市转型效率评价指标体系，其中将成本型指标视为投入指标体系，具体包括工业用电量和社会固定资产投资；将经济、环境、产业结构、就业等方面指标作为产出指标，具体包括地区生产总值、新增绿地面积、第三产业产值和社会就业人口。他在文中通过对山西几个城

---

① 景普秋、张复明：《资源型地区工业化与城市化的偏差与整合——以山西省为例》，《人文地理》2005 年第 6 期。

② 郑伟：《资源枯竭型城市经济转型效果评价》，《统计与决策》2013 年第 24 期。

③ 赵海云、李仲学、张以诚：《矿业城市的可持续发展指标体系研究和可持续发展水平评价》，《中国矿业》2004 年第 12 期。

④ 吴冠岑、刘友兆、付光辉：《可持续发展理念下的资源型城市转型评价体系》，《资源开发与市场》2007 年第 1 期。

⑤ 商允忠、王华清：《资源型城市转型效率评价研究——以山西省为例》，《资源与产业》2012 年第 1 期。

市的对比，得出许多城市在个别转型年度会存在显著的跳动性，各城市即使资源结构极为相似，转型道路也只可借鉴，不可照搬。转型与自身的发展阶段、自然条件等各方面的因素密切相关，一定要找出自身特点，设计具有针对性的转型道路。

另外，庞智强等[①]（2012）构建了一套以反映发展目标、模式、资源、资本、技术、制度以及市场机制创新为核心内容的资源枯竭地区经济转型评价指标体系，得出实现资源枯竭地区经济转型的根本路径在于促进其经济发展方式从资源依赖型向创新驱动型转变的结论。他的评价体系分为目标模式、生产要素、体制机制和市场需求4个方面，目标模式又分为发展目标和发展模式，生产要素包含资源利用、技术进步和资本投入，体制机制包括制度变迁和机制创新，市场需求含有需求规模和市场流转。详细指标体系如下图：

表4.1.1 资源枯竭地区经济转型评价指标体系

一级指标	二级指标	三级指标	指标属性	权重
目标模式 （30.69）	发展目标 （39.40）	经济增长率	正向	57.65
		空气质量优良率	正向	15.32
		最低生活保障人数比率	逆向	27.03
	发展模式 （60.60）	资源主导型产业所占比重	逆向	47.49
		第三产业所占比重	正向	35.00
		高技术产业所占比重	正向	17.51
生产要素 （24.30）	资源利用 （25.84）	万元产值能耗	逆向	51.63
		能源消耗弹性系数	逆向	48.37
	技术进步 （37.50）	研发投入强度	正向	28.88
		万人拥有专利数	正向	17.79
		技术市场活跃度	正向	53.33
	资本投入 （36.66）	外资依存度	正向	22.72
		增量资本产出率	逆向	36.36
		人力资本投入强度	正向	40.92
体制机制 （24.10）	制度变迁 （35.56）	非公经济比重	正向	81.24
		外贸依存度	正向	18.76
	机制创新 （64.44）	资源开发补偿机制	定性	13.80
		衰退产业企业退出援助机制	定性	34.48
		替代产业扶持机制	定性	51.72

---

① 庞智强、王必达：《资源枯竭地区经济转型评价体系研究》，《统计研究》2012年第2期。

续表

一级指标	二级指标	三级指标	指标属性	权重
市场需求 （20.82）	市场流转 （58.34）	货运密度	正向	38.09
		商品市场活跃度	正向	61.91
	需求规模 （41.66）	人均消费水平	正向	80.00
		人均储蓄水平	正向	20.00

　　杜栋等[①]在 2014 年对转型城市评价体系又提出新的见解，从系统学的视角并基于过程论，构架时间维度的转型升级测度框架。他将资源型城市转型划分为转型绩效与转型能力两大部分，把转型城市过程分为三个阶段，即为事前、事中和事后。事前主要评估城市的具体条件进而提出适合的转型战略；事中通过评估对转型进行监控，让转型不偏离轨迹；事后基于绩效再作进一步改善。转型能力评价包括转型基础条件、转型能力，转型能力又分为科技创新能力和经济国际化发展能力。具体如下：

表4.1.2　城市经济转型评价体系

产业转型能力	产业结构比例	第二产业比重
		第三产业比重
	产业结构技术水平	高技术产业占第二产业比重
科技创新能力	科技创新投入能力	R&D经费*投入强度
		百名从业人员科技人员
	科技创新产出能力	新产业销售收入占规模以上工业企业销售收入比重
经济国际化发展能力	内向经济国际化	进口依存度
		外商直接投资（FDI）占新增固定资产投资比重
	外向经济国际化	出口依存度
		海外投资占新增固定资产投资比重
转型绩效水平	经济发展水平	人均GDP
		规模以上工业企业主营业务收入利润率
		人均全社会固定资产投资总额
	民生改善水平	恩格尔系数
		城乡居民人均可支配收入
	生态环境水平	单位产出能耗
		单位产出"三废"排放
		污染治理投入（工业污染投资完成额占全社会固定投资比重）

＊R&D 经费指全社会研究与试验发展经费。

---

① 杜栋、顾继光：《城市经济转型测度框架和评价体系研究》，《发展研究》2014 年第 1 期。

4.2 指标选择原则

在构建综合评价指标体系时，通常来说，指标的选取应遵循以下的原则：

一是完整性。即指标的选取应该涵盖被评价对象的内容和特点。就本评价指标而言，由于评估的对象主要是资源型城市转型的能力水平和结果，根据《全国资源型城市可持续发展规划（2013—2020 年）》中所提到的资源型城市转型的目标规划，应当分别从社会、经济、环境等方面建立对资源型城市转型的总体评价。同时也考虑到中国资源型城市的转型中，政府为主导的特殊国情，因此还应当加入对制度层面因素的考量。

二是精简性。即指标选择尽可能精炼，并非越多越好，这就要求在能充分涵盖被评价对象内容和特点的前提下，尽可能提炼出最优的指标。

三是可获取性。即使再有价值的指标一旦数据不可获取也将失去价值，因此应当注重指标数据的可获取性。

四是可比性。要充分考虑指标在不同领域的可比性，如在进行国际比较时，所选取的指标应当具备国际之间的可比性，在进行同一国家不同地区等的比较时，应当考虑地区间的差异、共性等问题。

4.3 构建综合指标体系

对资源型城市转型的效果评价是非常复杂的问题，研究其指标体系，不仅要对其可持续发展的一般诉求进行考虑，还要结合不同城市的具体特征，把主观与客观、定量与定性进行联系。同时，指标体系还应服务于我国资源型城市的转型发展，为其实现"均衡协调资源开发与社会经济发展以及生态环境保护，转变经济发展方式达到实质性进展，建立完备的促进资源型城市可持续发展的长效机制"的转型目标提供基础。

本书从经济转型、社会转型、环境转型、制度转型四个方面，建立起综合评价指标体系，如表 4.3.1 所示，来评价我国资源型城市的转型效果。指标体系共包含 4 个 1级指标，10 个 2 级指标，46 个 3 级指标。在 3 级指标中，有 5 个负向指标，即指标值越大，转型效果越差，分别为采掘业增加值 GDP 占比、传统制造业增加值 GDP 占比、棚户区居住人口比例、恩格尔系数、空气质量指数（PM2.5）。

表4.3.1 我国资源型城市转型综合评价指标体系

经济转型	产业结构	采掘业增加值GDP占比
		传统制造业增加值GDP占比
		现代服务业增加值GDP占比
		高技术产业增加值GDP占比
		非资源型产业财税收入占比
	劳动力结构	人口增长率
		劳动力年龄分布
		劳动力产业分布
		户籍人口城镇化率
	技术进步	R&D经费投入
		专利授权数
		互联网普及率
		单位工业增加值能耗
		资源产出率
		技术创新贡献率
	经济增长	GDP增长率
		人均GDP
		人均可支配收入
		文化、娱乐消费占比
		医疗保健产业消费占比
社会转型	公共服务	社保支出GDP占比
		教育经费GDP占比
		每万人教师数
		每千人病床数
		每千人执业医师数
	居民生活	棚户区居住人口比例
		人均住房面积
		恩格尔系数
		预期寿命

		环境治理经费投入
		地质环境治理
	环境治理	绿色矿山比例
		工业污染物排放治理
环境转型		工业固体废物综合利用率
		空气质量指数
		森林覆盖率
	环境友好	地表水质
		地下水质
		人均公共绿地
		行政审批事项
	政府效率	社会安全指数
		生产安全事故死亡率
制度转型		社会投资规模比例
		产权保护强度
	市场效率	市场竞争程度
		金融支持力度

4.3.1　经济转型

经济转型是资源型城市转型的首要目标。经济转型的本质是指经济发展方式的转变，我国宏观经济和城市经济发展所处背景的主要特征是经济发展方式的转型升级。从城市经济的层面看，本报告主要考察资源型城市产业结构、劳动力结构、技术进步、经济增长四方面的因素。

（1）**产业结构转型**。这是经济转型的核心问题。资源型城市产业结构方面存在的主要问题在于经济发展严重依赖于资源开采和使用。而资源型城市经济转型在产业结构方面的导向即为降低资源依赖程度。但是，资源型城市经济转型不能人为地偏离比较优势，即可以是发展接续产业和新兴产业，也可以是原有产业链的延伸。因此，本报告用采掘业增加值 GDP 占比、传统制造业增加值 GDP 占比（逆指标）、现代服务业增加值 GDP 占比、高技术产业增加值 GDP 占比、非资源型产业财税收入占比 5 个指标衡量资源型城市产业结构转型。

（2）**劳动力结构**。其转型主要体现资源型城市经济活力。一方面，经济发展依赖于人的劳动，劳动力数量和结构直接影响劳动供给和消费潜力；同时，经济转型和发展有利于吸引人口，尤其是年轻劳动力流入。本报告采用人口增长率、劳动力年龄分布、劳动力产业分布、户籍人口城镇化率 4 个指标衡量资源型城市劳动力结构转型。

（3）**科技进步**。"科学技术是第一生产力"，技术进步是资源型城市经济转型，尤其是接续产业发展和产业链延伸的根本驱动力。本报告采用 R&D 经费投入、专利授权数、互联网普及率、单位工业增加值能耗、资源产出率、技术创新贡献率 6 个指标衡量资源型城市技术进步。

（4）**经济增长**。经济转型应能促进经济增长，并且，经济增长是转型的主要目的。本报告采用 GDP 增长率、人均 GDP 衡量资源型城市经济增长水平的同时，还采用人均可支配收入、文化娱乐消费占比、医疗保健产业消费占比，从居民福利的角度衡量经济增长。

4.3.2　社会转型

社会转型是资源型城市转型最为迫切的任务。由于特殊的发展历史，资源型城市与非资源型城市相比，在公共服务、居民生活等社会领域的问题更为紧迫，尤其是职工医疗、教育、棚户区改造、社会稳定等问题亟待解决。因此，资源型城市的转型不仅包含经济转型，还应包含社会转型。从资源型城市存在的突出社会问题出发，本报告主要考虑公共服务、居民生活两方面的因素。

（1）**公共服务**。与非资源型城市相比，资源型城市的压力尤为明显。公共服务的范畴非常广泛，但与非资源型城市相比，资源型城市公共服务水平最迫切、最亟待改善的问题主要在社会保障、教育、医疗方面。本报告采用社保支出 GDP 占比、教育经费 GDP 占比、每万人教师数、每千人病床数、每千人执业医师数 5 个指标衡量资源型城市公共服务水平。

（2）**居民生活方面**。由于资源型产业式微或转型，居民生活受到直接影响。尤其是低收入人均生活水平亟待改善，甚至有的城市大量职工失业，基本生活水平失去保障，成为我国全面建成小康社会必须重点关注的问题。为了突出资源型城市居民生活的主要问题，本报告采用棚户区居住人口比例作为特征指标，同时，采用人均住房面积、恩格尔系数、预期寿命衡量资源型城市居民生活水平。

4.3.3　环境转型

在技术条件的约束下，资源型产业尤其是采矿业往往难以避免地造成严重的环境污染和破坏，如空气污染、土壤与水污染、地表塌陷与沉降等。资源型城市的转型与发展，必须重视生态地质环境治理。本报告主要考虑环境治理、环境友好两方面的因素。

（1）**环境治理**。主要是资源型城市针对突出的生态环境和地质灾害问题所做的投入和改善。本报告采用环境治理经费投入、地质环境治理、绿色矿山比例、工业污染物排放治理、工业固体废物综合利用率5个指标衡量资源型城市环境治理状况。

（2）**环境友好**。建设资源节约型、环境友好型社会是我国重大战略选择，同样是资源型城市转型的重要目标之一。环境友好指资源型城市提高环境质量，使环境宜人宜居，主要体现在空气质量、水质、绿地等方面。本报告采用空气质量指数（污染指数）、森林覆盖率、地表水质、地下水质和人均公共绿地率5个指标衡量资源型城市环境状况。

4.3.4 制度转型

在转型背景下，政府与市场的功能同样重要。对资源型城市而言，由于计划经济体制色彩较强，政府就市场效率较低，政企关系和政府服务经济发展的职能有待提高。本报告主要考虑以下政府效率、市场效率两方面的因素。

（1）**政府效率**。政府在我国资源型城市转型与发展中承担着极其重要的角色。尤其在社会、环境等领域，政府是当前我国资源型城市公共服务、居民基本保障、环境治理、环境优化的主要提供者；在经济转型与发展中，也与市场各自发挥职能，起着弥补市场不足、保障发展公平与效率等作用。但是，政府效率的量化评价相当，可供选择的指标非常少。为此，本报告选取行政审批事项指标，并针对我国资源型城市社会安全、生产安全问题，选取社会安全指数、生产安全事故死亡率对资源型城市政府效率进行评价。

（2）**市场转型**。在我国资源型城市转型中，市场能否发挥决定、主导作用，尚不可知。但激发微观主体活力，让市场发挥资源配置的功能，无疑是当前我国资源型城市面临的重大任务。考虑到数据的可取性，本报告选取社会投资规模比例、产权保护强度、市场竞争程度、金融支持力度4个指标衡量资源型城市市场效率。

4.4 数据来源及处理

4.4.1 负影响指标处理

资源型城市效率评价指标体系中对评价结果有负影响的指标进行正向化处理，即取负值。例如本文中空气质量指数（PM2.5）对于环境转型效果具有负影响，因此通过（1－标准化数值）的方式，将其影响正向化。这样处理的好处是使所有指标影响方向一致，便于后期数据处理。

4.4.2 数据标准化处理

在进行计算前，首先对指标进行了标准化处理。标准化处理增强了不同指标的可比性，方便对不同指标的相对权重进行赋值。同时一定程度上消除了异常值的影响。具体计算公式如下：

正向标准化公式：

$$Xs=(X-V_{min})/(V_{max}-V_{min})$$

负向标准化公式：

$$Xs=(V_{max}-X)/(V_{max}-V_{min})$$

Xs 表示标准化值，X 表示指标值，V_{min} 表示最小值，V_{max} 表示最大值。

4.4.3 指标权重处理

以往研究通过主观测算或客观测算对各个指标的权重进行测算，然后通过加权平均法得出最后的评价数，以体现不同指标对评价对象的重要程度的不同。由于本次对资源型城市转型的指标设定是初次尝试，在未明确掌握不同指标可能产生的影响大小的前提下，本报告采用算数平均方法进行处理。

4.4.4 数据来源

本书的原始数据主要来源于《中国城市建设统计年鉴 2015》、《中国统计年鉴 2015》以及其他各类统计年鉴、统计公报，财政部、发改委、国土资源部等有关部门公布的官方数据。部分数据由原始数据计算得来。对于无法从官方直接获取的数据，将采取相关指标替代或估算。

5 中国资源型城市转型指数及分析

按照前述资源型城市转型评价指标体系，本报告对国务院国发〔2013〕45 号文件中界定的我国资源型城市中 126 个地级市 2014 年的转型情况进行综合评价①，覆盖河北、山西、内蒙古、辽宁、山东、新疆、广东等 24 个省（自治区），占全国地级城市（293 个）的 39.25%。评价对象包括了成长型、成熟型、衰退型、再生型资源型城市，涵盖了东、中、西部地区和南方、北方地区的差异性，涵盖了享受区域性政策（京津冀一体化）、民族性政策（新疆克拉玛依）等多个角度。

图 5.1　本报告评价的 115 个资源型城市的区域分布情况（阴影部分表示被评价的城市）

---

① 文件中给出的资源型地级城市有 126 个，考虑到数据的可获取性，本书剔除了部分存在数据缺失的城市，实际评价城市总数为 115 个。

5.1   全国指数

若将所有城市的某一分项转型指数进行算术平均后的结果作为全国指数，那么 2014 年资源型地级城市的全国转型指数为 0.537，其中经济转型指数为 0.561，社会转型指数为 0.371，环境转型指数为 0.729，制度转型指数为 0.304。

从理论上来说，所有评价指标经过标准化处理后的值应在 [0，1] 之间，越接近于 1 说明转型的效果越好或越突出。按照这一思路来对照全国总的转型指数和各分项转型指数，可以看出 2014 年全国转型指数不突出，一定程度反映出地级资源型城市的总体转型效果不够突出。从各分项指数来看，资源型城市的环境转型和经济转型效果普遍较好，相比之下社会转型和制度转型的效果欠佳。

从三级指标来看，全国市场竞争程度指数、R&D 投入强度指数普遍偏低，分别为 0.029 和 0.056，限制了市场和科技在推动资源型城市转型中的作用，也直接拉低了经济转型和制度转型两项指标的全国水平。指标得分数较高的是工业、生活污染物的处理率，如二氧化硫、工业烟尘、生活废水等，是决定全国环境转型指数偏高的主要原因，同时也间接地提高了全国总体转型指数。同时，作为已经处理过的负向指标，采掘业传统增加值比重和传统制造业增加值比重的得分数较高，实际代表的是两者产值比重低，形成了以产业结构调整带动经济转型的路径。

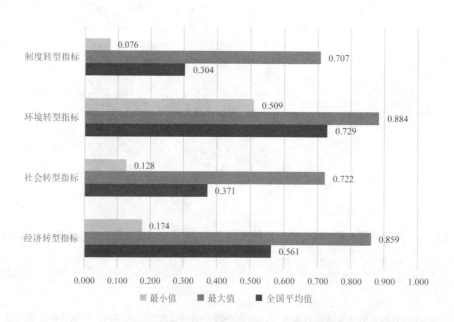

图 5.1.1   资源型城市转型评价指标的最小值、最大值和全国平均值

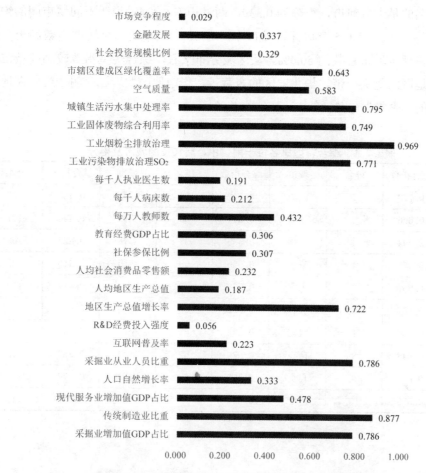

图 5.1.2　资源型城市转型三级指标的全国平均得分数

5.2　各地级市转型指数

由于不同的城市之间所依赖的资源和发展阶段不同，不具备直接比较的可比性。本部分之所以要对 115 个资源型城市的转型指标进行比较，重点是要找出资源型城市在转型中呈现出的共性问题，以及在地域上所呈现出的主要特点。

5.2.1　各地级市综合转型指数 *

2014 年，各地级市综合转型指数中，排名第一的是包头市，得分为 0.773，得分

---

* 本节各地级市综合转型指数及排名参见附表3。

排名最后一名的是七台河市，得分为 0.339，两者相差 0.434，说明不同城市间的综合转型效果差异较大。在 115 个被评价城市中，有 58 个城市的综合转型指数高于全国平均水平，占评价城市总数的 50.4%。从区域分布来看，综合转型指数较高的城市多集中在西北地区的包头一带，华北地区的东营等，华南地区龙岩、三明一带，在地域上呈现一定的"聚集"趋势。

表5.2.1　综合转型排名位于前、中、后10位的城市及得分

城市	综合指数	排名	城市	综合指数	排名	城市	综合指数	排名
包头	0.773	1	武威	0.542	55	平顶山	0.425	106
三明	0.696	2	运城	0.541	56	鸡西	0.424	107
铜陵	0.694	3	贺州	0.539	57	鄂州	0.423	108
湖州	0.675	4	亳州	0.539	58	濮阳	0.419	109
池州	0.667	5	大同	0.536	59	双鸭山	0.417	110
乌海	0.667	6	三门峡	0.535	60	陇南	0.410	111
龙岩	0.666	7	宝鸡	0.534	61	南阳	0.406	112
南平	0.648	8	南充	0.530	62	鹤岗	0.387	113
韶关	0.642	9	自贡	0.528	63	六盘水	0.374	114
广元	0.639	10	济宁	0.528	64	七台河	0.339	115

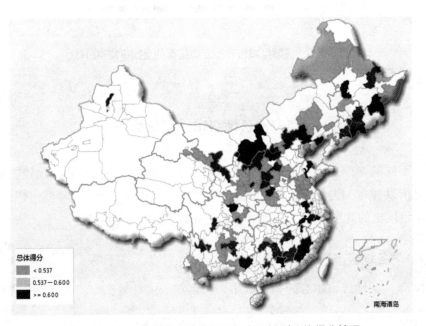

图 5.2.1　115 个资源型城市综合分布及转型总体得分情况

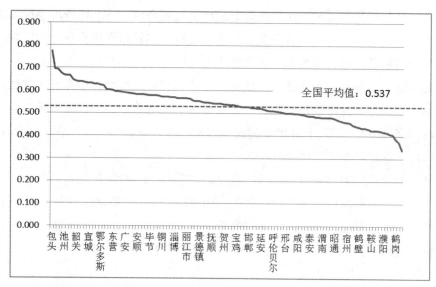

图 5.2.2　部分资源型城市的综合转型指数与全国平均值的比较

通过进一步归纳，综合转型指数及排名有以下显著特点：

第一，城市转型总体评分结果居中，总体转型效果不突出。在 115 个城市中，综合指数位于 0.400 至 0.599 间的城市数达到 91 个，占城市总数的 79.1%，表明多数城市的综合指数分布在中间位置，总体转型效果不够突出。出现这一现象的原因在于评价综合转型效果时，选取了经济、社会、环境、制度等 4 个层面的指标进行综合考量，其中社会、制度领域的分数普遍偏低，一定程度上拉低了综合指数。再进一步说，这个问题背后蕴含了如何看待资源型城市"转型"内涵的问题，因为本报告对资源型城市转型的考量是多方面的，既考虑了经济、社会、资源的协调发展的因素，也考虑到政府、市场关系和各自作用等体制机制的因素，着重突出了当前资源型城市发展所面临的"经济、社会、环境"协调发展问题，以及政府、市场层面的体制机制改革问题。

第二，排名靠前、靠后的城市在地理上具有比较明显的地区集聚现象。如在排名靠前的城市中，包头、乌海、石嘴山集中于内蒙古、宁夏一带；池州、滁州、东营、淄博等位于山东、安徽一带；评分靠后的城市中，七台河、鹤岗、鸡西、双鸭山集中在东北，六盘水、曲靖、保山、昭通等集中在云贵。

通过进一步分析，发现前述存在聚集特征的地区中，通常有几个排名相对靠前的城市，如在西北地区有包头等，华北地区有东营等，华南地区有龙岩、三明等，一定程度上说明了在资源型城市转型过程中，转型效果相对较好的城市对周边地区的转型发展具有促进作用，这种作用通过对周边地区所形成的榜样示范和转型紧迫压力等途径发挥效果。

第三，评分较高的城市往往具备较好的经济发展条件。这一定程度上反映出资源型城市的既有经济基础以及经济发展的外部环境对于其转型存在着重要的影响。这里所指的经济发展条件可以从两个层面进行考虑：

一是较好的经济发展既有基础，包括交通条件较好、所处省份经济较发达，为城市转型提供了较好的基础条件。如得分排名前 5 位的包头、三明、湖州等城市，经济总量相对偏高，2014 年的增长速度均超过本省和全国水平；而在排名后几位的城市中，多数经济总量偏低且增长速度相对较低。

二是较好的经济制度条件和环境，包括在政府行为和市场机制培育方面所进行的有效的探索。如转型总体评价得分排名第 3 位的铜陵市，在转型过程中，由政府主导，加大工业技术改革投资力度，大力推进产业循环发展，并且较早地探索 PPP 模式来引入社会资本，这些尝试为经济转型提供了较好的外部环境。

表5.2.2　综合转型指数排名靠前、靠后的城市2014年经济总量及增长情况

城市名称	综合转型指数	GDP（亿元）	增长速度
包头	1	3636.30	8.5%
三明	2	1621.21	9.6%
铜陵	3	716.30	10.0%
湖州	4	1956	8.4%
池州	5	503.70	9.2%
乌海	6	600.18	8.8%
龙岩	7	1621.21	9.7%
南平	8	1232.56	9.6%
韶关	9	1111.54	9.5%
广元	10	566.19	9.2%
吕梁	102	1101.30	-2.0%
鸡西	107	516	1.0%
双鸭山	110	450.30	-11.5%
鹤岗	113	259	-9.7%
七台河	115	214.26	2.4%

　　第四，优先获得财政资金支持（资源枯竭型城市转移支付）的城市转型效果未必优于其他城市。 自 2007 年起，中央财政设立资源枯竭型城市一般转移支付，当年的资金规模为 8.32 亿元、2008 年为 34.8 亿元，2009 年为 50 亿元，此后逐年增长，2013 年达 168 亿。但从城市转型的总体评价排名来看，这些受到更多中央财政转移支付支持的资源枯竭型资源型城市的转型成就并未显著优于其他资源型城市，如在本报告选取的评价城市中，最早享受资源型枯竭城市财政转移支付的 9 个城市中，除伊春、萍乡和石嘴山外，其他城市排名多在 40 开外。造成这种情况的原因可能是中央财政资金对资源枯竭型城市的支持主要集中在社会领域，外部支持对资源型城市转型的整体助推作用有限，或者这些城市的历史遗留问题较多，转型包袱沉重，有限的外部支持不足以促进城市转型。有关具体的作用机制有待进一步研究。

表5.2.3　享受中央财政资源枯竭型城市一般转移支付的转型总体评价得分及排名情况

省份	首批被确立为资源型枯竭型的城市	该城市转型的总体评价得分	排名
辽宁	盘锦	0.522	68
辽宁	阜新	0.524	66
吉林	辽源	0.547	51
吉林	白山	0.582	30
黑龙江	伊春	0.588	26
江西	萍乡	0.621	18
河南	焦作	0.491	84
甘肃	白银	0.546	52
宁夏	石嘴山	0.627	16

5.2.2　各地级市经济转型指数[*]

　　在评价资源型城市的经济转型方面，本报告分别从产业结构、劳动力结构、技术进步、经济增长四个角度，选取三级指标进行评价。从结果来看，经济转型指数排名第一的是云浮，其得分为 0.859，最后一位是七台河，得分为 0.174，分差相对较大。在被评价的城市中，经济转型指数在平均值 0.448 及以上的城市有 69 个，说明超过半

---

[*]　此节各地级市经济转型指数及排名参见附表4。

数的被评价城市其经济转型效果优于平均水平。从区域分布来看，东部地区的经济转型指数要普遍高于内陆地区。

表5.2.4　经济转型指数排名位于前、中、后10位的城市及得分

城市	经济转型指数	排名	城市	经济转型指数	排名	城市	经济转型指数	排名
云浮	0.859	1	济宁	0.576	55	吕梁	0.407	106
包头	0.759	2	榆林	0.574	56	淮北	0.406	107
韶关	0.749	3	郴州	0.574	57	六盘水	0.402	108
三明	0.749	4	普洱	0.570	58	淮南	0.364	109
龙岩	0.737	5	南阳	0.570	59	晋城	0.361	110
贺州	0.732	6	葫芦岛	0.569	60	阳泉	0.353	111
赣州	0.723	7	莱芜	0.569	61	双鸭山	0.343	112
湖州	0.714	8	临沧	0.567	62	鸡西	0.339	113
铜陵	0.709	9	亳州	0.567	63	鹤岗	0.287	114
南平	0.698	10	娄底	0.565	64	七台河	0.174	115

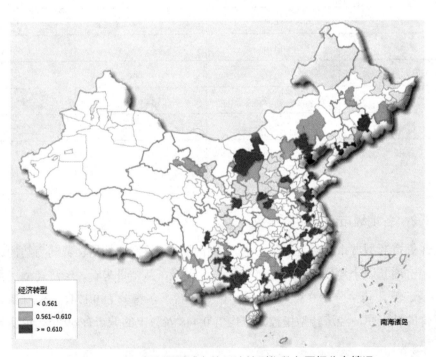

图 5.2.3　115 个资源型城市的经济转型指数各区间分布情况

图 5.2.4 经济转型得分位居前、中、后十位的城市三级指标的得分情况

（注：其中城市前面的数字为经济转型得分的排名）

各城市在经济转型中所呈现出的主要特点是：

第一，产业结构、劳动力结构转变对经济转型的贡献作用较为突出，但技术进步的作用不显著。从三级指标来看，降低采掘业、传统制造业的产值比重，降低采掘业从业人员比重，增加现代服务业产值比重是多数城市经济转型的主要动力，反映出在资源型城市转型中，以经济结构调整促进资源型城市的经济转型已成为普遍共识。由于科技研发投入强度普遍较低，导致技术进步在促进资源型城市转型中的作用并不显著，一定程度上还成为拉低经济转型总体效果的因素。此外，相对于经济转型排名靠后的城市来说，排名靠前的城市所采取的促进经济转型的各个手段均发挥了一定程度的作用，而前者则多集中于某几种手段，也是导致其转型效果欠佳的原因。如排名第1位的云浮，无论是产业结构、劳动力结构调整、技术进步还是经济增长，对其经济转型均发挥了推动作用，而最后1位七台河对经济转型的推动力量主要来源于传统制造业转型和地区经济增长。

第二，经济转型程度越低的城市往往总体评价排名也相对偏低。通过对各个城市经济转型评价排名和综合评价排名的交叉分析可以看出，当经济转型程度较高时，经济转型评价排名与总体评价排名间并不存在相关关系。如，经济转型位列第1位的云浮市，在总体评价中的排名仅为第23位，其原因在于云浮市在社会转型、环境转型和制度转型方面排名相对靠后，拉低了其总体转型的得分。存在类似情况的还有赣州、贺州、临沂、宿迁、鞍山等。而在总体评价中排名第1的包头市，其经济转型排名位列第2。其他总体评价排名相对靠前的城市，既有在经济转型中排名依然靠前的，如三明、湖州、铜陵等地，也有在经济转型中排名相对靠后的，如池州、乌海、广元、大庆等。但当经济转型效果欠佳时，往往总体转型的排名也相对靠后，如东北三省的七台河、鹤岗、鸡西、双鸭山，贵州的六盘水等城市，不仅总体排名靠后，经济转型排名同样靠后。

第三，某一省份资源型城市或资源型产业比重较小，其经济转型效果越佳。从地区分布来看经济转型评价，经济转型评价得分相对靠前的城市分别集中在广东、福建、浙江、山东等地。在这些省份中，资源型城市所占的比重相对较低，因此所面临的经济转型压力较小，通过产业结构调整、技术进步等方式来推动经济转型的效果显著，几乎所有纳入评价的城市，其经济转型得分均在平均值以上。而经济转型评价得分相对靠后的城市则集中在黑龙江、辽宁、山西、陕西等地区，资源型城市在该地区所占的比重相对较大，以资源为主的传统工业在当地经济中所占的比重相对较高，一定程度上增加了经济转型的负担和压力，导致经济转型效果欠佳，因此被评价的城市经济转型得分多在平均值以下。

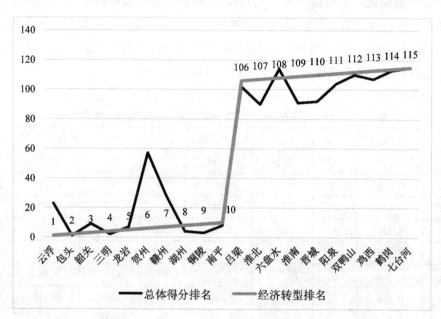

图 5.2.5　经济转型指数排名前 10 位和后 10 位的城市及其总体转型指数排名的情况

表5.2.5　山东等省份所选取的评价城市中经济转型评价在均值以上的城市数

省份	该省选取的 评价城市数	经济转型评价得分 在平均值以上的城市数	均值以上城市 的比重
广东	2个	2个	100%
福建	3个	3个	100%
江苏	2个	2个	100%
浙江	1个	1个	100%
黑龙江	8个	2个	25.00%
辽宁	6个	3个	50.00%
山西	10个	1个	10.00%
陕西	6个	2个	33.33%
内蒙古	5个	2个	40.00%

5.2.3　各地级市社会转型指数 *

资源型城市问题引起社会和国家的广泛关注，最早源于社会问题，包括棚户区居民安置问题、下岗职工及其再就业问题等多个方面。2014 年，115 个城市社会转型的

---

* 此节各地级市社会转型指数及排名参见附表5。

总体得分普遍偏低，平均得分仅为 0.371，反映出当前资源型城市的社会转型效果普遍欠佳。其中，排名第一位和最后一位的分别是铜陵、亳州，两者社会转型的得分分别为 0.722 和 0.128。另有近 44.3% 的城市社会转型得分在平均值以上。从区域分布来看，指数得分较高的城市多分布于陕甘宁以及东北一带。

表5.2.6   社会转型指数排名位于前、中、后10位的城市及得分

城市	社会转型指数	排名	城市	社会转型指数	排名	城市	社会转型指数	排名
铜陵	0.722	1	新余	0.356	55	南阳	0.222	106
东营	0.676	2	牡丹江	0.353	56	池州	0.217	107
攀枝花	0.648	3	鹤岗	0.353	57	滁州	0.209	108
榆林	0.638	4	庆阳	0.347	58	娄底	0.202	109
大庆	0.636	5	临沧	0.347	59	邵阳	0.199	110
延安	0.631	6	葫芦岛	0.346	60	达州	0.156	111
包头	0.621	7	唐山	0.341	61	自贡	0.149	112
克拉玛依	0.608	8	阜新	0.341	62	宿州	0.149	113
乌海	0.579	9	鹤壁	0.335	63	广安	0.139	114
鄂尔多斯	0.572	10	昭通	0.331	64	亳州	0.128	115

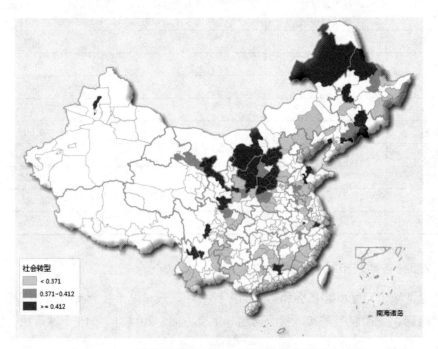

图 5.2.6   115 个资源型城市的社会转型指数各区间分布情况

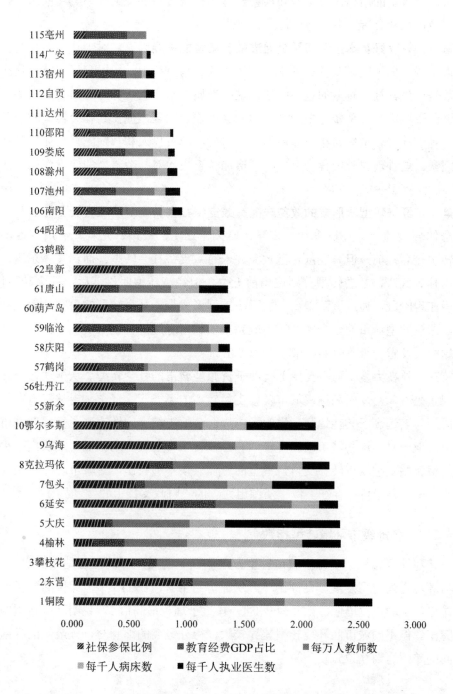

图 5.2.7 社会转型得分位居前、中、后十位的城市三级指标的得分情况

（注：其中城市前面的数字为社会转型得分的排名）

　　从社会转型的指标构成结构和社会转型与经济转型的交叉关系等层面来看，当前资源型城市在社会转型中的突出特点表现在：

　　第一，解决好基本生活问题是促进社会转型的主要因素。对于社会转型得分较高的城市来说，如铜陵、东营、延安、克拉玛依、乌海等地，居民参保比重、病床数和医生数是促进其社会转型的主要因素，这些都属于基本生活保障的问题，有助于化解当前资源型城市在经济转型中所产生的社会不安定因素，促使其社会转型的成效更为显著。对于社会转型排名相对靠后的地区来说，教育投入和教师配置是促进其转型的主要因素。这种现象一定程度上反映了增加教育投入对社会转型的促进作用要弱于社会保障、医疗卫生等。

　　第二，经济转型所形成的效益未能有效支持社会转型。从社会转型排名与经济转型、总体转型的交叉分析来看，云浮、韶关、三明、赣州、龙岩、贺州等地，虽然经济转型排名靠前，但其经济转型效益并未有效支持社会转型。而铜陵、东营、攀枝花、榆林、大庆，社会转型分别位列前五位，但经济转型明显落后于社会转型排名。这说明在现阶段，通过资源型城市的经济转型形成带动社会转型的内在动力机制尚未建立，即资源型城市的社会转型还不能完全依赖自身经济转型来实现，仍需要外在力量，如中央及省一级政府的政策和财力支出。

　　第三，外在力量（财政支持）有助于资源型城市的社会转型。从推动社会转型的外在因素来看，享受资源枯竭城市转移支付较多的黑龙江、辽宁、吉林三省在社会转型方面的排名远高于其他地区，说明了中央财政的支持有力地改进了受援助城市的社会状况。但同时，这些城市的经济转型和总体转型排名又普遍偏低，反映出中央财政安排的资源枯竭型城市转移支付，资金的总体效果不够突出，对城市总体转型的推动作用不显著，甚至可能存在类似"资源诅咒"的"财政支援诅咒"[①]现象。

5.2.4　各地级市环境转型指数[*]

　　与其他地区相比，资源型城市转型发展中面临的最重要的问题是如何实现经济、社会与环境之间协调发展、良性循环。从评价结果看，在 115 个被评价的资源型城市中，排名第 1 的克拉玛依，得分为 0.884，接近于理论最高值 1，说明环境转型的效果较为突出。但不同城市间环境转型差异较大，得分最高的邯郸与得分最低的陇南，两者之间的差距达到 0.375。

---

① "财政支援诅咒"是本书提出的假设性观点，还需要进一步进行研究加以验证。
*　此节各地级市环境转型指数及排名参见附表 6。

表5.2.7 环境转型指数排名位于前、中、后10位的城市及得分

城市	环境转型	排名	城市	环境转型	排名	城市	环境转型	排名
克拉玛依	0.884	1	辽源	0.738	55	达州	0.614	106
龙岩	0.868	2	松原	0.736	56	伊春	0.611	107
新余	0.858	3	云浮	0.736	57	邢台	0.608	108
池州	0.846	4	长治	0.736	58	焦作	0.604	109
三明	0.844	5	金昌	0.735	59	南阳	0.603	110
景德镇	0.837	6	马鞍山	0.732	60	呼伦贝尔	0.601	111
韶关	0.837	7	萍乡	0.728	61	牡丹江	0.599	112
朔州	0.834	8	宝鸡	0.726	62	武威	0.594	113
宜春	0.824	9	乌海	0.726	63	鞍山	0.582	114
大庆	0.822	10	宿迁	0.724	64	陇南	0.509	115

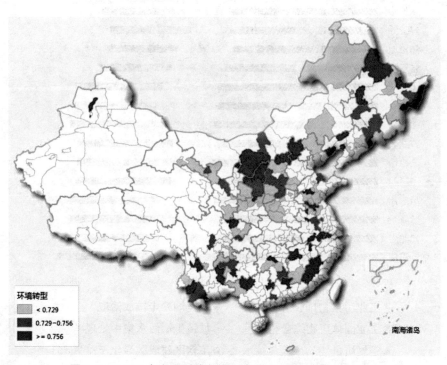

图5.2.8 115个资源型城市的环境转型指数各区间分布情况

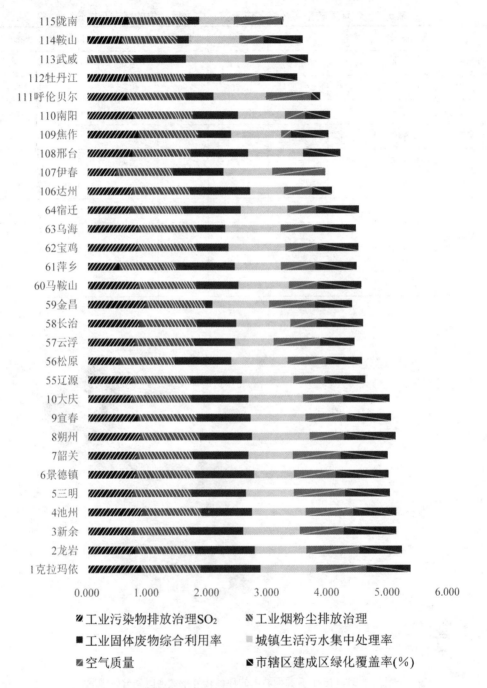

图 5.2.9　环境转型指数位居前、中、后十位的城市三级指标的得分情况

（注：其中城市前面的数字为环境转型得分的排名）

环境转型指数的主要特点表现在：

第一，污染治理是推动环境转型的主要动力，且治理的效果关乎转型的效果。资源型城市在面对环境转型时，首要解决的是以资源开采利用为主的产业模式对环境所造成的污染问题，因此治理环境污染是环境转型的首选路径，也是促进环境转型的主要动力。在以环境污染治理为主要手段来推动环境转型时，不同城市的转型效果差异较大，如克拉玛依、龙岩、新余等地环境转型得分接近于 0.9，而鞍山、牡丹江等地徘徊在 0.6 及以下。造成这种现象的原因是由于污染治理技术和管理的严格程度所带来不同的污染治理效果所造成的。如克拉玛依在污染工业废弃物治理方面的得分接近于 1，而排名靠后的陇南等地，得分低于 0.7。

第二，当环境治理和友好环境建设两者同步推进时，对环境转型的促进作用最大。通过分析评价环境转型的二级指标可以看出，在环境转型排名相对靠前的城市中，环境治理和友好环境建设的效果都比较突出，而在排名靠后的城市中，两个指标间差距加大，并且友好环境建设的成效不佳，影响了总体环境转型的效果。这反映当前资源型城市对环境污染治理普遍较重视，但对于友好环境的建设，包括森林覆盖率、人均公共绿地面积等的投入不足。实际上只有当环境污染治理和友好环境建设同步推进时，合力才能达到最大。这对于资源型城市在下一步环境转型中提出了警示。

第三，经济转型效果的提升并未有效带动环境转型。经济发展不可避免的需要付出环境成本，但随着产业结构优化、科技研发能力提升等所带来的经济转型将在一定程度上减缓对环境的破坏程度，有助于促进环境的转型。因此，从理论上来说，经济转型应有利于环境转型，反映在指标关系上即经济转型应与环境转型正相关。但本报告评价结构中，经济转型和环境转型并未呈现明显正相关关系。其中，经济转型排名靠前的城市中，云浮、包头、赣州等地，在环境转型方面表现一般。同时，在经济转型排名靠后的城市中，如六盘水、阳泉、七台河在环境转型方面表现亦一般；而鹤岗、鸡西在环境转型方面表现则较佳。表示当经济转型效果欠佳时环境转型的效果未必不佳，二者不存在绝对的联系。造成这种现象的原因，很可能是由于我国资源型城市转型尚未进展到经济发展方式实质性改变阶段所造成的。

5.2.5　各地级市制度转型指数

在资源型城市制度转型方面，本报告从政府效率和市场效率两个角度进行评价。从制度转型评价的结果来看，排名第 1 的伊春市，经济转型排名、社会转型排名、环境转型排名均表现一般，主要依靠制度转型的优异表现，将总体排名拉升至第 26 位。而排名最后 1 位的鄂州市，经济转型和环境转型的排名相对靠前，但由于制度转型得分仅为 0.076，将其总体转型评价排名拉至第 108 位，严重影响了其总体转型效果。从区域来看，东北和中南部地区的制度转型指数较高。

表5.2.8　制度转型指数排名位于前、中、后10位的城市及得分

城市	制度转型	排名	城市	制度转型	排名	城市	制度转型	排名
伊春	0.707	1	呼伦贝尔	0.275	55	金昌	0.119	106
广安	0.706	2	焦作	0.273	56	吕梁	0.115	107
牡丹江	0.705	3	渭南	0.261	57	盘锦	0.108	108
池州	0.682	4	淮南	0.261	58	鹤岗	0.106	109
滁州	0.666	5	攀枝花	0.259	59	东营	0.103	110
宣城	0.625	6	长治	0.257	60	延安	0.101	111
邵阳	0.584	7	大庆	0.254	61	榆林	0.096	112
亳州	0.581	8	百色	0.245	62	鹤壁	0.087	113
三明	0.566	9	忻州	0.244	63	陇南	0.081	114
南平	0.563	10	唐山	0.244	64	鄂州	0.076	115

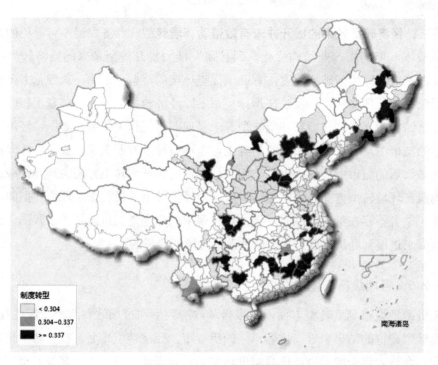

图 5.2.10　115 个资源型城市的制度转型指数各区间分布情况

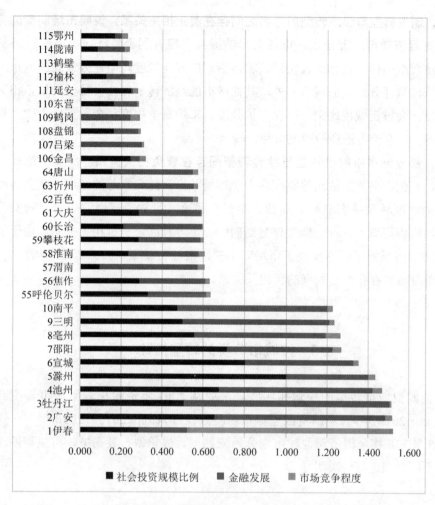

图 5.2.11　制度转型得分位居前、中、后十位的城市三级指标的得分情况

（注：其中城市前面的数字为制度转型得分的排名）

从制度转型的评价结果来看主要呈现出以下特点：

第一，较好地利用社会资本有助于提高市场效率，促进制度转型。在资源型城市转型中，面临着如何利用好政府、市场两种手段。当一个城市能更好地调动社会资本参与经济、社会建设时，如广安、牡丹江、宣城等城市，其市场效率相应较高，有助于推动制度转型，为经济、社会、环境的转型营造良好的发展空间。反之亦然，如榆林、鹤壁、陇南等地社会投资规模得分偏低，其市场效率和制度转型的得分排在末尾。值得注意的是，多数城市的市场竞争程度偏低，一定程度上限制了市场效率，制约了制度转型并间接地影响总体转型成效。从侧面反映出，建立完善的资源产权制度，培育竞争性市场是未来资源型城市探索制度转型的方向。

第二，制度转型与经济转型的排名之间存在着正相关关系，说明市场制度的完善有利于促进经济转型。理论上，市场效率的提高，应有利于经济转型。通过对制度转型和经济转型的排名进行比较发现，除伊春、广安（制度转型评分最高的城市）和云浮（经济转型评分最高的城市）外，其他城市的经济转型和社会转型均呈正相关关系，说明以社会投资规模比例、产权保护强度、市场竞争程度、金融支持力度为标准的市场效率，能有效促进资源型城市经济转型。

第三，部分城市中制度转型与社会转型间存在着负相关关系。广安、池州、滁州、邵阳、亳州、自贡、达州等制度转型（市场效率）排名靠前的城市，社会转型排名靠后；而制度转型排名靠后的淄博、金昌、吕梁、盘锦、鹤岗、东营、延安、榆林、鹤壁、陇南等城市，社会转型排名则向中、上等升高，呈负相关关系。由于制度转型仅考虑了市场效率，这反映了市场效率提高与社会转型（公共服务、居民生活）之间，在部分城市存在一定程度的负相关关系。

5.3 按城市分类的转型指数

我国资源型城市转型的探索和实践，主要从 2001 年资源枯竭型城市转型开始分阶段实施。2013 年，《全国资源型城市可持续发展规划（2013—2020 年）》（国发〔2013〕45 号文）将全国资源型城市划分为成熟型、成长型、衰竭型、再生型四个类别，按照不同类型进行分类引导。

表5.3.1 各类型城市中综合转型排名前5位的城市及其他转型指标比较

类型	城市	经济转型	社会转型	环境转型	制度转型	总分排名
成熟型	三明	4	81	5	9	2
	湖州	8	21	15	34	4
	池州	32	107	4	4	5
	龙岩	5	86	2	17	7
	南平	10	91	28	10	8
成长型	鄂尔多斯	21	10	14	82	17
	朔州	103	30	8	23	24
	毕节	12	67	52	36	33
	榆林	56	4	32	112	38
	武威	70	34	113	28	55

续表

类型	城市	经济转型	社会转型	环境转型	制度转型	总分排名
衰退型	铜陵	9	1	20	77	3
	乌海	83	9	63	13	6
	韶关	3	26	7	70	9
	新余	17	55	3	29	12
	石嘴山	40	19	17	41	16
再生型	包头	2	7	40	11	1
	马鞍山	51	77	60	18	34
	淄博	14	11	81	105	41
	洛阳	13	47	75	53	42
	通化	44	38	51	43	43

通过对比不同类别的资源型城市各项转型指数情况，有以下发现：

第一，成熟型城市在经济转型、社会转型、环境转型、制度转型以及总分排名方面均无特点，分散于排名的各个层次。与成熟型城市资源开发稳定、资源深加工和产业集群逐步形成，重视历史遗留的生态环境问题、重视改善民生的发展与转型导向相符。

第二，成长型城市整体环境转型、制度转型排名较低，经济转型、社会转型无特色。这些城市资源开发处于上升阶段，资源产业发展较强劲、保障性高。若环境政策效果欠佳，可能导致环境转型滞后，并且制度转型的紧迫性较低。

第三，衰退型城市经济转型普遍落后于其余三类城市。衰退型城市中，七台河、鹤岗、双鸭山、淮北、阜新均位列最后。这警示了衰退型城市，如若不尽快实施有效转型战略，经济发展将持续陷入困境。同时，得益于中央财政资金支持，衰退型城市社会转型普遍排名较好。但环境转型、制度转型均无特色。

第四，再生型城市经济转型普遍较好，但环境转型普遍滞后。同时，社会转型、制度转型无特色。再生型城市指经济发展基本摆脱了资源依赖，转变了经济发展方式的城市，因而经济转型评价普遍较好。但转变后的经济增长方式，并未带来环境质量的提高，或者在重视发展经济的同时，未对环境问题给予足够重视。

6 各城市转型评价

6.1 河北

6.1.1 张家口

（1）城市概况

张家口市是河北省下辖的地级市，总面积 3.68 万平方公里，东临首都北京，西连"煤都"大同，南接华北腹地，北靠内蒙古草原，是京津冀（环渤海）经济圈和冀晋蒙（外长城）经济圈的交汇点，优越的区位优势为张家口经济发展提供了良好的环境和广阔的空间。近年来，张家口市抓住京津冀协调发展和京张联合申办 2022 年冬奥会的契机，迎来了新的发展机遇。截至 2014 年底，全市实现地区生产总值 1358.51 亿元，同比增长 5.2%，人均生产总值达 30756 元，规模以上工业企业主营业务收入突破千亿元大关，先后被评为"中国金融生态城市"、"中国最佳投资环境城市"，是华北地区重要的"无公害蔬菜生产基地"。[①]

（2）资源特点及利用情况

张家口市自然资源富集，截至 2014 年末，全市发现矿产 97 种，主要矿种有煤、铁、锌、石灰石等，在丰富的矿产资源基础上形成了宣钢、中煤机、宣工、盛华等一批知名企业。作为华北地区风能和太阳能资源最丰富的地区之一，张家口市风能资源丰富，风资源储量约 2000 万千瓦以上，占河北省陆上风资源的 71%，占全国的 4.6%。目前，全市风电累计装机容量达到 600 万千瓦，并网 561 万千瓦，居全国地级市第二位。2015 年，国务院正式批复同意设立河北省张家口市为可再生能源示范区，开展先行先试。此外，张家口市拥有华北地区最大的天然滑雪场，被誉为"东方达沃斯"。[②]

在张家口有一项具有很大开发潜力的"绿色能源"，即煤层气，是我国能源发展重点领域之一。对此，张家口形成了"依托本地煤层气资源优势和国家的优惠政策，内联外引，扩大开发。同时，结合当地煤层气资源勘察程度低的实际和该产业独特的

---

① 张家口市人民政府网，http://www.zjk.gov.cn/zjzjk.jsp。
② 张家口市人民政府网，http://www.zjk.gov.cn/syscolumn/zjzjk/zygk/index.html。

性质，在部署上近期目标与长远目标相结合、相辅相成、循序渐进"的开发利用思路。这将成为未来张家口市未来经济转型发展的潜在动力。

（3）得分结果

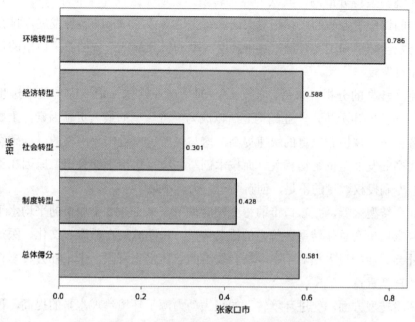

图 6.1.1　张家口市一级指标评分结果

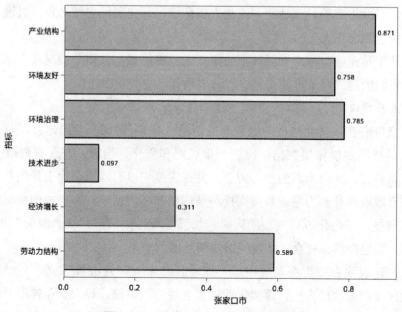

图 6.1.2　张家口市二级指标评分结果

（4）转型评价

从城市转型的总体评分来看，张家口市的得分为 0.581，在所有被评价城市中位列第 31 位，说明张家口市的总体转型效果较好。在推动张家口市转型的一级评价指标中，环境转型得分最高，其次为经济转型，说明了近两年来张家口市在环境优化、产业结构的调整等方面的成绩相对突出，有力地支撑了城市的转型发展。排在后两位的分别是社会转型和制度转型，其中社会转型的得分最低，说明张家口市的社会转型任务仍相对严峻。

从经济转型的分指标来看，得分最高的是产业结构，最低的是技术进步，仅为 0.097。通过进一步分析，产业结构之所以成为经济转型的最大贡献因素，主要是源于现代服务业产值规模和比重的快速提高，这与张家口市近年来确立的以低碳经济为主导的现代产业发展定位密切相关。而技术创新之所以作用不够突出，原因在于科研经费投入、专利授权数量的不足，创新驱动力仍有不足。

从社会转型来看，张家口市的得分相对偏低，低于 115 个城市的平均水平 2.289，拉低了张家口市在总体转型评价中的排名情况，说明政府在教育、文化、医疗、社会保障等社会事业的投入相对不足，社会发展的总体水平有限，未来社会转型将成为张家口市的转型重点。

在环境转型方面，促进环境转型的最大动力源于环境治理水平的提高，说明通过提高技术水平、加大政府投入所带来的环境治理水平提高效果显著。2016 年，张家口市部分行政区划调整获国务院批复，通过市辖区的整合实现了城市空间布局和资源配置的优化，有助于完善城市功能、改善人居环境、强化奥运名城形象，对进一步提升生态环境质量意义重大。

制度转型是张家口城市发展转型的第三大贡献因素，其得分情况高于平均值，说明市场化机制的建立对于推动张家口市转型具有一定的积极作用。

（5）未来建议

对张家口而言，产业结构的调整，特别是"4+3"现代产业的建立，对于未来经济社会的可持续发展作用突出，应进一步巩固和强化。同时，在现有财政支出结构中，加大对科技、环境治理的投入力度，并探索建立以财政资金为引导的社会化投资机制，综合政府和社会力量，共同支持科技创新和环境治理，在形成创新驱动，促进经济向高科技、绿色化方向转型的同时，加强环境污染治理，从"源头"和"终端"双管齐下，促进经济、社会、环境间的协调发展。

此外，建议张家口市在发展中以"抓项目"来"带升级"，提高产业发展层次。一是加大传统产业改造力度，落实工业转型发展八项措施，设立企业转型升级专项基金，抓好重大工业项目。二是构建本地企业产品配套、优势互补、相互支撑的机制和平台，促进企业加强合作，扩大市场，降低成本，提高效益。对中煤机、宣钢、宣工、探机、盛华等重点企业，以转型升级为重点，促使企业推行新技术，开发新产品，提高生产经营效益。对一些长期亏损、债台高筑、高耗低效的企业，通过兼并重组、债务重组或者跨区域、跨领域整合，逐步"激活"。对少数"无药可治"的"僵尸企业"，进行破产清算，实现市场出清。三是引导传统零售业转变销售模式，尽快向体验式消费转型，向线下选购、线上支付的智能化店铺转型，大力发展乡村物流配送服务，满足不同层次消费者的需求。

6.1.2 承德

（1）城市概况

地处河北省的东北部，使得承德市成为东北和华北地区的过渡地带，具有"一市连五省"的独特区位优势，全市面积 3.95 万平方公里，总人口 372.96 万，下辖 8 县 3 区、1 个高新技术产业开发区。历史上的承德，见证了"康乾盛世"的百年辉煌，康熙四十二年（1703 年）修建的"避暑山庄"成为清王朝的第二个政治中心，至今仍是著名的旅游胜地，并被联合国教科文组织列入世界文化遗产。"十二五"期间，承德市生产总值由 2010 年的 889 亿元增加到 2015 年的 1358.6 亿元，年均 9% 的增长率左右；人均生产总值由 2.57 万元增加到 3.8 万元，年均增长率为 8.6%；财政收入由 114 亿元增加到 163.5 亿元，年均增长率为 7.5%；规模以上工业增加值、全社会固定资产投资分别达 468 亿元、1532 亿元，年均增长率分别为 10.7%、15.3%。[①]

（2）资源特点及利用情况

承德生态良好，资源富集，林地面积占河北省总林地面积的 43.4%，草地面积占 40%，森林覆盖率达 55.8%，境内有滦河、潮河、辽河、大凌河四大水系，年产水量 37.6 亿立方米，是京津唐重要的水源地（占潘家口水库年入库总水量的 93.4%、密云水库入库总水量的 56.7%）和华北最绿的城市，被称为"华北之肺"。已发现的矿产有 100 种，已开采的有 50 种。已探明钒钛磁铁矿资源储量 83.57 亿吨，远景资源量可达 234 亿吨，钒储量占全国 40%，钛储量居全国第 2 位。在丰富的自然资源支持下，承德正在加快打造钒钛新材料和新型建材产业基地。

2016 年 4 月 26 日，河北省承德市正式向社会公布全市自然资源资产负债表，这也是全国首家向社会亮出自然资源资产"家底"的地级市。这份由中国科学院地理所与承德市政府合作编制的《2010 年至 2013 年自然资源资产负债表》显示，截至 2013 年，承德市自然资源资产总量约为 19.4 万亿元。

---

① 《2016 年承德市人民政府工作报告》，http://www.chengde.gov.cn/ldzs/2016-02/25/content_84075.htm。

（3）得分结果

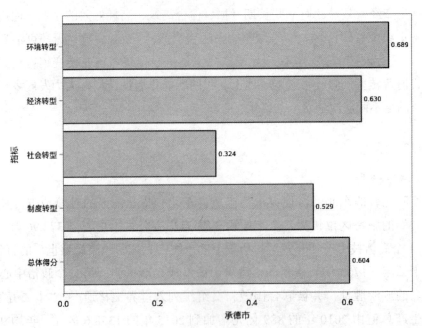

图 6.1.3　承德市一级指标评分结果

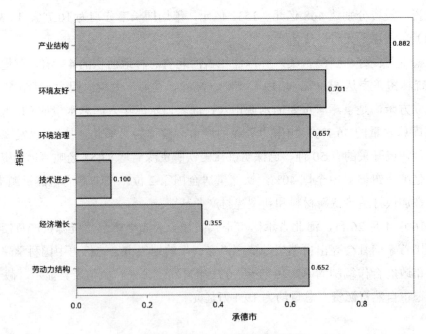

图 6.1.4　承德市二级指标评分结果

（4）转型评价

承德市的总体转型评价在所有被评价城市中位列第 19 位，得分为 0.604，显著高于平均值，说明在城市综合转型中承德市取得了良好的成绩。在推动承德市转型的一级评价指标中，制度得分的排名最为靠前，其次为经济转型，其对城市综合转型的带动作用也相对显著。环境转型在四个一级指标中排名最靠后，位列第 87 位，拉低了承德市在城市总体转型评价中的地位，说明了承德市在环境转型方面成效不够显著，环境转型压力相对较大。

从经济转型的各个分指标来看，得分较高的是产业结构、劳动力结构，对带动经济转型的作用突出。近年来，承德市通过实施亿元以上工业技改升级项目等方式，加大政府和社会投入力度，在优化第二产业发展结构、拓展产品链的同时，进一步推动三产协调发展。而技术创新作用不够突出，原因可能在于科研经费投入仍有不足，创新驱动力不足。

从社会转型来看，承德市公共服务得分低于全部城市的平均水平，排名第 71 位，拉低了承德市在总体转型评价中的排名情况，说明未来承德市的社会转型任务艰巨，亟须在政府的财政资金资助下，加快社会转型步伐。

在生态保护上，近年来承德市大力实施风沙治理工程，对生态环境改善起到了一定的作用。另外在生态净经营上，在全国率先开展了"跨区域碳排放权交易"试点，这些举措有力地推进了承德市生态环境的改善，该项指标得分为 0.689。该分值不低，但排名却靠后，原因是其他省份也在环境治理方面进行了卓有成效的探索，相比之下承德市探索的成绩仍有限，还需进一步加强。

承德市的制度转型得分情况高于全国平均水平，达到 0.529，位列全部城市第 14位，其中三级指标中金融发展的得分较高，而社会资本的使用相对偏低，说明金融手段的运用是推动承德市转型发展的重要力量。

更好的体制可以更好地帮助承德市完成成熟型城市的建设工作。将来，承德市还将研究建立自然资源综合利用的体制机制，积极探索林权、水权、碳排放权、排污权交易，加快自然资源资产交易平台建设，推动跨流域生态补偿机制建设，在深化生态文明体制改革上迈出更大步伐，为欠发达地区脱贫攻坚、加快发展提供可借鉴、可复制的有效途径。

（5）未来建议

针对评价指标反映出的问题，未来承德市应坚定不移推动绿色发展，进一步推动生态文明建设。生态优势是承德的第一优势，特殊的区域位置和优质的旅游、自然环境，将为未来承德市的综合转型创造有利条件，也将成为承德市可持续发展的核心竞争力，为此要牢牢抓住"京津冀"一体化的战略发展优势，利用好国家和区域优惠政策促进自身经济、社会和资源的协调发展。此外，近年来承德市在发展中提出要"努力把劣势转化为优势，把优势发挥到极致"的战略，制定了八大产业体系，若后续能继续加以落实，将对经济转型、生态环境改善发挥更加突出的作用。需要注意的是，承德市社会转型的得分相对偏低，政府在推动科教文卫等领域的政策和资金支持力度有待进一步加强。

同时，还应坚持"差异化、特色化、增量调整"思路，强化问题导向，倒逼转型升级，以十大绿色产业为抓手，打造和培育新的经济增长点。推动汽车零部件、输送装备、智能仪器仪表等产业向高端化、智能化、链式化方向发展，引进通用飞机及航空零部件、新能源汽车、混合动力系统等高端装备制造业，逐步培育工业机器人、新型传感器等制造业产业体系。

6.1.3　唐山

（1）城市概况

唐山位于河北省东部、华北平原东北部，是京津唐工业基地中心城市，也是国际通航的重要港口。作为我国近代工业的滥觞，唐山的工业基础雄厚，孕育了丰厚的工业文明。历史上的唐山曾经历大地震的阵痛，经过震后重建形成了功能分区明确、配套设施完善、环境清新优美的新型城市，全市供水普及率 100%，污水集中处理率91%，集中供热普及率 80.5%，燃气普及率 99.8%，垃圾处理率 100%。2015 年，唐山市年地区生产总值 6225.30 亿元，比上年增长 5.1%，全市人均生产总值 80655 元，比上年增长 4.6%，位居河北省首位。[①]

（2）资源特点及利用情况

唐山市矿产资源丰富，矿业经济发达，不仅蕴藏着大理石、石灰岩、高岭土等 47种丰富的矿产资源，而且还有丰富的海洋资源和农业资源。唐山的矿产品种多、分布集中、质地优良、储量大、开采条件优越；已探明石油储量 10.08 亿吨、天然气储量1480 亿立方米。经过多年的发展，唐山工业已形成钢铁、化工、机械、造纸、纺织、煤炭、建材、电力、陶瓷等十大支柱产业。[②]

---

① 参见《唐山市 2015 年国民经济和社会发展统计公报》。
② 唐山市人民政府门户网，http://www.tangshan.gov.cn。

（3）得分结果

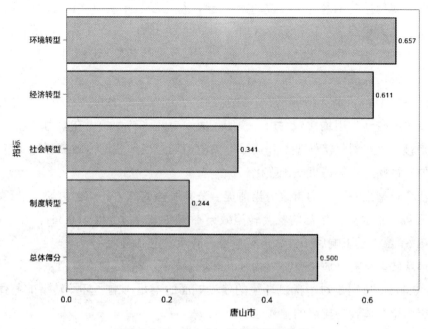

图 6.1.5　唐山市一级指标评分结果

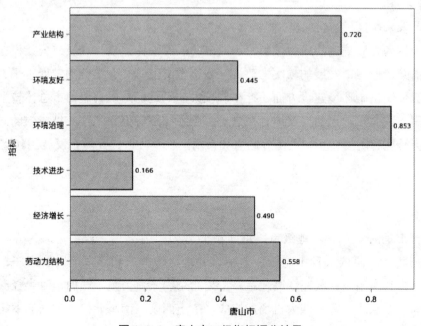

图 6.1.6　唐山市二级指标评分结果

（4）转型评价

从综合转型排名来看，唐山位列第 78 位，得分低于平均值。在各项一级指标中，经济转型的排名相对靠前，位列第 37 位，其他排名均在 65 位之前，在所有被评价的城市中位列中等偏下的水平，说明唐山城市转型的总体效果不够突出。其中，制度转型的得分最低，其次为社会转型，拉低了总体转型的排名。

从经济转型的四个分指标来看，产业结构、劳动力结构和经济增长的分数相当，对整个经济的带动作用均比较突出，说明了唐山市经济转型的内在动力较强，但值得注意的是技术进步对经济转型的作用不够突出，这是当前我国多数资源型城市在转型中面临的共性问题，值得进一步强化。

从社会转型来看，唐山市政府当前提供公共服务的能力还相对欠缺，以科教文卫等公共服务为主要评价指标的社会转型效果不够突出，得分仅为 0.341，在全部城市中位列第 61 位，是影响唐山市总体转型排名的两大主要因素之一。

从环境转型来看，唐山市环境治理和环境友好两项指标的得分相差较大，分别是0.853 和 0.445，特别是对于优良环境的建设方面的不足影响了环境转型的整体效果，是拉低唐山市总体转型排名的主要因素。

从制度转型来看，唐山制度转型的排名位列第 64 位，得分仅为 0.244，与第一名伊春 0.707 的差距较大，说明唐山在利用市场化手段方面还存在着一定的不足，有待进一步提高和完善。

（5）未来建议

唐山作为震后复建的新型城市，在城市发展的硬件建设，如城市公共设施水平方面位列前茅，但城市发展的软实力建设，如科教文卫等社会事业的发展水平、政府市场关系等体制机制环境建设方面还存在着较大的不足，是影响唐山市总体转型效果的制约因素，因此在未来的发展中，在进一步巩固经济转型和环境转型成效的同时，要强化社会转型和制度转型，利用好政府和市场两种手段，提高城市发展的软实力。

6.1.4　邢台

（1）城市概况

邢台市是河北省下辖地级市，总面积 1.24 万平方公里，以卫运河为界与山东聊城、德州相望，西依太行山与山西晋中毗邻，南与邯郸相连，北同石家庄、衡水接壤。其境内有多条高铁线路、高速道路，离北京约三百公里，在四小时半径圈内有济南、太原、石家庄、郑州四大机场，构成"东出西联、南承北接"的交通枢纽。在过去一年面临增加的经济下行压力，邢台市经济总体保持平稳态势，至 2014 年底，全市生产总值达 1668.1 亿元，城乡人均可支配收入差异较明显为 11733 元。与去年相比，生产总值增加了 6%，城乡居民人均可支配收入分别增长了 9.5% 和 10%。邢台市是仰韶文化发源地之一，距今已经有 3500 余年的文明史，邢台市完成了大运河（邢台段）世界文化遗产保护申报工作，被列为全国计生养老试点，同年，隆尧、宁晋获得"全国产粮大县"称号。[1]

（2）资源特点及利用概况

邢台矿产资源丰富，是河北省重要的煤炭钢铁能源基地。截至 2014 年底，邢台辖区拥有黑色金属、辅助原料、煤炭、化工原料、建材原料及其他金属原料等 38 种矿产，已勘察探明 20 种矿产储量，其中蓝晶石储量为全国第一，石膏储量为华北第一。邢台拥有以重工业为主的门类较为齐全的工业体系，在新能源产业方面培育了御捷、红星、超威、神州巨电等新能源企业，市内还有世界 500 强冀中能源和行业龙头旭阳、晶龙等大型企业。邢台市西部山区盛产干鲜果品，东部平原盛产棉花，被称为"棉海粮仓"，旅游资源丰富，有被称为"世界奇峡"的大峡谷、被誉为"太行山最绿的地方"前南峪等自然风景区和唐代开元寺、明代清风楼、抗日军政大学旧址等历史遗存。[2]

（3）得分结果

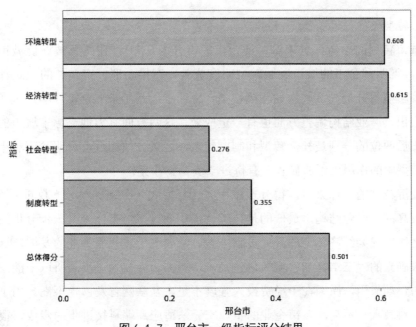

图 6.1.7　邢台市一级指标评分结果

① 参见《邢台市 2014 年国民经济和社会发展统计公报》。
② 邢台市人民政府网，http://www.xingtai.gov.cn/zwgk。

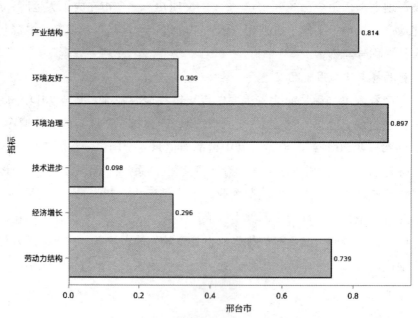

图 6.1.8　邢台市二级指标评分结果

（4）转型评价

从城市转型的总体评分来看，邢台市的得分为 0.501，在所有被评价城市中位列第 77 位，说明邢台市的城市发展转型略有成效。在推动邢台市转型的一级评价指标中，经济转型得分最高，其次为环境转型，说明了近两年来邢台市环境治理和优化方面成绩突出，产业结构调整方面也有一定成效，这两方面有力地支撑了城市的转型发展，排在后两位的分别是社会转型和制度转型，两者分数相近，说明政府和市场在推动城市转型中的作用还不够显著，有待进一步调整和完善。

从经济转型的指标来看，得分贡献率（计算方式＝分指标得分＊权重／经济转型得分）最高的是产业结构，最低的是技术进步。通过三级指标来进一步分析发现，产业结构之所以成为经济转型的最大贡献因素，主要源于现代服务业的发展，这与邢台市近年来确立的"三年行动"城镇化建设密切相关。而技术进步之所以未能发挥对经济转型的带动作用，原因在于经费投入强度不足，互联网普及率也不高。由于邢台市企业文化科教水平不高，乡镇企业的企业家无法适应高端科技进步的步伐，很难将企业发展与技术进步有机地结合起来。科研经费投入、专利授权数量的不足，创新驱动力仍有不足。

从社会转型的指标来看，各项得分相对比较平均，说明了邢台市教育、文化、医疗、社会保障等社会事业发展相对均衡，但得分水平均较低，说明社会转型仍有进一步提升空间。

在环境转型方面，促进环境转型的最大动力源于大气治理、土地生态环境保护等污染的治理，环境友好分数不高主要来源于空气质量仍然很差，绿色覆盖率也不高。值得注意的是，随着邢台市的浅部铁矿开采已近尾声，今后的开采方向将向深部矿体和"大水"铁矿转变，未来矿山生态环境以及瓦斯爆炸、滑坡、泥石流等问题将更加突出，因此在环境治理方面还需加大力度。

制度转型中，社会规模投资比例不高，说明促进城市转型的市场化机制尚未建立，未能有效地调动社会力量支持城市转型。

（5）未来建议

在未来转型发展中，建议邢台市形成以现代服务业和先进制造业为主导的，传统产业与新兴产业双轮驱动的发展格局，一方面在政府的有效引导下，化解传统行业发展中的产能过剩问题，实现传统产业的差异化、绿色化、高端化改造；另一方面，以建设国家新能源示范城市、全省重要的装备制造业基地、新能源汽车生产基地和节能环保产业基地为契机，在保证自然再生产可以顺利进行的前提下扩大经济的再生产，优化产业结构，实现合理经济布局，努力形成一个高效、集约、持续、绿色的良性发展体系。

6.1.5 邯郸

（1）城市概况

邯郸市位于河北省南端，总面积为1.2万平方公里，西依太行山脉，东接华北平原，位于晋冀鲁豫四省要冲和中原经济区腹心，坐拥三大经济圈，东连长三角经济带，南靠中原经济圈，北邻环渤海经济圈。优越的地理位置优势为邯郸市经济发展提供了强有力的支撑，截至2014年，邯郸市生产总值达3080亿元，同比增长6.5%，在保持经济增长的稳定基础上，发展潜力逐渐体现，经济质量也逐步提升，预计城市居民人均可支配收入达22700元，是乡村的2倍，而人均可支配收入增长率城市为9%，比乡村少两个百分点。作为拥有悠久历史的古城，邯郸旅游资源丰富，被称为中国优秀旅游城市、国家园林城市，除此之外，邯郸市还被称为"全国双拥模范城"和"中国成语典故之都"。[①]

---

① 参见《邯郸市2014年国民经济和社会发展统计公报》。

（2）资源特点及利用概况

邯郸以其煤炭和优质铁矿石在国内享誉盛名，丰富的矿产资源品质较好，被誉为现代钢城、煤都。其中，铁矿集中在武安和涉县，武安是全国四大富铁矿基地之一，煤炭则集中在峰峰矿区。除此之外，邯郸的矿藏种类多达 40 多种，数量也达到了 200多处，包括硫铁矿、碳石、铝矾土、含钾砂页岩、耐火土等。基于其丰富的矿产资源，邯郸市重点发展煤炭、冶金等工业企业，建立了电力、白色家电等生产基地，同时兼具发展较发达的钢铁、汽贸等物流系统的能力。

邯郸市地理条件优越，适宜于农业生产，因而成为中国的小麦、棉花、玉米等5 种主要农产品优势产区，被称为"北方粮仓"、"冀南棉海"，2014 年粮食总产量为544.9 万吨，连续三年获得"全国粮食生产先进市"称号。①

（3）得分结果

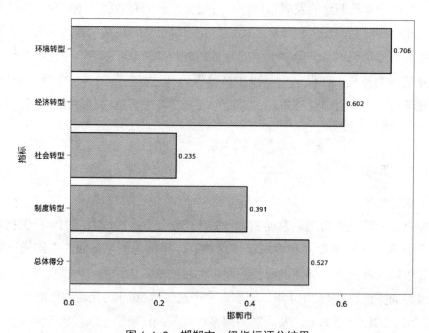

图 6.1.9　邯郸市一级指标评分结果

---

① 邯郸市人民政府网，http://www.hd.gov.cn。

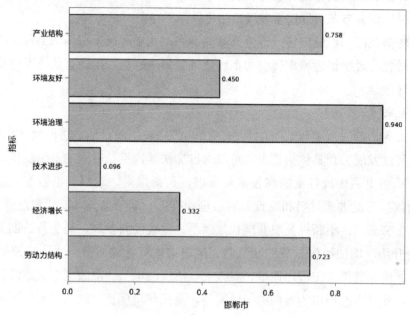

图 6.1.10　邯郸市二级指标评分结果

（4）转型评价

从城市转型的总体评分来看，邯郸市的得分为 0.527，在所有被评价城市中位列第 65 位，说明邯郸市的城市转型发展有一定成效。在推动邯郸市转型的一级评价指标中，环境转型的得分最高，其次为经济转型，说明了近两年来邯郸市在环境治理和优化、产业结构的调整等方面的成绩比较突出，有力地支撑了城市的转型发展。排在后两位的分别是社会转型和制度转型，其中社会转型的得分最低，说明政府和市场对于城市转型贡献很小，有待进一步调整和完善。

从经济转型的指标来看，得分贡献率最高的是产业结构，最低的是技术进步。通过三级指标来进一步分析发现，产业结构之所以成为经济转型的最大贡献因素，主要源于邯郸市采取的钢铁产业整合重组，新材料、新能源、家电等产业发展迅猛，服务业产值规模和比重快速提高，而技术进步之所以未能发挥对经济转型的带动作用，原因在于科研经费投入强度小、互联网普及率低、专利授权数量的不足，创新驱动力仍有很大提升空间。

从社会转型的指标来看，社保参保比例，教育经费投入、每万人教师数、每千人病床数、千人执业医生数都很低，说明了邯郸市在城镇化建设、公共交通、教育、文化、医疗、社会保障等社会事业方面仍有不足。

在环境转型方面，促进环境转型的最大动力源于工业烟粉尘排放治理、城镇生活污水集中处理和工业固体废弃物综合利用率，而环境友好对促进环境转型的贡献作用比较小，说明邯郸市在空气质量和城镇绿化方面还存在不足。

制度转型在邯郸市城市转型评分贡献率不高，其原因在于市场竞争程度和金融发展的得分较低，说明促进城市转型的市场化机制尚未建立，未能有效地调动社会力量支持城市转型。

（5）未来建议

未来邯郸市的发展要以合理的转型速度，坚持转型的目标，协同地区优势劣势，以实现可持续发展。在具体措施上，可以通过加快境内钢铁企业的重组步伐，引入高新技术，从而引领传统行业的高技术化发展，包括煤炭、建材、电力等。以"2+5"观点作为依据，促进新材料和新设备的引进和推广。战略性推动新能源产业的落地。抓"三农"夯基础，不断提高农业现代化水平。重视创新发展，加快科技创新，引导经济转型升级，增加经济发展的新优势。坚决向大气污染宣战，大力实施减煤、控车、降尘、治企等重点工程，通过"煤改气"、"煤改电"、"散改型"实施清洁能源替代。坚持以建设生态城市为导向的绿色发展，重视环境保护，加大对破坏环境行为的惩治力度，努力改变空气质量，提升城市形象。

同时，要把绿色作为加快发展的重要保障，树立好绿水青山就是金山银山的发展理念，坚定不移走绿色循环低碳发展之路。全面改善大气质量。实施主城区污染排放大户搬迁改造工程，深化燃煤污染、工业污染、扬尘污染和机动车尾气治理，全市主要污染物排放总量持续下降，力争退出全国空气质量排名"后十位"。积极创建国家森林城市。开展大规模国土绿化行动，实施太行山绿化和"矿山披绿"三年攻坚行动，每年造林绿化 52 万亩以上，森林覆盖率达到 35% 左右，让绿色成为邯郸的永久底色。强化生态修复保护。加强矿山治理、河流整治及重点生态功能区恢复，加快地下水超采综合治理，搞好饮用水源地保护，加大土壤和农业面源污染防治力度，优化生态系统，强化生态支撑。节约高效利用资源。

6.2   山西

6.2.1   大同

（1）城市概况

大同市位于山西省最北部，总面积为 1.42 万平方公里，北邻内蒙古，东望河北省，在晋冀蒙交界处、黄土高原东北边缘、大同盆地地带中心，历史上是兵家必争之地，为首都之屏障、全晋北方之门户，曾被称为"北方锁钥"。大同市有着得天独厚的地理条件，在古代就已经得到人们的重视，促成了大同的发展，使之成为山西第二大城市，截至 2014 年底，地区生产总值首次突破千亿，增速达 7.4%，[①]增长率位居全省第一位，城镇居民人均可支配收入增长率为 8.1%，城镇居民人均可支配收入增长率为 10.8%。大同是我国 1982 年首次公布的 24 个历史文化名城之一，有"三代京华、两朝重镇"的美誉，除此之外，大同素有"中国雕塑之都"、"凤凰城"、"中国煤都"之称，并堪跻中国十大古都之列。

（2）资源特点及利用概况

大同市矿产资源丰富，尤其是以煤炭、石墨、石灰石等为代表的矿物。境内含煤面积 632 平方公里，累计探明储量为 376 亿吨；石墨矿石总探明储量为 5162.3 万吨，内含石墨 224.7 万吨；水泥石灰石总储量为 2.15 亿吨，所处位置水文地质条件简单，便于开采。在矿产资源丰富的条件下，大同产业发展得到强有力的支撑，在 2014 年，大同逐步实现产业转型，新增火电装机 33 万千瓦，新增风电装机 30 万千瓦，光伏发电装机 14 万千瓦，被国家能源局确定为新能源示范城市。2014 年大同市粮食产量 20.8 亿斤，实现"五连增"。物流发展迅速，被商务部等十部委确定为全国 66 个区域流通节点城市之一。

（3）得分结果

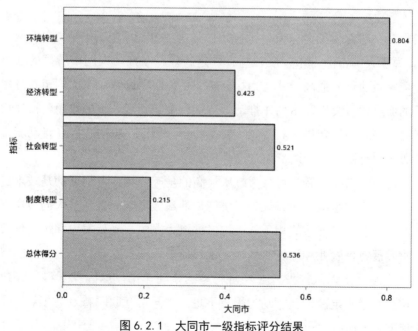

图 6.2.1 大同市一级指标评分结果

---

① 参见大同市人民政府市长李俊明：《政府工作报告》，2015 年 7 月 27 日。

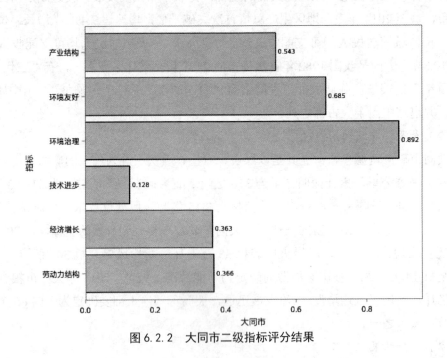

图 6.2.2 大同市二级指标评分结果

（4）转型评价

从城市转型的总体评分来看，大同市的得分为 0.536，在所有被评价城市中位列第 59 位，说明大同市的城市发展转型有一定成效。在推动大同市转型的一级评价指标中，环境转型的得分最高，其次为社会转型，说明了近两年来大同市在环境治理和优化方面的成绩比较突出，市场在推动城市转型中起到了一定的作用。排在后两位的分别是经济转型和制度转型，其中制度转型的得分最低，说明政府在推动城市转型中的作用很微弱，有待进一步调整和完善。

从经济转型的指标来看，得分贡献率最高的是产业结构，最低的是技术进步。通过进一步分析，产业结构之所以成为经济转型的最大贡献因素，与大同市实施的"转型发展、绿色崛起"发展战略相关，大力发展风力发电、光伏发电和煤制气等清洁能源，并大力发展特色农业和以特色餐饮、现代商贸和现代综合物流为支撑的现代服务业。而技术进步之所以未能发挥对经济转型的带动作用，原因在于科研经费投入不足、专利授权数量不足，创新驱动力仍有不足。大同市互联网普及率相对较高，说明在促进城市创新方面有一定进展。

从社会转型的指标来看，每万人教师数得分相对较高，社保参保比例和教育经费也相对较高，说明大同市教育、文化、医疗、社会保障等社会事业有一定进步，但仍需要继续提高。

在环境转型方面，促进环境转型的最大动力源于实施污染减排和"蓝天碧水"工程，使得工业烟粉尘排放治理和工业固体废弃物综合利用两项得分相对较高。环境治理和环境友好指标相对较高，说明当前环境治理的投入力度较大，空气质量较好，但是如何推进循环产业发展实现环境友好的生产模式以及加大城区绿色覆盖面积仍需要继续探索。

制度转型对于大同市城市发展的贡献很小，说明在制度层面鼓励城市转型仍是将来地方政府需要重点关注的方面，市场竞争程度、社会投资规模比和金融发展都需要进一步提高，需要加强市场活力来推动城市转型。

（5）未来建议

当前大同市还处在工业化、城镇化中后期、资源城市成熟期、主导产业不振和政府债务沉重经济遇冷期、全面小康攻坚和社会矛盾凸显期等"四期叠加"的特殊阶段，[①]但要敢于迎接挑战，面向京津冀协同发展战略和"一带一路"，大力推动建设"乌兰察布—大同—张家口"合作区；借助北京、张家口联合申办 2022 年冬奥会的机会，推动大同市旅游业的进一步发展。在经济发展中，结合当前经济发展中投资增速放缓的问题，以十大领域为重点，推进六位一体，全力支持固定资产投资增长，大力促进"项目提质增效年"活动的开展。继续将煤炭放在重要的地位，推动煤炭"六型"转变，在消费、供给、管理、科技改革方面加大支持力度，全力打造新型综合能源基地。针对县域经济综合实力较弱的现实问题，大力推动县域经济发展，扶持优势产业，以点带面，增强全市经济发展后劲。

6.2.2 朔州

（1）城市概况

朔州市位于山西省北部，总面积 1.06 万平方公里。朔州处于内外长城之间，西北毗邻内蒙古自治区，南扼雁门关隘，东望北京，地理位置优越，交通便利。2014 年地区生产总值达 1003.4 亿元，增长 4.5%（按可比价计算），城镇常住居民和农村常住居民人均可支配收入分别达到 25725 元、10137 元，其增长率分别为 7.7%、10.8%。作为全省晋西北防风固沙生态林建设区，全国三北防护林建设和京津风沙源治理区，朔州连续几年被省委、省政府评为全省林业建设先进市、全省造林绿化先进市。此外，朔州还是山西省唯一的成长型资源型的城市，被国家有关部门确定为资源综合利用

---

① 参见《2015 年大同市人民政府工作报告》，http://www.dt.gov.cn/zwgk/gzbg/201507/41329.html。

"双百工程"示范基地、工业固废综合利用基地建设试点，全国工业绿色转型发展试点城市、国家草牧业发展试验试点城市。[1][2]

（2）资源特点及利用概况

朔州矿产资源丰富，已探明的有煤炭、石灰石、云母、黏土、铁矿石等 30 余种矿产，其中煤炭储量 430 亿吨，产销量居全国前列，是全国重要的煤炭基地，拥有我国目前资源回收率最高、开采和生产规模最大的露井联采特大型煤炭生产企业中煤平朔和神头电力城——全国重要的电力基地。2014 年，朔州原煤产量达到 2.03 亿吨，位居全国前列。全市电力装机容量 786.6 万千瓦，发电量 305 亿度。日用瓷生产能力达 16.5 亿件，是国内最大的日用陶瓷生产基地之一。

（3）得分结果

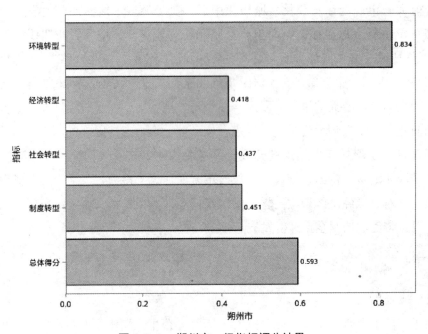

图 6.2.3 　朔州市一级指标评分结果

---

① 参见《朔州市 2014 年国民经济和社会发展统计公报》。
② 朔州市人民政府网，http://www.shuozhou.gov.cn。

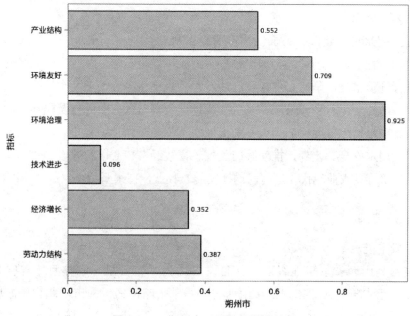

图 6.2.4　朔州市二级指标评分结果

（4）转型评价

从城市转型总体评分来看，朔州得分为 0.593，在所有被评价城市中位列第 24 位，说明朔州市的城市发展转型较有成效。在推动朔州市转型的一级评价指标中，环境转型的得分最高，说明了近两年来朔州市在环境治理和优化方面的成绩比较突出，有力地支撑了城市的转型发展。经济转型、制度转型和社会转型三者评分相近且都相对较高，说明政府和市场在推动城市转型中起到了一定的作用。

从经济转型的指标来看，得分贡献率最高的是产业结构，最低的是技术进步。通过三级指标来进一步分析发现，产业结构之所以成为经济转型的最大贡献因素，主要源于朔州市大力发展煤电一体及综合能源。此外，不同于其他的资源型城市，其采掘业增加值占 GDP 占比不高，而服务业的占比则相对较高，一定程度上反映出朔州产业结构的优势。技术进步之所以未能发挥对经济转型的带动作用，原因在于对创新型行业投入仍然不足，科研经费投入、专利授权数量不足，导致创新驱动力仍有不足。

从社会转型的指标来看，每万人教师数和社保参保比例较高而教育经费、病床数和每千人执业医生，说明在农村改革、社会保障制度改革、教育方面有一定成效，但是医药卫生体制改革、教育条件的改善等方面还需加强。

在环境转型方面，四项指标得分均衡，说明工业废弃物和生活污水处理等方面的污染治理已经取得一定的成效，空气状况和城区绿化率也都较高，说明朔州市对生态环境问题高度重视，其中粉煤灰和煤矸石的再利用成了"变废为宝"的典型例子。

（5）未来建议

对于朔州来说，建议一方面发挥既有资源优势，坚持"革命兴煤"路线，持续推动煤炭等传统行业在市场功能、加工过程、污染排放、安全保障等方面的转变。同时加大力度进行环境治理，坚持守住环境红线，尤其重视水源、土壤和大气等方面。鼓励居民植树，大力开展"一乡一条路、一村一片林、人均五棵树"等普及民众资源转型价值观的活动。在水资源方面，加大桑干河流域生态修复与保护工程投入，加强水源生态建设，保障饮用水安全。此外，推动雁门关生态畜牧经济核心区的建设和"领头雁"工程的落地，积极推动农业现代化进程，均衡发展农牧业，持续坚持以农载牧、以牧富民。

6.2.3 阳泉

（1）城市概况

阳泉市是山西省下辖地级市，总面积 0.46 万平方公里，东临河北省省会石家庄市，西连山西省省会太原市，南接山西省铁路、公路枢纽晋中市，北靠旅游胜地忻州市，是三晋门户，晋冀要冲，晋东的政治、经济、文化中心。阳泉市铁路公路密度居全省前列，现已成为连接京、津、豫、冀、晋的重要铁路枢纽。公路网络四通八达，307、207 国道及太旧、阳五高速公路在市区交叉，人们出行更加方便，商旅更加快捷。截至 2014 年底，全市实现地区生产总值 616.6 亿元，同比增长 3.2%，人均生产总值达 44382 元，规模以上工业企业主营业务收入 559.7 亿元，全市城镇化率达到 64.96%。截至 2014 年末，全市有林地面积 11.8 万公顷，森林覆盖率 25.9%，是"国家园林城市"、"国家科技部智慧城市试点城市"、"国家住建部智慧城市试点城市"。[①]

（2）资源特点及利用概况

阳泉市资源优势明显，拥有得天独厚的煤炭资源、丰富充裕的电力资源、坚实的铝工业基础、久负盛名的耐火材料以及独具特色的旅游资源。阳泉矿区含煤面积 1835 平方公里，地质储量 173 亿吨，全市有煤矿 53 座，原煤产量 6833 万吨，主要销往苏、沪、冀、鲁等全国 16 个省、直辖市、自治区，并出口韩国、比利时、巴西、日本等国。阳泉市具有良好的火电开发条件，处于距东部最近的实行国家西电东送战略的城市，最低输电成本的地区之一。[②] 目前全市共有发电企业 9 个，总装机容量 2400MW。阳泉境内铝矾土资源储量十分丰富，保有资源储量 7.1 亿吨，已形成了以氧化铝、电解铝、铝型材等为主导产品的铝产业链。阳泉境内已探明的铝矾土保有储量 7.1 亿吨，氧化铝含量在 65% 以上，是国内主要的铝矾土基地之一，生产耐火材料。

---

① 参见《阳泉市 2014 年国民经济和社会发展统计公报》。
② 阳泉市人民政府网，http://www.yq.gov.cn。

同时阳泉拥有丰富的旅游资源。全市成型且对外开放的旅游景区有 15 家，其中 4A 级景区 2 家，2A 级景区 2 家，A 级景区 1 家。

（3）得分结果

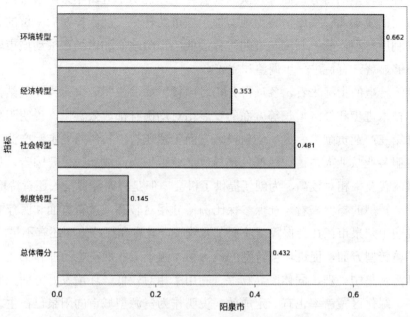

图 6.2.5　阳泉市一级指标得分情况

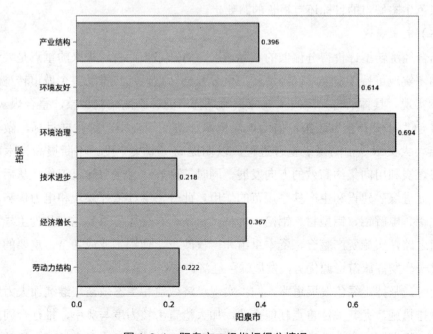

图 6.2.6　阳泉市二级指标得分情况

（4）转型评价

从城市转型的总体评分来看，阳泉市的得分为 0.432，在所有被评价城市中位列第 104 位，说明阳泉市的城市发展转型效果差强人意。在推动阳泉市转型的一级评价指标中，环境转型的得分最高，其次为社会转型，说明了近两年来阳泉市在环境治理和优化方面的成绩比较突出，有力地支撑了城市的转型发展。排在后两位的分别是经济转型和制度转型，其中制度转型的得分最低，说明政府和市场在推动城市转型中的作用还不够显著，有待进一步调整和完善。

从经济转型的指标来看，各项得分相对比较平均，说明阳泉市在产业结构、劳动力结构、技术进步和经济增长等方面的发展相对均衡且都成效甚微，说明阳泉是对于如何增加第三产业贡献率、提高创新投入方面仍然还有很长的路要走。产业结构的三级指标中服务业从业人员占比较低，是导致产业转型未能成功的重要因素，科技创新方面互联网普及率相对较高，为创新提供了机会，但是科研经费投入还有待增加。

从社会转型的指标来看，社保参保比例得分相对较高，教育方面和医疗方面指标较低，说明了阳泉市在社会保障事业上发展较好，教育和医疗方面还有不足。

在环境转型方面，促进环境转型的最大动力源于工业烟粉尘治理和工业 SO_2 治理以及生活污水集中处理，固体废弃物综合利用率相对较低。环境友好方面，空气质量评分较高，绿化区覆盖率也有一定成效，说明作为资源型城市的阳泉已在生态环境方面予以了高度重视并采取了一定的措施减少污染，但是如何彻底改善当前污染现状，实现绿色生态城市的目标还有很长的路要走。

（5）未来建议

结合经济转型评价得分偏低的实际情况，对阳泉市而言，未来的重点是要调整产业结构，实现可持续发展，以经济转型引导社会转型，加快推动整个城市转型的步伐和目标实现。具体而言，煤炭工业应大力进行产业、产品结构调整，整合煤炭资源，积极推动"一煤一企"政策，借助煤炭资源加快实现转型跨越发展目标，做好"革命兴煤"大文章；推动煤矿整合进程，以期提高产业集中度。不断提高技术研发投入，将煤炭利用向集约高效的方向发展。同时，做好信息平台建设工作，从后方起到支持、促进煤矿建设和生产秩序规范的作用。此外，继续依托煤炭和电力优势，以发展氧化铝、电解铝、铝型材、铝箔、板带、盘条、合金棒等系列化产品为主导，走加工增值之路，实施资产整合、资本重组和产权改革，使铝工业成为全市重要的优势产业。进一步发挥旅游资源优势，发展绿色经济。

同时，坚持走绿色发展道路，同步实现经济效益和生态效益。继续加大力度实施节能减排措施，尤其关注重点耗能企业，加大检查考核力度与频率，推行合同能源管理制度。根据国家产业政策和当地具体情况，逐步关停高耗水、高耗能、低效益的小火电机组，同时用脱硫设备、空冷机组和污水回用设施改造现有电厂，减少排污量；此外通过加强交通运输、公共机构、居民生活、建筑行业等领域的节能工作，进一步实施一批节能改造示范项目，促进生产、生活领域节能减排的"双实现"。

6.2.4　长治

（1）城市概况

长治市地处山西省东南部，总面积为 1.39 万平方公里，总人口 335.36 万人。东倚太行山，与河北、河南两省为邻，西屏太岳山，与临汾市接壤，南部与晋城市毗邻，北部与晋中市交界。有发达的陆路、航空交通运输业，交通便利，方便了长治与国内沿海及世界各地的交流和贸易往来。2014 年，全市综合实力提升，地区实现 1331.2 亿元的生产总值，增长率为 5.1%，农村居民人均可支配收入达到 10311 元，城镇居民人均可支配收入达到 24565 元，增长率分别为 11.7%、8.3%。城市品质稳步提升，被称为国家森林城市、全国文明城市、国家卫生城市、中国十大魅力城市、中国优秀旅游城市、全国循环经济试点市、全国创建本质安全型城市唯一试点市、国家级可持续发展实验区。[1]

（2）资源特点及利用概况

长治市拥有丰富的能源储备和产能以及华北地区最为富裕的水资源。现已探明有煤炭、硅矿、镁矿等 40 多种，煤、铁藏量尤为丰富，素称"煤铁之乡"。煤种有肥煤、焦煤、瘦煤、无烟煤，以无烟煤为主，地质储量为 906 亿吨，探明储量为 242.9 亿吨。铁矿探明储量为 1.4 亿吨，矿床的类型为山西式铁矿，分布于黎城、平顺、壶关等县。硅矿储量 36 亿吨以上，含硅品质好，开采价值高。锰铁矿的探明储量为 5713 万吨，矿石类型主要为含锰菱铁矿和含锰赤褐铁矿（屯留式铁矿），分布于沁源、屯留等县。镁矿已探明储量 18 亿吨，矿藏集中，便于开采。其他矿藏还有钒矿、钛矿、电石灰岩、制碱灰岩及铅、锌、铜等。

丰富的矿产资源是长治市工业发展的原动力。2014 年全市地方煤矿销售 5100 万吨，大机焦产能占比提升至 55%，焦炉煤气综合利用率达 83%，是山西省传统能源重化工基地重要组成部分；在新兴产业方面，围绕现代煤化工、先进装备制造等七大新兴产业板块，加大了投资力度，使之成为山西新兴能源产业重要基地。[2]

---

① 参见《长治市 2014 年国民经济和社会发展统计公报》。
② 长治市人民政府网，http://www.changzhi.gov.cn。

（3）得分结果

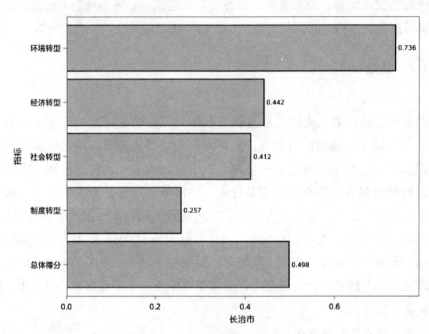

图 6.2.7　长治市一级指标得分情况

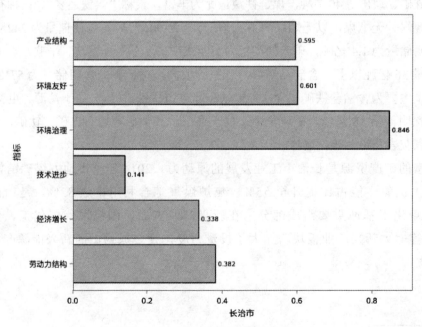

图 6.2.8　长治市二级指标得分情况

（4）转型评价

从城市转型的总体评分来看，长治市的得分为 0.498，在所有被评价城市中位列第 80 位，说明长治市的城市发展转型水平低于全国资源型城市的平均水平。在推动长治市转型的一级评价指标中，环境转型的得分最高，其次为经济转型，说明了近两年来长治市在环境治理和优化方面及产业结构的调整的成绩比较突出，有力地支撑了城市的转型发展。排在后两位的分别是社会转型和制度转型，其中制度转型的得分最低，说明政府和市场在推动城市转型中的作用还不够显著，有待进一步调整和完善。

从经济转型的指标来看，得分贡献率最高的是产业结构，最低的是技术进步。通过三级指标来进一步分析发现，产业结构之所以成为经济转型的最大贡献因素，主要源于非煤产业规模和对工业的比重增加以及服务业的快速发展。而技术进步之所以未能发挥对经济转型的带动作用，原因在于科研经费投入和专利授权数量的不足，创新驱动力仍有不足。

从社会转型的指标来看，每万人教师数得分相对较高，说明长治市的教育资源较好，社保比例、教育经费占比、医疗方面指标得分均衡，说明长治市在教育、社会保障、医疗等方面均取得新进步。值得注意的是，长治市棚户区、城中村改造进展缓慢，这严重影响了社会转型的顺利实施。

在环境转型方面，促进环境转型的最大动力源于工业烟粉尘排放治理和生活污水集中处理。环境友好方面空气质量和绿化覆盖率也有一定成效，说明对长治市而言已经认识到环境问题的重要性，但是对于污染物的专业化治理、创新环境保护机制的设立仍然需要完善。

（5）未来建议

保持现有战略部署，延续当下发展态势，全面推进"六大发展"，深入落实"六权治本"，夯实推进"五五战略"，在科技创新、振兴金融、扶贫攻坚等方面求得突破。按照煤炭产业"六型转变"要求，稳定产量、促进销售、提高煤炭就地转化率；重点帮扶具有举足轻重意义的非煤重点企业，积极帮扶小微企业。加快农业现代化发展，多渠道促进农民增收。推进国家新能源示范城市建设，大力培育和发展节能产业，突出抓好水、大气、土壤治理，创新环境保护机制，大力推进造林绿化和生态修复。面向当下"一带一路"、京津冀一体化、综改区建设等战略，把握机遇，为综合发展提供助力。向外推进开展招商推介，大力引进符合国家产业政策、促进我市发展的项目。特别要注重产学研对接，建立起长期有效的联系合作机制，形成创新驱动的新引擎。

以上工作的重中之重是要抓好煤炭企业的改造升级。一方面在从促进信息流速的角度，加快打造信息平台，推动煤炭价格协商机制的建立，提高企业应对煤炭价格市场波动的能力；另一方面为煤炭企业转型升级提供有利条件，在企业，特别是资源产业向非煤产业转型的过程中，给予重点帮扶，排除其在资金、市场、研发、政策等方面的困难与不便之处，全力投入于生产活动之中，创造更多效益。

6.2.5 晋城

（1）城市概况

晋城市位于山西省东南部，总面积 0.95 万平方公里，地处晋豫两省接壤处，北通幽燕，南临中原，东枕太行，西望黄河，区位适中，被称为"河东屏翰、中原屏翰、冀南雄郡"，是山西通往中原的重要门户。优势的地理位置促进了晋城的经济发展，2014 年全市生产总值为 1035.8 亿元，同比增长 4.7%，农村居民人均可支配收入和城镇居民人均可支配收入分别完成 10087 元、24907 元，增长率分别为 10.4%、7.7%。晋城市历史悠久，文化遗产丰富，是华夏文明发源地之一，也是我国北方主营的蚕桑丝绸之乡，其温和湿润的气候适宜许多珍贵动植物生存，被称为"山西生物资源宝库"。[①]

（2）资源特点及利用概况

晋城市有着丰富的矿产资源，有煤、锰、铜、锌、金、铝土、水晶石、大理石等10 多种矿产资源，其中，全市煤总储量 808 亿吨，已探明储量 271 亿吨，以无烟煤为主，无烟煤储量占全国无烟煤储量的四分之一以上，素有"白煤、香煤、兰花炭"之称。目前已探明的煤层气储量为 1000 亿立方米。推动晋城的矿产资源产业发展，1984 年被国家定位为化工原料煤和全国化肥基地。2014 年煤层气和电子通信的增长率分别为 33.4%、31.3%，拉动规模工业增长率为 1 个百分点和 1.6 个百分点。晋城森林面积 380.5 万亩，覆盖率达 33.6%，25.47 万公顷的天然牧坡草地，是作为山西畜牧业的基地之一，其境内有中国北方最大的示范牧场。晋城的丝绸产量占山西省总产量的 80%，是华北地区目前最大的蚕桑丝绸基地。[②]

---

① 参见《晋城市 2014 年国民经济和社会发展统计公报》。
② 晋城在线—晋城市党政公众信息网、晋城市地方门户网站，http://www.jconline.cn。

（3）得分结果

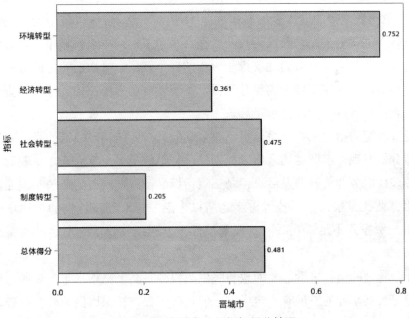

图 6.2.9　晋城市一级指标得分情况

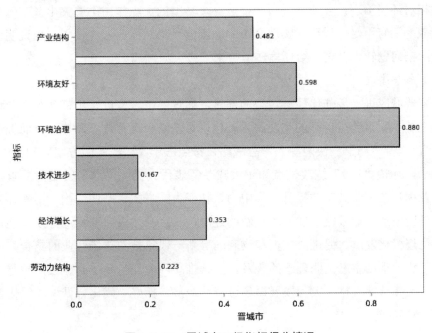

图 6.2.10　晋城市二级指标得分情况

（4）转型评价

从城市转型的总体评分来看，晋城市的得分为 0.481，在所有被评价城市中位列第 92 位，说明晋城市的城市发展转型成效不佳。在推动晋城市转型的一级评价指标中，环境转型的得分最高，其次为社会转型，说明了近两年来晋城市在环境治理和优化方面的成绩比较突出，有力地支撑了城市的转型发展。排在后两位的分别是经济转型和制度转型，其中制度转型的得分最低，说明政府和市场在推动城市转型中的作用还不够显著，有待进一步调整和完善。

从经济转型的指标来看，得分贡献率最高的是产业结构，最低的是技术进步。通过进一步分析发现，产业结构之所以成为经济转型的最大贡献因素，主要源于文化旅游产业等现代服务业的升温发展。但是三级指标显示，晋城市的传统制造业比重仍然很高，服务业比重很低。而技术进步之所以未能发挥对经济转型的带动作用，原因在于科研经费投入不足、互联网普及率很低，专利授权数量的不足，创新驱动力仍有不足。

从社会转型的指标来看，教师数和医生数得分略高于平均水平，说明晋城市在教育和医疗等公共事业的发展有一定成效。但是病床数、社保比例和教育经费占比仍然较低，政府对于相关公共事业的投入仍需提高。

在环境转型方面，促进环境转型的最大动力源于工业烟粉尘治理和生活污水集中处理。相对环境治理，环境友好对于促进环境转型的贡献作用不够突出，空气质量和绿化覆盖率还有不足，说明了实现全市生态圈建设仍然需要加大投入，也说明了积累的环境污染问题较为严峻，给环境转型带来了极大的挑战。

（5）未来建议

未来晋城应进一步强化经济转型的部署，通过经济转型进一步带动社会、环境转型，促进整个城市转型目标的实现。为此建议晋城结合既有政府部署，全面推进"六大发展"，坚持"一争三快两率先"总战略，按照三年《综改实验方案》和 2015 年行动计划书，加快"1+9"综改试点和重大改革等步伐。按照"六型转变"要求，实现煤炭产业由量的扩张到质的提升；集中力量转变生产方式、产业结构，不断提升产品质量，进而增加企业效益；加快培育新的经济增长点，如煤层气资源开发、装备制造业集群化规模化发展、促进大数据和物联网等新一代科技与传统产业的结合，实现产业转型升级。推动生态文明理念的普及，持续推动环境保护和生态建设，按照"六个一"示范工作节能减排、大力发展循环可持续经济，抓好"气化晋城"、"绿化晋城"、"净化晋城"的建设工作。

6.2.6　忻州

（1）城市概况

忻州市地处山西省北中部，总面积为 2.515 万平方公里，北邻朔州、大同，南接太原、阳泉、吕梁，西临黄河，东倚太行，横跨山西东西。自 2001 年设市以来，忻州依托丰富的资源，经济发展迅速。2014 年，全市地区生产总值 680.3 亿元，同比增长 5.4%，农村居民人均可支配收入 6104 元，城镇居民人均可支配收入 21735 元，增长率分别为 11.2%、8.6%。[①] 忻州是著名的晋察冀、晋绥革命根据地中心腹地，有着光荣的革命历史。忻州是全国 18 个集中连片贫困地区之一，贫困面积大，2014 年识别认定的贫困村有 2218 个，贫困人口约 56 万人。但忻州也是备受人们喜欢的旅游热区，有 3 个国家级的森林公园，分别是：赵杲观、禹玉洞、五台山，3 个省级森林公园：五峰山、岚漪、马营海，其中五台山被联合国教科文组织世界遗产委员会列为"世界文化景观遗产"《世界遗产名录》。

（2）资源特点及利用概况

忻州市是资源富区，具有开采价值的地下矿产有 50 多种，已探明的矿产主要有煤、铁、铝、金、银、铜、钛、钒、钼、铅、锌、石英、大理石、硅、花岗岩等 50 余种。其中探明的煤炭储量为 207.2 亿吨，境内有 4386 平方公里的含煤面积，1160 亿吨的地质储量，主要分布于 3 个煤田：宁武、河曲、五台；铁矿石的探明储量为 15.9 亿吨，占山西省 48.19%；钼、金红石、金、高岭岩、铝土、大理石、白云石等保有储量均占全省较大份额，金矿储量 18508 公斤，占山西省 73.87%；风电规模全省第一；中铝原平铝厂是全国八大铝工业基地之一，产量、出口均全国第一。此外，全市耕地面积约为 950 万亩，林地 908 万亩，天然牧草地 1048 万亩，人工草地 300 万亩，是"中国杂粮之都"，全省安全生产城市之一。[②]

在丰富的矿产资源支持下，忻州的资源型产业链条逐步完善，不仅煤炭现代化矿井改造建设步伐加快，并且在风力发电、光伏发电、煤层气发电、生物质能发电项目上取得突破性的发展，其新型综合性能源基地已初现雏形。

---

① 参见《2015 年忻州市政府工作报告》。
② 忻州市人民政府网，http://www.sxxz.gov.cn。

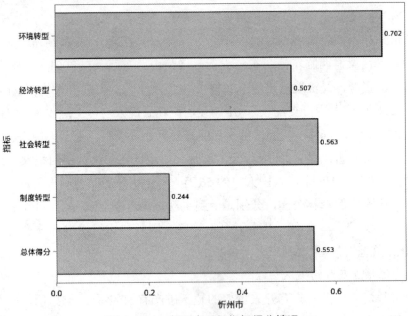
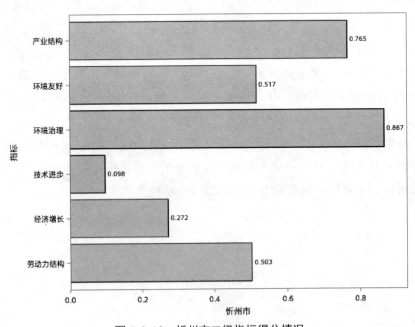

（3）得分结果

图 6.2.11　忻州市一级指标得分情况

图 6.2.12　忻州市二级指标得分情况

（4）转型评价

从城市转型的总体评分来看，忻州市的得分为 0.553，在所有被评价城市中位列第 48 位，说明忻州市的发展转型取得了一定的成效。在推动忻州市转型的一级评价指标中，环境转型的得分最高，其次为社会转型和经济转型，说明了近两年来忻州市在环境治理和优化方面的成绩比较突出，有力地支撑了城市的转型发展。排在最后的是制度转型，说明政府在推动城市转型中的作用还不够显著，有待进一步调整和完善。

从社会转型的指标来看，每万人教师数、教育经费和千人执业医生数得分较高，说明在教育、文化、医疗方面，忻州市有一定的成效，但是社保参保比例很低，每千人病床数也很低，在社会保障和医疗等公共事业上仍然需要大幅投入。

从经济转型的指标来看，得分贡献率最高的是产业结构，最低的是技术进步。通过进一步分析，产业结构之所以成为经济转型的最大贡献因素，主要源于第三产业尤其是服务业规模和比重的快速提高。而技术进步之所以未能发挥对经济转型的带动作用，原因在于经费投入仍有不足，互联网普及率也相对较低。

在环境转型方面，促进环境转型的最大动力源于工业 SO_2 治理、工业烟粉尘治理和生活污水集中处理等方面，而固体废弃物综合利用对促进环境转型的贡献作用不够突出。环境友好方面，空气质量和绿化覆盖率得分也不高，一方面说明了当前环境治理的投入力度仍有不足，另一方面也反映出忻州市环境问题仍相对严峻，环境转型需求迫切。

制度转型中得分最高的指标是金融发展，而得分最低的指标是市场竞争程度，说明促进城市转型的市场化机制尚未建立，未能有效地调动社会力量支持城市转型。

（5）未来建议

结合城市转型评分结果，未来忻州应进一步加强政府和市场在推进城市转型中的作用。为此，建议按照政府既有工作部署，实施创新驱动战略，重视创新在经济转型中的突出地位。一方面，保持企业在创新活动中的主体地位，鼓励支持企业增大研发投入；增强企业的自我管理、自我约束、自我发展的能力，引导科技人员敢为人先、自强自立，增强保护企业专利权的能力和意识，积极推动专利拥有量和有效的发明，同时积极推进管理创新。此外，加大力度培育扶持创新性企业，推动产学研联合。在创新驱动下，立足煤炭资源和产业优势，着力打造低碳发展、绿色发展、循环发展，同时推进铝工业产业链向新材料延伸、优化装备制造业、提升旅游业服务质量、推进环保建设、发展现代化农业，优化经济发展结构。

6.2.7 晋中

（1）城市概况

晋中市位于山西省中部偏东，总面积 1.64 万平方公里，北与省会太原市毗邻，南与临汾市、长治市相交，西临汾河，东依太行山，东北相连阳泉市，西南接壤吕梁市，是山西省的公路、铁路枢纽之一。2014 年地区生产总值 1041 亿元，人均国内生产总值 3.2 万元。晋中市历史悠久，在旧石器时代就有人类活动的痕迹，在历代都拥有比较重要的战略位置，近代成为著名的抗战根据地，有着浓厚的人文气息。[①]

（2）资源特点及利用概况

晋中市矿产资源丰富，至今已经发现有 11 种金属矿、22 种非金属矿，主要有煤、钛铁、铁、铝土、铬铁、电用石灰岩、水泥用石灰岩、耐火黏土、石膏、水泥配料用黏土、硫铁矿、石英岩状砂岩等，其中煤炭的储量为 192 亿吨；铁矿探明的储量为 2902.7 万吨；铝土矿探明的储量为 4413.6 万吨；石灰石探明的储量为 5050 万吨。此外，晋中的农业生产条件优越，是山西省重要的粮食、蔬菜产区。晋中文物旅游资源十分丰富，境内自然和人文景观数量颇多，境内有"两城"（平遥古城、榆次老城）、"两寺"（双林寺、资寿寺）、"四山"（介休绵山、榆次乌金山、寿阳方山、灵石石膏山）、"五院"（乔家大院、渠家大院、曹家大院、王家大院、常家庄园）等的知名景点，2014 年全市旅游总收入突破 400 亿元。[②]

（3）得分结果

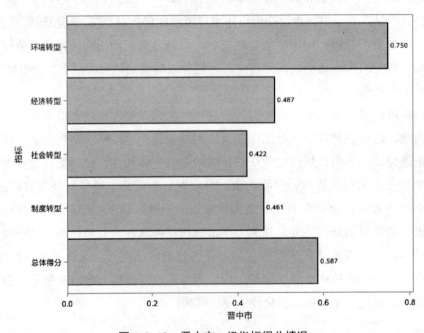

图 6.2.13　晋中市一级指标得分情况

---

① 参见《晋中市 2014 年国民经济和社会发展统计公报》。
② 晋中市人民政府门户网站，http://www.sxjz.gov.cn。

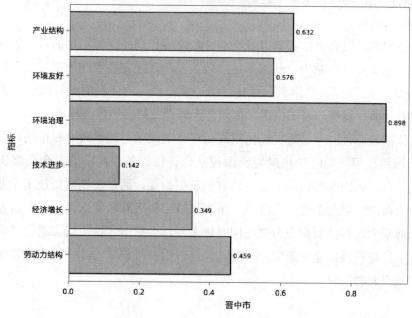

图 6.2.14　晋中市二级指标得分情况

（4）转型评价

从城市转型的总体评分来看，晋中市的得分为 0.587，在所有被评价城市中列第27 位，说明晋中市的城市发展转型效果在全国所有资源型城市中处于领先地位。在推动晋中市转型的一级评价指标中，环境转型的得分最高，说明了近两年来晋中市环境治理和优化方面的成绩比较突出，有力地支撑了城市的转型发展。经济转型、社会转型和制度转型得分相近，在这三方面晋中市表现良好。

从经济转型的指标来看，得分贡献率最高的是产业结构，最低的是技术进步。通过对三级指标进一步分析发现，产业结构之所以成为经济转型的最大贡献因素，主要源于第三产业强劲发展，服务业从业人员占比增加。而技术进步之所以未能发挥对经济转型的带动作用，原因在于科研经费投入不足、专利授权数量的不足，创新驱动力仍有不足，互联网普及率也不高。

在社会转型方面，教育经费投入和教师占比得分较高，社保参保比例、医疗相关评分不高，说明晋中市在教育、文化方面成效较好，但是医疗、社会保障方面的发展略显不足。

在环境转型方面，工业 SO_2 治理、工业烟粉尘排放和治理、工业固体废弃物综合利用、生活污水集中处理这四个方面均衡发展，均对环境转型有一定的贡献。但是环境友好对促进环境转型的贡献作用相对不够突出，空气质量和绿化覆盖率仅是平均水平，一方面说明了当前环境治理的投入力度仍有不足，另一方面也反映出晋中市环境问题仍相对严峻，环境转型需求迫切。

（5）未来建议

当前晋中经济发展中面临着自身产业升级缓慢和产品优势不足的双重约束，原材料和加工制造企业订单减少，开工不足，效益下滑，因此要实现预期转型目标，就要牢牢抓住"一带一路"、京津冀一体化、晋中城市群、山西科创城等机遇，突出自身优势，弥补劣势，发挥政府部门主导作用，为转型发展营造良好环境。

就具体措施而言，一是通过深化煤炭管理体制改革，理清政府和市场边界，更好地发挥市场的作用，同时加快煤炭资源税从价计征改革步伐，培养全市煤炭工业可持续发展走向，巩固既有优势；二是培育创新型企业，通过实施高新技术企业育种工程，推动全市规模以上企业一户联系一所省级以上科研院所等途径，加大培养创新性强、成长前景大的科技型企业力度，同时注重发挥企业家才能，切实增强各类所有制经济活力；三是积极搭建创新创业平台，尤其鼓励高级科技人才、大专院校学生、下岗职工等重点人群创业。

6.2.8　临汾

（1）城市概况

临汾市位于山西省西南部，总面积约 2.03 万平方公里，东倚太岳，西临黄河，与陕西省隔河相望，北起韩信岭。2014 年，临汾市地区生产总值达 1213.2 亿元，农村居民人均可支配收入 8755 元，城镇居民人均可支配收入 23610 元，增长率分别为 11.4%、8.2%。临汾历史悠久，是中华民族发祥地之一，因传说中的"五帝"之一尧曾建都于此，得"华夏第一都"之名。[①]

（2）资源特点及利用概况

临汾矿产资源丰富，仅探明的就有约 40 种，其中金属矿产 12 种、非金属矿产 24 种和 2 种燃料矿产，煤、铁、白云岩、石膏、石灰岩等资源在省内及全国均占重要地位，矿产资源综合优势度为 0.73。[②]煤炭是全市第一大矿产资源，探明储量 398 亿吨，占全省的 14%，全省 11 个市中位居第二位，主要煤种有主焦煤、瘦煤、贫煤、气肥煤、无烟煤等，其中具有全国三大主焦煤基地美称的是乡宁，其特点是易开采、埋藏浅、煤层厚；铁矿总储蓄量 4.2 亿吨，其中磁铁矿为 1.8 亿吨；大理石储量 1.5 亿立方米；石英石储量 2000 万吨；石膏的远景储量为 234 亿吨；还有被称为"有千种用途黏土"的膨润土。临汾市旅游资源得天独厚，现有各级文物保护单位 8691 处，其中国家级

---

① 参见《临汾市 2014 年国民经济和社会发展统计公报》。
② 杨利：学位论文《临汾市县域经济发展战略与对策研究》，中国农业科学院，2014。

28 处, 省级 67 处, 市级 30 处, 著名旅游景区有黄河壶口瀑布、霍州七里峪等, 2014 年全市旅游总收入达 242 亿元, 增长 24%。此外, 临汾市农业生产条件较好, 以经济作物和粮食为主, 土地产出率较高, 农副产品资源丰富, 2014 年粮食总产量为 27.6 亿公斤, 再创历史新高。①

（3）得分结果

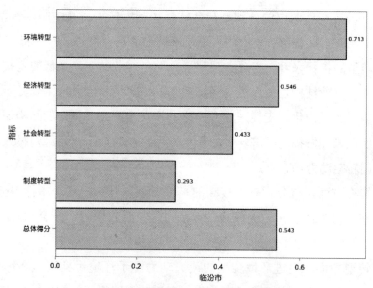

图 6.2.15 临汾市一级指标得分情况

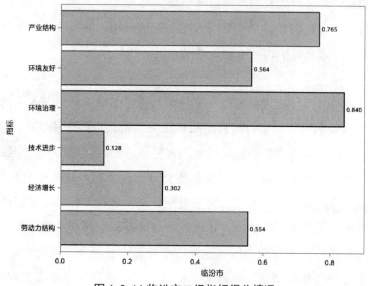

图 6.2.16 临汾市二级指标得分情况

---

① 临汾市人民政府网, http://www.linfen.gov.cn。

（4）转型评价

从城市转型的总体评分来看，临汾市的得分为 0.543，在所有被评价城市中列第54 位，说明临汾市的城市发展转型取得了一定的成效，略高于全国资源型城市的平均水平。在推动临汾市转型的一级评价指标中，环境转型的得分最高，其次为经济转型，说明了近两年来临汾市在环境治理和优化方面的成绩比较突出，有力地支撑了城市的转型发展。排在后两位的分别是社会转型和制度转型，其中制度转型得分最低，说明政府和市场在推动城市转型中的作用还不够显著，有待进一步调整和完善。

从经济转型的指标来看，得分贡献率最高的是产业结构，最低的是技术进步。通过进一步分析，产业结构之所以成为经济转型的最大贡献因素，主要源于"传统产业循环化、优势产业规模化、支柱产业多元化、新兴产业高端化"的结构调整思路。而技术进步之所以未能发挥对经济转型的带动作用，原因在于科研经费投入、专利授权数量不足，创新驱动力仍有不足。

在社会转型方面，得分贡献率较高的是每万人教师数，其余指标得分相差不多，说明临汾市在教育方面有一定的成绩，但是总的来说在医疗、社会保障、教育投入、文化发展等方面仍需要进一步的投入。

在环境转型方面，促进环境转型的最大动力源于环境污染治理和环境友好两方面，这两个指标得分均较高，说明当前临汾环境转型取得了一定成效，但是由于资源型城市开发积累的环境问题较为严峻仍需要很多努力。

在制度转型方面，制度转型主要因为社会投资规模比例和市场竞争程度较低，说明临汾市还未建立起良好的市场机制，通过市场促进转型发展。

（5）未来建议

在深入推进临汾市经济转型的发展道路上，建议以推进供给侧改革为契机，着力化解过剩产能和降本增效，努力改善产品和服务供给，以此来实现产业的优化升级。从具体措施来看，一是着力推动煤炭行业脱困转型。通过化解不安全产能、不环保产能、不先进产能、不经济产能，合理发挥优势产能，通过推进煤矿机械化、信息化、智能化建设，延伸煤炭产业链条，加快煤炭行业脱困转型步伐。二是促进传统产业改造提升。就焦化产业而言，应加快向焦化并举、上下联产转变，将炼焦产能过剩劣势转化为产业竞争优势，积极探索传统焦炭转型路径。就冶金产业而言，应严控增量，优化存量，推进产品结构调整、装备水平提升、产业整合重组三大工程，向集约型、集团化、高端化的方向发展。三是培育壮大战略性新兴产业。通过创新产品、产业、业态，创造高质量的供给，如重点推进汾西其亚铝业年产 240 万吨氢氧化铝 60 万吨高精铝板带箔、蒲县 100 万吨氧化铝、古县 70 万吨铝产业等项目建设，提升装备制造和铸造业的产值规模，提高产业附加值。同时发挥农产品资源优势，培育壮大一批轻工食品骨干企业。

6.2.9　运城

（1）城市概况

运城市位于山西南端，总面积 1.42 万平方公里，古称"河东"，处于晋、陕、豫三省交界处的黄河金三角中心地带。运城市交通便利，全市目前已初步形成了铁路、公路、航空立体化交通网络。2014 年，全市生产总值达到了 1201.6 亿元，同比增长率为 5%，其中城镇居民的人均可支配收入为 22226 元，增长 8.9%，农村居民人均可支配收入完成 8125 元，增长 11.5%。运城历史悠久，是中华文明的重要发祥地之一，有"中华世纪曙猿"化石，西侯度文化遗址，女娲补天、黄帝战蚩尤、舜耕历山等传说，其人文富集，出现过诸多历史名人。[①]

（2）资源特点及利用概况

运城地质构造复杂，矿产资源丰富，目前已发现 60 多种矿产资源，列入山西省矿产储量表的有煤、铁、钴、钼、金、铜、银、铅、铝、锌、芒硝、岩盐、卤水、白钠镁矾、灰岩、熔剂灰岩、磷、黏土、长石、玻璃石英砂岩、重晶石等 21 种。优势矿种由北向南呈"二点一线"式分布。依托于丰富的矿产资源，运城发展成为新兴的工业城市，原材料工业基础良好，氧化铝、电解铝、金属镁、精铜、炭黑等产能在全省占有较大份额。铜矿是运城第一大矿业支柱，储量占全省总储量的 93.99%。

近年来，工业新型化步伐不断加快，初步形成了装备制造、铝镁深加工、农产品加工、医药、新型化工等主导产业。运城气候温和，土壤肥沃，农业生产条件得天独厚，小麦、棉花和苹果产量在全省占据较大份额，是山西省的麦棉基地、果业基地，2014 年粮食总产量 31.6 亿公斤，创历史最高水平。[②]

---

① 参见《运城市 2014 年国民经济和社会发展统计公报》。
② 运城市政府公众信息网，http://www.yuncheng.gov.cn。

（3）得分结果

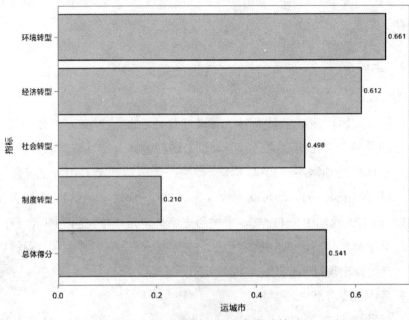

图 6.2.17　运城市一级指标得分情况

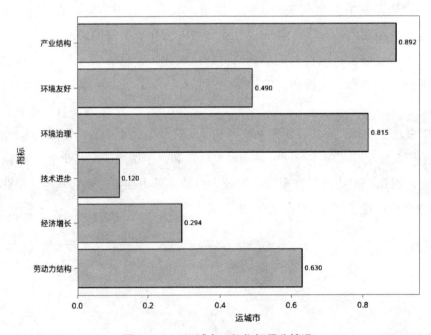

图 6.2.18　运城市二级指标得分情况

（4）转型评价

从城市转型的总体评分来看，运城市的得分为 0.542，在所有被评价城市中位列第 56 位，说明运城市的城市发展转型取得了一定的成效且略高于全国资源型城市的平均水平。在推动运城市转型的一级评价指标中，环境转型的得分最高，其次为经济转型，说明了近两年来运城市环境治理和优化方面的成绩比较突出，有力地支撑了城市的转型发展。排在后两位的分别是社会转型和制度转型，其中制度转型的得分最低，说明政府和市场在推动城市转型中的作用还不够显著，有待进一步调整和完善。

从经济转型的指标来看，得分贡献率最高的是产业结构和劳动力结构，最低的是技术进步。通过进一步分析，产业结构与劳动力结构之所以成为经济转型的最大贡献因素，主要源于运城市对食用菌及养殖业的改革提升、传统产业的大力发展、新兴产业的快速发展、服务业（以文化旅游为主）的形势扩张，这使得运城市逐渐建立起从重工业为主导向、以服务业为主的现代生产体系的转变。而技术进步之所以未能发挥对经济转型的带动作用，原因在于财政支出中科研经费投入比例不足，互联网普及率也不高，创新环境建设不足以至企业缺乏创新力。

社会转型方面，每万人教师数得分较高，社保参保比例、教育经费 GDP 占比、每千人病床数和每千人执业医生数得分均较低，说明在教育、社会保障、医疗等公共事业方面还需要加大投入和发展。

在环境转型方面，促进环境转型的最大动力源于工业废气治理、烟粉尘治理、水污染治理等方面，固体废弃物再利用，但环境友好方面对促进环境转型贡献不大，说明空气质量和绿化覆盖率等方面仍然存在不足。

（5）未来建议

在经济新常态下，运城的经济转型可以按照现有路线图，继续走园区化发展和工业集群化招商的路径，深入进行产学研合作，加快转型升级工业结构化；以科技创新、金融振兴和民营经济发展为突破，推进重点领域改革；以招商引资和项目建设为抓手，扩大对外开放；以打造"古中国"国际旅游目的地为目标，加快现代服务业、文化旅游产业的发展，以此全面推动转型发展、创新发展、安全发展、绿色发展和统筹发展。

不仅要坚持发展经济，还要将改善民生和发展经济齐头并进，深入注重社会事业的发展，不断加大投入在民生工程和社会事业方面，重点做好城乡统筹发展，军民、军地深度融合，以及文化事业与文化产业大发展等工作，促进经济和社会的协调发展。此外，还要坚持发展绿色富市、绿色惠民的发展原则，加强生态绿化保障建设，加强节能减排的发展，推动低碳循环的产业发展，促进资源的高效利用，加强大气、土壤、水等的环境保护和综合治理的力度，建设资源节约型、环境友好型社会。

6.2.10　吕梁

（1）城市概况

吕梁市是山西省下辖地级市，总面积 2.11 万平方公里，东北与省会太原市相连、西隔黄河同陕西榆林相望，东部、东南部和晋中、临汾分别接壤，因吕梁山脉由北向南纵贯全境而得名。

截至 2014 年底，全市实现地区生产总值 1101.3 亿元，按可比价格计算，下降 2%。第一产业完成增加值 68.3 亿元，增长 4.2%，占生产总值的比重为 6.2%；第二产业完成增加值 685.1 亿元，下降 3.3%，占生产总值的比重为 62.2%；第三产业完成增加值 347.9 亿元，增长 0.6%，占生产总值的比重为 31.6%。人均地区生产总值 28960 元。城镇化率达到 43.11%，较上年提高 1.5 个百分点。[1]

（2）资源特点及利用概况

吕梁市是资源富集区域，矿产资源十分丰富，含矿面积占全市国土面积的 90% 以上。全市蕴藏着 40 多种矿产资源，煤、铁、铝的储量尤为丰富。依托丰富的矿产资源，建立了许多如交城宏特煤化公司、中阳钢厂等焦化和钢铁企业。

虽然吕梁市煤炭资源丰富，但在实施城市转型前，吕梁市长期以来，在科学技术水平发展较缓慢，生产力增长水平比较低的情况下，传统的线性紧急模式的经济方式遵循着"资源消耗—产品工业—污染排放"的物质单向流动模式，对资源的利用是粗放的、一次性的。因此在煤炭经济运行过程中，生产的投入高、产出低、污染高，对自然环境造成了严重的破坏，也不利于城市的可持续发展。而随着煤炭的枯竭，吕梁市需培养新兴产业，实现城市的转型。[2]

---

[1]　参见《吕梁市 2014 国民经济和社会发展统计公报》。
[2]　中共吕梁市委、吕梁市人民政府门户网站，http://www.lvliang.gov.cn。

（3）得分结果

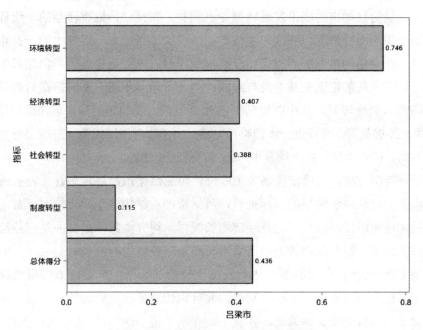

图 6.2.19　吕梁市一级指标得分情况

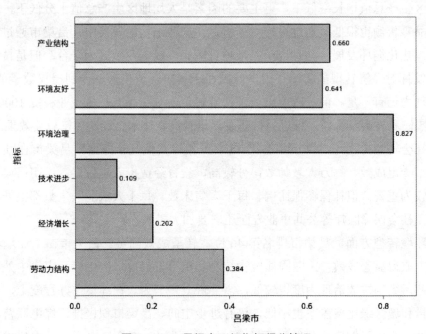

图 6.2.20　吕梁市二级指标得分情况

（4）转型评价

从城市转型的总体评分来看，吕梁市的得分为 0.436，在所有被评价城市中位列第 102 位，说明吕梁市的城市发展转型并不顺利。在推动吕梁市转型的一级评价指标中，环境转型的得分最高，其次为经济转型，说明了吕梁市一煤独大的产业格局作为发展瓶颈，产业结构单一的矛盾仍然没有得到缓解。产业链也过短，仍然以发展上游产品为主。新发展的铝工业基本没有形成产能，市场竞争能力弱。排在后两位的分别是社会转型和制度转型，其中制度转型的得分最低，说明政府和市场在推动城市转型中的作用还不够显著，有待进一步调整和完善。由于政府作用式微，造成部分企业家投资热情不高，信心不足，新上项目少，接续产业进展缓慢。

在经济转型方面，吕梁市排名第 106 位，可见吕梁市经济转型几乎没有成效，需要进一步努力。从经济转型的指标来看，吕梁市产业结构转型效果较差，劳动力结构不佳，技术进步缓慢，最重要的是经济增长缓慢。得分贡献率最高的是产业结构，最低的是技术进步。在产业结构上，吕梁市传统制造业转型得到较好的成效，但是采掘业增加值 GDP 占比、现代服务业从业人员代理值都较低。可见吕梁市虽然煤矿资源丰富，但采掘业并没有得到很好的发展，并且现代服务业也较为落后。在劳动力结构上，吕梁市人口自然增长率偏低，并且采掘业增加值 GDP 占比从业人员代理也较低。说明采掘业从业人数较低，这也是采掘业发展缓慢的原因之一。在经济增长方面，吕梁市地区生产总值增长率低下，更主要的因素是人均地区生产总值十分低下，人均社会消费品零售额也很低。通过进一步分析，在产业结构的发展中，吕梁市通过项目投资实现煤焦化循环发展，并且推动铝系项目崛起。以工业园区为平台，但是技术进步却未能发挥对经济转型的带动作用，原因在于科研经费投入、专利授权数量的不足，创新驱动力仍有不足。但是政府出台了扶持政策，减免高新技术企业税费 1000 万元。加深与国防科技大学合作，推进科技研发，培育高新技术企业，期待后续效果。

在社会转型方面，吕梁市排名第 45 名，相对其他几个方面，吕梁市在社会转型上做出了一定成效。每万人教师数得分较高，教育经费投入也较多，说明吕梁市在教育方面较为重视。但社保参保比例、每千人病床数、每千人执业医生数都很低，说明吕梁市在社会保障医疗等公共事业方面还需要加大投入。

在环境转型方面，吕梁市排名第 46 位，转型成效尚可。吕梁市在工业烟粉尘排放治理上取得显著成效，工业固体废物综合利用率也尚可，但生活污水集中处理率偏低，工业污染物排放治理力度也较低，需要进一步努力。在环境友好程度上，吕梁市空气质量和城区绿化覆盖率也稍低，仍有进步空间。吕梁市积极推行煤电联营，淘汰落后产能。实现了首座光伏发电项目在汾阳并网发电，3 个风电项目基本建成。这些是吕梁获得较高的环境友好评分的主要贡献因素。

在制度转型上，吕梁市排名第107名，说明吕梁市制度转型成效不显著，需要进一步努力。制度转型不成功的主要原因是社会投资规模比例和市场竞争程度评分很低，这些说明吕梁市还未建立起良好的促进城市转型的市场化机制，未能有效调动社会力量支持城市转型。

（5）未来建议

对吕梁市而言，首先要多元、全方位发展煤基产业，不断延伸煤炭产业、煤化工产业链条，循环利用煤炭固废。以煤炭资源整合为突破口，建立起资源节约、控制废弃物产生、反复利用自然资源的能源循环经济。同时要大力推广运用先进的能源技术。改革采煤方法，加大技术改革力度，保证资金的提取和到位。在现有财政支出中，加大科技研发投入和扶持力度，引导资源型企业转型发展非煤产业和高新技术产业。支持院士、博士后工作站建设，培养学科带头人和高技能人才，营造具有吸引力的创新环境。

在产业转型中，要大力发展第三产业，创新工作思路，扩展服务领域，提高服务质量。加快发展具有智力要素密度高、资源消耗低、环境污染少的通信、传媒、物联网、文化创意、生态旅游等现代服务业，提升传统服务业。同时响应国家号召，把握"互联网＋"的机遇，利用大数据、物联网等加快传统产业与现代产业的紧密结合，培育壮大新兴产业。另外，加快现代工业园的建设，科学确定园区主导产业，确立孝义、文水、交城为龙头，充分发挥带动作用，积极构建企业集聚与产业集群。加大对具有自主创新能力和具有核心竞争力企业的扶持，鼓励其进驻工业园区内，大幅度提升工业园区的产业素质。

在投资方面，积极推动招商引资。由政府起到牵头作用，鼓励各类组织参与，积极开展多种形式的招商活动。积极对接京津冀协同发展战略，加强与先进发达地区交流合作。

在制度转型方面，要正确处理好政府主导与市场参与的关系。政府要统筹协调、各级政府运用行政、经济、法律等手段调动社会力量积极参与，充分释放市场经济发展活力，有效推动转型改革发展。

6.3　内蒙古

6.3.1　包头

（1）城市概况

包头是内蒙古自治区最大的工业城市，不仅拥有内蒙古最大的稀土加工、钢铁、装备制造业和铝业的企业，同时也是国家和内蒙古重要的原材料、稀土、能源、新型煤化工和新型装备制造业的基地，誉称"稀土之都"、"草原钢城"，是全国投资环境 50 优城市和全国 20 个最适宜发展工业的城市之一。全市内拥有 9 个旗县区和 1 个高新技术产业开发区（国家级稀土），总面积达两万多平方公里，即 27768 平方公里。作为沟通中原农耕文化与北方草原游牧文化之间的交通要冲，包头市沉淀了厚重的草原文明，与现代工业文明交相辉映。包头是我国少数民族地区最早建设的一座工业城市，工业特色涵盖稀土、钢铁制造、冶金、机械制造、军工等。2014 年，全市实现生产总值 3636.3 亿元，按可比价格计算，比上年增长 8.5%，其中三次产业增加值占全市生产总值的比重分别为 2.8%、49.3% 和 47.9%。全市人均生产总值达到 130676 元，增长 7.2%。[①]

（2）资源特点及利用情况

位于天山纵向成矿带上的包头市，蕴藏有煤炭、铁、稀土等 54 种矿产资源，其特点是储量大、种类多、品位高、易于开采、分布集中。白云鄂博矿山是当今举世罕见的金属共生矿山，目前铁的探明储量有 10 亿多吨，全市铌的总储量居全国之首，此外稀土的储量不仅品位较高、生产成本低，而且含量巨大，占我国 91.6% 的稀土总储量，占目前世界已探明储量的 54.2%，是名副其实的"稀土之乡"。依托丰富的自然资源，一批具有地方特色的企业不断发展壮大。其中包钢是少数民族地区最大的钢铁联合企业，同时也是国家大型钢铁企业之一；中国第一个稀土铝材国家重点生产厂家包头铝厂，是中国十大铝厂之一；还具有国内首家稀土上市公司包头稀土高科；中国兵器工业特大型企业就是内蒙古第一机械制造集团——北方重工业集团公司。近年来，随着城市化、工业化的快速推进，包头市已经形成了东部铝业、西部钢铁稀土、北部机械、南部铝业化工、东南和西北电厂分布的六大产业板块工业围城的格局。同时具有包钢、华业特钢、科技、昭潭地区的煤炭市场等企业的围城分布。这些环绕整个城市的重工业企业对城市环境造成了不可忽视的污染。特别是位于城市上风向的包钢、华业特钢等企业，SO_2、烟粉尘排放量占全市排放量的 25% 和 15% 以上，各自动监控点所监测的 SO_2 排放率一般在 12%—34% 之间。此外在钢铁和煤矿企业中，矿产资源综合利用程度低，加工深度不够。

除矿产资源外，包头市有丰富的农畜资源，特别是包头市的亚麻纺线和羊绒在国内都占有举足轻重的地位，其中世界上最大的羊绒制品公司之一是内蒙古鹿王羊绒集团。[②]

---

① 参见《包头市 2014 年国民经济和社会发展统计公报》。
② 包头市人民政府网，http://www.baotou.gov.cn。

（3）得分结果

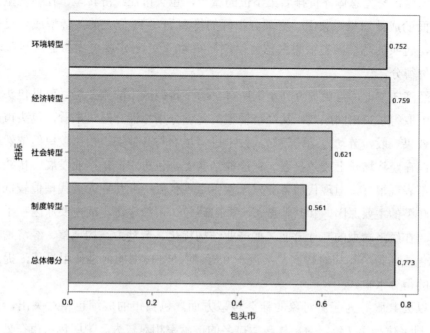

图 6.3.1　包头市一级指标评价结果

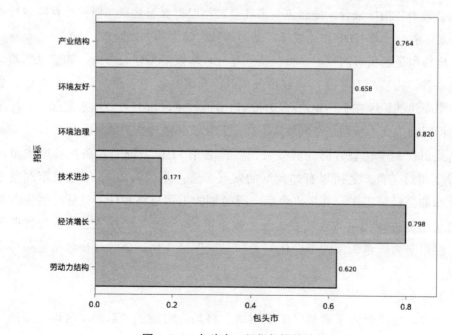

图 6.3.2　包头市二级指标评价结果

（4）转型评价

作为城市转型总体评价排名第 1 位的城市，包头市在经济转型、社会转型、制度转型方面的成效均相对突出，三项分指标的排名均在 11 位之前，转型成效显著。相比之下，包头的环境转型效果欠佳，仅位列第 40 位，一定程度上拉低了包头转型的总体评价得分。

在经济转型上，包头市位列全国所有资源型转型城市的第 2 位，可见包头市在经济转型上取得了突出的成效。从经济转型的各项分指标评分结果来看，包头市产业结构转型效果一般，劳动力结构较好，技术进步虽然与其他城市相比较快但依然得分不理想，但在经济增长上成效显著。在产业结构上，包头市在采掘业发展、传统制造业转型上都表现很好，但现代服务业发展缓慢，现代服务业从业人员代理值较低，是影响产业转型的主要原因。和其他城市一样阻碍包头市技术进步的主要原因在于经费投入不足。在经济转型的其他方面，如产业结构优化、劳动力结构调整、经济增长等分指标，包头的得分均相对较高，接近于 0.8，对经济转型的促进作用显著，提高了经济转型的得分水平。

在以公共服务为衡量对象的社会转型方面，包头市的成绩也相对突出，得分达 0.621，排名位列第 7 位，对总体转型排名的贡献率相对较大。说明包头市在处理经济转型、社会转型方面都取得了较好的成效，形成了经济转型和社会转型的良性互动。但从社会转型各指标来看，虽然包头市社会转型取得显著效果，但在教育经费投入上十分不足，教育经费 GDP 占比很低，是阻碍社会转型的主要因素。

环境转型是包头市的唯一短板，特别是在环境友好型建设方面，如空气指数、森林覆盖率等，力度仍有不足，导致得分偏低，排名也较为靠后，仅列第 40 位，导致环境转型不足的原因在于污染治理和环境培育两种手段没有有效地搭配起来，环境友好的指标得分偏低，特别是空气质量不高，弱化了环境转型的效果。

包头市在制度转型方面的成效突出，排名第 11 位，说明包头在转型中市场培育的程度相对完善。之所以有如此好的发展态势，是因为 2015 年包头市高度重视服务业和非公经济工作，并提出今后一段时期的工作思路和任务目标，制定并出台了《包头市促进现代服务业发展的若干政策措施》，成立了办公室负责现代服务业管理。经过努力，包头市的个性化消费初见端倪，文化、金融及社会化服务体系活力显现。

（5）未来建议

近年来，包头市为了破解"工业围城"格局，实施了"东铝、西钢、南高、北装"产业布局战略，促进产业的转型升级，并淘汰落后的产能，这既是包头经济转型得以成功的关键，也是需要未来进一步强化的。但作为衰退型资源城市，包头经济转型任务依然巨大。在未来的产业转型升级中，包头市一方面要继续发挥钢铁、铝镁、煤化工等重工业基础的优势，依托开采和冶炼铝镁钢铁等资源，发展金属材料深精加工的产业；依托煤炭和煤炭中间产品，对煤化工产业链进行多途径延伸，开发具有高附加值的产品；依托重工业的基础，发展装备制造业。同时要对战略性新兴产业大力发展，积极培育新医药、稀土产业、生物工程三大新兴战略产业。同时加快发展现代服务业。在发展现代服务业中，由于包头市具有宝贵的历史文化遗产，因此可以把旅游业作为抓手，进一步带动服务业发展。具体措施包括建成体现草原文化、独具北疆特色的旅游观光、休闲度假。以生态建设为先导，夯基础促转型，打造祖国北疆亮丽风景线。以文化产业为抓手，调结构转方式，打造体现草原文化、独具内蒙古特色的休闲度假、旅游观光的基地。以五当召为龙头，文化创意影视基地和低空域航空运动为两翼，室内动漫体验和矿山火车动态观光旅游走廊为补充打造文化旅游休闲的产业基地。

尽管包头市曾确立了生态环境整治工程"七大工程"，但环境转型的效果总体欠佳，以环境为核心要点的体制机制问题正逐步确立，期待后续研究中的对比。

6.3.2 乌海

（1）城市概况

乌海市是内蒙古自治区下辖地级市，地处黄河上游，北靠肥沃的河套平原，南与宁夏石嘴山市隔河相望，西接阿拉善盟草原，东临鄂尔多斯高原，作为"宁蒙陕甘"中心经济结合部和连接带，连接着华北和西北地区。[①] 作为典型的资源型城市，乌海市是国家"一五"时期布局的煤炭基地之一，第二产业产值规模和比重持续增加。截至 2014 年底，全市实现地区生产总值 600.18 亿元，增速 8.8%，其中，第一、二、三产业增加值分别为 4.74 亿元、383.37 亿元、212.07 亿元，全部呈现增长态势，增长率分别为 3.2%、9.4%、7.9%。[②] 城乡常住居民人均可支配收入 30433 元，增长 9.6%。此外，作为西部大开发以来率先在国内实施城乡一体化改革和城乡单一户籍制度的城市之一，乌海的城镇化率 96%，全国排名第 4 位。[③]

（2）资源特点及利用概况

乌海市矿产资源富集，拥有优质焦煤、煤系高岭土、石灰岩等大量矿产资源，这

---

① 参见王瑞珍：《西部资源型城市人地关系演变规律探讨——以乌海市为例》，《北方经济》2012 年第 3 期。

② 参见杨秋海：《由农民收入结构寻求的农民收入增长对策分析——基于河南农民收入结构的实证分析》，《河南财政税务高等专科学校学报》2015 年第 6 期。

③ 参见《乌海市 2014 年国民经济和社会发展统计公报》。

些集中的矿产资源易于开采有利于发挥其工业利用价值，又加上优质的资源储量高，更是锦上添花。比如，作为国家重要的焦煤基地，其储量占了整个内蒙古的 75%，除此之外，石灰石和煤系高岭土均有大规模储量，分别为 200 亿吨以上和 11 亿吨以上。这些矿产资源优势，毋庸置疑造福了乌海市矿业的发展，带来了资源保证和工业"食粮"。但乌海市作为资源型城市也产生了一系列的问题。一是逐渐枯竭的煤炭资源。随着逐渐稀少的煤炭资源总量，加之煤炭资源的低回收率，只有 30%—50%，煤炭资源有相当严重的消耗和废弃，按如此速度和效率进行开采，20—30 年后，乌海市将会出现煤炭资源的枯竭和煤矿的衰落。二是产业结构的畸形发展。乌海市的三大产业呈现不同的现状，第三产业和第二产业发展不足，轻重工业发展不协调。与此同时，工业发展迅猛，尤其以煤炭和焦化为主的煤化工著称，其他产业占比较低。三是资源开采过程中带来的一系列污染问题逐步凸显。

　　此外，乌海市水资源也较为丰富，黄河流经市区，为发展工农业生产提供较充足的水资源。野生植物资源丰富，具有以四合木、沙冬青、霸王、白刺等为代表的天然林资源，总面积达 30 万亩，其中四合木作为国家二级濒危珍稀保护植物，其研究价值极高。[①]

　　（3）得分结果

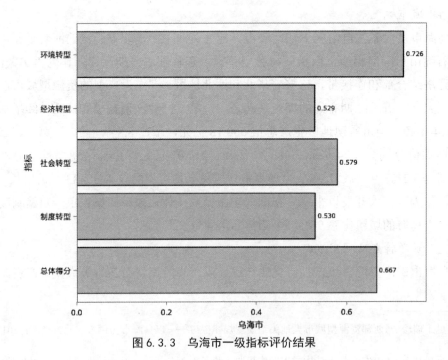

图 6.3.3　乌海市一级指标评价结果

---

① 乌海市人民政府门户网，http://www.wuhai.gov.cn。

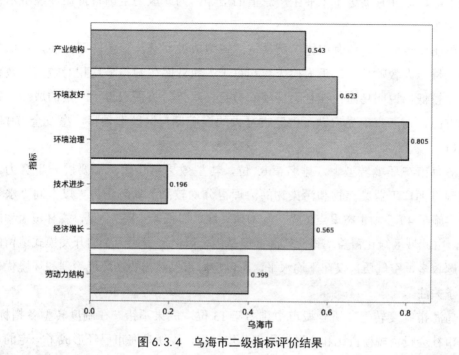

图 6.3.4　乌海市二级指标评价结果

（4）转型评价

从城市转型的总体评分来看，乌海市的得分为 0.667，在所有被评价城市中位列第 6 位，说明乌海市城市转型较为成功。但进一步比较可以看出，相对于社会转型和制度转型评价得分相对较高，乌海市的经济转型和环境转型效果不佳。

在经济转型上，乌海市排名第 83 位，排名略为靠后，因此需要进一步深化。在经济转型各指标中，乌海市相对其他资源型城市技术进步较显著，经济增长较快，但产业结构转型较差，劳动力结构不佳。在产业转型上，主要限制因素是采掘业发展缓慢，现代服务业落后。结合乌海市现状，其经济和城市转型必须作为核心，结合产业结构的调整，政府部门的政策支持，从第三批资源枯竭型城市名单中尽快走出，实现经济和产业体系循环化。生态环境明显改善，转型发展取得阶段性成效。2010—2013年全市地区生产总值从 391.12 亿元上升到 570.13 亿元，年均增长 15.37%；三次产业比例由 2010 年的 1∶71.7∶27.3 调整为 0.9∶65.9∶33.2。2014 年以来，面对复杂的宏观经济形势，乌海市主要经济指标保持在内蒙古自治区前列。

此外，乌海市经济转型中的突出特点是发展循环经济，是实现经济转型和环境转型的重要手段。由于乌海市土地面积小，行政区划面积中 2/3 为不可利用地，环境容量、能耗空间十分有限。针对这一现状，乌海市着力发展循环产业，不仅有效地降低了能耗，并且促进了工业生产总值的增加，为此成为全国首批循环经济示范城市创建地区。

在社会转型上，乌海市排名第 9 位，转型成效显著。社会转型方面，社保参保比例、每万人教师数、每千人病床数和每千人执业医生数得分均相对较高，教育经费占比较低，说明乌海市在社会保障、教育、医疗等方面取得了一定的成绩。社会保障方面，乌海市率先启动了内蒙古最大的煤矿棚户区改造项目，惠及全市 1/3 以上人口。

乌海市在环境转型上，排名第 63 位，转型效果不显著，需要进一步努力。环境治理方面，工业废弃物和污染物的治理得分均较高，乌海正由"煤"向"水"转变，实施了 40 多项生态重点工程，新增园林绿地面积 4.9 平方公里，森林覆盖率超过20%，由此城区绿化覆盖率得分较高。但是由于以矿产资源为主的开发模式遗留的环境问题较多，空气质量仅在平均水平，所以乌海市仍然需要在环境治理和环境优化方面给予关注。

乌海市制度转型在所有城市中排名第 13 位，成果不错。在制度转型各指标中，乌海市社会投资规模占比和金融发展得分均较高，说明乌海市已经形成了一定的市场化机制以促进城市转型，政府结合社会力量共同支持城市转型，但是市场竞争程度仍然需要提高。

（5）未来建议

乌海市的转型取得了一定的成效，但仍有很多可以加强的地方。一是针对当前产业发展存在的突出的路径依赖、产品低端化、科技支撑和自主创新能力不强等问题，应重点投入循环经济，大力发展煤炭精深加工和现代煤化工产业等装备制造业，促进产业优化。二是科技和自主创新是乌海市实现成功转型最重要的因素，应进一步强化。建议财政及社会各界应大力支持科技研发，确保充足的科技研发经费，吸引人才，发挥科技对产业转型升级的作用。三是环境方面，加快淘汰落后产能，对环境污染企业实施停产治理，加快环境管理信息化建设。四是鼓励发展第三产业，围绕乌海湖发展旅游业、鼓励商贸流通业、保持金融业稳定。

6.3.3　赤峰

（1）城市概况

赤峰市位于蒙冀辽三省区的接壤处，内蒙古自治区东南部，因城区东北角有一座赭红色的山峰而得名。地理环境复杂多样，山地、高原、丘陵、盆地、平原俱全。经过多年发展，赤峰形成了以能源、纺织、冶金、建材、食品和化工等六大支柱产业为骨干，分类比较齐全，富有地方特色的工业体系。2014 年，全市实现了 763.79 亿元的工业增加值，同比上年增长率为 10.2%。其中规模以上的工业增加值增长率为 10.7%。其中，冶金、化工、机械、医药、食品、建材、能源和纺织等八个重点行业的增加值增长率为 10.6%，规模以上工业的贡献率为 94.4%，拉动 10.1% 的工业增长。冶金行业的增加值增长率为 12.7%，拉动规模以上工业增长 6.1 个百分点，[1] 对规模以上工业的贡献率为 57.1%。

（2）资源特点及利用情况

赤峰是我国重要的黄金产地和能源及有色金属基地，已发现矿产 70 余种、矿产地 1200 多处，其中大型矿床 25 个，金、银等贵金属和铅、锌、铜、锡、钼等有色金属种类多、储量大，2010 年被中国有色金属工业协会命名为中国有色金属之乡。此外，赤峰还拥有着丰富的其他非金属矿、燃料矿。已探明的燃料矿有煤、泥炭和油页岩，煤炭分布广泛，集中在平庄和元宝山煤田，储量占赤峰市 79% 的总储量。其他非金属矿主要有萤石、鸡血石等，还有蜚声海内外的艺术瑰宝巴林奇石。据专家的初步预测，赤峰市具有潜在经济价值在 5 万亿元以上的矿产资源。

丰富的矿产资源是赤峰的发展基础，而有利的地理位置则为资源转化为经济优势创造了条件。赤峰市位于东北经济区和华北经济区的结合处，两大经济区为赤峰的资源性产业发展提供了充足的市场需求，未来随着赤峰交通运输状况的改善，连接资源和市场的区位优势进一步提升，将成为中色、云铜等大国企建立东北和华北区域战略的支点。[2]

赤峰市虽然有明显发展优势的金属工业，但也存在对金属工业的健康、持续、快速发展产生影响的问题，如：倒卖矿权、私挖滥采、无证开采、矿区缺乏总体规划、超层越界等现象普遍存在，导致资源浪费、安全生产、重复建设等问题。赤峰市经过矿产资源整合工作后，整合、关闭、整改了 300 多家矿山企业，避免了矿业权的不合理配置，使矿产资源开发利用和勘探减少资源的浪费，形成集约化和规模化的发展。[3]

[1]《赤峰市 2014 年国民经济和社会发展统计公报》，http://www.nmg.cei.gov.cn/wx/tjgb/201505/t20150507_107761.html.
[2] 参见李跃东：《赤峰市金属矿产资源的分布规律及开发优势》，《西部资源》2007 年第 6 期。
[3] 参见董万志、陈学礼：《赤峰矿产资源综合利用现状调查及对策》，《北方环境》2010 年第 6 期。

（3）得分结果

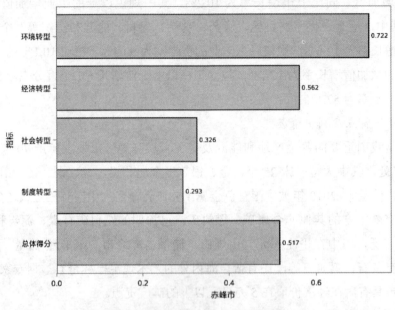

图 6.3.5　赤峰市一级指标评分结果

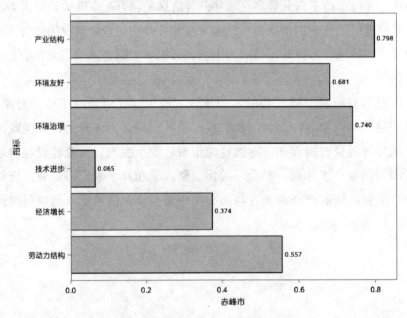

图 6.3.6　赤峰市二级指标评分结果

（4）转型评价

赤峰市的总体转型评价得分为 0.517，略低于全国平均水平，位列第 70 位，排名相对靠后，说明总体转型效果欠佳。从各项分指标看，经济转型、社会转型、环境转型和制度转型的排名均相对靠后，说明当前赤峰市在经济、社会、环境和制度四个方面的转型任务仍相当艰巨。

赤峰市经济转型得分 0.562，排名 68，其经济转型成效不突出。从经济转型的各分指标来看，技术进步指标得分最落后，其得分仅为 0.065，与最高的 0.784 差距较大。赤峰市互联网普及率较低，更重要的是 R&D 经费投入强度太低，导致其技术进步缓慢，进而导致赤峰在依靠技术进步带动经济转型方面的收效甚微。而在产业结构和劳动力结构上赤峰市表现良好。在产业结构中，其采掘业增加值 GPD 占比和传统制造业比重、从业人员比都较高，促进采掘业经济收益、改善传统制造业方面赤峰取得较好的成效，促进了产业结构的改善，但现代服务业从业人员比仍较低，需要进一步增强现代服务业发展。

赤峰市社会转型得分为 0.326，排名第 66 位，排名靠后，转型成效不显著，仍需进一步努力。赤峰市医生数、病床数都较少，在社会医疗服务上有待提高。

环境转型得分 0.722，排名 65，转型效果也不显著。在环境转型的两个分指标中，环境治理的效果要优于友好环境建设的效果。一定程度上反映出当前赤峰市重环境污染治理，而轻视友好环境建设的问题，造成这一问题的原因可能是作为资源利用型城市，在多年的发展中积累了较大的环境问题，当前环境污染治理的任务较重，在有限的政府投入下，形成了向环境污染治理倾斜的现状。在环境治理中，赤峰市在工业污染物 SO_2 排放治理、工业烟粉尘排放治理、城镇生活污水集中处理率等方面都做得较好，但在工业固体废物综合利用率极低，是环境转型效果不显著的主要原因。在环境友好方面，赤峰市空气质量和城区植被覆盖率方面都较高，环境良好。

制度转型的得分 0.293，排名第 45 位，和经济、社会、环境三个转型成效相比，转型稍有成效，但仍需进一步调整。赤峰市社会投资规模较小，金融发展偏低，但其制度市场竞争程度较为激烈，其社会投资和金融发展是市场发展的主要限制因素。

（5）未来建议

作为资源型城市转型成效欠佳的城市，赤峰未来发展中面临的转型压力，无论是经济方面、社会方面、环境方面还是在制度方面都相对较大。因此，如何找到适合赤峰的转型突破口是未来赤峰市要面临的重要问题。相对于其他指标来说，赤峰在制度转型方面的排名相对靠前，特别是在金融市场的发展方面较其他地区具有优势，为此可借助于当前发展"绿色金融"的机遇，通过金融手段的完善，为城市的"绿色"转型注入新的动力。此外，赤峰市还应加大发展现代服务业，特别是拓展旅游及文化创意产业，通过推进智慧景区、自驾营地和旅游公共服务设施建设，提升旅游服务软实力，提升赤峰旅游知名度和影响力。

作为成熟的资源型城市，从宏观发展来看，赤峰未来转型发展，首先要调整战略性产业结构，提高经济综合实力。普及互联网，提高 R&D 投资力度，鼓励新技术创新，鼓励创业，促进地方产业向科技型工业化转变。

其次，在环境治理方面，应研究和发展清洁能源，研究新的技术和策略，以提高工业固体废物综合利用，提高城市环境。

此外，在合理开发资源，促进采掘业友好快速发展的同时，坚持第三产业的发展，提升服务产业的服务理念和现代化水平，提高金融、物流、旅游等企业结构化、协调化的企业竞争能力。同时要加大金融投资，并且招商引资，带动当地新技术的发展和更新，提高市场效益。在资源型城市转型过程中，市场在资源配置、经济增长中所起的是基础性作用，而政府应以经济环境的优势局面吸引支柱企业，推进企业生产经营方式的多样化和经验化，实现城市的顺利转型。

6.3.4　呼伦贝尔

（1）城市概况

呼伦贝尔市是世界上土地管辖面积最大的地区级城市，位于中俄蒙三国的交界地带，东邻黑龙江省，西、北与蒙古国、俄罗斯相接壤，拥有 8 个国家级一、二类通商口岸。作为中国北方少数民族和游牧民族的发祥地之一，呼伦贝尔水草丰美，市境内的呼伦贝尔草原是世界四大草原之一，被称为世界上最好的草原。此外松涛激荡的大兴安岭林海，纵横交错的河流，星罗棋布的湖泊为呼伦贝尔发展集中的、点状的、保护生态的大型、高端能源重化工业提供了优势条件。近年来，依托丰富的资源，呼伦贝尔经济社会发展走上了快车道。2015 年，全市地区生产总值实现 1595.96 亿元，按可比价计算增长 8.1%，人均地区生产总值 63131 元，可比价增长 8.2%。[①]

（2）资源特点及利用情况

在这块美丽富饶的蒙古高原上，蕴藏着丰富的自然资源。呼伦贝尔已发现矿产有 9 类 65 种，主要有煤炭、石油、铁、铜、铅、锌、钼、金、硫铁矿、水泥灰岩等。其中煤炭已探明储量 1000 多亿吨，远景储量在 2000 亿吨以上，是辽宁、吉林、黑龙江三省总和的 1.8 倍。

此外，草原和森林资源也是呼伦贝尔的一大特点。全市拥有林地面积 1.90 亿亩（含松加地区），占全市土地总面积的 50%，占自治区林地总面积的 83.7%，森林覆盖率 49%。森林活立木总蓄积量 9.5 亿立方米，全市森林活立木蓄积量占自治区的 93.6%，占全国的 9.5%，全市森林活立木蓄积量占自治区的 93.6%，占全国的 9.5%。

---

① 参见《呼伦贝尔市 2014 年国民经济和社会发展统计公报》。

呼伦贝尔农牧资源优厚，发展基础良好，有耕地 2664 万亩，可利用草木场 1.38 亿亩。2014 年，第一产业增加值达到 279.3 亿元，同比增长 5.5%，增速居全区第二。农牧民人均纯收入达到 10751 元，同比增长 11.5%。[①]

（3）得分结果

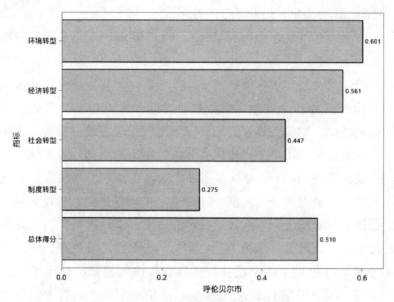

图 6.3.7　呼伦贝尔市一级指标评分结果

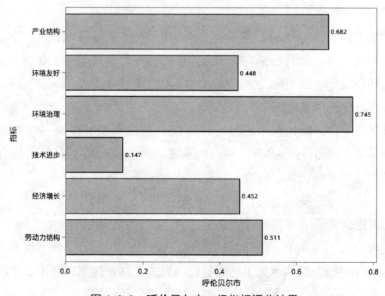

图 6.3.8　呼伦贝尔市二级指标评分结果

---

① 呼伦贝尔市人民政府网，http://www.hulunbeier.gov.cn。

（4）转型评价

从转型的总体评价排名看，呼伦贝尔位列第 73，得分略低于全国平均水平，说明城市的总体转型效果欠佳。从各项分指标看，经济转型、环境转型的排名相对靠后，其中环境转型基本处于垫底状态，而社会转型、制度转型的排名均相对靠前，特别是在社会转型方面，优势突出，提升了总体得分。

经济转型方面，呼伦贝尔市得分 0.561，排名第 69，可见在经济转型过程中呼伦贝尔市成效并不显著，仍需进一步发展。从经济转型子指标看，呼伦贝尔市产业结构仍有待调整。呼伦贝尔市传统制造业比重较低，现代服务业从业人员比重也偏低。呼伦贝尔市在产业转型方面成效不显著，产业仍以传统制造业、农牧业、采掘业为主，而旅游业、物流业和互联网行业等现代服务业发展缓慢。为实现经济转型，现代服务业的发展必不可少，也需要呼伦贝尔市政府的倡导和促进。此外技术进步缓慢，主要原因是 R&D 经费投入强度较低，新技术投入资金的缺乏，导致技术进步得不到提高。要促进经济发展，呼伦贝尔市需要加大对新技术新产业资金的投入，促进科技产业的发展，加强科学技术的推广，以科技来带动转型。

在社会转型方面，呼伦贝尔市得分 0.447，排名 27，可见呼伦贝尔市在社会转型方面效果不错。呼伦贝尔市市民社会保险参保比例较高，保障了市民的基本生活。在教育方面，教育经费 GDP 占比偏低，呼伦贝尔市在教育方面仍需加大资金投入。在医疗方面，虽然医生人数不少，但病床数较少，社会医疗服务也需要进一步提高。

在环境转型方面，环境转型的得分为 0.601，位列全国第 111 位。呼伦贝尔市在环境治理上表现较差。尤其在 SO_2 等工业污染物排放治理较差，工业固体废物综合利用率低。在环境友好方面，呼伦贝尔也表现较差，虽然呼伦贝尔市空气质量较好，但市辖区建成区绿化覆盖率太低。

在制度转型方面，呼伦贝尔的得分为 0.275，排在第 55 位，呼伦贝尔市在制度转型上有一定成效，但仍有待提升。在市场金融环境上，呼伦贝尔的市场竞争程度较高，促进了市场效率的提高和制度的转型。社会投资规模得分较高，是促进社会转型的主要因素，但在金融发展上仍有所欠缺，需进一步改进和提升。

（5）未来建议

绿色是呼伦贝尔的底色，良好的生态环境为呼伦贝尔提升了知名度和美誉度，也为呼伦贝尔市经济社会发展奠定了优越基础。失去了良好的生态环境，经济社会发展就如同海市蜃楼毫无意义。面对环境转型总体效果欠佳的情况，未来呼伦贝尔的发展中，要牢牢守住"绿色红线"，加快形成绿色发展方式和生活方式，把绿色发展理念融入经济社会各项事业发展之中，融入人们的日常生活之中，努力实现生产发展、生活富裕、生态良好的有机统一，努力推动呼伦贝尔市绿色、美丽、永续发展，打造祖国北疆亮丽风景线。

在运用"绿色"资源实现绿色发展中，可以以现代草原畜牧业和旅游业为先导。在发展现代草原畜牧业中，草原的生产水平持续下降，究其原因主要来自于草地的严重退化现象。为此，可通过各种有效措施加快草原退化治理，建设牧区水利工程，配置相应设备设施，将资源高效利用，提高供给量和供给能力。同时加大对草原畜牧业的财政投入。推进畜牧业基础设施建设的资金投入和机械补贴资金。同时要积极发展牧民合作组织，统一管理，进行标准化生产和规模化经营，推进畜牧业产业化、市场化进程。

在发展旅游业中，需要明确其主导作用，各景区的协同建设要将文化与旅游相融合，积极创建 5A 级景区、大兴安岭北部的原始森林公园以及边境旅游。同时抓好冬季旅游项目的发展，例如冰雪那达慕。提高旅游服务业的规范性和服务水平。

此外，还应当加快培育新型业态。鼓励社会资金投入到养老机构、生活照料、医疗保健等健康养老产业。积极推动电子商务、快递配送、家政服务和环保产业等新型业态发展。

6.3.5 鄂尔多斯

（1）城市概况

鄂尔多斯市位于内蒙古自治区西南部，市辖七旗一区，总面积 86752 平方公里，是改革开放 30 年来的 18 个典型地区之一，也是内蒙古的经济新兴城市，排名中国城市综合实力 50 强。从地理位置来看，鄂尔多斯市处于东北、华北和西北地区相连接的中心位置，内可融入环渤海经济区域，外可辐射大西北地区，并通过陆路口岸与周边国家实现贸易往来，市场空间极为广阔。良好的资源与区位组合优势，使鄂尔多斯市具备发展大工业的优越条件，是发达地区产业转移的理想地区之一。2014年全市地区实现了 4162.2 亿元的生产总值，同比去年增长 8.0%。其中，第二产业实现 2463.0 亿元的增加值，同比增长率 9.9%，对经济增长有 75.7% 的贡献率，拉动 GDP 增长 6.1%，三次产业增加值比例调整为 2.4∶59.2∶38.4。近年来，受房地产滞销、煤炭价格下跌、民间借贷凸显等问题困扰，经济增速曾连续多年领跑全国的鄂尔多斯市倍受关注。[①]

（2）资源特点及利用情况

鄂尔多斯市自然资源富集，拥有得天独厚的"羊、煤、土、气"（羊绒、煤炭、

① 参见《鄂尔多斯市 2014 年国民经济和社会发展统计公报》。

稀土、天然气）资源，素有"羊煤土气风光好"的美誉。羊绒制品产量约占全国的1/3、世界的1/4，是名副其实的中国绒城、世界绒都。鄂尔多斯高原的阿尔巴斯白山羊驰名中外，其羊绒光泽好洁白柔软、纤维长、净绒率高，是山羊绒中的佼佼者，在国际上享有"开司米"绒的美称。我国是世界上第一产绒大国，年产原绒约 8000—10000 吨，占世界总产量的 3/4，其中内蒙古产绒 5342 吨，占全国羊绒总产量的 1/2，质量居全国之首。

鄂尔多斯市具有丰富的煤炭资源，其主要特点是埋藏浅、储量大、易开采。煤炭拥有量、年产煤量均名列全国各城市之首。鄂尔多斯煤炭探明储量 1930 亿吨，约占全国的 1/6，预测总储量在 1 万亿吨以上。近年来，鄂尔多斯市依托煤炭资源优势，成就了经济大发展的好局面，但在煤炭资源开发过程中也带来了诸多不可忽视的问题：因采煤造成严重的水土流失和水体污染，SO_2 等有害气体排放逐年增加，大气污染加剧。[①]

（3）评分结果

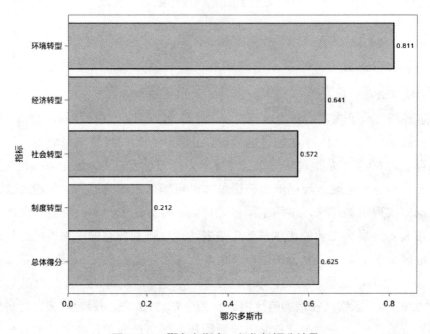

图 6.3.9　鄂尔多斯市一级指标评分结果

---

① 鄂尔多斯在线——鄂尔多斯市人民政府网站，http://www.ordos.gov.cn。

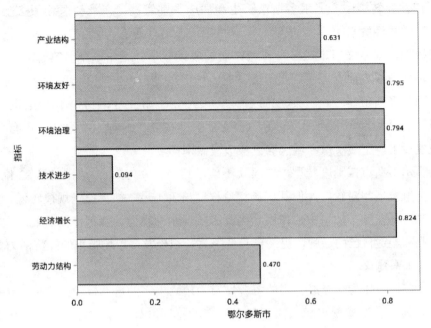

图 6.3.10　鄂尔多斯市二级指标评分结果

（4）转型评价

作为曾经广受争议的资源型城市，2014 年鄂尔多斯在实现经济社会环境的总体转型方面相对成功，总体转型得分为 0.625，高于全国平均水平，得分位列全国第 17 位，其中经济转型、社会转型、环境转型均相对成功，排名在全国前 25 位。但制度的转型相对落后，是制约整体转型效果的主要因素。

在经济转型方面，鄂尔多斯市得分 0.641，排名第 21 位，可见鄂尔多斯市在经济转型上取得了较好的成效。从经济转型的各项分指标评分结果来看，其在产业结构和经济增长上表现较好，促使经济转型效果显著。在产业结构上，鄂尔多斯市传统制造业比重较高，现代服务业从业人员比重也相对较高，说明该市经济中心正从传统制造业向其他产业转移，并且以服务业为主的第三产业也得到良好发展。其采掘业增加值GDP 占比偏低。鄂尔多斯市经济增长迅速，尤其是人均地区生产总值，在所有资源型城市中位于榜首，其地区生产总值增长率和人均社会消费品零售额也较高。虽然鄂尔多斯市经济发展突出，但技术进步缓慢，主要原因是 R&D 经费投入强度较低。与其他地区相类似，鄂尔多斯市在劳动力结构和技术进步上仍有待提升。

在以公共服务为衡量对象的社会转型方面，鄂尔多斯市的成绩不俗，得分达 0.572，排名位列第 10 位，对总体转型排名的贡献率相对较大。说明鄂尔多斯市在处理经济转型、社会转型方面都取得了较好的成效，形成了经济转型和社会转型的良性互动。在社会转型中，鄂尔多斯市医生和病床数都较高，在社会医疗服务上表现较好，但其教育经费 GDP 占比很低，在教育投资上仍有不足。

同样地，鄂尔多斯市在环境转型方面的成绩亦十分突出，排名第 14 位，在污染治理和环境建设方面实现了同步前进，有力地促进了当地生态环境的改善。在环境治理上，鄂尔多斯市在工业污染物排放治理、工业 SO_2 和工业烟粉尘排放治理上效果显著，城镇生活污水集中处理率较高，但工业固体废物综合利用率很低，仍有待提升。在环境建设上，空气质量和城区绿色植被覆盖率都较高。

但鄂尔多斯市在制度转型中的表现不佳，其得分仅为 0.212，排名第 82 位。鄂尔多斯市金融发展相对较好，但其市场竞争程度显著不足，社会投资规模较低，未能有效地发挥市场在城市转型中的作用。因此为实现制度转型，鄂尔多斯需要加大社会投资，企业需塑造自己的品牌，提高自身竞争力，积极发挥市场带来的经济活力。

（5）未来建议

鄂尔多斯市作为一个成长型的资源城市，依靠丰富的自然资源来实现经济的快速发展。与其他资源型城市相比，鄂尔多斯市的特别之处在于，它是一个沙漠化非常严重的地区，草原和耕地面积很少并且在不断缩小，发展所面对的资源环境约束问题尤为突出，而要实现平稳、健康发展必须以保护环境为前提。因此建议转换经济增长模式，由注重原材料和初产品到针对资源的加工和利用，将经济发展与环境保护协同发展。针对经济和社会之间的矛盾展开宏观调控的政策。在经济发展中，针对鄂尔多斯市企业竞争力不足、品牌效应不明显的问题，通过加大政府扶植力度，鼓励产业自主创新，在创新的视角下，针对能源化工、装备制造等领域展开打破传统的创新式开发，将理论与实际相结合，转变产业结构和发展方式。

针对制度转型不佳的现状，以发展金融为着力点，发挥市场在城市转型中的功能和作用。一是加大鄂尔多斯市的信贷投放力度，尤其是要加大对实体经济、重点项目、民生工程和中小企业的资金支持，盘活金融资源的作用；二是结合合鄂尔多斯地区实际，制定出台具体的操作实施细则，进一步激活民间资本，最大限度地缓解中小企业资金困难；三是要处理好鄂尔多斯市银行、企业、政府三者之间的关系，三方要同时行动起来，积极构建政银企融资合作新平台，共同发展，共同进步；四是要帮助金融机构寻找优质项目，解决优质项目借贷难的问题，发挥金融业的优势，辅助优质项目得以实现。不仅如此，要想开展好金融工作，更好地推动鄂尔多斯市的金融发展，就要加强金融风险防范，增强风险意识。

6.4 辽宁

6.4.1 阜新

（1）城市概况

阜新的市名源于"物阜民丰，焕然一新"。阜新市位于辽宁省西北部，下辖两县五区、一个国家级高新技术产业开发区、氟化工和皮革两个省级产业园区，全市常住人口为182万人。"因煤而立、因煤而兴"，阜新是共和国最早建立起来的能源基地之一，曾经拥有亚洲最大的露天矿——海州露天矿和亚洲最大的发电厂——阜新发电厂。60多年来全市已累计生产煤炭7亿吨，发电2000多亿千瓦时，被称为"煤电之城"。进入新世纪，阜新迈上了经济转型之路，成为全国首个资源型城市经济转型试点市，辽宁省实施"突破辽西北"战略的重点地区、沈阳经济区的重要成员。[①] 经过十多年转型实践，阜新培育了煤化工、新型能源、铸造、板材家居、新型材料和玛瑙等多个重点产业集群，加快构筑多元化产业格局。[②] 2015年，全市地区生产总值是542.1亿元，根据可比价格计算，同比上年下降4.8%。其中，第一产业的增加值为118.3亿元，下降了3.5%；第二产业的增加值为212.3亿元，下降了9.3%；第三产业的增加值为211.5亿元，增长了0.4%。三次产业增加值比重由上年的19.7∶44.7∶35.6调整为21.8∶39.2∶39.0。人均地区生产总值30420元，按可比价格计算，比上年下降4.4%。[③]

（2）资源特点及利用情况

阜新市有丰富的矿产资源，初步探明矿藏有46种，占全省已知矿产的42%，400余处矿产地，30种经过地质勘查获得了储量，有10种矿产列入了省矿产储量表中。[④] 阜新市具有优势的矿产主要有：煤、煤层气、金、硅砂、麦饭石、泥炭、沸石、萤石。[⑤] 其中煤的储量较大，达10亿吨以上资源储量。膨润土、花岗岩、石灰石、珍珠岩的储量也十分丰富，储量居辽宁之首的是沸石、萤石、硅砂，黄金的储量也尤为可观。玛瑙产量与销量均占全国的一半，是全国玛瑙制品的集散地。地热资源蕴藏丰富，被誉为"实属罕见、中国一流、泉中极品"。截至2015年底，阜新市各类矿山企业251家，开采矿种20种，其中主要开发利用的矿产有煤、铁、金、砖瓦用黏

① 《经济转型促阜新巨变》，《人民政协报》2014年3月10日。
② 参见张健、李静、何勇、刘洪超：《经济转型促阜新巨变》，《人民日报》2013年11月25日。
③ 参见《阜新市2014年国民经济和社会发展统计公报》。
④ 阜新市人民政府门户网站，http://www.fuxin.gov.cn/center/zwgk/fzgh/2010/03/22/102837.html。
⑤ 阜新市人民政府门户网站，http://www.fuxin.gov.cn/center/zwgk/fzgh/2010/03/22/102837.html。

土、建筑用安山岩、建筑用花岗岩。全市矿山企业从业人员 41566 人，年产矿石量 1686.89 万吨，工业总产值 60.15 亿元。

阜新市是一座"因煤而立，因煤而兴"的资源型城市，具有 100 多年的煤炭开采历史。50 多年来，全市已累计生产煤炭 6.5 亿吨，发电 1700 亿千瓦时。全市已形成了煤炭、电力、电子、纺织、建材、机械、轻工、医药、化工、食品等多门类一体化的工业体系，发展了一批骨干企业和重要产品。

而随着煤炭资源的衰减，阜新也出现"矿枯城竭"的现象，作为百年老矿，煤炭资源逐渐减少，累计报废主体矿井不断增多。由于长期的煤炭开采，造成矿区大面积沉陷，居民住房受损。目前煤炭行业的产能过剩、价格下跌、需求萎缩，矿区非煤产业的发展不足，以及不合理的地区产业结构、较低的经济总量、质量效益低等长期累积问题，使阜新经济运行进入了"非常困难时期"。[1]

（3）得分结果

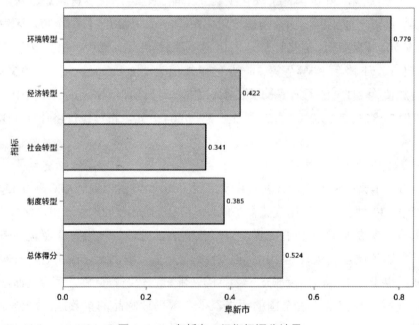

图 6.4.1　阜新市一级指标评分结果

---

① 王金瑛：《经济新常态与资源型城市的经济转型——以阜新市为例》，《辽宁经济》2015 年第 3 期。

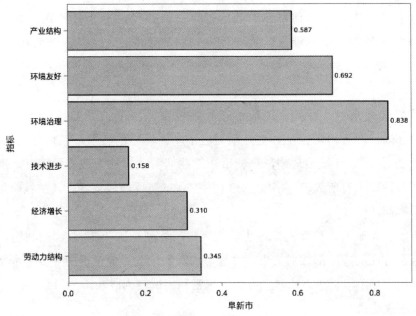

图 6.4.2 阜新市二级指标评分结果

（4）转型评价

经过十多年努力，阜新的转型试点取得了一些阶段性成果。从综合转型排名来看，阜新位列第 66 位，得分低于平均值。在四个二级指标中，经济转型和社会转型的排名靠后，分别在 102 位和 62 位，相反环境转型和制度转型的排名较高，对总体转型的推动作用较强。

在经济转型方面，阜新市经济转型得分 0.422，排名第 102 位。阜新市经济转型仍需进一步促进。从经济转型的四个分指标来看，产业转型和劳动力结构以及技术进步的得分偏低，是造成经济转型效果不佳的主要原因。在产业转型中，采掘业产值比重居高不下，传统制造业比重（逆）从业人员比代替低，现代服务业发展缓慢是阻碍产业转型的原因。在劳动力结构方面，阜新市人口自然增长率极低，而采掘业增加值 GDP 占比从业人员比例很低，可见采掘业已处于衰退状态。阜新市在技术进步方面表现一般，虽然互联网普及率较高，但 R&D 经费投入强度太低，阻碍了技术的进步。此外阜新市经济增长也较缓慢，其中地区生产总值增长率较低，人均地区生产总值也偏低。在煤炭资源逐渐枯竭的情况下，阜新市的转型面临诸多问题，这些问题与资源枯竭问题的日益积累有直接的关系。煤炭资源枯竭使得挖掘业衰退，经济增长缓慢，下岗和失业人员增多，而财政收入减少又导致滞后的城市基础建设，发展新兴产业的资金短缺。因此阜新市的城市转型阶段，经济转型是重中之重。

从社会转型来看，当前阜新市政府提供公共服务的能力还相对欠缺，以科教文卫等公共服务为主要评价指标的社会转型效果不够突出，得分仅为 0.341，在全部城市中位列第 62 位，特别是医疗、卫生等公共服务业，是弱化社会转型的重要因素。

从环境转型来看，阜新市环境治理和环境友好两项指标的得分相当，分别是 0.838 和 0.692，两者协调搭配，更好地促进了阜新环境的转型，其得分为 0.779，位列全国第 26 位。在环境治理中，阜新市在工业烟粉尘排放治理方面较好，但在工业污染物排放治理上有所欠缺，需要进一步治理。阜新环境较友好，其空气质量和城区绿化覆盖率都较好。

从制度转型来看，阜新的成绩也较为突出，位列全国第 33 位，在利用社会资本和发展金融方面的成绩都相对突出，并且市场竞争程度得分位于中等偏上水平，说明阜新在利用市场手段促进城市转型方面的探索和尝试较为成功。

（5）未来建议

阜新是最早被划入资源枯竭型的城市，面临诸多严峻的社会经济问题，即资源的不足形成的单一市场不能支持综合的经济增长需求，市场本身的不足不但不能促进市场经济的发展，而且使得环境和生态遭到破坏。与此同时，城市居民生活得不到改善，下岗率不断提高增加社会的不稳定性因素。较早进行经济转型的探索，但是总体来看效果不佳。为此，如何有效地促进经济、社会的转型是未来阜新的着力点。由于阜新在市场效率方面的得分较高，因此可以进一步发挥这一优势，以促进产业转型为着力点，促进经济的转型，同时进一步强化基本生活保障的投入力度，提高公共服务水平，促进社会的转型。

阜新市的转型面临着资源枯竭和环境的双重约束，要做好城市转型，需要调整产业结构，将产业重心向第三产业服务业偏移。把优化升级经济结构作为主要内容，进行战略性调整以适应经济新常态。以农产品加工、液压、煤化工等为领军产业，集群化的带领与拉动全市的经济发展。此外大力发展服务业。对传统产业巩固的同时开拓新兴企业，优先发展工业的同时发展生产服务业，提高服务业的价值。推动五大战略新兴产业的持续发展。阜矿集团加快战略转移步伐，扎实推进重点项目建设，确保煤炭产量总体稳定。

生态环境恶化是资源型城市面临的共性难题。转型以来，阜新的森林资源绿化和保护卓有成效。但鉴于阜新现在环境承载能力已经达到或接近上限，坚持经济发展的要求，努力实现低碳循环经济，注重发展结构上"绿色的"产业、行政上"绿色的"

政府，生活上"绿色的"居民。此外，资源型城市经济社会发展中存在体制机制性的基本矛盾。在解决机制性矛盾上，阜新需要逐步建立资源型城市可持续发展开发秩序的约束机制，形成资源型先导的产品价格，采取适合的补偿机制应对资源开发，将利益合理分配与共享，不断扶持接续企业的发展。

6.4.2 抚顺

（1）城市概况

抚顺市位于辽宁省东部，素有"煤都"之称。工业是抚顺经济主体，早在 50 年代，抚顺就形成了原油加工、机械、冶金、电力、化工、煤炭等支柱行业。自改革开放以来，抚顺调整产业结构，大力建设重点工程，由曾经单一的燃料、原材料和动力工业体系转变为石油化工、冶金、机械、纺织、轻工等门类齐全多样、实力雄厚的综合性工业体系，特殊钢材、石油炬制、优质煤炭、高压电瓷、工程机械等在全国占有重要地位。其中，原油加工量占全国比重的 11%，铝与炭黑产量分别占 10%，挖掘机产量占全国 30%，高压电站的电瓷产量占 45%。2014 年，全市完成地区生产总值 1276.6 亿元，按可比价格计算，同上年比较增长 5.8%。其中，第一产业实现增加值 92.8 亿元，增长 3.3%；第二产业增加值 693.1 亿元，增长 5.5%；第三产业增加值 490.6 亿元，增长 6.5%。三次产业占生产总值的比重为 7.3∶54.3∶38.4。人均地区生产总值为 61183 元，增长 6.3%。[①]

（2）资源特点及利用情况

抚顺矿产资源丰富，拥有金属、非金属、煤矿 3 大类矿产资源 34 种，总储量约 54.97 亿吨。主要矿产包含煤、铁、铜、锌等。其中，红透山铜锌矿的规模和储量居全省前列。由于大力开采煤矿，抚顺在为经济建设做贡献的同时也造成历史遗留问题。因采煤造成的地质灾害影响区面积达到 57.07 平方公里，在城区面积占比 45.3%，居民企业搬迁，生态治理任务十分艰巨。而由于煤矿衰竭，下岗人员众多。这些问题严重制约了抚顺的经济发展，造成诸多社会问题。

---

① 参见《抚顺市 2014 年国民经济和社会发展统计公报》。

（3）得分结果

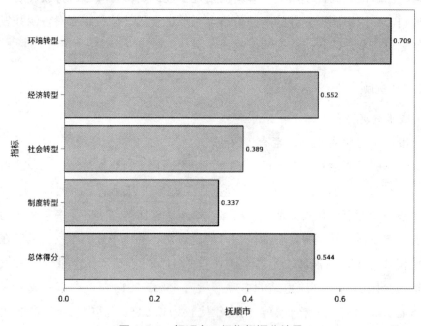

图 6.4.3　抚顺市一级指标评分结果

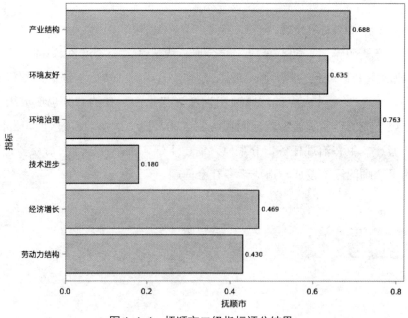

图 6.4.4　抚顺市二级指标评分结果

（4）转型评价

抚顺市在综合转型中的排名位于全国中等偏上的水平，得分数为 0.544，位列第 53 位。在 4 个一级指标中，各项排名的程度相对平衡，说明抚顺市在经济、社会、资源、制度等综合方面的转型发展相对较为平均，既没有特别突出的项，也没有特别拉分的项。

经济转型在 4 个一级指标中的排名相对靠后，位列全国第 73 位。结合抚顺市发展实际来看，经济总量严重不足。人口达 230 万的抚顺经济总量 2014 年仅为 1378 亿元。随着 2014 年公共财政预算以最低点 0.003% 增长后，达到 134.2 亿元，不合理的产业结构得不到调整，政府也无能为力。需要特别注意的是，抚顺市的人口自然增长率偏低，在老龄化趋势不断加强的情况下，未来将面临劳动力储备不足的问题，也是造成经济转型成效不佳的原因之一。

在社会转型方面，抚顺市位列全国第 44 位，尤其是在参保人数的得分方面相对较高，但教育的投入又出现不足，对提高教育水平和教育覆盖范围等方面的推动作用有限，进一步弱化了社会转型的效果。居民的养老问题一直得不到改善，养老保险的缺口问题为社会的稳定性埋下隐患。而造成这一局面的原因就是过去集中的国有企业拥有着一大批离退休人员。

从环境转型来看，抚顺市排名相对靠后，得分为 0.709，得分不低但排名靠后，位列全国第 73 位，特别是在空气质量、固体废弃物利用方面的得分相对偏低，使得环境治理和环境友好两项分指标得分仅为 0.763 和 0.635，进一步影响了环境的总体转型。未来，抚顺的环境问题仍十分突出，转型压力巨大。

从制度转型来看，抚顺市的成绩也较为突出，位列全国第 39 位，在利用社会资本和发展金融方面的成绩都相对突出，但市场竞争程度相对有限，说明抚顺市在利用市场手段促进城市转型方面的探索和尝试较为成功。

（5）未来建议

从评价的四个转型方面，经济转型的效果相对较弱，因此抚顺市转型过程中，经济转型是关键。具体来说应抓紧调整产业结构，改进传统产业的同时培育新型产业，引进高新技术手段促进产业的整体发展与升级。同时大力促进以电子商务为代表的现代服务业的发展，在这一方面抚顺市正在积极发展。沈抚新城电子商务中心正式启动，通过引入企业为中心注入了新鲜的血液，这些企业提高了整体的电子商务交易额达 40%，与此同时，主营业务收入进入省十强。在文化旅游上，新宾满族文化旅游区的不断建设与改革，最终被评为省级服务区。[1]

---

[1] 《2015 年抚顺市人民政府工作报告》，http://www.ln.gov.cn/zfxx/zfgzbg/shizfgzbg/fss/201501/t20150114_1546330.html。

此外，在未来的转型发展中，抚顺市可以在制度上下功夫，做文章。以全面深化改革的总体要求为指导思路，促进金融、产业、环境等的协同发展和机制改革，实现其内部利益关系的协调化，以创新求发展，培育新生力量促进协同发展。

6.4.3　本溪

（1）城市概况

本溪市地处辽宁省东南部，总面积 8414 平方公里，总人口 170 万，曾享有"煤铁之城"的盛誉，是我国重要的老工业基地。近年来，本溪市依托钢铁、制药和旅游三大产业优势，力争建设钢都、药都和枫叶之都，全国优秀旅游城市、国家森林城市、国家园林城、国家卫生城和全国环保模范城（即"三都五城"建设）的目标，促进自然资源和现代工业协调发展。建设中的本溪高新技术产业开发区位于沈阳和本溪两个城市的节点上，2012 年获批为国家级高新技术产业开发区，是国内唯一同时拥有国家级生物医药科技产业基地、国家级创新药物孵化基地、国家重大新药创制综合性大平台、国家创新型产业集群试点 4 个国家级品牌的生物医药产业园区。2014 年地区生产总值 1171.16 亿元，公共财政预算收入 129.8 亿元，固定资产投资 885.2 亿元，规模以上工业增加值 565.49 亿元。

（2）资源特点及利用情况

本溪市已发现铁、铜、锌、石膏、大理石等矿产八大类 45 种，占全省已知 119 种矿产的 38%，其中探明储量的有 29 种，主要矿产资源有铁、石英岩、方解石、煤炭等。本溪市矿产资源基本特点：矿产资源种类多，总量丰富，矿产地相对集中，开发利用条件好，找矿前景广阔，多以贫矿为主。本溪市虽然矿产丰富，采矿业兴盛，但在矿产资源勘查、开发利用、保护诸领域仍存在不少问题，主要有：矿产资源勘查滞后，地勘服务领域狭窄；部分矿产后备资源不足；矿业规模结构仍不合理，资源浪费现象依然存在；矿业技术结构、产品结构不合理；矿山生态环境破坏现象依然存在，恢复治理资金严重短缺；次生地质灾害频繁发生。

除了丰富的矿产资源，本溪的自然资源相当丰富，特别是拥有大量名贵中草药材，为本溪发展现代医药业奠定了基础。此外，本溪还是辽宁中部城市群重要的水源涵养林区和辽东天然次生林区，森林覆盖率达 74%，森林蓄积量占辽宁省森林蓄积量的 26%；居辽宁省首位，被称为辽东"绿色屏障"。[1]

---

① 本溪市人民政府门户网站，http://www.benxi.gov.cn。

（3）得分结果

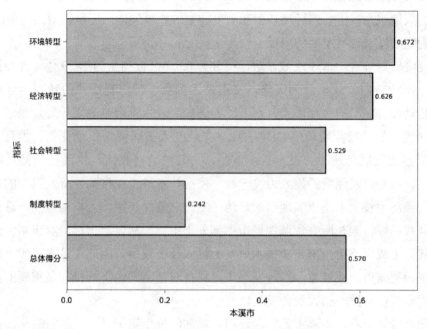

图 6.4.5　本溪市一级指标评分结果

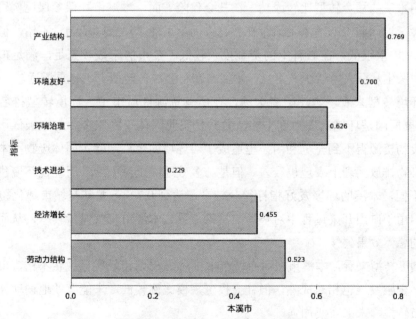

图 6.4.6　本溪市二级指标评分结果

（4）转型评价

本溪市在城市综合转型中的得分为 0.570，位列全国第 40 位，其中经济转型、社会转型的成绩较为突出，但环境转型和制度转型的效果欠佳，环境转型位列全国第 95 位，成为制约城市转型发展的短板。

从经济转型来看，本溪成效显著，得分为 0.626，位列全国第 29 位。在经济转型过程中，产业转型的效果最为突出，特别是采掘业、传统制造业的转型得分相对较高，是带动经济转型的主要因素。在劳动力结构上，本溪市也表现较好，虽然人口自然增长缓慢，但采掘业增加值 GDP 占比（以从业人员比例为代理变量）很高，说明本溪市采掘业发展迅速。在技术进步方面，与其他地区相比，本溪市虽然互联网普及率较高，但对研发经费的投入力度一般，使得技术进步在推动经济发展中的作用不明显，在经济增长上本溪市表现一般，地区生产总值增长率、人均地区生产总值和人均社会消费品零售额在所有资源性城市中都处于中等。从以上指标可看出本溪市虽然在产业转型上成果不错，但在新技术研发上投入经费较少，因此在技术进步上表现不足。在资源型城市产业转型和经济发展中，科技对社会和经济的推动是重要的，未来本溪市需要重视科技，加大资金投入。

从社会转型来看，本溪市的排名还相对靠前，位于第 15 位，说明在社会转型上，本溪市取得了不错的成果。各项公共服务指标在不同城市的比较中均处于偏高的水平，说明本溪的社会转型比较成功。在社会保险方面，本溪市社保参保比例较高，较好地保障了退休职工的基本生活。在教育方面，虽然本溪市师资力量不错，但教育经费占 GDP 比重很低，在教育上的资金投入较低。全市病床数较充足，满足市民住院需求，但医生从业人数较少。可见，本溪市在社会服务转型上仍任重道远。

从环境转型来看，本溪略有欠缺，在所有资源性城市中，环境转型排名接近于 100，主要原因是环境治理力度不够，尤其是工业固体废物综合利用率极低，使得工业固体废物资源得不到充分利用，也造成了对环境的污染。除了固体废物，本溪市在工业污染物排放治理上表现也较差。但是与多数地区重污染治理而轻视环境建设的情况有所不同，本溪的环境友好指标得分较高，达到 0.700，尤其是城市绿化覆盖面积较高，但由于矿山开采过程中对环境的污染，导致本溪市空气质量较差，从而使得环境转型的总体效果欠佳。

从制度转型来看，本溪市在所有城市中排名第 65，市场发展现状不错，市场竞争力较好，金融发展也相对成熟，但社会投资规模比例较低，未能有效地调动社会资源促进城市转型，未来需要加强。

（5）未来建议

从指标评价结果来看，本溪的主要问题在于环境转型，尤其是集中在如何提高环境污染的治理能力及水平上。为此，建议把改善生态环境与产业结构调整、技术升级换代等密切结合起来，注重经济、社会、环境的协调发展。

作为一个成长型的资源城市，本溪市前景开阔。在转型过程中，建议将产业重心从由丰富矿产带动的传统采掘业慢慢向现代信息产业、服务业偏移，建设以新兴信息产业为标志的智慧城市。以"智慧城市"、"宽带中国"、信息惠民国家试点城市建设为引领，实施信息化带动发展战略；推进下一代互联网、移动通信、智能电网、云计算、大数据等新一代信息技术的发展、运用和开发；推广智慧化管理、服务和生活，形成具有特色的智慧城市建设、运营、管理、服务体系，打造无线城市、以新兴信息产业为标志的智慧城市。

此外，还要注重对社会资本的调动和利用，可通过财政资金的引导，发挥其杠杆作用，广泛调动社会资金和力量支持城市转型，也同步提高本溪的制度转型。在电商服务业上以本市琦润生物、大石药业为骨干，搭建电子商务平台，同时积极引进京东、大商等国内外知名电商企业，建成集电商总部交易中心、电子商务贸易物流等功能于一体的产业园区，打造独具特色的电子商务试点城市。同时借助临近沈阳空港的地域优势，启动建设空港物流园区，进而发展成为以医药产品、保健品、健康保健食品为主要品种的保税物流中心，建成对外开放的重要平台。

为实现资源型城市转型，在城市资源逐渐枯竭的情况下，自主创新，开展新型科技产业十分重要。因此围绕生物医药、重大技术装备等优势产业链，以骨干企业为主体，整合创新资源，组建生物医药、钢铁深加工、矿产资源等多个产业技术创新战略联盟，建成一批创新企业。同时在制度上，推进人才体制机制创新，积极引进国家"千人计划"、"万人计划"高层次人才，构建高精尖创新创业人才队伍。

6.4.4　鞍山

（1）城市概况

鞍山市因市区南部一座形似马鞍的山峰而得名，地处环渤海经济区的腹地，是沈阳大连黄金经济带的重要支点，是辽宁中部城市群同辽东半岛开放区的重要连接带。作为东北地区最大的钢铁工业城市、新中国钢铁工业的摇篮、中国第一钢铁工业城市，鞍山有着"共和国钢都"的美誉，因盛产岫玉，故而又有"中国玉都"之称。"十二五"以来，鞍山工业结构不断优化发展，菱镁新材料、钢铁深加工、纺织服装业、装备制造业等优势产业持续发展，高端阀门、激光、能源电池、精细化工等新兴产业不断发展壮大，服务业集聚区不断发展壮大。

2014年，全年实现地区生产总值2385.9亿元，按可比价格计算，比上年增长6.0%，三次产业增加值占地区生产总值的比重为5.5∶50.6∶43.9。人均生产总值68369元，按可比价格计算，比上年增长 4.2%。近年来，鞍山城市建设日新月异，先后被评为国家卫生城市、国家森林城市，荣膺"转型·2010 中国经济十大领军城市"称号。[①]

（2）资源特点及利用情况

鞍山市自然资源十分丰富，其中，已探明的矿藏有 51 种，包括菱镁矿、褐铁矿、磁铁矿、滑石矿等矿产。其中铁矿储量在全国占比为 1/4，市区周围铁矿石储量逾百亿吨；滑石矿是全国三大产地之一，储量居世界之首；菱镁矿，探明储量 23 亿吨，占全国的 80%，占世界储量的四分之一；岫玉，作为我国"国石"第一候选石，探明储量约 206 万吨，占世界的 60%。经过 60 余年的发展，鞍山逐步奠定了雄厚扎实的工业基础，成为我国著名的"钢都"、"玉都"。[②]

此外，鞍山还拥有着丰富的地热资源、旅游资源等。作为辽宁地热资源较多的区域之一，鞍山拥有地热反应的地区达 40 多处，汤岗子温泉和千山温泉早已成为全国康复和疗养中心。此外鞍山拥有大量的冷泉资源，虽未正式勘探，但千山、大孤山、汤岗子、沙河等乡（镇）均有发现，并已正式开发利用生产矿泉啤酒和矿泉汽水，未来发展潜力巨大。

（3）得分结果

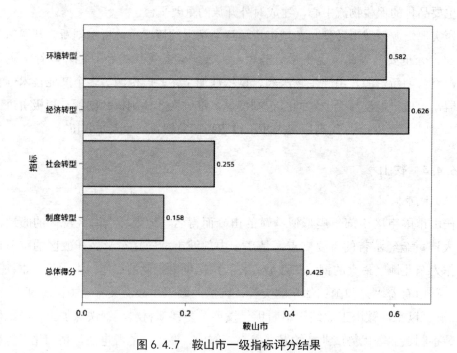

图 6.4.7　鞍山市一级指标评分结果

---

① 参见《鞍山市 2014 年国民经济和社会发展统计公报》。

② 鞍山市人民政府网站，http://www.anshan.gov.cn/zjas/indexs.jsp? oid=28782。

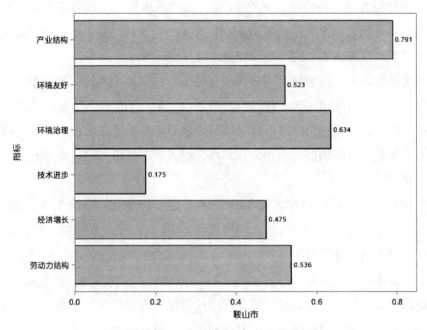

图 6.4.8 鞍山市二级指标评分结果

（4）转型评价

鞍山市在城市综合转型中的总体得分为 0.425，位列全国第 105 位。在经济转型上，鞍山市取得了一定的成效，但整体转型情况仍不显著，产业结构不合理，有待优化升级，资源利用和环境治理情况不理想，绩效水平仍需要进一步提高。未来，鞍山在城市转型发展方面的任务十分艰巨。

从经济转型来看，鞍山的得分较高，为 0.626，在所有资源型转型城市中位列第 28 位，可见鞍山市在经济转型上效果显著。其中，产业转型的效果较为突出，特别是采掘业、传统制造业的转型得分相对较高，是带动经济转型的主要因素，但现代服务业的发展仍有不足。与其他地区相比，鞍山技术进步、经济增长指标的得分也较高，对经济转型有促进作用。在技术进步上，鞍山市虽然互联网普及率较高，但 R&D 经费投入强度不足，在今后的转型过程中，需要加强对新兴技术的研究开发投资。在经济增长方面，鞍山市地区生产总值增长率在所有转型城市中处于中等水平，仍有待进一步提升。从上述分析中可以看出，鞍山市经济发展处于稳步发展态势，产业转型效果显著，但仍需加大对新兴技术的投资，以促进经济的发展和转型。不能忽视第三产业对居民就业的优势，不断促进其发展的同时推动基础经济的多样化，开发服务业项目，促进鞍山市整体经济发展。

在社会转型方面，鞍山市排名第 94 位，成效不理想。在社会基本保障方面社保参保比例较低，仍需加大社保覆盖率；在教育方面，教育经费不足，师资力量不够；在社会医疗上，执业医生和病床数都较少，有待进一步改进。

在环境转型方面，环境转型得分在所有城市中排名第 114 位。鞍山市整体环境转型成效并不理想，不能形成经济发展与环境保护相结合的协调局面。在工业污染物 SO_2 排放治理、工业烟粉尘排放治理等环境治理上力度不够，工业固体废物综合利用率低，没有实现对资源的回收利用。在环境友好方面，鞍山市空气质量较差，但城区绿化覆盖率尚可。

在制度转型上，鞍山市排名第 98 位，有待进一步努力。社会制度转型不成功，主要原因是社会投资规模比例低，金融发展较为落后，产业和市场之间几乎没有竞争，不能很好推动经济的发展。

（5）未来建议

鞍山市是衰退型资源型城市，资源的枯竭迫使鞍山未来发展必须摆脱对城市资源的依赖。为此，经济转型是鞍山未来发展的重点。在经济转型上，针对原有的产业结构进行系统地改革，充分发挥鞍山的资源优势，合理运用创新技术和人才展开集群化的产业模式大变革。发挥"以点带面"的示范作用，同时积极吸引外资直接投入，提高能源利用率，降低生产能耗。

鞍山的转型，除了经济转型得分较高外，其他均偏低，继而导致总体转型得分数也不高。说明经济、社会等相关领域的协调发展、同步转型对于城市转型效果的影响较大，不能厚此薄彼。为弥补其他领域的不足，建议突出鞍山经济转型的优势，激发经济转型对社会、环境和制度转型的带动作用。一方面，抓好传统工业转型升级、产品智能化提升、节能减排示范、物联网应用推广、工业软件振兴、产业集群两化融合、互联网产业应用示范"七项工程"。通过信息技术发展工业控制软件与传统产业的深度融合，把应用信息技术作为增强企业核心竞争力，加快转变经济发展方式。另一方面，在巩固经济转型优势的同时，将环境保护提上日程，早日解决大气、水、土壤等的污染问题。落实大气污染防治行动计划，推进烟气脱硫脱硝和细颗粒物除尘等重点治理工程建设。

6.4.5 盘锦

（1）城市概况

盘锦地处辽宁省西南部，是辽河三角洲的中心地带。因油而兴、因油而建，盘锦是辽河油田所在地，全国最大的稠油和道路沥青生产基地，重要的石化产业基地，东北最大的防水卷材和化肥生产基地，全国资源型城市转型试点市，辽宁沿海经济带开发开放城市，全省城乡一体化综合改革试点市，全省宜居乡村建设示范市，辽东湾新区被确定为辽宁省综合改革试验区。经过多年发展，已形成以油气采掘为基础，石化及精细化工、能源装备制造两大产业为主导的产业格局。2014 年全市规模以上工业增加值 812.4 亿元，主营业务收入 2977.4 亿元，利税 217.8 亿元。盘锦是全国优秀旅游城市，被称为中国的"湿地之都"，拥有世界上面积最大的滨海芦苇湿地，被誉为天下奇观"红海滩"，栖息着丹顶鹤、黑嘴鸥等 287 种珍稀鸟类。2014 年，接待国内外游客 2309.9 万人，其中入境游客 10.6 万人。旅游总收入 291.6 亿元，其中旅游外汇收入 9454.38 万美元。[1]

（2）资源特点及利用情况

盘锦市是一座因油而兴、因油而建的资源型城市，地下蕴藏着丰富的矿藏如石油、煤、井盐、硫、天然气等。中国第三大油田——辽河油田就坐落在这里，目前为止盘锦已经开发的油气田数是 32 个，原油稳定装置处理能力 600 万吨／年。除了丰富的石油资源之外，盘锦市在盘山县的胡家西部、甜水南部、东郭、羊圈子等地下储存着丰富的盐卤资源。盐卤水深度为 60—100 米，厚度为 47—77 米，如果按 360 万立方米的年开采量来计算的话，可以开采数百年。在晒制的原盐之中，氯化钠的含量在 95.5% 以上，达到海盐特级品的质量标准。此外，盘锦市南部的沿海地区，约 20 万公顷 15 米等深线以内的浅海水域，鱼、蟹、虾资源蕴藏量约为 4 万—5 万吨，占辽东湾蕴藏总量的 70%，是辽宁省著名的文蛤出口基地。

但随着对辽河油田原油的逐年开采，逐渐显现出影响城市可持续发展的诸多问题，如生态治理与环境保护、经济结构、财政收入保障、就业安置等，在环境与社会方面形成了巨大的压力，经济增速连续十二年在全省 14 城市中排名末位。[2]

---

[1] 参见《盘锦市 2014 年国民经济和社会发展统计公报》。
[2] 盘锦市人民政府门户网站，http://www.panjin.gov.cn。

（3）得分结果

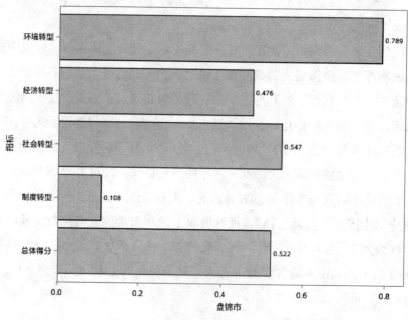

图 6.4.9　盘锦市一级指标评分结果

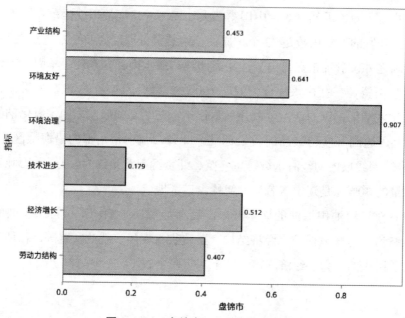

图 6.4.10　盘锦市二级指标评分结果

（4）转型评价

盘锦市在城市综合转型中的得分为 0.522，位列全国第 68 位，从整体来看，盘锦市城市转型成果并不显著，需要进一步地努力。在城市转型四个指标中，社会、环境转型的成绩较为突出，经济、制度转型的效果欠佳，成为制约城市转型发展的短板。我们可以看到，一方面盘锦市在转型道路上已经迈出了一大步，但是另一方面，全球经济的不稳定，各产业尚未成熟的局面仍然存在，在这种情况下，不足的创新能力和资金问题，使得环境保护也跟不上发展的脚步。这些就使得转型过程形势严峻、问题较多、困难大，转型成效并不显著，因此盘锦市在转型路上还需要付出较多努力。

从经济转型来看，盘锦成效不佳，得分为 0.476，位列全国第 94 位。和其他资源型城市相比，盘锦市主要问题是产业结构转型效果不佳。采掘业和传统制造业的转型不理想，得分较低，而现代服务业从业人员代理得分为 0.000，在所有城市中排名最低。盘锦市经济增长过分依赖油气及相关产业，非油气相关产业经济相对滞后，现代服务业得不到发展，这是经济转型不成功的主要原因。在劳动力结构方面，盘锦市人口自然增长率较低，采掘业增加值 GDP 占比（以从业人员比例为代理变量）也较低，说明盘锦市逐步步入老龄化社会，而采掘业产值也逐渐降低。在科技进步方面，盘锦市表现一般，虽然互联网普及率较高，但科技研发经费投入不够，导致科技进步缓慢。但盘锦市经济在所有资源型城市中增长较快，尤其是人均社会消费品零售额较高。

在社会转型方面，盘锦的排名也相对靠前，位于第 14 位。社会转型整体成效不错，尤其是盘锦市社保参保比例很高，社会基本保障到位。但在教育方面表现不佳，教师人数偏少，师资力量不强，并且教育经费 GDP 占比十分低，因此为了促进社会转型的成功，盘锦市需要重视教育的投入。在社会医疗方面，盘锦市医疗状况中等，仍有改善空间。

盘锦市环境转型效果也较好，得分 0.789，排名第 23 位。在环境转型中，环境治理的得分达到 0.907，环境治理的成绩突出，主要表现在工业烟粉尘排放治理得当，工业固体废物综合利用率高，城镇生活污水集中处理率居于所有转型城市中的首位，但在工业污染物 SO_2 排放治理方面有所欠缺，需要进一步治理。相比环境治理的力度，盘锦市环境友好方面成效稍差，空气质量稍差，城区绿化覆盖率不高，有待进一步努力。

从制度转型来看，盘锦市制度转型没有明显成效，在所有 115 座城市中排名第 108 位。盘锦的市场竞争度、金融市场和吸纳社会投资的得分均相对很低，在转型过程中，市场发挥的作用十分有效，因此制度转型的总体效果较差。

（5）未来建议

针对盘锦市经济转型和制度转型效果欠佳的问题，未来建议：一方面重点加大经济转型力度。作为一个依托石油天然气资源而兴起的城市，盘锦市面临着产业链较短、产业初级化、附加值低等问题，因此需在国家的政策支持下，抓住机遇，在丰富的油气资源的基础上引入科技成分，开发石油化工产业作为延续，创新地实现非油产业作为替代产业的转型发展。

另一方面，在盘锦市未来发展中，需要利用好政府和市场两种手段。以油气资源为依托，在纵向上延伸产业链，实行产品精深加工；在横向上积极发展精细化工、新材料、塑料深加工、化学品添加剂等高附加值石化深加工产品，建设炼化一体、合成橡胶、合成纤维等重大石化项目。此外，大力发展石油天然气装备制造、塑料新材料、海洋工程装备制造，同时促进服务业的发展，使盘锦产业结构日益多元。

6.4.6　葫芦岛

（1）城市概况

葫芦岛市地处辽宁省西南部，总面积 10415 平方公里，总人口 257 万，是环渤海湾最年轻的城市之一，地理位置优越，中国铁路京哈线秦沈客专段、沈山线、国家高速公路 G1 京哈高速、102 国道等贯穿全境，是京沈线上重要的工业、旅游、军事城市之一，是中国东北的西大门，为山海关外第一市。葫芦岛市是典型的重工业城市，以有色金属冶炼、船舶制造、石油炼制为主。在新一轮的市政规划中葫芦岛市被辽宁省省政府部署建设成为辽宁西部城市群区域性金融中心城市和重要港口城市，成为推进辽西沿海经济区新的增长点。近几年来中石油、德国西门子等 17 家世界 500 强企业纷纷落户葫芦岛，为地区经济发展做出重要贡献。2014 年，全年生产总值 721.6 亿元，按可比价格计算，比上年增长 4.5%，三次产业构成为 13.2∶44.3∶42.5。人均生产总值 28021 元，比上年增长 4.0%。

（2）资源特点及利用情况

葫芦岛市有 51 种已发现和探明的矿产资源，包括煤、钼、锌、硫、铅、锰、金、耐火土、石灰石及各种砖瓦黏土和建筑用石料等。其中，第一矿种是煤矿，累计有近 4 亿吨的探明储量，约 1.8 亿吨的保有地质量，主要分布在南票、冰沟、建昌等地区。钼是优势矿种，3.8 亿吨的累计探明储量，金属量 40 多万吨，保有储量约 1.5 亿吨，主要分布在杨家杖子、连山区钢屯地区，是全国第二大钼精矿产地。然而随着不断的开采利用，近年来葫芦岛市的资源存量和开采量不断减少，处于矿山开采的中晚期阶段，资源趋于枯竭。[①]

此外，葫芦岛市山区林果资源目前果园总面积 195 万亩，其中包括有称之为"亚

---

① 葫芦岛市国土资源局网，http://www.hldland.gov.cn。

洲第一大果园"的前所果树农场；拥有258公里海岸线，滩涂13.4万亩，盛产鱼、虾、贝类等各种海产品，海底油气资源——石油、天然气的储量十分可观。

（3）得分结果

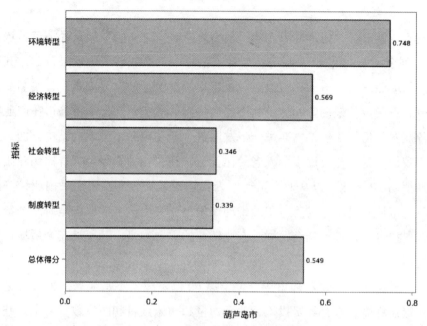

图 6.4.11　葫芦岛市一级指标评分结果

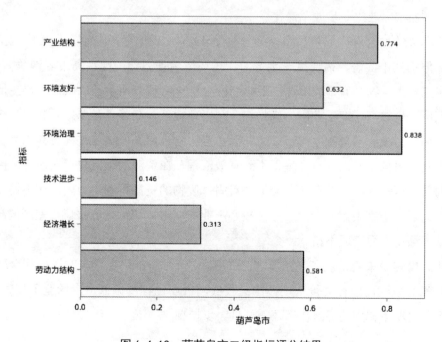

图 6.4.12　葫芦岛市二级指标评分结果

（4）转型评价

葫芦岛市在城市综合转型中的得分为 0.549，位列全国 115 座转型城市中的第 50 位，其中经济转型、社会转型、环境转型和制度转型相对均衡，形成了齐头发展的局面。

从经济转型来看，葫芦岛市成效不甚显著，需要进一步发展，经济转型项得分为 0.569，位列全国第 60 位。在经济转型各项指标中，产业转型的效果较好，其中采掘业、传统制造业的转型得分相对较高，是带动经济转型的主要因素，说明葫芦岛市产业结构中心正稳步从采掘业和传统制造业转移到其他产业，但葫芦岛市在产业转型过程中服务业发展仍稍落后，需要进一步发展进步。葫芦岛市劳动力结构方面，人口自然增长率较低，说明社会逐步步入老龄化社会，社会主力青少年人群比例较小，但采掘业增加值 GDP 占比（以从业人员比例为代理变量）较高，说明采掘业经济效益较高。葫芦岛市技术进步对经济转型的带动作用不够突出，主要原因是研发经费投入强度太低。科技进步是推动社会发展、产业转型的重要力量，葫芦岛在今后城市转型过程中需要重视科技研发，加强研发经费投入强度。

从社会转型来看，葫芦岛市得分位于第 60 位，成效不甚显著，也有待进一步加强。社保覆盖程度、教育经费投入、师资力量、病床数目和医生数量各项公共服务指标，在所有资源型城市中都处于中等。葫芦岛市在提升社会基本福利和医疗教育等公共服务方面都需要进一步改革深化。

从环境转型来看，葫芦岛市排名位列第 43 位，说明葫芦岛市在环境转型上稍有成效，但仍然不显著，需要进一步努力。在环境治理方面，葫芦岛市表现总体较好，尤其在工业污染物 SO_2 排放治理、工业烟粉尘排放治理方面治理成效显著，生活污水集中利用率也较高，但工业固体废物综合利用率很低。葫芦岛是以煤矿和铅锌等金属矿产采掘业为核心的资源型城市。工业固体废弃物也以矿产加工过程废弃物为主，固体废物利用率低下不仅使得环境得不到有效治理，在资源利用上也存在浪费。因此在今后的转型过程中，葫芦岛市需要加强对固体废物的资源再利用力度。在环境友好方面，作为一个矿产采掘和加工工业为核心产业的城市，城市空气质量较差，但葫芦岛市在城区绿化方面表现不错。

从制度转型来看，葫芦岛市排名第 37 位。葫芦岛市社会资本的运用和金融市场的发展相对成熟，但社会投资规模比例较低，市场化程度偏低，市场竞争程度很低，市场手段对城市转型的促进作用还需要进一步挖掘。

（5）未来建议

根据评分结果显示，葫芦岛市经济、社会、环境和制度的均衡转型是促使整体转型成效较好的主要原因。因此，葫芦岛市未来的发展还应当突出协调发展的特点，并找到新的着力点强化其特色优势。建议从培育新的经济增长点层面，推动葫芦岛市的产业结构调整，既要提质也要增速，改变过度依赖投资驱动而形成的不合理的工业结构。在转型发展的道路上，应趁投资增速下降的有利时机，大幅降低重工业的比重，努力促使轻重工业协调发展。此外，大力发展新兴产业，提高其在工业经济中的比重。同时，在政府的指导下，引导传统产业转型升级、销售模式转型，鼓励商贸流通企业建设网上商城，实现线上线下融合发展。

在社会转型方面，为了创造经济转型的物质条件，主要针对矿区的环境和居民生活展开改造。在环境转型方面，促进环境保护与经济发展协调一致，以先进的技术和创新的手段为依托，合理地开发利用资源。

6.5 吉林

6.5.1 松原

（1）城市概况

松原市是吉林省下辖的地级市，地处吉林省、黑龙江省、内蒙古自治区结合部，位于长哈经济带、哈大齐工业走廊之间，连接东北和蒙东地区，对于该地的交通和物流集散起到了重要作用，随着松西物流及松原内陆港投入运营，在境内可全部完成报关、检验检疫等手续，出口商品直接通关达港。松原市素有"粮仓、林海、肉库、鱼乡"之美誉，曾与包头、呼和浩特、鄂尔多斯一起被称为"中国北方经济增长四小龙"，经济总量位居吉林省第三位，2013 年被国务院列为成长型资源城市和生物质能源产业集群城市。2014 年全市地区生产总值实现 1740.02 亿元，按可比价格计算，比上年增长 6.2%，已经形成油气开采和化工、农产品加工和食品、商贸和旅游三大主导产业协调并进的发展格局。[①]

（2）资源特点及利用情况

在水资源上，松原市境内有嫩江、松花江、第二松花江、拉林河四条主要河流，

---

① 参见《松原市 2014 年国民经济和社会发展统计公报》。

第二松花江从市区穿过。吉林省 60% 以上面积的汇水与松花江流域 90% 以上面积的汇水都经松原出境。江河总径流量 412 亿立方米，总流域面积 8012.47 平方公里。全市总水资源量为 15.57 亿立方米，其中地表水资源量为 2.22 亿立方米，地下水资源量为 13.35 亿立方米。

在矿产资源方面，主要有石油、砂石、石英砂、玻璃砂、耐火土、硝等，地上地下资源富集，地下有以石油为主的丰富的矿藏，其中，石油储量总量达 26 亿吨，已探明的储量有 10.8 亿吨，天然气储量为 185 亿立方米，油母页岩储量为 80 亿吨。依托于丰富的自然资源，松原市努力打造中国重要的石油天然气化工基地，吉林油田自营区油气产量达 502 万吨，深圳富德公司年产 20 万吨 EVA、吉林吉港 200 万吨 LNG 和松原石化搬迁改造等一批重大项目顺利推进。近年来，松原不断深化与众诚集团、光正矿业、吉林大学的战略合作，建设油页岩开采技术试验研究综合示范基地，未来油气化工产业潜力巨大。松原市是资源型转型城市中的成长型城市之一，其经济社会发展离不开该地的石油资源开发开采。1992 年松原建市之初，油气产业占松原的经济比重达到 90% 以上。而由于石油资源的有限性、不可再生性的特点，以及当前社会强调的经济社会发展的可持续性，松原市在当前石油资源尚未完全开发的情况下，进行经济转型的谋划，可在很大程度上促进松原市的经济可持续发展。

松原市农业资源与石油资源同样丰富，地处世界黄金玉米带，又是有机绿色水稻的主产区，因此松原被称为"地下有乌金、地上有黄金"。近年来，松原把特色的农业资源转化为特色产业和经济优势，解决资源型城市的可持续发展问题。153 家农产品加工和食品加工产业逐步成为松原经济转型发展的骨架和强力支撑。查干湖大米、扶余老醋等地理标志保护产品，成了远近闻名的抢手"特产"。松原现有有机农产品生产基地 86 个，总面积达 5.7 万公顷，以无公害、绿色安全为主要特点，推动了松原成为全国重要的绿色食品产业基地。农副食品加工业作为油气产业的替代产业，调结构、稳增长的杠杆作用和稳压器作用已明显显现。[1]

---

[1]　松原市人民政府网，http://www.jlsy.gov.cn。

（3）得分结果

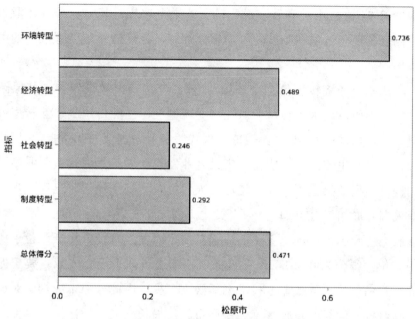

图 6.5.1 松原市一级指标评分结果

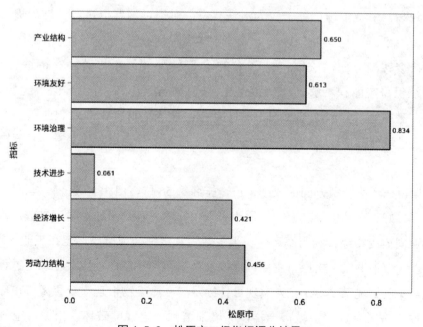

图 6.5.2 松原市二级指标评分结果

（4）转型评价

松原市综合转型得分为 0.471，低于全国平均水平，得分位列全国 115 座资源型城市中的第 94 位，相对靠后，说明转型效果不理想。其中，经济转型和社会转型的得分偏低，环境转型和制度转型的得分尚可，是促进总体转型成效的主要带动因素。

其中，松原市经济转型位列全国第 90 位，经济转型效果较差，其原因在于产业结构转型不理想，技术进步落后。在产业转型上，虽然传统制造业转型效果较为理想，但采掘业增加值 GDP 占比较低，现代服务业增加值 GDP 占比（以从业人员比例为代理变量）也较低，说明松原市采掘业发展缓慢，且现代服务业不成熟。在劳动力结构上转型效果也不明显，松原市人口自然增长率较低，已逐步步入老龄化社会，而采掘业增加值 GDP（以从业人员比例为代理变量）也偏低。在技术进步上，松原市互联网普及率较低，更主要的原因是技术研发经费投入极低，位于所有资源型城市中末位，得分为 0.061，因此松原市技术进步几乎没有成效。要想促进产业转型，提高采掘业的经济效益，技术创新必不可少。因此松原市应加大对技术研发投资，提高对技术创新的重视程度。松原市经济增长一般，地区生产总值增长率偏低，人均地区生产总值在所有资源型城市中处于中等水平，但人均社会消费品零售额相对较高，消费市场仍处于较为活跃状态，对于以消费促进经济转型提供了一定的基础。

在社会转型方面，松原市排名第 95 位，转型效果不显著，有待进一步发展。松原市社保覆盖面积不够，社保参保比例较低；在公共教育上，教育经费 GDP 占比很低，教育经费投入不够；在公共医疗上，病床数目极少，而职业医生数目也较少。为促进城市转型，在社会保障、社会公共教育和社会医疗保障上，松原市都有待提高。

松原市在环境转型方面的成绩一般，排名第 56 位，但相对经济转型和社会转型，效果还算较好。在环境治理上，松原市表现较好，尤其是工业烟粉尘排放治理效果较好，工业固体废物综合利用率高，城镇生活污水集中处理率高，但在工业污染物 SO_2 排放治理上效果很差。松原市主要产业以油气采掘加工产业为主，在加工过程中会产生大量污染物，尤其是 SO_2，为实现可持续发展，污染物治理十分重要。在环境友好上，松原市与所有资源型城市一样，环境都遭到一定程度破坏。松原市空气质量稍差，而城区绿化覆盖率也较低。

松原市在制度转型中的表现差强人意，位列第 47 位，其社会投资规模比例在所有资源型城市中处于平均水平，但市场竞争程度的得分很低，金融发展不景气，松原市市场的效率仍有待提高。

（5）未来建议

作为成长型资源城市，松原市在对于转型发展的认识和行动上都处于领先地位，但从转型效果来看略有欠缺。2013年，松原市规模以上工业增加值总计为690.1亿元，其中，石油和天然气开采业做出主要贡献，占比33.7%，资源型产业的比重仍相对较高。为此，在未来的转型中，一方面结合松原市丰富的资源和有利的区位，以及该地区产业基础等实际优势，打破已形成的地区发展路径锁定模式，建立长期发展目标，将资源优势运用到经济发展上去，同时优化产业结构，选择有生命力、持续性强的替代产业，促进松原市城市经济社会的发展；同时可以通过培育和发展该地区新的龙头企业，进而完善松原市的产业链和产业群，打造新的经济增长极。此外，还应当积极发挥松原的农业优势，围绕打造生态经济强市、全省现代绿色农业强市，紧紧抓住新一轮振兴东北的有利契机，重点更新改造水利工程，建设优质农产品基地，并与国家和省有关部门搞好协调对接，不断争取更多政策资金支持，争取更多国家和吉林省布局调整的重大项目落地松原。

6.5.2　吉林

（1）城市概况

吉林市是吉林省下辖地级市、吉林省第二大城市，因吉林省而得名，是我国唯一省市同名的城市，是东北地区重要旅游城市和化工工业基地之一，东北三宝——人参、貂皮、鹿茸角的故乡，也是长白山天然绿色食品的主要产区和集散中心。作为"一五"期间国家重点建设的老工业基地，经过多年发展，吉林市逐步形成了汽车、石化、能源、冶金、非金属矿产、农产品加工等传统产业体系，碳纤维、装备制造、生物产业、基础电子及电力电子等新型产业体系。2014年，吉林市国民经济继续平稳增长，全年实现地区生产总值2730.2亿元，比上年增长6.0%。其中，三次产业结构的比例关系由上年的9.6：48.9：41.5调整为9.5：47.8：42.7。全市森林覆盖率达54.9%，在中国百万以上人口大城市中首屈一指，是中国东北地区第一个荣获"全国绿化模范城市"称号的城市。[1]

---

[1]　参见《吉林市2014年国民经济和社会发展统计公报》。

（2）资源特点及利用情况

吉林市境内目前已探明的矿种共计 58 种，而整个吉林省已探明储量矿种 71 种，该市占 81%，其中有 10 种金属矿和 13 种非金属矿。吉林市的钼镍资源丰富，为我国第二大矿床，钼矿储量占全国 20.9%，有色金属、贵金属矿储量更是居全省首位，也是碳素、铁合金重要生产基地。其中，中钢集团吉林炭素股份有限公司是亚洲最大、国际四强炭素企业，工艺技术等代表着中国炭素行业的最高水平。此外，吉林市还被中华人民共和国科技部认定为唯一一个国家碳纤维高新技术产业化基地。作为东北的老工业基地，吉林市依托丰富资源，经过国家"一五"时期以及后来工业化发展部署，逐步形成了涵盖化工、冶金、机械、汽车、建材、造纸、电力等重化工业为主体的产业格局。

吉林市水系发达，水资源总量 162 亿立方米。能源充沛，现有丰满等 3 个梯级水电站和 2 个大型发电厂，总装机容量 460.29 万千瓦，拟建江南热电厂，扩建松花江热电厂，年发电量 127.6 亿千瓦时，是我国北方少有的水电丰沛城市。此外，吉林市还拥有丰富的森林资源，全市活立木总蓄积 1.62 亿立方米，拥有 4 个国家森林公园和 1 个国家级自然保护区。[①]

（3）得分结果

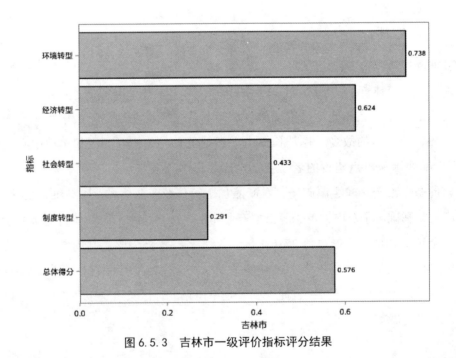

图 6.5.3 吉林市一级评价指标评分结果

---

① 吉林市人民政府网，http://www.jlcity.gov.cn。

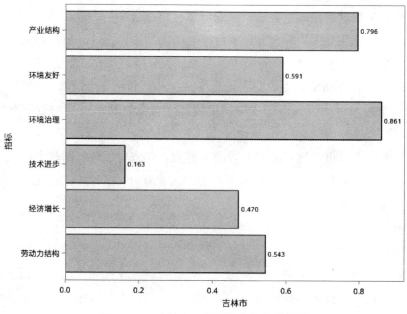

图 6.5.4 吉林市二级评价指标评分结果

（4）转型评价

从各项评价指标来看，吉林的得分相对均衡，名次都位列全国中等偏上的位置，在这样一种均衡转型的情况下，综合转型得分为 0.576，高于全国平均水平，得分位列全国 115 座转型城市中第 36 位。

其中经济转型位列全国第 31 位，转型效果尚可。在产业转型上，吉林市成效较好，其中采掘业增加值 GDP 占比较高，可见采掘业发展较好，此外传统制造业的转型成效也很好，但现代服务业得分相对偏低，吉林市服务业发展较为缓慢，对产业结构的转型促进作用有限。在劳动力结构上，虽然吉林市人口自然增长率低，但采掘业增加值 GDP 占比从业人员代理值很高，说明吉林市虽然人口已老龄化，但挖掘业劳动力充沛，产业发展较快。在技术进步上吉林市表现一般，主要是研发经费投入强度较低。在经济增长上，表现也较好，但在地区生产总值的得分上，仅有 0.239，与其他地区差距较大，难以为经济转型提供必要的经济基础，也不利于经济转型的有力推进。

在以公共服务为衡量对象的社会转型方面，吉林市的表现较好，得分为 0.433，排名位列第 32 位。总体来看，和其他资源型城市相比，吉林市在社会保障体系建设、医疗卫生等基本生活保障方面做得较好，但教育经费 GDP 占比较低，说明吉林市在教育上投入的资金较少，为了促进城市转型、社会发展，吉林市需要加强教育投资。

吉林在环境转型方面的成绩一般，排名第 54 位，在环境治理上，吉林市表现尚可，工业烟粉尘排放治理成效显著，工业固体废物综合利用率较高，生活污水集中处理率也较高，但在工业污染物 SO_2 排放治理上仍需加强。相比环境治理力度，吉林市在环境友好上表现较差，空气质量较差，且城区绿化覆盖率也较低。

同样的，吉林在制度转型中的表现也中规中矩，位列第 48 位，虽然社会投资规模尚可，但金融发展太慢，市场竞争程度较低，可见吉林市市场的效率有待提高和强化。

总体来看，吉林市在城市转型上做出了努力，并取得了较好的转型成果，在经济转型、社会转型、环境转型、制度转型等各个方面还不错，但依然存在着不少问题，需要进一步深化改革。

（5）未来建议

吉林市的转型进程相对均衡，为此进一步的发展应当在保持均衡、稳步推进各项转型的同时，着重突出发展的亮点。为此，建议以新一轮振兴发展为主题，进一步强化社会转型的优势，打造独特的城市品牌，建设独具魅力的雾凇冰雪旅游基地、休闲度假旅游胜地、区域性旅游中心城市和享誉全国的特色文化城市。构建旅游新优势。突出"一江一带"旅游发展核心。依托一江秀水，着力建设"一江三湖四山"景观主轴线，规划实施松花湖 5A 级景区等一批重大旅游工程，构建外通内联、集群发展的核心旅游圈；依托万昌—孤店子温泉带，统筹规划布局，创新温泉＋养生养老＋休闲健身＋现代农业等模式，发展特色温泉产业集群，打造服务全省、辐射东北的温泉旅游产业基地。大力发展旅游产业。深度挖掘、传承和发展夫余文化、满族文化、船厂文化，加强文物本体保护和修缮，建设一批享誉国内外的文化遗产遗迹，打造北山、玄帝观、天主教堂、清真寺等宗教朝圣祈福文化品牌，扩大中国历史文化名城知名度和影响力。加快发展文化产业，建设一批特色优势突出的骨干文化企业和文化产品基地，构筑形成现代文化产业集群。完善公共文化服务体系，推动文化大发展大繁荣，增强先进文化对全面建成小康社会的精神引领作用。

在环境建设上，推进"生态城市"建设，加强松花湖和松花江等重点流域保护治理，加强森林资源管护和大气污染防治工作，打造一批生态小城镇，探索资源型城市可持续发展的新路径；推进"低碳城市"试点，抓好哈达湾老工业区整体搬迁改造工程，建设现代服务业聚集区，创造老工业基地城市搬迁改造示范模式；推进"城市矿产"试点，在高新北区打造报废汽车回收再利用、报废电机再制造、废旧金属加工利用和废旧塑料加工利用等四个产业基地。

6.5.3　辽源

（1）城市概况

辽源市位于吉林省中南部，因东辽河发源于此而得名。下辖五个县区，包括两县（东丰、东辽）、两区（龙山、西安）和一个省级经济开发区，总人口 130 万。辽源历史比较悠久，文化底蕴丰厚，青铜器时代就有人类活动，是满族重要发祥地之一，清代被辟为皇家"盛京围场"，因首开中国人工驯养梅花鹿之先河，被誉为"中国梅花鹿之乡"，并以其浓郁的关东黑土地文化，享有"中国二人转之乡"、"中国剪纸之乡"等美誉。早在 20 世纪六七十年代，辽源素有"东北小上海"的美称，因为其工业体系门类齐全，以煤炭为主要依托。2015 年，全市地区生产总值实现 750 亿元，地方级财政收入实现 28.1 亿元，全社会固定资产投资完成 613 亿元，社会消费品零售总额达到 205 亿元，外贸进出口总额达到 2.7 亿美元，城乡常住居民人均可支配收入达到 27433 元和 11025 元，分别增长 4.5% 和 5%，主要指标增幅处于全省上游。2008 年，辽源市被国务院确定为全国首批 12 个资源枯竭型城市经济转型试点市之一，经过近几年发展初步形成了新的接续替代产业架构，开启了转型升级、创新发展新局面。[①]

（2）资源特点及利用情况

截至 2015 年底，辽源市境内发现的矿产种类达 33 种，其中探明资源储量的有 16 种，全市矿产地多达 155 处。在已查明资源储量的矿种中，已列入矿产资源储量表的有 12 种，矿产地 96 处，以煤、铁、铜（伴生矿）、铅、锌、金、银（伴生矿）、泥炭、水泥用石灰岩（大理岩）、硅灰石、陶瓷土、伊利石等为主。此外，开采的矿产资源还有建筑用玄武岩、建筑用安山岩、建筑用花岗岩、脉石英、砖瓦用黏土、饰面用花岗岩、矿泉水等。而辽源市现已成为典型的煤炭资源枯竭型城市。经过常年的开采，煤炭资源和其他矿产资源逐渐枯竭。辽源市作为国家首批资源枯竭型城市转型试点市，从 2002 年开始探索转型之路，2008 年成为首批转型试点市，2011 年经过国家发改委宏观经济研究院的评估转型已经取得了阶段性成果，经济、城市、社会、生态均飞速发展。然而在接下来转型升级中，辽源还面临财力不足、经济效益不高、人才短缺、历史负担重等问题。要实现转型升级，就要找准战略定位，优化思路。推动城市空间、产业和生态转型升级，提高软实力的支撑。

辽源市农业资源也颇为丰富，2013 年实现农林渔牧业总产值 104.91 亿元。全市农作物播种面积达到 23.38 万公顷，粮食作物播种面积为 22.77 万公顷。其中，玉米产量 133.93 万吨；水稻产量 13.03 万吨。全市耕地总资源 25.05 万公顷。[②]

---

① 参见《辽源市 2014 年国民经济和社会发展统计公报》。
② 辽源市人民政府门户网站，http://www.liaoyuan.gov.cn。

（3）得分结果

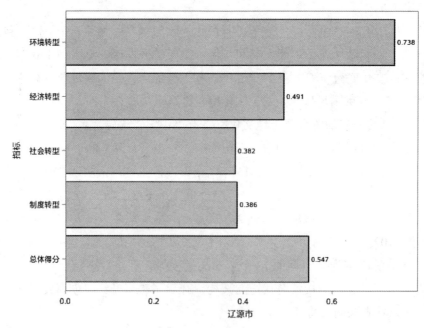

图 6.5.5　辽源市一级评价指标评分情况

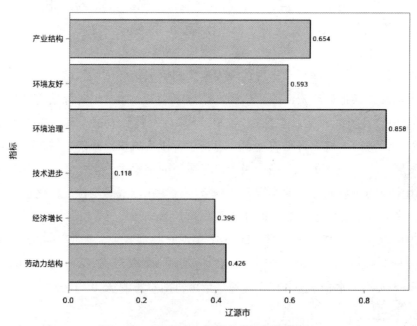

图 6.5.6　辽源市二级评价指标评分情况

（4）转型评价

辽源市综合转型得分为 0.547，处于全国平均水平，得分位列全国 115 座资源型城市中第 51 位，其中制度转型的排名相对靠前，经济转型的排名最靠后，位列全国第 89 位，是制约整体转型效果的主要因素。

辽源市经济转型效果并不显著，在所有城市中排名第 89 位。从经济转型的各项分指标得分情况来看，辽源市产业转型效果不显著，需要进一步努力，劳动力结构不突出，技术进步尚可，但仍需提高，经济增长水平一般，有待进步。

在产业结构上，辽源市传统制造业转型情况较好，但服务业发展较为缓慢，现代服务业从业人员代理值较低，而采掘业产值也不高。服务业的发展和采掘业的进步成为辽源市转型过程的主要阻碍。在劳动力结构上，辽源市人口自然增长率较低，而采掘业增加值 GDP 占比从业人员代理也较低，可见辽源市人口结构老龄化，且采掘业从业人口也受到了限制。在技术进步上，辽源市互联网普及率偏低，而研发经费投入强度很低，这些因素限制了辽源市科技的发展、技术的进步。辽源市经济增长水平一般，地区生产总值增长率偏低，人均地区生产总值一般，人均社会消费品零售额也一般。整个城市产业转型效果不明显，经济发展也较为缓慢。

在以公共服务为衡量对象的社会转型方面，辽源的表现中规中矩，得分为 0.382，排名位列第 49 位。其中，在医疗卫生、教育投入方面存在不足，尤其是教育经费投入不足是导致社会转型总体成绩不够突出的主要原因。在社会基本保障上，辽源市表现尚可，社保参保比例处于平均水平。

同样的，辽源市在环境转型方面的成绩也一般，并不显著，排名第 55 位。在环境治理上，辽源市在工业烟粉尘排放治理上表现突出，工业固体废物综合利用率和城镇生活污水集中处理率表现较好，但工业污染物 SO_2 排放治理表现稍差。在环境友好方面，辽源市表现较差，空气质量偏差，市辖区建成区绿化覆盖率也不高。为实现城市转型和可持续发展，辽源市需要加强环境治理，尤其是要加大工业污染物排放治理力度，加大市区绿化面积。

辽源市在制度转型中的表现相对其他指标较好，在所有城市中排名第 31 位，其原因在于社会投资规模和金融发展状况良好，能有效地发挥市场在城市转型中的作用。

（5）未来建议

本着问题导向，未来辽源市的发展中面临的主要问题是经济的转型任务。

辽源是农业比重较大的城市，在产业转型过程中，可优化农业结构，巩固基础产业。一是积极推进农业品牌化。实施品牌农业战略，大力发展有机、绿色、无公害食品。二是加快实施农村产业化。建立规模化、集约化农产品生产加工基地，积极稳妥培育土地流转市场和交易市场，开展土地承包经营权流转，鼓励和支持土地适度规模经营，提升农业产业化水平。三是培育发展特色农业化。在做大做强鹿产业的同时，大力发展特色高效农业，形成养殖、科研、产品深加工、销售等"一体化"的特色产业。

同时需要优化工业结构，做强支撑产业，提高产业集群化。充分发挥辽源市的区位优势，推动生产要素向具有一定优势或潜在优势的产业和企业配置，促进强强联手，增强聚合效应。逐步形成以大企业为龙头、中小企业为支撑、纵向成链、横向成群的产业集群，延伸产业链条。根据产业的自身特点，遵循产业发展规律，重点培育医药制造、农副产品深加工、新能源汽车、生物质综合利用等优势产业链条，不断提升重点行业和主导特色产业产品的技术含量和附加价值。以老东北工业基地工业企业"退城进区"为契机，加快推进工业园区建设，积极完善园区综合配套功能，打造产业集聚平台，发挥园区集聚效应，推进工业集中布局，实现工业集约发展。同时需要优化服务业结构，拓宽潜力产业，重点发展生产性服务业、完善生活性服务业，培育新兴服务业等。

6.5.4　通化

（1）城市概况

通化市地处吉林省东南部，是东北东部重要的区域枢纽城市，享有"中国医药城"、"中国葡萄酒城"、"中国钢铁城"美誉。2012 年，通化市实现地区生产总值881.12 亿元，增长 12.1%。其中第一产业实现增加值 87.06 亿元，增长率为 5.3%；第二产业实现增加值 467.03 亿元，增长 15.2%；第三产业实现增加值 327.03 亿元，增长 9.3%。人均 GDP 达到 39111 元，增长 13.3%。2012 年第一、第二、第三产业比例为 9.9∶53∶37.1。第一、第二、第三产业对经济增长的贡献率分别为 4.1%、67.5%、28.4%。规模以上工业增加值单位能耗降低 17.7%。[①]

（2）资源特点及利用概况

通化市水资源丰富，流经本市的河流数量达 1000 余条，水资源总量为 49.37 亿立方米。这一丰富水资源为通化市的水电、渔业等经济发展提供了资源保障。同时，通化市矿产资源丰富，地质储量较大，种类较多，非金属矿、有色金属、黑色金属和建筑材料等都较为丰富。截至 2012 年，通化市已经探明的矿种有 50 余种，具有工业价值且已开发的主要矿种有：煤、铁、铜、铅、锌、金、镍、石膏等矿，其中镍保有储量约占吉林省的 23%。目前通化市已是成熟型资源型城市，截至 2012 年，通化市有矿区（井田）173 处，矿泉水产地 25 处，矿区 25 处。作为"天然药库"之一，通化市野生植物品种繁多，绿色食品资源尤为繁盛，多达 190 余种，野生经济动物也达

---

① 参见《通化市 2014 年国民经济和社会发展统计公报》。

100多种，其中人参产量占中国的40%，无疑推动了通化市成为我国著名的中药之乡、葡萄酒之乡、人参之乡和优质大米之乡，逐步形成了优质粮食产品产业、人参产品产业、中药材产品产业、酿造葡萄产品产业、优质畜禽产品产业和优质林特产品产业六个支撑农产品加工经营向多领域、全方位发展的产业集群。[①]

（3）得分结果

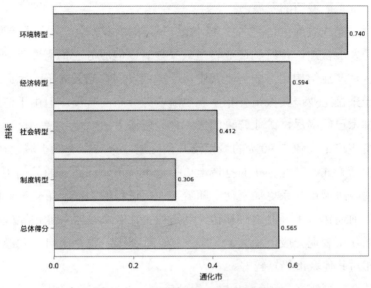

图 6.5.7　通化市一级指标评分结果

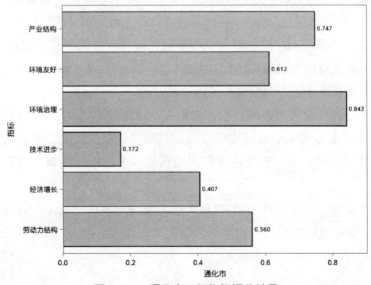

图 6.5.8　通化市二级指标评分结果

①　通化市人民政府网，http://www.tonghua.gov.cn。

（4）转型评价

从城市转型的综合转型评分来看，通化市的得分为 0.565，在所有被评价城市中位列第 43 位，说明通化市的城市发展转型取得了一定的成效。在推动通化市转型的一级评价指标中，环境转型及经济转型得分最高。通化市于 1955 年建成通化钢铁厂，以其结构完整、生产配套的联合企业作为优势，不仅促进了通化市的经济发展，同时带动了相当一批工矿城镇的发展。

经济转型方面成效尚可，排名第 44 位。产业结构得分较高，产业转型效果较好，尤其是采掘业发展快速，传统制造业转型效果显著，但服务业仍需要进一步发展。通化市南部山区，产业结构相对弱势，其中第一产业发展有先天缺陷，因此本地区经济发展需决定于采掘工业，其城镇分布呈现出随资源分布的特征。但由于通化市的资源衰退，很多林木已经竭尽，矿业开采的成本也因资源有限而逐年增加，部分厂矿甚至已经难以维持生产；通化市 90% 的城镇沿几条交通线分布，一些小城镇在市政设施、人口密度、生活方式、产业分布的打造上更接近于城市化，而交通的便利和发展也使得通化市域内各级城镇联系更加密切；随着工业化进程的加快，第三产业的重要性正不断加强。当前通化市采掘业占比和传统制造业占比较高，服务业占比较低。在技术进步方面，通化市表现一般，和其他城市一样，主要限制也是来自研发经费投入的强度不足，但相对其他城市仍算较好。

通化市社会转型排名位列第 38 位，得分较高。在社会基本保障、社会医疗服务、社会教育方面都发展均衡，在所有城市中处于中等水平，但仍需要进一步的深化。1986 年以后，城镇化进程受宏观经济回落影响较大，而作为资源型衰弱城市，通化市处于放慢并逐渐转型时期，这一时期中各乡镇发展比较平均，基本稳定了城镇数量，因而在城镇体系上能够实现综合优化，并进一步发展，而中心城市成为重要的物资集散中心及商品交换市场，带动周边城镇迅速发展。

环境转型方面，通化市表现一般，在所有城市中排名第 51 位。通化市在工业污染物的治理和城市污水集中治理成绩较好，空气质量和绿化覆盖率也较高，说明通化市的环境转型相对成功，但是由于积累的污染过多，空气质量方面仍然需要进一步发展。

制度转型方面，通化市排名第 43 位，也需要进一步深化转型。通化市在社会投资规模比例、金融发展方面得分相近，市场竞争程度水平较低，说明通化市在结合市场力量支持城市转型方面还有不足。

（5）未来建议

通化市是成熟型资源城市，矿产资源的开采、开发和利用已日趋成熟。为实现通化市城市转型，核心资源的有效利用和开采以及产业转型是关键。因此建议立足产业基础和潜力优势，继续发展重点产业、企业和产品，同时推动产业结构调整，强化政策支持，明确主攻方向，加快转型升级步伐，抓龙头、铸链条、建集群，强力推动支柱优势产业转型升级。同时，突出抓好重点项目建设，坚持把投资作为稳增长的重要支撑，优化投资结构，全力抓好重大项目建设。围绕重点产业、改善民生、基础设施、生态环保和社会建设"五大板块"，扩大投资，促进工业经济发展，积极发现培育新的增长点，发挥消费对稳增长的基础作用，加大软环境整治力度，切实改善投资环境。

着力提高科技创新能力。通过重大科技专项工程的实施，大力发展技术创新，主要表现在拥有自主知识产权的高科技产品，同时发展壮大一批科技型、创新型企业作为支撑。注重技术创新和成果转化平台建设，深化与高等院校、科研院所合作，组建医药等产业战略联盟，加快企业技术创新中心、公共研发平台建设，促进转化更多科研成果，以提高技术创新水平，从而大幅提高科技创新对经济增长的贡献率。

提升农业现代化水平。转变农业生产方式，提升现代农业发展水平，创新以城带乡、以工促农方式，引导城市现代要素向农村流转，实现农业增效、农民增收、农村繁荣发展。着力提高粮食综合生产能力，加快发展园艺特产业，积极发展精品畜牧业，推进农作物秸秆资源化综合利用，推进农业产业化和品牌建设。

6.5.5　白山

（1）城市概况

白山市是吉林省下辖地级市，位于吉林省长白山的西侧，北与吉林市毗邻，南与朝鲜惠山市隔鸭绿江而望，西与通化市相接，东与延边朝鲜族自治州相邻，东西相距 180 公里，南北相距 163 公里，国境线长 454 公里，幅员 17485 平方公里。[①]白山市区面积 1388 平方公里。白山市是东北东部重要的节点城市和吉林省东南部重要的中心城市。2015 年，全市地区生产总值（GDP）达 690.2 亿元，按可比价格计算，相比上年增长 7.1%。[②] 其中第一产业实现增加值 62.3 亿元，增长 5.3%；第二产业实现增加值 393.8 亿元，增长 7.3%；第三产业实现增加值 234.0 亿元，增长 7.3%。人均 GDP 实现 54854 元，增长 7.9%。三次产业比例为 9.0∶57.1∶33.9，工业占 GDP 比重为 54.2%。[③]

---

① 《吉林省白山市简介》，http://news.sina.com.cn/c/2006-07-29/183910572255.shtml。
② 《吉林省白山市简介》，http://news.sina.com.cn/c/2006-07-29/183910572255.shtml。
③ 《白山市 2015 年国民经济和社会发展统计公报》，http://tjj.cbs.gov.cn/tjgb/136051.jhtml。

（2）资源特点及利用概况

肥沃的土地、丰富的森林、矿产、山珍土特产和旅游资源是白山发展的基础。其中，已探明的矿产资源包含煤、石英砂、滑石、硅石、铁矿石、膨润土、硅藻土、水晶浮石、石膏、火山渣等金属和非金属矿 100 多种[1]，占吉林省发现矿产的73%，矿产储量大，品质较优，其中，江源区、八道江区列入全国 60 个重点产煤县之列。此外，作为我国主要的木材产区之一，白山有 83% 的森林覆盖率，人均167 立方米的森林蓄积量，相当于 19 倍的全国人均森林蓄积量，联合国"人与生物圈"长白山自然保护区约 60% 的面积在白山市。古老而茂密的原始森林为野生动植物的繁衍生息提供了优越的条件，是东北"三宝"——人参、貂皮、鹿茸角的故乡。

除此之外，白山境内有松花江、鸭绿江两大水系，流域面积达 100 平方公里以上，人均水资源占有量是全国人均占有量的 2.7 倍，水能的理论蕴藏量达 106.1万千瓦，可开发的水能资源量达 84.2 万千瓦。有多处矿泉、温泉，神奇的长白山矿泉水可以用于制作各种上佳饮料。现已发现矿泉水近 200 处，每日可开采量达20 万立方米。

（3）得分结果

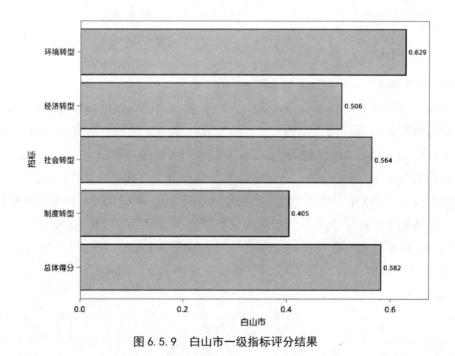

图 6.5.9　白山市一级指标评分结果

---

[1]　白山网：《白山概况——基本概况》，http://www.baishan.ccoo.cn/bendi/info-17245.html。

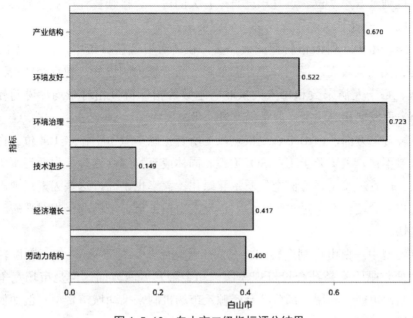

图 6.5.10 白山市二级指标评分结果

（4）转型评价

从城市转型的综合转型评分来看，白山市的得分为 0.582，在所有 115 座被评价城市中位列第 30 位，说明白山市的城市发展转型取得了较好的成效。在推动白山市转型的一级评价指标中，环境转型的得分最高，社会转型其次。近年来，白山市坚持生态立市、产业强市，打资源牌、走特色路不动摇，紧紧围绕"三五二"产业布局，即能源、矿产冶金、旅游和矿泉水、人参、医药、林产品加工、特色农产品及新型建材、物流业等开放带动、投资拉动、创新驱动，加快转变经济发展方式，推进产业结构优化升级，以经济转型为重点，大力实施产业集群梯次推进计划，进一步改造提升老字号，深度开发原字号，培育壮大新字号，变"围煤经济、一业独大"为"多点支撑、多元发展"，着力打造白山经济"升级版"，推动综合转型。在国家财政的有力支持下，转型升级，初见成效。

在经济转型中，白山市位列第 87 位，转型效果并不显著。其中产业转型有待深化，得分较低，尤其是挖掘业发展缓慢，传统制造业比重最大，虽然在转型方面有所好转，但仍需进一步削减，此外服务业占比不高。在劳动力结构上，增加值 GDP 采掘业占比（以从业人员比例为代理变量）也较低，人口增长缓慢。和其他城市相同，由于研发资金投入不足，技术进步虽然和其他城市相比，表现尚可，但仍然较为缓慢。白山市区经济总量偏小，产业结构不优，发展接续替代产业任务艰巨。2009 年市地区生产总值、全口径财政收入、地方级财政收入分别占全省总量的 3%、2% 和 2%，经济总量位列全省第 7 位。近几年一直未有大的进步。接续替代产业，尤其是支柱产业远未形成，"一业独大，围煤经济"问题突出。

在社会转型中，白山市转型成效显著，在所有资源型城市中，排名第 12 位。白山市社会参保比例较高，说明对于社会保障方面有较大的提升，教育经费占比、每万人教师数、每千人病床数和每千人执业医生数等指标得分相对平均，说明教育、文化、医疗方面发展相对均衡，但是仍有进一步发展空间。

在环境转型方面，白山市表现很差，在所有资源型城市中排名 104 位。白山市环境转型成效不佳，主要源于工业 SO_2 治理、固体废弃物综合治理、生活污水集中处理评分较低，而且环境友好方面空气质量和绿化覆盖率也不高，这些因素反映出当前环境治理的投入力度仍有不足，另一方面也反映出白山市环境问题仍相对严峻，环境转型需求迫切。

制度转型中，白山市制度转型排名高于平均水平，位于第 27 位。制度转型初步成功的主要贡献因素是社会投资规模比例和金融发展两方面，但是市场竞争程度较低。说明白山市能够利用一部分社会资源及市场机制来推动城市转型，但如何建立有效的市场机制，充分调动社会力量还需要进一步努力。

（5）未来建议

白山市是衰退型的资源性城市，随着煤炭、林业、铁矿石等自然资源的枯竭，为实现城市转型，产业转型是关键。因此需要合理利用现有自然资源，实现城市可持续发展，同时寻找新兴产业，促进经济发展。就目前现状，矿产资源的开采问题过于严重，不能做到可持续的循环开采，在今后发展中需以市场为基础，以开放的姿态开展整装勘查，通过内在技术创新和外在引进权威企业参与，提高矿产资源的开采、利用和加工率。同时，发挥白山市的自然资源优势。白山市依托长白山，有着丰富的旅游资源，可通过精品旅游路线的建设以及配套设施的完善，形成独具特色的旅游品牌，以旅游业的发展来带动第三产业发展。

此外，作为人参的重要产区，应继续推进人参产业的发展和建设，打造人参生产、贸易、文化的一条龙服务，为白山的美誉"中国人参看吉林，吉林人参看白山"更添上浓墨重彩的一笔。以绿色发展的理念构建白山市生态化、产业化的新格局。

6.6　黑龙江

6.6.1　黑河

（1）城市概况

黑河市是黑龙江省下辖地级市，总面积 6.87 万平方公里，位于黑龙江省东北部，东南与伊春市、绥化市相接，西南与齐齐哈尔市相邻，西部与内蒙古自治区相隔嫩江而望，北部与大兴安岭地区连接，东北隔黑龙江与俄阿州相望。[①]

截至 2014 年底，全市实现地区生产总值 420.3 亿元，同比增长 7.8%。其中，第一产业增加值 208.7 亿元，增长 11%。第二产业增加值 68.2 亿元，增长 4.8%；在第二产业中工业增加值 54.9 亿元，增长 4.9%。第三产业增加值 143.4 亿元，增长 5.1%。三次产业占 GDP 比重分别为 49.7%、16.2% 和 34.1%。城镇化率 35%。

黑河市先后被评为全国双拥模范城、中国优秀旅游城市。

（2）资源特点及利用概况

黑河市矿产资源种类丰富。目前，已探明煤炭资源储量 9.6 亿吨。市域内共发现黑色、有色、贵重、稀有等金属矿产及能源、化工原料、冶金辅料、稀散元素等非金属矿产，种类达 95 种，现已查明储量的有 37 种，分别占全省的 72.5% 和 48%、全国的 53.9% 和 24.2%；发现矿产地 600 余处，其中探明储量 73 处，主要矿产资源潜在经济价值约 10000 亿元以上。现探明铜、钼、钨、沸石等 16 种资源储量，均居全省首位。其中，多宝山铜矿为东北地区最大的铜矿，翠宏山铁多金属矿为全省第二大铁矿。另外，铂族金属、硫铁矿、珍珠岩等特色矿产资源储量也相对较高，为省内其他地市少见。目前为止，不同程度的地质工作在黑河市内均开展过。其中部分矿产已得到开发和利用，少部分矿产已接近枯竭，急需找到后续资源；而大部分矿产尚未得到合理开发和利用。[②] 黑河市矿产资源开发利用中，主要问题有：矿产资源利用率低，各类矿产开发不平衡，重开采、轻加工，黑河市的部分矿产资源多以原矿方式向外销售，很少有矿山加工过程，导致产品价格低廉。并且矿产综合利用程度低，资源浪费现象严重，矿业规模不足，技术落后，环境保护较差。

黑河市还有丰富的土地和林草资源，耕地面积为 2880 万亩，成为国家重要商品粮基地及绿色食品主产区。林业经营面积为 325 万公顷，活立木蓄积为 1.3 亿立方米，森林覆盖率 47.3%。天然草原面积 830 万亩，经过认证的湿地 54 万公顷，成为我省重要淡水沼泽湿地之一。有林地和草原面积占区划面积的 61.6%。

境内水资源丰富，黑龙江、嫩江两大水系共有大小河流 621 条，均属山区性河流，河流落差大，适合于修建水电站的坝址多，黑龙江干流的黑河段水能蕴藏量达 1500 万千瓦。内河装机容量达 67 万千瓦，已经建成的 10 个水电站总装机达 19.4 万千瓦。

辖区内野生动物 467 种，野生植物 1000 多种，国家重点保护的一、二级珍稀动物都有分布，是我国重要的野生动植物资源圃和基因库。另外，旅游资源也很丰富，

① 参见丁宇、丁荟语：《黑龙江省沿边开放带与俄罗斯区域合作的优势——以沿边开放城市黑河为例》，《俄罗斯中亚东欧市场》2011 年第 2 期。

② 参见史憨、于国松：《黑河地区金矿开发的环境影响研究》，《矿产与地质》2009 年第 6 期。

独特性和垄断性旅游资源占整体旅游资源的 42%。

（3）得分结果

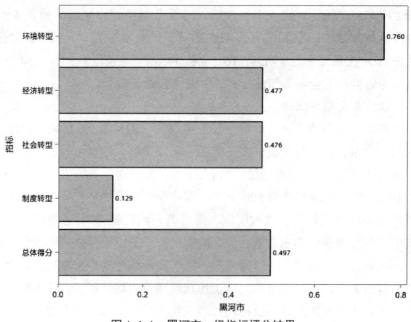

图 6.6.1　黑河市一级指标评分结果

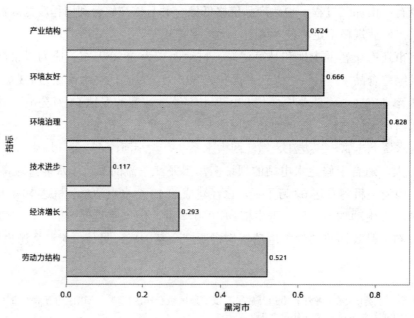

图 6.6.2　黑河市二级指标评分结果

（4）转型评价

从城市转型的总体评分来看，黑河市的得分为 0.497，在所有被评价城市中位列第 82 位，说明黑河市城市转型并不成功。在推动黑河市转型的一级评价指标中，环境转型的得分最高，其次为经济转型。

在经济转型方面，黑河市排名全国所有资源型城市第 93 位，黑河市经济转型效果不显著，需要进一步大力推进。从经济转型的指标来看，与其他资源型城市相比，黑河市产业结构转型表现稍差，劳动力结构表现一般，技术进步进展缓慢，最主要的是经济发展十分缓慢。在产业结构上，黑河市采掘业增加值 GDP 占比得分很高，说明采掘业发展形势大好，但传统制造业转型成效欠佳，现代服务业增加值 GDP 占比（以从业人员比例为代理变量）少，服务业发展迟缓。在劳动力结构上，虽然采掘业劳动力充沛，采掘业增加值 GDP 占比（以从业人员比例为代理变量）很高，但黑河市人口自然增长率极低，可见黑河市老龄化严重，在未来可能会缺乏年轻劳动力。在技术进步上，黑河市互联网普及率较低，研发经费投入强度也不高。总体技术进步不明显。经济增长上，人均地区生产总值和人均社会消费品零售额都十分低。黑河市未来经济转型需要将中心放在经济增长和产业转型上。

在社会转型上，黑河市排名第 24 位，成效较为显著。从社会转型的指标来看，每千人执业医生得分较高，社保参保比例、教育经费占比、每万人教师数和每千人病床数得分较为平均，但社保参保比例相对其他资源型城市较低。总体上黑河市教育、社会保障、医疗等公共事业发展较好，但在未来工作中对社会保障覆盖率和力度需要加强。

在环境转型方面，黑河市排名第 36 名，转型有一定成效。黑河市在工业 SO_2、烟粉尘、固体废弃物等污染治理对于环境转型的贡献较大，而环境友好对于促进环境转型的贡献作用不够突出，虽然空气质量较好但是绿化覆盖率较低，说明黑河市的环境治理投入力度仍然不足，需要政府及各个企业的重视及投入。黑河市依靠煤矿资源开发多年，环境破坏严重，环境转型需求迫切。

制度转型是黑河市城市发展转型中得分最低的贡献因素，社会投资规模占比、金融发展及市场竞争程度等指标得分均较低。说明促进城市转型的市场化机制尚未建立，未能有效地调动社会力量支持城市转型。

（5）未来建议

黑河市是成熟型城市，在城市转型过程中，需要合理利用好城市丰富的自然资源，提高资源利用率，促进资源产业长久、快速发展。为此建议，一是利用区位优势，实现经济发展。对黑河市而言，要充分发挥政策优势深化与俄罗斯的资源能源合作。应着重发展资源深加工、做大存量，延伸产业链，提高产业层次，推进现有企业发展壮大。在科技创新方面，要充分利用创新产业园区以及与大企业的战略联系，大力发展新产品，创造新的经济增长点，新的商业模式，推进现有企业发展壮大。

二是紧抓"一带一路"和"龙江丝路带"建设战略契机，深入实施对俄合作转型提升工程，扎实推进贸易、能源、境内外园区、文化、边境旅游、农林等多个重点领域合作。黑河市对俄技术合作基础坚实，优势明显，可引进俄罗斯的先进技术，为生物产业和新能源、新材料方面提供技术支持。环境方面，深化重点行业污染治理，严厉打击环境违法行为，全面推进自然生态建设。

三是针对制度转型效果欠佳的问题，需要深化市场化改革，厘清政府和市场的边界，更好地发挥市场的主体作用，运用价值规律的作用来配置资源的开发、利用与经营，同时激发企业作为市场主体的活力。

6.6.2　大庆

（1）城市概况

大庆市是黑龙江省下辖地级市，总面积 2.12 万平方公里，位于黑龙江省西部，东与绥化地区相连，南与吉林省隔江（松花江）相望，西部、北部与齐齐哈尔市接壤。截至 2014 年底，全市实现地区生产总值 4070 亿元，同比增长 4.5%，城镇化率 52%。全年城镇居民人均可支配收入 32307 元，同比增长 9%；农村居民人均可支配收入 12443 元，同比增长 13.1%。先后被评为全国卫生城市、中国十佳魅力城市、全国文明城市。综合实力位列全国地级城市第 11 位，素有"天然百湖之城，绿色油化之都"之称。[①]

（2）资源特点及利用概况

大庆市自然资源富集。石油、天然气等矿产资源丰富。大庆油田自 1960 年开发至今，探明含油面积为 4415.8 平方公里，石油地质储量为 55.87 亿吨，探明含气面积为 472.3 平方米，天然气含伴生气储量为 574.43 亿立方米。大庆油田是我国第一大油田、世界第十大油田。大庆油田的发现和开发，对于我国石油工业具有举足轻重的意义。大庆依托丰富的石油储量，形成了大庆油田有限责任公司等国有控股特大型企业，在保持原油产量、上缴利税、油田采收率三项上一直是全国第一。大庆市全年风能可用时间约为 4000 小时，已经探明的风电开发量超过 200 万千瓦。大庆市林甸县储藏了丰富的地热资源，相当于大庆市油气能量的 1 万倍，是开发地热田的有利地区，具有良好的开发利用前景。太阳能、其他生物质能源的蕴藏量也极其丰富，比较容易形成规模化开发，产生较大经济效益。此外，大庆市地处松嫩平原，由于地势低平，

---

① 参见《大庆市 2014 年国民经济和社会发展统计公报》。

形成了广阔的湿地，湿地种类十分齐全，土地资源和生物资源也很丰富。^①

（3）得分结果

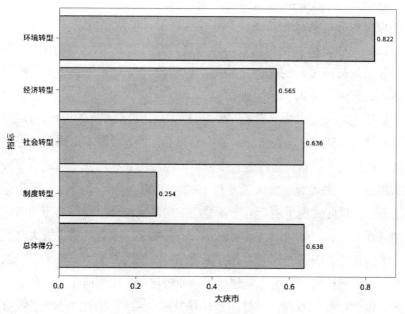

图 6.6.3　大庆市一级指标评分结果

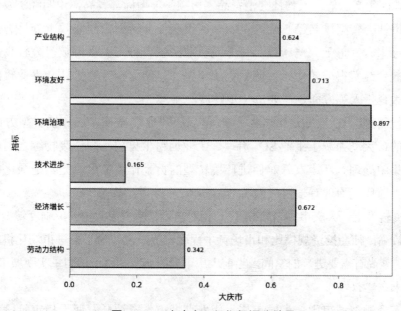

图 6.6.4　大庆市二级指标评分结果

———————

① 大庆市人民政府网，http://www.daqing.gov.cn。

（4）转型评价

从城市转型的总体评分来看，大庆市的得分为 0.638，在所有被评价城市中位列第 11 位，说明大庆市已基本实现成功转型。在推动大庆市转型的一级评价指标中，环境转型的得分最高，其次为社会转型和经济转型，说明了近两年来大庆市在环境治理和优化方面、产业结构调整和社会结构调整等方面的成绩比较突出，有力地支撑了城市的转型发展。排在最后的是制度转型，说明政府和市场在推动城市转型中的作用还不够显著，有待进一步调整和完善。

在经济转型上，大庆市排名第 65 名，虽然大庆市整体转型较为成功，但在经济转型上，还需要进一步努力。从经济转型的指标来看，得分贡献率最高的是经济增长和产业结构，最低的是技术创新。通过进一步分析，经济增长和产业结构之所以成为经济转型的最大贡献因素，主要源于大庆工业自 1992 年起以辟建国家级高新区为标志率先开始的第二次创业，以此实现了由单一资源型经济向多元综合型经济的历史跨越，形成了以石油天然气开采、石油炼化、装备制造、农产品加工、电力建材等五大产业为主的工业体系。技术创新在大庆市的转型中具有带动作用，原因在于大庆市大力投入高新技术开发区建设、引进高校科研院所、辟建新兴产业孵化器、引进博士后科研工作站、扶持归国留学人员创业园等创新载体，建成孵化场地 50 多万平方米，达到了吸引人才留住人才的效果。但是大庆市研究经费投入还有待提高。经济增长方面，地区生产总值增长率、人均地区生产总值、人均社会消费品零售额三项指标都较高，说明经济发展良好。

大庆市社会转型排名第 5 位，说明大庆市在社会转型方面成效十分显著。从社会转型的指标来看，每千人病床数、每千人执业医生、每万人教师数得分较高，社保参保比例、教育经费得分较低，说明了大庆市医疗、文化、教育等社会事业较好，而社会保障、教育投入等方面还需要进一步发展。

在环境转型方面，大庆市排名第 10 位，成效也很显著。在环境转型方面，促进环境转型的最大动力源于工业 SO_2 治理、工业烟粉尘排放、固体废物综合利用率以及生活污水集中处理。环境友好对促进环境转型的贡献作用突出，尤其是绿化覆盖率很高。说明当前环境治理有一定成效。

在制度转型上，大庆市排名第 61 位，相对来说，转型成效稍差。制度转型中，金融发展得分较高，社会投资规模比和市场竞争程度较低，说明对于推进市场化机制促进经济和社会转型尚有需要进步的空间，当前大庆市未能充分利用市场力量实现城市转型。

（5）未来建议

在众多资源型城市中，大庆市属于成熟型城市，资源开发属于稳定阶段。从大庆市转型评估结果看，大庆市转型的成功主要来源于社会转型和环境转型，而在经济转型和制度转型上效果稍差。因此未来大庆市转型应将重点放在实现城市产业转型，促进经济增长。在制度上，强化市场带来的经济效益，推动转型。因此，在经济转型方面，着重解决其资源依赖问题，在石油精深加工的基础上寻找替代产业。当前高新区建设是大庆资源转型的核心动力，应进一步巩固和强化，由政府为高新区不断营造优良政策环境、优化体制机制。未来在高端装备制造、高端新兴、高端服务等高端产业方面仍有发展空间。继续在高新区发展龙头项目，牵动企业发展，把石化配套、环境及空气质量都做好。

同时，依托自然资源和旅游优势，应大力发展旅游业，并带动其相关产业的发展，逐步摆脱对不可再生资源石油的过度依赖，从而走上转型发展的道路。

在制度上，大庆市需要增加社会投资规模，使市场更活跃，提高市场竞争力度。以市场带动产业的转型深化。

6.6.3 伊春

（1）城市概况

伊春市是黑龙江省下辖地级市，总面积 3.90 万平方公里，与俄罗斯隔江相望，东部毗邻鹤岗市，东南部与佳木斯市相连，南部与哈尔滨市相接，西南部紧邻绥化市，西北部是黑河市。截至 2014 年底，全市实现地区生产总值 261.56 亿元，按可比价格计算，下降 9.4%，城镇化率 87%。人均生产总值达 21443 元，作为资源型城市，经济下行压力较大。全市 "3+X" 产业体系中，三大引擎支柱产业中矿业开发及冶金建材业增加值同比下降 28.9%，森林食品药业增加值同比增长 1.5%，旅游业同比增长 9.3%。主导产业中木材精深加工业、新型装备制造业和纺织业均出现大幅度下降，清洁能源业同比增长 7.5%。[①]

伊春市作为我国专业化林业资源型城市之最，被誉为 "祖国林都"、"红松的故乡"，先后被评为世界十佳和谐城市、全国最佳生态旅游城市和第一批创建新能源示范城市。

（2）资源特点及利用概况

伊春市的资源优势体现在自然资源和矿产资源都相对丰富。作为典型的森林资源型城市，伊春市的森林覆被率达 82.2%，拥有亚洲面积最大、保存最完整的红松原始林，资源的充沛与便利，使得伊春市的产业体系以营林、木材加工生产、人造板和林业化工为支柱产业。丰富的森林资源为伊春市提供了大量优质的森林绿色食品，包括黑木耳、蓝莓、野猪等，且各相应品牌为全国领军产业。除丰富的森林及林下资源外，伊春市矿产资源丰富。据初步勘探，金属矿藏种类繁多达 20 多种，数量多达 100

---

① 参见《伊春市 2014 年国民经济和社会发展统计公报》。

处，包括金、银、铁、铅、锌、铝、铜等，黄金储备量居全省首位。伊春市水资源也较为丰富。境内沟谷密布、水系发达，有大小河流 702 条，总蓄水量 102 亿立方米。此外，动植物资源极为丰富。[①]

（3）得分结果

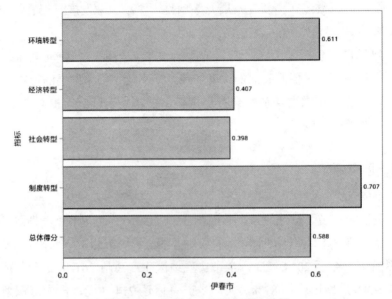

图 6.6.5　伊春市一级指标评分结果

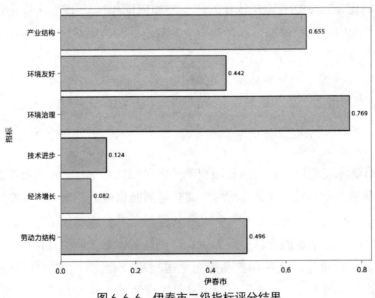

图 6.6.6　伊春市二级指标评分结果

---

① 伊春市人民政府网，http://www.yc.gov.cn。

（4）转型评价

从城市转型的总体评分来看，伊春市的得分为 0.588，在所有被评价城市中位列第 26 位，说明伊春市的城市发展转型取得了较好的成效。在推动伊春市转型的一级评价指标中，制度转型的得分最高，其次为环境转型，说明了近两年来政府和市场在推动城市转型中的作用不可小觑，由市场激励转型的机制较为成熟，而且环境治理和优化方面的成绩也比较突出，这些有力地支撑了城市的转型发展。排在后两位的分别是经济转型和社会转型，说明伊春市在产业结构调整方面还需要进一步调整和完善。

在经济转型方面，伊春市排名第 105 位，转型效果不显著。从经济转型的指标来看，得分贡献率最高的是产业结构，最低的是经济增长。与其他城市相比，伊春市产业结构转型成效较落后，劳动力结构一般，技术进步成效一般，经济增长十分缓慢，是经济转型不成功的主要原因。人均地区生产总值、人均社会消费品零售额都很低，而最主要的是地区生产总值增长率很低。在产业结构上虽然采掘业和传统制造业转型较好，但第三产业发展不明显。通过进一步分析产业结构，90 年代后期，随着人们对环境保护的关注，为响应国家保护天然林的号召，宜春市的林业也由采伐转为保护。经过近 50 年的长期超负荷开采和对森林资源的高强度掠夺式开发，以林业为主的资源型城市逐渐陷入"林竭城衰"的严峻局面，迫使产业结构成为首先改变的入口。而经济增长之所以未能发挥对经济转型的带动作用，原因在于枯竭的林业经济仍然未被新兴产业弥补。

在社会转型方面，伊春市排名第 41 位，转型有一定效果，但仍需要进一步的努力。各项得分相对平均，说明伊春市教育、文化、医疗等社会事业发展相对均衡，但发展的水平与其他资源性城市相比仍较低，需要进一步改革深化。相比其他社会公共服务，伊春市社会保险覆盖率较高，做得较好。

在环境转型方面，伊春市排名第 107 位，成效不显著，急需进一步发展。在环境治理上，促进环境转型的最大动力源于工业烟粉尘治理、固体废弃物综合利用和生活污水集中治理，但工业污染物排放治理上效果较差，需要进一步加强。与环境治理相比，伊春市环境友好评分很低，主要源于市辖区建成区绿化覆盖率很低，在所有资源型城市中排名最低，得分为 0。伊春市环境转型各指标说明伊春市对环境的投入以及对促进环境转型的贡献作用不够突出，政府和企业对于环境治理投入力度还很不够，过度采伐导致的生态问题还很严重。环境转型十分迫切。

在制度转型方面，伊春市排名第一，说明伊春市在制度转型方面取得醒目成效。伊春市市场竞争程度很高，说明促进城市转型的市场化机制已经初步建立起来并且卓有成效，但是社会投资规模比例和金融发展得分差强人意，说明在充分利用社会力量方面还需要继续努力。

（5）未来建议

伊春市的转型重点在于如何结合林区特色资源优势，一方面强化优质产品的生产，另一方面做好产品与市场的对接。对此，建议：一是依托小兴安岭的特殊资源优势，强化特色、高端产品的生产和再加工；二是形成产业化发展。就目前现状来看，伊春市的经济发展缺少领军企业的指引与带动市场，在竞争中提高林业经济产业的竞争力，因此搞好龙头企业与生产基地的对接势在必行；三是努力将创新科技引入到生产过程中，将理论与实践相结合，将企业的关注重点转到科技领先，产品优化的道路上来，促进科学技术对产业的升级发展，早日建设成为以科技为主导的企业技术创新机制；四是将资源开发利用效率和生态环境保护结合起来，为了实现企业的产业转型和战略转移，促进资金和技术的相互结合，站在资源优势的角度合理协调地利用资源，在政府的辅助和市场的调节下，实现企业的循环化、工业园的生态化。

由于地处边陲，人才结构单一且引进人才难度较大，加之政府财政收入有限。因此伊春市的产业结构调整应以国家政策为依据，其中包括振兴东北老工业基地、国家森林资源型城市转型试点，促进城市转型。

6.6.4　鹤岗

（1）城市概况

鹤岗市是黑龙江省下辖地级市，总面积 1.48 万平方公里，地处黑龙江省东北部，往北隔黑龙江与俄罗斯相望，往东南毗邻松花江，与佳木斯接壤，往西隔小兴安岭为伊春，地理条件独特，被黑龙江、松花江和小兴安岭环绕。截至 2014 年底，鹤岗市实现地区生产总值 259 亿元，城镇居民人均可支配收入达到 18116 元，农村居民人均可支配收入达到 11463 元。城镇化率 84%。[①]

鹤岗市拥有丰富的煤炭资源，在国家的煤炭基地中占有一席之地，同时也是东北重要的老工业基地。近几年来，鹤岗市被列入国家"蒙东沿边经济开放带"、"大小兴安岭林区生态保护与经济转型规划"、"资源型城市转型试点"等发展战略计划中，与此同时被列入黑龙江省"两大平原农业综合开发实验区"、"东部煤电化基地规划区"、"北国风光特色旅游开发区"等发展战略。

---

① 参见《鹤岗市 2014 年国民经济和社会发展统计公报》。

（2）资源特点及利用概况

鹤岗市是一座因煤而兴的资源型城市，但如今已面临煤炭资源枯竭的窘境，属于资源枯竭型城市之一。鹤岗市曾经是全国四大煤矿之一，有着丰富的煤炭资源，地质储量达到 26 亿吨，其中约 10 亿吨可采。但是近年来随着其北部的兴山、振兴、新岭等煤矿面临枯竭，其年原煤产量有所下降，但依旧有着 1500 万吨左右，全市有 77 个煤矿（部分因为安全问题关停）；煤炭经济也是鹤岗市依旧占主导地位的经济，北部煤矿面临枯竭后，采掘重心逐渐向南转移，新修建的鸟山煤矿有着 2.32 亿吨的地质储量，并且含有大量的焦煤储量。在此基础上建立的龙煤鹤岗分公司是鹤岗最大的煤炭企业，占有可采煤矿储量约 8 亿吨，其年核定生产能力有 1468 万吨，几乎占据了鹤岗市可采煤矿的大部分资源，但是近年来面临亏损。除龙煤鹤岗分公司外，鹤岗市还有 8 家地方煤炭企业（集团），同时正在进行将 44 个煤矿组建成 5 个集团的工作。除了煤炭资源以外，鹤岗市的石墨资源也较为丰富，有 6 亿多吨的储量，年产量约 30 万吨，占全国的三分之一，并且独占了全国出口的二分之一。同时鹤岗市的旅游资源也较丰富，有黑龙江十大旅游景区之一的龙江三峡，同时还有三个国家级原始森林公园，但是旅游业占鹤岗市 GDP 的比重并不突出，鹤岗市依旧是工业为主，投资为主，"一煤独大"的资源利用结构。

（3）得分结果

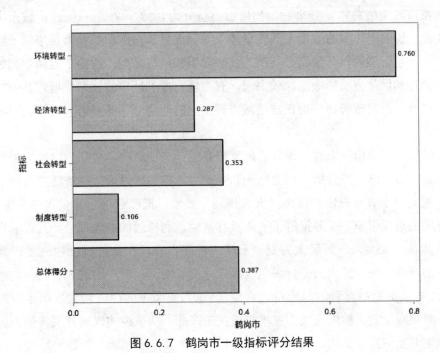

图 6.6.7 鹤岗市一级指标评分结果

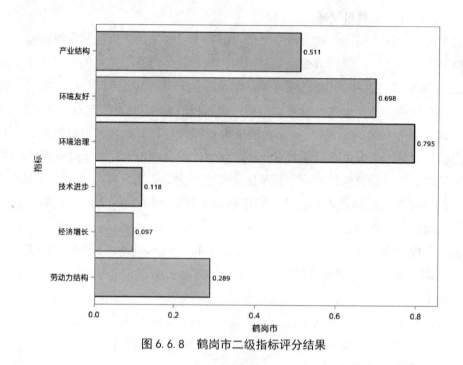

图 6.6.8 鹤岗市二级指标评分结果

（4）转型评价

从城市转型的总体评分来看，鹤岗市的得分为 0.387，在所有被评价城市中位列第 113 位，说明鹤岗市的城市发展转型效果差强人意。在推动鹤岗市转型的一级评价指标中，环境转型的得分最高，其次为社会转型和经济转型，说明了近两年来鹤岗市在环境治理和优化方面的成绩比较突出，有力地支撑了城市的转型发展。其中制度转型得分最低，说明政府和市场在推动城市转型中的作用还不够显著，有待进一步调整和完善。

从经济转型的指标来看，得分贡献率最高的是产业结构和劳动力结构，最低的是经济增长。通过进一步分析，产业结构和劳动力结构之所以成为经济转型的最大贡献因素，主要源于省委提出的实施"五大规划"要求，把产业项目建设作为解困发展、转型升级的重要引擎，统筹推进了一大批打基础、利长远的重大项目，其中非煤项目的比重超过了 85%，同时又大力发展石墨深加工产业，在此基础上建立了一系列高新技术的产业链条，又大力支持绿色食品产业的壮大，其中产出的 8 种农作物被评为"黑龙江省消费者最喜爱的绿色特色食品"，这为鹤岗市的经济转型指明了方向；同时，针对煤炭企业，鹤岗市大力发展煤电化工产业，从单纯的煤炭开采转变为煤炭开采与加工并重的产业结构，为煤炭产业的长远发展奠定了基础。而经济增长之所以未能发挥对经济转型的带动作用，原因在于当前鹤岗市目前以第二产业为主，同时第二产业中"一煤独大"的产业结构仍未发生根本改变，随着资源日渐枯竭的压力，以及煤炭市场的低迷，其地区生产总值增长率依旧低迷。

从社会转型来看，各项得分相对平均但都不高，说明在社会保障、医疗、教育、文化等公共事业上发展相对均衡但是需要共同加大投入。

在环境转型方面，促进环境转型的最大动力源于对工业污染物、地质环境等方面的治理，而环境友好对促进环境转型的贡献作用不够突出，主要源于空气质量堪忧，一方面说明了当前环境治理的投入力度仍有不足，另一方面也反映出鹤岗市环境问题仍相对严峻，环境转型需求迫切。

制度转型的低评分是导致鹤岗市城市转型评分较低的主要原因，其中三项指标评分均较低，说明鹤岗市未能充分发展市场化的机制来推动城市转型，被动地陷入"资源诅咒"中，从而忽略了市场的力量。

（5）未来建议

对鹤岗市而言，应该把握好被选为"国家资源型城市转型试点"等国家发展战略的机遇，面对城市转型的迫切需求，鹤岗市应当努力摆脱如今"一煤独大"的单一型资源利用结构，这要求其应依托煤炭资源优势，大力延伸产业链条，同时也应该大力发展石墨、绿色产品、新型建材等产业，借此优化产业布局，推进经济结构转型。另外，加大对科技的投入力度，加快培育科技新兴产业，发展一系列以科学技术为主导的新兴高科技产业，还应该重视招商引资，动员政府及社会各界力量，把引进资金、技术和人才作为核心内容，来帮助本地推进产业结构转型。旅游业、农业也要与工业协调发展，只有这样才能够应对经济下行的严峻形势，才能保增长、遏下滑。

6.6.5 双鸭山

（1）城市概况

双鸭山市是黑龙江省下辖地级市，总面积2.25万平方公里，位于黑龙江省东北部，隔乌苏里江与俄罗斯相望，与佳木斯市、七台河市、鸡西市等城市相毗邻。近年来，面临整体经济下行趋势，政府采取多项扶持政策，全面启动企业整治整合。截至2014年底，预计全市地区生产总值实现460亿元，同比下降11%。工业增加值同比下降49%，服务业同比增长9%，外贸进出口同比增长8%，金融行业增加值同比增长13%。以上显示传统产业改造步伐在加快，资源枯竭型城市特征明显。[①]

（2）资源特点及利用概况

双鸭山市煤矿资源富集，拥有黑龙江省第一大煤田，是环渤海城市群第二大煤炭

---

① 参见《双鸭山市2014年国民经济和社会发展统计公报》。

供应基地，也是鞍山钢铁集团最大的煤炭供应地，煤炭远景储量约 117 亿吨，占黑龙江省总储量的 54%，其中 90 亿吨以上的资源分布在宝清县境内，然而除了已经开发利用的 19 亿吨储量外，达到可供建井开发程度的煤炭储量有 23 亿吨，拥有双鸭山煤田、双桦煤田、集贤煤田、宝清煤田等四大煤田，其中双鸭山煤田开采时间最长，达到了百年，但是经过长时间的开采，双鸭山煤田资源所剩无几，面临资源枯竭的窘境，剩余采量约 1.1 亿吨，可采年限不超过 9 年——也正因为如此，双鸭山市于 2012 年被选为第三批资源枯竭型城市。双鸭山市的煤炭产业结构较为单一，过去几十年只是在计划经济体制下单一进行原煤开采，煤炭深加工和利用不足，因此资源利用率很低，同时由于前几年煤炭行业不景气，专业技术人才出现严重断档，使得双鸭山市煤矿尤其是地方煤矿的技术水平也较为落后，这导致其整个煤炭产业结构比较单一，经济效益也较差。同时双鸭山市的 70% 的煤炭资源的探矿权或者采矿权在龙煤公司手中，地方政府可控资源很少。

　　除了煤炭资源外，双鸭山市还有着较为丰富的磁铁矿资源，总储量约 1.2 亿吨，其他矿产资源如黄金、石墨、白钨、大理石、石灰石等储量也比较丰富。[①]

　　（3）得分结果

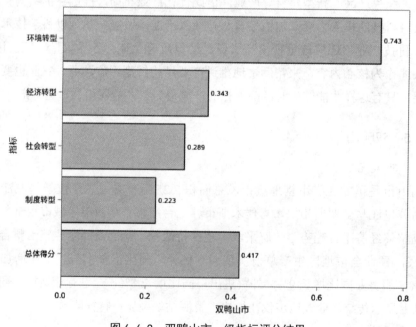

图 6.6.9　双鸭山市一级指标评分结果

---

① 双鸭山市人民政府门户网站，http://www.shuangyashan.gov.cn。

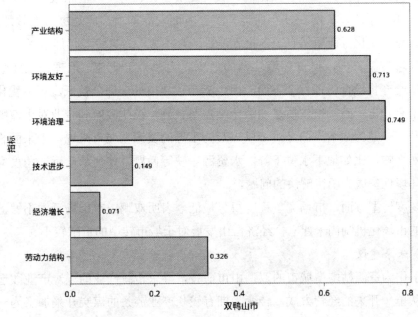

图 6.6.10 双鸭山市二级指标评分结果

（4）转型评价

从城市转型的总体评分来看，双鸭山市得分为0.417，在所有被评价城市中位列第110位，说明双鸭山市的城市发展转型不能令人满意，在各个方面都有待提高。在推动双鸭山市转型的一级评价指标中，环境转型的得分最高，其次为经济转型，说明了近两年来双鸭山市在环境治理和优化方面的成绩比较突出，有力地支撑了城市的转型发展。排在后两位的分别是社会转型和制度转型，说明政府和市场在推动城市转型中的作用还不够显著，有待进一步调整和完善。

从经济转型的指标来看，得分贡献率最高的是产业结构，最低的是经济增长。通过进一步分析，产业结构之所以成为经济转型的最大贡献因素，主要源于建设"龙江丝路带"的战略机遇，以及政府把完善项目建设推进机制，提升产业项目建设作为工作的重点，加大外埠招商力度，通过各种方式广泛招商，以及推进"双深合作"，与深圳市签订了全面战略合作协议，签订了粮食、食品药品、旅游、对俄经贸、承接深圳产业转移以及文化教育等方面合作协议。在持续推进农业发展的同时，实施中小微企业培育计划。此外服务业从业人员占比也较高，说明第三产业发展迅速，经济增长得分低，主要是由于社会销售品零售额和生产总值增长率较低，这是由于煤炭产业近年来不景气，占GDP比重最大的工业经济低迷，这意味着政府需要在稳增长上下功夫，要全力以赴促进经济平稳运行。

在社会转型方面，社保参保比例、教育经费占比、每千人病床数、每千人执业医生数得分相对平均，说明在社会保障和医疗方面发展均衡，但是每万人教师数较低，说明在教育、文化方面虽然有一定投入但是还是不够，教育资源仍然匮乏。

在环境转型方面，促进环境转型的最大动力源于工业 SO_2 治理、工业烟粉尘排放、固体废弃物综合治理三个方面，而生活污水集中处理评分较低。环境优化对促进环境转型有一定贡献，空气质量和绿化覆盖率较好，说明政府和企业对于双鸭山市的环境治理有一定的成效，但是对于以煤炭为主导的资源型城市来说，未来面临的污染问题仍然严峻，比如地下水位下降，水资源短缺等问题，如何从长远的角度完善生态建设和环境保护成为亟待解决的问题。

在制度转型方面，市场竞争程度得分最低，表明双鸭山市市场活力不够，促进城市转型的市场化机制尚未建立，经济自由发展对于城市转型的贡献较小。

（5）未来建议

对于作为资源枯竭型城市的双鸭山市而言，寻求传统产业的煤炭产业改造，将煤炭产业从单一开采的经营方式，转变为拥有较长产业链条的煤炭开采加工为一体的经营方式，以及摆脱由于煤炭产业发展造成的环境污染尤为重要。双鸭山市需要化解由于市区主体矿井煤炭资源濒临枯竭，部分煤矿关闭后产生的就业问题，同时要建立起资源开发补偿机制和衰退产业援助机制，此外还需要大力培养煤炭产业人才，扶植煤炭院校，增强煤炭行业的技术力量，以发展煤炭深加工和利用，延长煤炭产业的产业链条，摆脱原本以原煤采集为主的落后资源利用状态。在经济结构转型上，应该重点扶植创新优势企业，主要是现代服务业（重点是金融业、互联网产业）和现代农业，着手改变如今以煤炭等资源型产业占比过大的经济结构，这要求地方政府继续推进"双深合作"，承接深圳产业转移，也要求地方政府大力推进农业现代化建设，比如重视绿色农业的发展，给予相关企业以政策优惠和政策支持，做大做强相关产业。通过以上方法既能够提高非煤产业所占比重，促进经济结构转型，又能够借此来扭转由于煤炭行业低迷导致的经济增长动力不足的现状，扩大地方财政收入，同时通过现代农业、现代服务业以及传统工业转型来为经济发展创造新的增长点。

6.6.6　七台河

（1）城市概况

七台河市是黑龙江省下辖地级市，总面积 6223 平方公里，位于黑龙江省东部的张广才岭与完达山脉两大山系衔接地带，东连双鸭山市，南接鸡西市、牡丹江市，西通哈尔滨市，北邻佳木斯市、鹤岗市。七台河市是中国三大保护性开采煤田之一，是一座新兴的以煤炭和木材加工工业为主导的城市。截至 2014 年底，全市实现地区生产总值 214.26 亿元，按可比价格计算，比上年增长 2.4%，人均地区生产总值 2.51 万元，比上年增长 2.9%，城镇化率 58.8%。①

（2）资源特点及利用概况

七台河市矿产资源分类为煤炭、金属等 32 种，以煤炭资源为主，已探明储量 17 亿吨，远景储量 41 亿吨，分布面积 810 平方公里，可采煤层厚度 60 米以上，盛产主焦煤和无烟煤，属于国家级的应当保护性开采的稀有煤田。随着资源的日益枯竭，七台河市早早意识到企业转型的重要性，早在 1993 年，它就尝试着从内部改造煤炭产业，目标是使得其经济效益不仅仅来源于资源开采，还应当来源于煤炭的加工处理，通过兴建和发展一些和煤炭开采工业配套的加工工业企业，希望能够借助煤炭工业带来的优势以促进其他产业的发展；然而七台河市经济依旧由煤及相关产业支撑，非煤产业发展依旧不能令人满意，随着煤炭资源的日渐枯竭，城市转型任务紧迫而又艰巨。

除了煤炭资源以外，七台河市的非煤矿产资源也比较丰富，有石墨、沸石、膨润土、大理石岩、珍珠岩、玄武岩、花岗岩、陶土、硅石、萤石等 16 种非金属矿产。金属矿产有黄金、白银、铁、铜、铝、白钨、锂、铍、钽等。此外，七台河市的水资源也十分丰富，行政区内主要河流 17 条，26 座水库，蓄水量高达 2.64 亿立方米。②

（3）得分结果

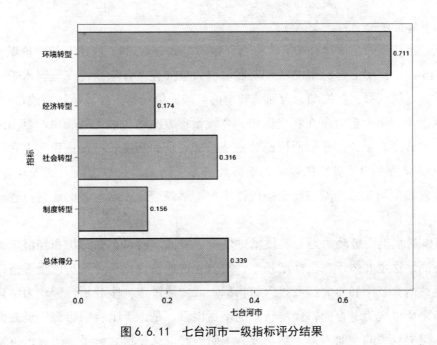

图 6.6.11 七台河市一级指标评分结果

---

① 参见《七台河市 2014 年国民经济和社会发展统计公报》。
② 中国七台河网，http://www.qth.gov.cn。

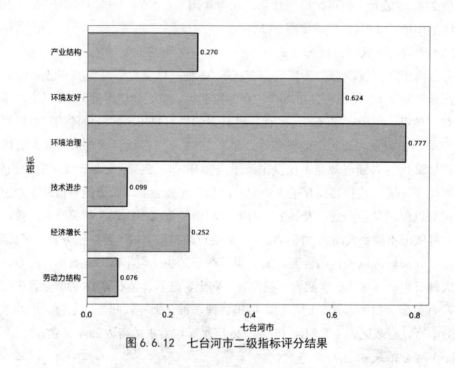

图 6.6.12　七台河市二级指标评分结果

（4）转型评价

从城市转型的总体评分来看，七台河市的得分为 0.339，在所有被评价城市中位列第 115 位，说明七台河市的城市发展转型效果欠佳，各项指标在全国水平范围内均属于较低的范围。在推动七台河市转型的一级评价指标中，环境转型的得分最高，这说明近两年来七台河市在环境保护和环境治理方面的成绩比较突出，有力地推动了城市的转型发展。排在后两位的分别是经济转型和制度转型，这说明七台河市在转变以煤炭为主的经济结构以及为地方经济寻求新的增长点方面上的表现并不好，同时政府和市场在推动城市转型中的作用也不够显著，在这两方面还有待进一步的调整和完善。

经济转型上，劳动力结构和技术进步得分最低，同时产业结构和经济增长的得分也不高，这主要体现在自然增长率、采掘业增加值占比从业人员比重等指标较低以及互联网普及率和研究经费投入等指标上面。通过进一步分析，劳动力结构和技术进步之所以成为七台河市经济转型的落后因素，是由于七台河市煤炭资源面临枯竭，与煤炭有关的企业不得不裁员或者干脆破产，这使得大量员工下岗，引发了严重的再就业问题，同时这些待业劳动力中很多人不仅年龄很大，而且由于一直从事单一的煤炭开采工作，个人的文化技能层次都很低，结构性的就业矛盾也很大。这样的劳动力结构也决定了七台河市的技术进步缓慢，产业升级的内在动力不足。而经济增长和产业结构之所以得分相对较高，经过进一步分析，这主要是由于七台河市政府大力推进产业的转型升级，通过一系列的项目，比如宝泰隆 30 万吨稳定轻烃项目，来促进当地煤化工产业向现代化煤化工产业迈进，同时又大量引进非煤项目，推动工业转型，优化工业结构，但是当地煤炭产业依旧占据半壁江山，常年以来煤炭产业的单一经济结构仍未改变，煤炭产业依旧是地方经济的主导产业，再加上近两年煤炭产业不景气，七台河市面临经济下滑的窘境，这也导致其产业结构和经济发展得分依旧不高，城市在经济转型方面进展缓慢。

社会转型上，七台河市各项指标分数相对平均，每千人病床数和每千人执业医生数略低于教育投资占比和每万人教师数，说明在七台河市在教育和社会保障方面发展较为均衡，但是相对医疗方面还需要加大投入，通过进一步分析，这和近两年煤炭行业的不景气导致的七台河市经济下滑有关，由于经济下滑，七台河市政府的资金不足，因此在民生事业上的投入不足，七台河市已经推出了《重点民生产业三年行动计划》，在改善城乡居住条件、发展养老产业、兴建教育事业等社会保障事业上投入了大量资金，但是相关成效还需要时间检验。

环境转型上，七台河市的缺水问题严峻，虽然七台河市水资源丰富，但由于生活污水集中处理率也很低，通过进一步分析，这主要是由于常年的煤炭开采，导致地表水质污染，地下水位下降，再加上煤炭企业的大量废水废气排放，导致了水污染严重，这限制了城市发展和居民生活水平提高，需要政府和社会各界的重视和治理。环境友好方面，空气质量和绿化覆盖率得分较高，这说明地方政府在相关方面足够重视，但是依旧有提升空间。

制度转型上，社会投资规模比和市场竞争程度的得分较低是导致制度转型评分较低的主要原因。这表明七台河市未能充分利用市场手段来推动城市转型，市场活力没有得到开发和展现，这主要是由于当地的煤炭行业主要是由央企把持，地方政府的自主性不足，地方企业也难以全面参与市场竞争。

（5）未来建议

对七台河市而言，发展循环经济，调整经济结构、转变发展方式进而推进城市转型具有重要意义。应立足资源型城市特点，坚持珍惜煤炭、依托煤炭、跳出煤炭、超越煤炭的思路，这要求地方政府进一步推动煤化工产业现代化，提高煤炭产业的技术水平，延伸产业链条，搞好煤炭资源的综合利用，优化煤炭利用效率和经济效益，同时应该借助煤炭资源带来的经济优势，来促进其他非煤产业的发展，加速城市经济结构的转型升级，可以大力发展一些新兴产业，特别是现代服务业，借此也可以扭转现今七台河市三大产业规模不合理，第二产业规模过大的情况，最终摆脱过于依赖煤炭的现状。通过招商引资扭转当地经济低迷的现状，加大与其他城市的经济交流，同时借此来增加地方政府的财政收入提高地方政府的自主性，同时在现有财政支出结构中，加大对科技投入力度，主要是大力培养相关技术人才，以及组织待业劳动力的培训和再就业，实现煤炭产业的逐步更新替代，使经济发展实现总量扩张、结构优化、质量效益同步提升。并且进一步加强环境污染治理，从"源头和终端"双管齐下，首先要对源头的高污染的煤炭企业进行改造升级，其次要在终端加大投入，尤其是针对水质污染进行相关治理，促进经济、社会、环境间的协调发展。

6.6.7　鸡西

（1）城市概况

鸡西市是黑龙江省下辖地级市，总面积 2.30 万平方公里。位于黑龙江省东南部，东、东南以乌苏里江和松阿察河为界与俄罗斯隔水相望，西、南与牡丹江市接壤，北与七台河市相连，位于黑龙江省四大煤城环状煤炭产业集聚圈的南部，是一座正在崛起中的综合性工业城市、景色秀美的旅游城市、宜居宜业的园林城市。国家加大对东北振兴支持力度，牡佳快速铁路环线将鸡西融入全省"三小时经济圈"。

2014 年，鸡西市地区生产总值达到 516 亿元，人均地区生产总值 27881 元，增长 1.4%，全市城镇化率达到 64%。是东北老工业基地主要城市之一，东北地区最大煤城、黑龙江"四大煤城"之首，被中国矿业联合会授予"中国石墨之都"称号，是黑龙江省唯一获此殊荣的城市。[①]

（2）资源特点及利用概况

鸡西市矿产资源丰富。目前已发现资源 54 种，查明储量的有 28 种，已开发利用 20 多种，主要有煤炭、石墨、硅线石、钾长石和镁等。其中，鸡西市煤炭储量 63.9 亿吨，约占全省的三分之一，按照现有产能服务年限可达百年，属于资源成熟型城市。煤田分布广、煤种齐全，10 个经济煤种均不同程度占有，以焦煤、褐煤、气煤为主。焦煤保有资源储量 21.3 亿吨，占资源总储量的 36% 左右，褐煤 15.8 亿吨，占资源总储量的 26.7%，气煤 8.1 亿吨，占资源总储量的 13.7%。长时间里，鸡西市都把发展煤炭生产、满足国家能源需求作为主要任务，因此有着

---

① 参见《鸡西市 2014 年国民经济和社会发展统计公报》。

与其他的煤炭资源型城市相似的产业结构——以工业为主，工业中又以煤炭产业为主，同时煤炭产业在长时间内也以传统的原煤开采为主；改革开放后，作为黑龙江省东部煤电化基地的 6 个城市之一，鸡西市适时推出了以"三三五工程"为核心的煤电化基地发展规划，努力推进鸡西市由传统煤炭生产基地向新能源基地跨越，但是目前依旧没有摆脱以煤为主、一煤独大的单一产业结构，对煤炭资源的依赖程度依旧很高。

除了煤炭资源外，鸡西市还拥有丰富的石墨资源，远景储量 8.5 亿吨（探明储量 5.4 亿吨），居亚洲之首。同时鸡西市的硅线石查明矿石量 3800 万吨，钾长石查明矿石量 1.7 亿吨，大理岩查明储量 5.7 亿吨。在丰富的矿产资源基础上形成了大型国有企业龙煤集团鸡西分公司和沈煤集团鸡西盛隆公司。此外，鸡西市还拥有丰富的旅游资源，有着星罗棋布的旅游景点，既有诸如兴凯湖一样的自然资源，又有类似虎头地下军事要塞的人文资源，是一座新兴的旅游城市。[①]

（3）得分结果

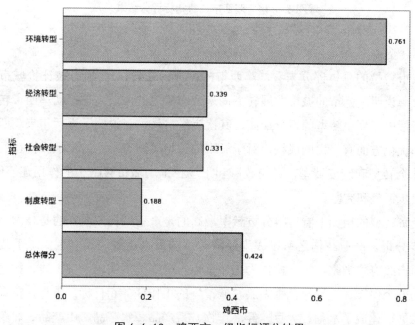

图 6.6.13　鸡西市一级指标评分结果

---

① 鸡西市人民政府网，http://www.jixi.gov.cn。

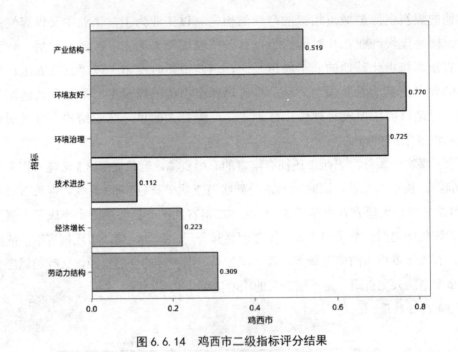

图 6.6.14　鸡西市二级指标评分结果

（4）转型评价

从城市转型的总体评分来看，鸡西市的得分为 0.424，在所有被评价城市中位列第 107 位，说明鸡西市的城市发展转型尚未取得满意的成效。在推动鸡西市转型的一级评价指标中，环境转型的得分最高，其次为经济转型，说明了近两年来鸡西市在环境治理和优化方面有一定的成绩，对于城市的转型发展有一定的贡献。排在后两位的分别是社会转型和制度转型，说明政府和市场在推动城市转型中的作用还不够显著，有待进一步调整和完善。

从经济转型的指标来看，得分贡献率最高的是产业结构，最低的是技术进步。通过进一步分析，产业结构之所以成为经济转型的最大贡献因素，主要源于改革开放后，鸡西市政府将调整经济结构作为工作重点，确定了"突出一条主线、构建四大格局、强化五个保障、建设绿色生态旅游城市"的工作任务和目标，重点扶持绿色食品产业的发展，建成了水稻、大豆、经济作物、畜产品、水产品、山产品、北药等七大基地，有力地推动了第一产业的发展，同时带动了第三产业，尤其是特色旅游业的发展，促进了经济结构调整。近年来，鸡西市项目建设推进有力，比如北汽普莱德锂电负极材料项目、青岛啤酒搬迁扩建、汇源集团新生态乳业基地等一批新开工和续建项目也在加快建设。而技术进步之所以得分较低，未能发挥对经济转型的带动作用，通过进一步分析，主要是由于鸡西市对于煤炭资源的依赖程度依旧较高，同时对技术进步的经费投入相对不足，难以实现技术革新与发展。

在社会转型方面，社保参保比例、教育经费占比、每千人病床数和每千人执业医生数得分相对平均。说明鸡西市社会保障、医疗等公共事业发展较好而且均衡，但是教育、文化等公共领域的投入还需要加强，教育资源显得较为匮乏。

在环境转型方面，鸡西市环境治理得分较低。通过进一步分析，这是由于类似的煤炭资源型城市长期开采煤炭，使得地下水位下降。同时由于相关企业排污严重，导致地表水也受到了污染，再加上平时生活污水处理不当，因此对于水质的相关治理还需要加大投入。环境友好方面，空气质量较好但是绿化覆盖率相对较低。通过进一步分析，这是由于当前鸡西市大力发展绿色农业和生态旅游，客观上促进了空气质量改善，但要改变由于长期开采煤炭积累的污染仍然需要大量的资金投入和政策性引导。

制度转型的低评分是导致鸡西市总评分低的重要因素，主要源于较低的社会投资规模比和市场竞争程度。通过进一步分析，这是由于类似的煤炭资源型城市长期处于计划经济体制下，即使改革开放后，依旧是央企在市场上占据主导地位，地方政府和企业的自主权不高。这表明鸡西市未建立有效的市场化机制促进城市转型，市场化改革迫在眉睫。

（5）未来建议

对鸡西市而言，做强煤炭、石墨、绿色食品和医药"四大主导产业"是主要方向。作为老工业基地，鸡西应在合理利用煤炭等资源基础上多元发展，以产业转型推动城市转型，逐渐实现产业升级和产业链延伸，继续推动传统煤炭产业向现代化煤炭产业转型；针对非煤产业，重点是要做强绿色食品、石墨、医药等产业，这要求地方财政给予补贴和相关政策引导，通过支持地方相关产业龙头企业的发展来带动整个产业的发展，同时积极举办相关产业发展论坛，借此来推动产业发展。同时要大力发展旅游业，这要求鸡西市发掘城市自身的特点，加大环境治理的投入，创建特色旅游项目，同时要继续坚持"旅贸牵动"，既借此扩大第三产业规模，拉动居民消费，同时也为由于煤炭产业低迷而经济发展动力不足的鸡西市找到新的经济增长点。此外，还要大力发展科技，自主创新研发符合鸡西资源特点、适应市场需求、抢占行业制高点的新技术、新产品，这要求地方政府能够重视相关人才的培养，加大对于教育事业的社会投入；同时地方政府也要加快市场改革步伐，为地方市场扫清障碍，建立起促进城市转型的市场化机制。

6.6.8　牡丹江

（1）城市概况

牡丹江市是黑龙江省下辖地级市，总面积 3.88 万平方公里，位于黑龙江省东南部，是黑龙江省东部地区最大的中心城市。牡丹江市距离俄罗斯和朝鲜很近，同时毗邻黑龙江省会哈尔滨市，东与俄罗斯滨海边疆区接壤，内部有黑龙江省松花江最大支流之一的牡丹江横跨市区，是黑龙江省距离出海口最近的城市。优越的区位优势使牡丹江市成为东部陆海丝绸之路经济带的重要战略通道。目前，牡丹江—海参崴陆海联运大通道建设正在进行，以期建成国际内陆港，构建"牡符乌"跨境产业合作区，全力打造东部陆海丝绸之路经济带先导区。

牡丹江市 2014 年地区生产总值达到 1166.9 亿元，人均地区生产总值达到 44158 元，与去年相比都有了大幅增长。最为突出的是 2014 年城镇常住居民的人均可支配收入 24735 元，增速为全省第一；农民人均纯收入 16800 元，农民收入连续八年居全省首位。城镇化率 56%，被评为全国首批、黑龙江唯一的"全国流通领域现代物流示范城市"。[①]

（2）资源特点及利用概况

牡丹江市资源相对富集，属于资源成熟型城市。目前具有 41 种探明储量矿产，其中煤炭资源已探明工业储量 4.3 亿吨，煤种主要为烟煤、褐煤；油页岩已发现矿床及矿化点 5 处，储量达 1.2 亿吨。此外作为北方著名的风电之乡，牡丹江市的风能也很丰富，有 500 余万千瓦的风电资源装机容量。牡丹江市森林覆盖率为 62.3%，木材年采伐量超过 100 万立方米，是全国著名的木材集散地、中国国际木业之都。丰富的自然资源使得牡丹江市产生了发达的现代工业体系。造纸、电力、煤化工、石油化工等均成为牡丹江市的支柱产业，产生了二发电厂、水电总厂等骨干企业，顺达电石、东北化工、中煤焦化、金刚钻等重点企业。牡丹江市循环经济园区是全国 13 个国家试点园区之一，也吸引了很多跨国公司落户。[②]

[①]　参见《牡丹江市 2014 年国民经济和社会发展统计公报》。
[②]　牡丹江市人民政府门户网站，http://www.mdj.gov.cn。

（3）得分结果

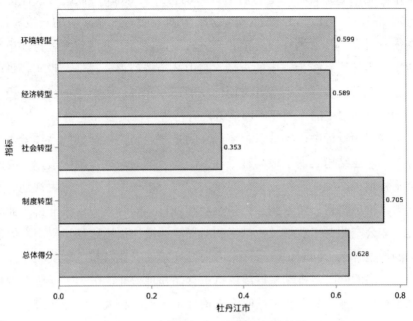

图 6.6.15 牡丹江市一级指数评分结果

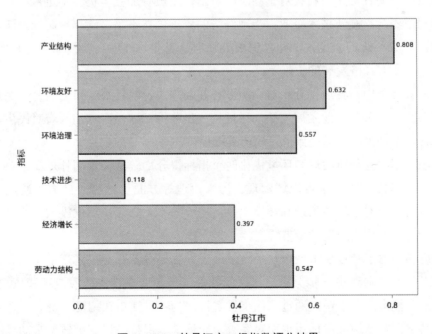

图 6.6.16 牡丹江市二级指数评分结果

（4）转型评价

从城市转型的总体评分来看，牡丹江市的得分为 0.628，在所有被评价城市中位列第 15 位，说明牡丹江城市转型十分成功。在推动牡丹江市转型的一级评价指标中，制度转型得分最高，其次为环境转型和经济转型，说明了近两年来牡丹江市政府和市场机制对于城市转型有较为突出的贡献。其中社会转型得分最低，说明牡丹江市在社会保障、医疗以及教育等社会事业方面的发展还不到位，需要进一步加大投入，社会转型在推动城市转型中的作用还不够显著，有待进一步调整和完善。

在经济转型的指标中，得分贡献率最高的是产业结构，最低的是技术进步。通过进一步分析，产业结构之所以成为牡丹江市经济转型的最大贡献因素，主要源于地方政府坚定不移地调结构促升级，主动对接国家"一带一路"和"五大规划"及国家重大战略部署，抢抓机遇，争取到了许多资金和项目；同时大力促进非公产业和新兴产业的发展，非公产业对工业增长贡献率和新兴产业增加值增速稳步提高，促进了工业内部结构的转型升级；同时，牡丹江市着力发展精品农业及特色现代农业，在保证粮食生产稳步提高的同时，推动发展绿色有机食品和种植业，扩大了绿色有机食品认证面积和绿色有机认证产品个数；同时大力治理水土流失和大范围造林绿化，这些政策措施都大力推动了牡丹江市的产业结构转型，有力地支撑了城市转型。而技术进步的得分较低，说明牡丹江市科技对于经济的贡献作用虽有加强但仍然不足，科技高校人才输送仍然不足，高新技术企业占当地经济的比重仍然不足，这也说明牡丹江市政府应该继续加大科研资金投入，同时积极鼓励当地企业与外地高新技术企业开展合作，提高技术进步对经济发展的贡献率。

在社会转型中，各项得分相对均衡并且都较高，说明牡丹江市在教育、医疗、文化、社会保障等公共事业发展均衡，通过进一步分析，这说明当地政府对民生工作支出足够，对于利民实事推进到位，应该继续保持。

环境转型中，环境治理和环境优化两个指标得分均较低，说明牡丹江市对于大气污染治理、节能减排和重点流域治理、污水治理等方面仍然需要提高，通过进一步分析，牡丹江市对于环境治理和环境优化上的投入不足，应该加大投入，改善环境质量，并通过改善环境来促进城市转型。

制度转型对于牡丹江市城市转型贡献最大，主要源于社会投资规模比例和金融发展的得分较高，通过进一步分析，这说明牡丹江市政府在推进政府改革和依法行政，提升政府效能上表现不错，通过简化审批登记，为牡丹江市在招商引资方面建立了一定的优势；同时当地金融体系也相对完善，应该继续保持，以制度转型带动经济、社会和环境转型。

（5）未来建议

牡丹江市工业基础较好，形成了具备一定的物质技术基础、速度和效益快增长、具有综合性特点和较强比较优势的工业体系。独特的区位优势为该市产业结构调整做了保障。未来牡丹江需要继续实施工业立市、金融强市、贸旅牵动战略。以市场和政策为导向，加快产业结构转型升级，培育壮大以光伏为代表的新能源、新材料等战略性新兴产业，提升传统化工、木材加工、能源、造纸等传统支柱产业，打造现代工业体系。推动传统农业向现代特色农业转变，打造中国绿色有机食品之都。同时还应综合利用区位优势，大力发展现代服务业，完善金融服务体系，继续建设面向东北亚的区域性消费中心，实现经济结构向高端、现代、新兴、环保转型。政府应该在现阶段制度转型的成果上进一步的简政放权，加强银政企互动，不断拓展项目融资的途径和渠道，为外来投资开启方便之门；并且以制度转型的成果来带动经济、社会和环境转型，也就是说政府和市场在城市转型中应当发挥更大的作用，政府要通过财政手段和政策指引，通过良性的市场竞争和完善的市场机制，进一步推动城市转型。

6.7 江苏

6.7.1 徐州

（1）城市概况

徐州市是江苏省辖市，总面积11258平方公里，位于江苏省西北部，东临连云港，西连萧县，南接宿迁，北靠微山湖，是国家"一带一路"重要节点城市、淮海经济区中心城市以及徐州都市圈核心城市，优越的区位优势为徐州经济发展提供了良好的环境和广阔的空间。近几年来，徐州市通过响应国家改革创新的号召，全面展开了城市转型升级的工作，无论是经济发展还是社会发展都取得了一定的成绩。2014年徐州市的地区生产总值达到了4963.91亿元，相比去年增长了10.5%，位于省内前列，全市规模以上工业企业实现主营业务收入11479.95亿元，增长10.9%。全市重点培育的装备制造业、能源产业、食品加工业等优势主导产业增长态势良好。生态建设迈出坚实步伐，实施"天更蓝"等五大行动计划。大力实施节能减排政策，严格控制高耗能污染项目，入围国家节能减排财政政策综合示范城市。[①]

---

① 参见《徐州市2014年国民经济和社会发展统计公报》。

（2）资源特点及利用概况

徐州市是煤炭资源型城市，属于资源再生型城市，徐州市的煤炭开采历史悠久，一直以来都是中国最重要的几个煤炭产地之一，同时也是一个能源输出城市，煤炭储量 69 亿吨，年产量达 2500 多万吨，有国有大型企业大屯煤电（集团）有限责任公司和中煤第五建设公司。新中国成立以来徐州市已经累计开采 7.66 亿吨煤炭，其中大部分来自徐矿集团，这些煤炭中的很大一部分都供给了省内骨干电厂用于发电。但是近年来，徐州市煤炭资源面临枯竭，先后关闭了 6 座大型煤矿和 160 多对矿井。除了煤炭资源以外，徐州市的其他矿产资源也十分丰富，其中铁矿储量达到 8300 万吨，石灰石储量达到 250 亿吨，岩盐储量达到 21 亿吨，钾矿储量达到 22 亿吨，石膏储量达到 44.4 亿吨。

同时，徐州旅游资源丰富，有徐州汉文化景区、龟山汉墓、云龙山风景区、云龙湖风景区等一系列风景名胜，是国家历史文化名城和中国优秀旅游城市之一。[1]

（3）得分结果

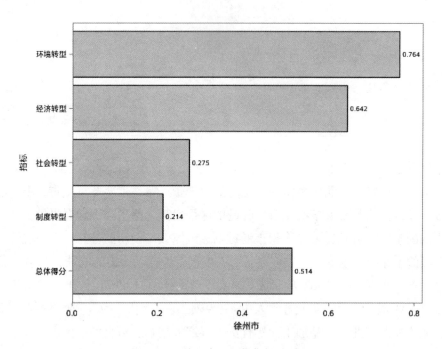

图 6.7.1　徐州市一级指标评分结果

---

① 徐州市人民政府网，http:// www.xz.gov.cn。

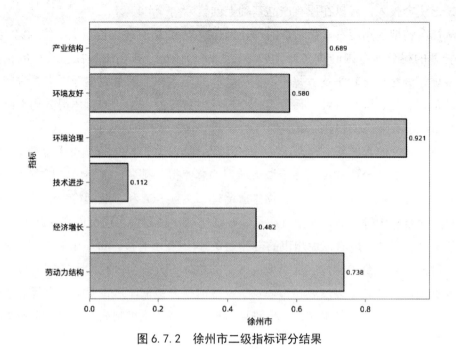

图 6.7.2 徐州市二级指标评分结果

（4）转型评价

从城市转型的总体评分来看，徐州市的得分为 0.514，在所有被评价城市中位列第 71 位，说明徐州市的城市发展转型还有待加强。在推动徐州市转型的一级评价指标中，环境转型得分最高，其次为经济转型。说明了近两年来徐州市在环境治理和优化、劳动力结构调整和产业结构调整方面的成绩比较突出，有力地支撑了城市的转型发展。排在后两位的分别是社会转型与制度转型，其中制度转型得分最低，说明徐州市政府和市场在推动城市转型中的作用还不够显著，需要进一步调整和完善。从经济转型的角度看，徐州市的得分为 0.642，在所有被评价城市中位列第 19 位，这说明徐州市的经济转型取得的成效明显。从经济转型的指标来看，得分贡献率较高的是劳动力结构和产业结构，最低的是技术进步。通过进一步分析，劳动力结构和产业结构之所以成为经济转型的最大贡献因素，这与徐州市近几年来针对煤炭资源枯竭的现状制定的依靠资源起步，通过资源优势奠定工业基础，最终摆脱对资源依赖发展现代制造业的思路是分不开的，使徐州市完成了由煤炭工业到现代制造业的产业结构转型。由于在城市转型方面开始较早，在传统产业改造卓有成效的同时，徐州市对于新兴产业的发展也足够重视，一系列诸如装备制造、食品、能源方面的新兴产业也得到了大力发展。而技术进步之所以未能发挥对经济转型的带动作用，通过进一步分析，主要是由于徐州市传统行业的改造仍不彻底，许多老旧企业设备落后、工艺创新也不足，同时又缺乏资金投入，难以在原有产品基础上创新。

从社会转型的角度看，徐州市的得分为 0.275，在所有被评价城市中位列第 90 位，社会转型的得分在全国的排名低于城市转型的总体得分排名。从社会转型的指标来看，各项得分相对比较平均。每千人病床数和每千人执业医师数偏低一点，说明了徐州市教育、文化、医疗、社会保障等社会事业发展相对均衡。但总体得分均不高，说明徐州市在公共服务的提供尤其是医疗方面需要进一步加强。

从环境转型的角度看，徐州市的得分为 0.764，在所有被评价城市中位列第 33 位，环境转型的得分在全国的排名高于城市转型的总体得分排名。在环境转型方面，促进环境转型的最大动力源于工业污染物排放治理、工业 SO_2 和工业烟粉尘治理、工业固体废弃物综合利用等指标，而空气质量和建成区绿化覆盖率也还有提高的余地。

从制度转型的角度看，徐州市的得分为 0.214，在所有被评价城市中位列第 81 位，制度转型的得分在全国的排名低于城市转型的总体得分排名。徐州市在制度转型方面还需要加强，尤其是金融发展和市场竞争程度的得分最低，这说明徐州市促进金融发展的金融市场体系还不是很完善，促进城市转型的市场化机制尚未建立，未能有效地调动社会力量支持城市转型。

（5）未来建议

对徐州市而言，由于资源枯竭，传统产业面临危机，所以需要继续大力推进产业调整，做好产业接续工作，改造传统产业的同时也要大力发展新兴产业；最重要的是加大对科研资金的投入，努力使得产品创新和技术进步取代资源消耗成为改造传统产业和带动新兴产业发展的主要动力。在坚持走新型工业化道路的同时，也要抓紧发展农业和服务业，推动农业和服务业现代化，农业方面应该加快推进农业结构调整和农业产业化进程，做大如大沙河、沛公等当地知名品牌，培育出一批龙头企业，将产品输送至国内外市场；现代服务业方面应该努力将徐州打造成商务、金融中心，这需要徐州市完善自身的金融市场，吸引有实力的金融机构进入，通过金融市场的发展来促进招商引资。这还要求徐州市政府加快建立起促进城市转型的市场化机制；进一步简政放权，为招商引资提供便利条件，同时加大在社会保障方面的财政投入，便民利民，促进居民消费，加强政府和市场在推进城市转型中的作用。

6.7.2　宿迁

（1）城市概况

宿迁市是江苏省辖市，总面积 8555 平方公里，属于长江三角洲地区，同时也是淮海经济圈、沿海经济带和沿江经济带交叉辐射区域。南临洪泽湖，北靠骆马湖，京杭大运河纵贯南北，交通发达。近几年来，宿迁市紧紧围绕"迈上新台阶，建设新宿迁"的发展定位，积极调整适应中国经济新常态，通过改革释放经济发展潜能，经济发展的效益和质量明显提高。截至 2015 年底，全市实现地区生产总值 2126.19 亿元，按可比价计算，比上年增长 10.0%，人均地区生产总值达到 43853 元，全市规模以上工业企业实现主营业务收入 3666.35 亿元，增长 12.6%。积极推进以人为核心的城镇化，全市城镇化率达 55.53%，生态环境逐步改善，环保基础设施不断完善，节能减排成效明显，荣获国家优秀旅游城市、国家园林城市、国家卫生城市、全国绿化模范城市等称号。[1]

（2）资源特点及利用概况

宿迁市矿产资源非常丰富，尤其是非金属矿藏的储量较大，截至 2007 年底，已经发现了 17 种矿产，其中探明储量的矿产有 7 种，主要有石英砂、硅石、水晶、磷矿石以及黄沙等。同时宿迁市的植物资源也非常丰富，有以意杨为主的木材林 133 万亩，活立木蓄积量达 700 万立方米；同时宿迁市还有丰富的水资源，境内水域面积 350 万余亩，有洪泽湖、骆马湖、大运河、淮河、淅河等，盛产银鱼、青虾等 50 多种水产品；宿迁市也是农业大市，有丰富的农田资源，所辖 3 县 2 区均为全国商品粮基地，粮食产量约 55 亿斤。近年来，宿迁市面临资源枯竭的窘境，因此宿迁市被国家列为资源再生型城市，宿迁市通过产业创新，大力发展可再生能源发电和环保服务业。[2]

（3）得分结果

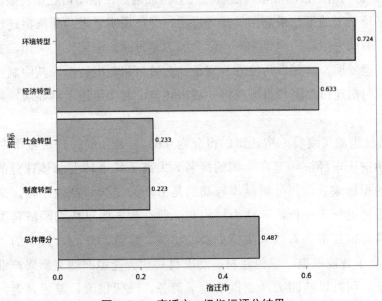

图 6.7.3 宿迁市一级指标评分结果

---

① 参见《宿迁市 2014 年国民经济和社会发展统计公报》。
② 网上宿迁——中国宿迁市人民政府官方门户网站，http://www.suqian.gov.cn。

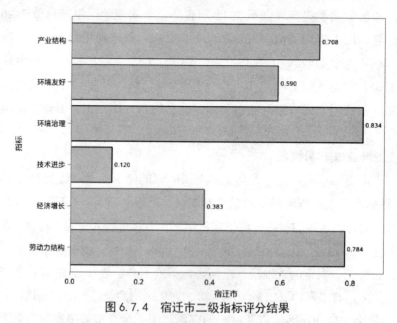

图 6.7.4　宿迁市二级指标评分结果

（4）转型评价

从城市转型的总体评分来看，宿迁市的得分为 0.487，在所有被评价城市中位列第 86 位，这说明宿迁市的城市发展转型还有待加强。在推动宿迁市转型的一级评价指标中，环境转型的得分最高，其次为经济转型，说明了近两年来宿迁市在环境治理和优化、劳动力结构的调整和产业结构的调整方面的成绩比较突出，有力地支撑了城市的转型发展。排在后两位的分别是社会转型和制度转型，其中制度转型的得分最低，说明宿迁市政府和市场在推动城市转型中的作用还不够显著，需要进一步调整和完善。

从经济转型的角度看，宿迁市的得分为 0.633，在所有被评价城市中位列第 25位，这说明宿迁市经济转型在全国的排名大大高于城市转型总体评分的排名。从经济转型的指标来看，得分贡献率较高的是劳动力结构和产业结构，最低的是技术进步。通过进一步分析，劳动力结构和产业结构之所以成为经济转型的最大贡献因素，这与宿迁市一直以来秉持创新、协调、绿色、开放、共享的"五大发展理念"，确立了智能家电、绿色建材、功能材料和智能电网四大新兴产业集聚发展的方针政策，同时以这四大产业推动电子商务、现代物流、健康养老、文化旅游四大产业——比如建立了中国宿迁电子商务产业园，以此推动电子商务产业的发展——同时促进传统的食品饮料、纺织服装、机电装备和家具制造四大特色产业转型发展。这些政策都推动了宿迁市经济结构转型，同时新兴产业的发展也促进了劳动力结构的改善。而技术进步之所以未能发挥对经济转型的带动作用，原因在于科研经费投入、专利授权数量、创新驱动力的不足，创新文化、创新精神的培育也需要加强。

从社会转型的角度看，宿迁市的得分为 0.233，在所有被评价城市中位列第 104 位，社会转型得分低于全国平均得分。从社会转型的指标来看，各项得分整体上不高，每千人病床数和每千人执业医师数得分较低，这说明宿迁市在医疗方面的投入不足，需要进一步加强。

从环境转型的角度看，宿迁市的得分为 0.724，在所有被评价城市中位列第 64 位，说明宿迁市在环境治理和环境保护方面取得了一定的成果。在环境转型方面，促进环境转型的最大动力源于工业 SO_2 和工业烟粉尘治理、工业固体废弃物综合利用，说明宿迁市对于企业的污染治理较为成功，相关制度较为完善，但是在城市绿化和空气质量方面的相关治理还有提高的余地。

从制度转型的角度看，宿迁市的得分为 0.223，在所有被评价城市中位列第 74 位，制度转型的得分在全国的排名低于城市转型的总体得分排名。宿迁市在制度转型方面还需要加强，尤其是金融发展和市场竞争程度的得分最低，金融发展的得分几乎为 0，从某些角度上表明宿迁市金融体系建设较为落后，市场经济规则和环境的发展也有待提高，未能有效地调动社会力量支持城市转型。

（5）未来建议

对于宿迁市而言，在经济上应该继续利用其区位优势，依托各个经济区，承接发达地区的产业转移，同时继续推动四大新兴产业的发展，促进经济结构的转型升级；同时，要重视技术进步对经济带来的影响，在现有财政支出结构中，要加大对科技的投入力度，综合政府和社会的力量共同支持科技创新，促进经济向高科技发展转型。同时要加大对医疗卫生事业的投入，新建敬老院和公共医疗卫生设施，推动社会转型。最后，还应该重视政府和市场在推动城市转型方面的作用，要加快简政放权的步伐，为外来投资提供便利渠道，以此来加大招商引资力度。同时要建立起推动城市转型的市场化机制，这要求宿迁市政府完善金融市场体系。同时加强市场监管，全面推进政企分离、政社分离，让社会组织与政府部门脱钩，只有抓好"退"和"放"，才能激发出市场和社会的主体活力，进一步推动城市转型。

6.8　浙江

6.8.1　湖州

（1）城市概况

湖州市是浙江省下辖的地级市，总面积 5818 平方公里，位于浙江省北部，东邻嘉兴，西连天目山，南接杭州，北靠太湖，是"长三角城市群"成员城市。湖州拥有良好的区位条件，交通发达，这为湖州经济发展提供了良好的环境和广阔的空间。近几年来，湖州市主动适应经济发展新常态，按照全力打造经济转型升级、城乡一体、生态文明"三个升级版"的工作思路，全力推进改革创新，全面加快转型升级，经济社会发展事业稳步前进。截至 2015 年底，全市实现地区生产总值 2084.3 亿元，按可比价计算比上年增长 8.3%，人均地区生产总值达到 70899 元，比上年增长 7.7%，全市规模以上工业企业实现主营业务收入 4082.4 亿元，增长 2.1%。湖州市深入实施中心城市建设四年行动纲要，不断加强城市精细化管理，不断优化环境质量，曾先后获得国家历史文化名城、国家森林城市、国家园林城市、国家卫生城市和国家环境保护模范城市等称号。[①]

（2）资源特点及利用概况

湖州属于资源成熟型城市，自然资源丰富，主要拥有非金属、燃料、金属和水气四大类矿产资源。已发现的矿藏有 47 种，已初勘的有 23 种，以非金属矿藏为主。湖州的长广煤矿是浙江省最大的原煤基地。而湖州市武义县号称"萤石之乡"，在所发现的矿床中有 11 处大中型的矿床，蕴藏量约 4000 万吨，当地产业现在已经由传统的矿山开采企业转型为氟化工、萤石雕刻等深加工企业，甚至发展出了萤石工艺品企业。而湖州市青田县有着大量的钼金属矿和叶蜡石矿，两者的储量都居全省首位。

除了矿产资源外，湖州市还有丰富的水资源和土地资源，有大量的旱涝保收高产耕地，是全国的粮食、蚕茧、淡水鱼、毛竹的主要产区，其中菱湖区是全国三大淡水鱼养殖基地之一。近年来，湖州市加快农业结构调整，推动传统农业向现代化发展，依靠资源优势，培养了一批具有特色的农产品品牌。[②]

---

① 参见《湖州市 2014 年国民经济和社会发展统计公报》。
② 湖州市人民政府门户网站，http://www.huzhou.gov.cn。

（3）得分结果

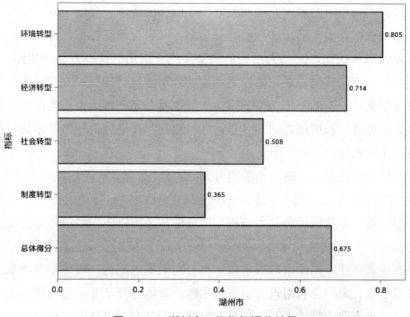

图 6.8.1　湖州市一级指标评分结果

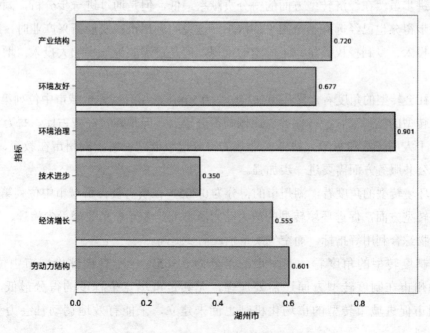

图 6.8.2　湖州市二级指标评分结果

（4）转型评价

从城市转型的总体评分来看，湖州市的得分为 0.675，在所有被评价城市中位列第 4 位，这说明湖州市的城市发展转型取得了明显的成绩，成效很好。在推动湖州市转型的一级评价指标中，环境转型的得分最高，其次为经济转型，说明了近两年来湖州市在环境治理和优化、劳动力结构的调整和产业结构的调整方面的成绩比较突出，有力地支撑了城市的转型发展。排在后两位的分别是社会转型和制度转型，其中制度转型的得分最低，说明湖州市在推动城市转型中没有充分发挥市场的作用，需要进一步改革以处理好政府和市场之间的关系，加快建立起促进城市转型的市场机制，以充分发挥市场在资源转型中的作用。

从经济转型的角度看，湖州市的得分为 0.714，在所有被评价城市中位列第 8 位。从经济转型的指标来看，得分贡献率较高的是产业结构和劳动力结构，最低的是技术进步。通过进一步分析，劳动力结构和产业结构之所以成为经济转型的最大贡献因素，这与湖州市一直以来发展生物医药、光机电、新能源、新材料等新兴产业有关，尤其是在新能源产业，湖州市形成了以上市公司天能电池为代表的多个"龙头企业"，形成了以蓄电池、太阳能利用设备制造为主题的新能源及节能产业板块和先进制造中心，同时在龙头企业的带动下，一批具有特色的细分产业也逐渐成形，这大大推动了产业结构调整。同时，这些高新技术产业的兴起，也有力促进了劳动力结构的转型。而技术进步虽然在经济转型方面的得分贡献率最低，但是通过进一步分析，湖州市的技术进步得分也已经远高于全国平均水平，这说明湖州市在发展新兴产业时，对于科研经费投入、专利授权数量有了一定的重视，但是还需要进一步加大投入，增强创新驱动力。

从社会转型的角度看，湖州市的得分为 0.508，在所有被评价城市中位列第 21 位。从社会转型的指标来看，社保参保比例的得分较高，但是教育经费占比、每万人教师数、每千人病床数和每千人执业医师数的得分比较低，说明了湖州市在教育、文化、医疗等公共服务方面需要进一步加强。

从环境转型的角度看，湖州市的得分为 0.805，在所有被评价城市中位列第 15 位。在环境转型方面，促进环境转型的最大动力源于工业 SO_2 和工业烟粉尘治理、工业固体废弃物综合利用等指标，而空气质量也还需要提高。

从制度转型的角度看，湖州市的得分为 0.365，在所有被评价城市中位列 34 位。湖州市在制度转型方面还需要加强，尤其是市场竞争程度的得分最低，这说明湖州市促进城市转型的市场化机制也尚未建立，未能有效地调动社会力量支持城市转型。

（5）未来建议

对湖州市而言，目前所需要做的最重要的事，是在已有的城市转型的成绩上，进一步巩固现有成果，同时攻坚城市转型的难点。湖州市政府应该加快改革开放的步伐，加快资源要素市场化配置的改革，同时进一步简政放权、放管结合、优化服务，加快政府自身的改革，转变职能、提高效能，来激发市场活力，为投资和贸易领域的"引进来"、"走出去"提供便利，要摆正政府和市场在推进城市转型中的位置，建立起促进城市转型的市场化机制。在经济上要进一步顺应产业跨界发展和融合发展的新趋势，加快发展信息经济、高端经济、健康产业、休闲旅游等四大重点主导产业，同时要加大对科技的投入，进一步强化创新驱动，对接"中国制造2025"，提升"湖州制造"的水平，同时努力将"湖州制造"转变为"湖州创造"。同时要更加重视生态文明建设，加快经济生态化、生态经济化，对企业进行资源节约型、环境友好型改造，进一步发展绿色经济、循环经济、地毯经济；继续铁腕治理水污染、大气污染、土质污染和矿物造成的污染，形成源头预防、过程控制、损害赔偿、责任追究的制度体系。

6.9　安徽

6.9.1　宿州

（1）城市概况

宿州市是安徽省下辖的地级市，总面积9787平方公里，位于安徽省东北部，东邻宿迁、徐州，西连商丘、淮北，南接蚌埠，北靠菏泽，是长三角城市群、中原经济区的重要节点，也是安徽省重要的交通枢纽。近几年来，宿州市积极调整自身经济形态，以适应中国经济新常态，着力做到质量、效益两不差，确保改革平稳进行，惠及人民群众，全市经济平稳运行。截至2015年底，全市实现地区生产总值1126.07亿元，按可比价格计算比上年增长9.7%，人均地区生产总值达到20630元，比上年增加1862元，全市规模以上工业企业实现主营业务收入1342.7亿元，增长20.0%。资源利用效率有所提高，环境质量有所改善，2015年，宿州市单位GDP能耗0.7017吨标准煤/万元，比上年下降6.5%，全市城市污水处理率达到86.6%，建成区绿化率达到39.8%。宿州市曾获得安徽省文明城市、国家园林城市、国家智慧城市等称号。[①]

———————————

① 参见《宿州市2014年国民经济和社会发展统计公报》。

（2）资源特点及利用概况

宿州市属于资源成熟型城市，有着丰富的矿产资源，以能源、非金属矿产为主，保有储量大，矿产地分布集中。已探明一定储量的矿产有 17 种，现已开发利用的有 11 种。探明的矿产资源包括铅、铁、钾、煤、煤层气、石英岩、白云岩、硬质高岭土、耐火黏土、瓷石、金刚石、矿泉水等。煤、煤层气储量十分丰富，分别达到了 60 亿吨及 600 亿立方储量，其中煤炭多为肥煤、气煤、焦煤，开发潜力巨大，是国家规划的 13 个大型煤炭基地之一，为了充分发挥其煤炭资源优势，境内还修建有数条煤炭铁路专用线。

除了矿产资源外，宿州市还是全国著名粮棉产区，耕地 997.79 万亩，占土地总面积的 67.97%，主要生产小麦、玉米和花生，年产量居全省首位，被誉为"果海粮仓"，其中花生的种植面积达 80 万亩、这里有全国最大的水果产区 120 万亩，成片的分布在黄河故道，包揽了全省 70% 的产量。各地不同的风味食品历史久远，也吸引着全国各地的人们，比如萧县的葡萄。境内分布着 40 万亩大棚蔬菜种植带。[①]

（3）得分结果

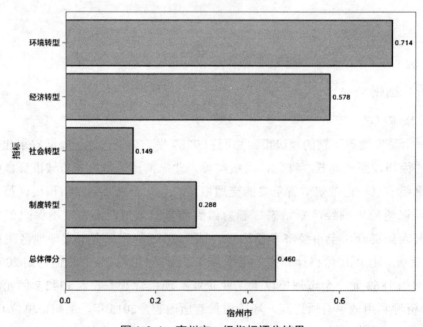

图 6.9.1　宿州市一级指标评分结果

---

① 宿州市人民政府门户网站，http://www.ahsz.gov.cn。

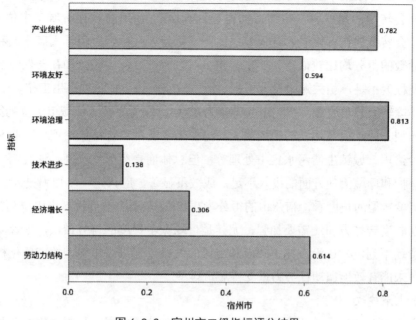

图 6.9.2 宿州市二级指标评分结果

（4）转型评价

从城市转型的总体评分来看，宿州市的得分为 0.460，在所有被评价城市中位列第 97 位，这说明宿州市的城市发展转型还有待加强。在推动宿州市转型的一级评价指标中，环境转型的得分最高，其次为经济转型，说明了近两年来宿州市在环境治理和优化、劳动力结构的调整和产业结构的调整方面的成绩比较突出，有力地支撑了城市的转型发展。排在后两位的分别是社会转型和制度转型，其中社会转型的得分最低，这说明宿州市推动城市转型中对于社会公共服务没有足够的重视，对于人民医疗卫生、养老、社会保障等事业的投入不足，没有发挥好社会转型在推动城市转型中的作用。

从经济转型的角度看，宿州市的得分为 0.578，在所有被评价城市中位列第 53 位。从经济转型的指标来看，得分贡献率最高的是产业结构，最低的是技术进步。通过进一步分析，产业结构之所以成为经济转型的最大贡献因素，这与宿州市政府坚持工业、招商、项目、园区四位一体推进，全力推进"3111"工程，确立了鞋服、板材、食品、建材、云计算、生化医药等首位产业，推进战略性新兴产业发展，同时扎实推进现代农业，加快培育新型经营主体的相关政策分不开，通过一系列政策促进了三大产业协调发展，推动了产业结构转型。而技术进步之所以得分最低，未能发挥对经济转型的带动作用，通过进一步分析，主要是由于政府对科研技术进步的关注不足，地方财政在相关方面的投入不足。同时，当地相对传统的工业、服务业也难以有效的带动技术进步，导致技术进步对经济转型的推动力不足，创新驱动力不足。

从社会转型的角度看，宿州市的得分为 0.149，在所有被评价城市中位列第 113 位。从社会转型的指标来看，社保参保比例、每万人教师数、每千人病床数和每千人执业医师数的得分均比较低，说明了宿州市对教育、文化、医疗和社会保障等公共服务的重视程度不足，相关财政投入不足，地方政府应该更加重视民生工作。

从环境转型的角度看，宿州市的得分为 0.714，在所有被评价城市中位列第 69 位。在环境转型方面，促进环境转型的最大动力源于工业污染物排放治理、工业 SO_2 和工业烟粉尘治理、城镇生活污水集中处理等，但总体而言得分均不高，这说明宿州市对于环境保护和环境治理方面的投入不足，成效不显著，应该进一步加强投入。

从制度转型的角度看，宿州市的得分为 0.288，在所有被评价城市中位列第 52 位。宿州市在制度转型方面还需要加强，尤其是市场竞争程度的得分最低，这说明宿州市政府改革还不到位，还没有摆正政府和市场的关系，促进城市转型的市场化机制也尚未建立，未能有效地调动社会力量支持城市转型。

（5）未来建议

对宿州市而言，最重要的是要全面推进社会事业的发展，加强政府对公共服务的提供，可以采用 PPP 模式，让非公共部门自愿参与提供产品和服务，也要加大财政的相关支出，新建学校、养老设施和医疗卫生设施，以改善国计民生，促进社会转型。同时，要加大对技术进步的重视，首先要加大财政对于相关方面的支出，这要求地方政府支持高等院校发展，同时要加强对外招商引资，与高新技术产业开展合作，综合政府和社会力量，共同支持科技创新，促进经济向高科技方向转型。同时要加强政府自身的改革，加快简政放权、放管结合，加快政府效能的转变，通过政府自身的改革，来激发市场活力，促进当地金融、商品市场体制的完善，为外来投资拓宽渠道，激发企业活力、创造力和竞争力，以制度转型来带动经济转型。在经济上，要依靠自身资源优势，完善当地交通，同时要提高资源开采的利用效率，推动项目提速提效。

6.9.2　淮北

（1）城市概况

淮北市是安徽省下辖的地级市，总面积 2802 平方公里，位于安徽省北部，东邻宿州，西连涡阳县和河南永城市，南接蒙城，北靠萧县，淮北市是长三角城市群和宿淮城市组群成员城市。近几年来，淮北市深入贯彻落实中央宏观调控政策，全面深化改革，实现经济平稳较快发展，转型升级步伐加快。截至 2014 年底，全市实现地区生产总值 747.5 亿元，按可比价格计算，比上年增长 9.6%，人均地区生产总值达到 34758 元，比上年增加 1762 元。淮北市近年来大力实施城市道路、绿化等重点项目，截至 2014 年末，在城市人均道路面积、建成区绿化覆盖率和人均公园绿地面积等指标上都反映出了显著的成果。于 2014 年出台了《淮北市大气污染防治实施细则》，推进大气污染防治工作。淮北市曾获得全国卫生先进城市、国家园林城市和全国绿化模范城市等称号。[①]

（2）资源特点及利用概况

淮北市属于资源衰退型城市，其矿产资源储量较为丰富，是我国重要的煤炭和精煤生产基地，也是中国的能源基地，年产原煤 3000 多万吨，电力装机容量 210 万千瓦。淮北市现已发现矿产 56 种，有矿产地 488 处，是全国 13 个重点煤炭基地之一。淮北有丰富的煤炭资源，其中远景储量高达 350 亿吨，不仅煤炭种类丰富，并且矿床的规模也很大，适宜开采，有着很好的经济效益。建市 50 年以来，淮北市累计生产原煤 8 亿吨，常年高强度开采煤炭，而不考虑可持续开发，导致近年来面临煤炭资源枯竭的窘境，预计淮北的煤炭将于 21 世纪 30 年代之前彻底枯竭。同时，淮北对于煤炭资源的原始利用方式，也导致了淮北市生态环境被严重破坏，首当其冲的是地表塌陷导致的地下水渗出，使得许多农田遭到了破坏；其次是水质污染严重，饮用水不足；最后是作为原煤的辅助原材料的木材受到了毁灭性开采，导致当地植被受到了严重破坏。[②]

（3）得分结果

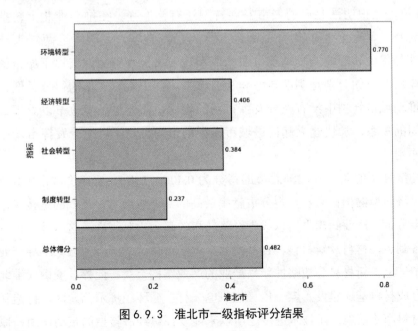

图 6.9.3　淮北市一级指标评分结果

---

① 参见《淮北市 2014 年国民经济和社会发展统计公报》。
② 淮北市人民政府网，http://www.huaibei.gov.cn。

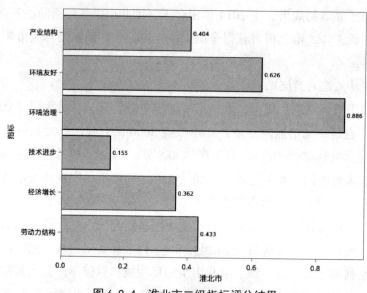

图 6.9.4　淮北市二级指标评分结果

（4）转型评价

从城市转型的总体评分来看，淮北市的得分为 0.482，在所有被评价城市中位列第 90 位，这说明淮北市的城市发展转型还有待加强。在推动淮北市转型的一级评价指标中，环境转型的得分最高，其次为经济转型，说明了近两年来淮北市在环境治理与优化和产业结构调整方面的成绩比较突出，有力地支撑了城市的转型发展。排在后两位的分别是制度转型和社会转型，其中制度转型的得分最低，这说明淮北市推动城市转型中没有充分发挥市场的作用，需要进一步改革以处理好政府和市场之间的关系，加快建立起促进城市转型的市场机制，以充分发挥市场在资源转型中的作用。

从经济转型的角度看，淮北市的得分为 0.406，在所有被评价城市中位列第 107 位。从经济转型的指标来看，得分贡献率最高的是产业结构，最低的是技术进步。通过进一步分析，产业结构之所以成为经济转型的最大贡献因素，这与淮北市确立的汽车和装备制造、材料及新材料、食品药品、电子信息、纺织服装五大主导产业，同时发展电子信息、新材料等战略性新兴产业的产业结构有关。此外，安徽（淮北）新型煤化工合成材料基地建设"煤—焦—化—电—材"循环经济示范园区，打造新型煤化工合成材料产业基地。而技术进步之所以未能发挥对经济转型的带动作用，原因在于科技对于经济的贡献作用虽有加强但仍然不足，科技高校人才输送还不足，高新技术企业占当地经济的比重仍然不足，这也说明淮北市政府应该继续加大科研资金投入，同时积极鼓励当地企业与外地高新技术企业开展合作，提高技术进步对经济发展的贡献率。从社会转型的角度看，淮北市的得分为 0.384，在所有被评价城市中位列第 48 位。从社会转型的指标来看，各项得分比较均衡，教育经费 GDP 占比和每千人执业医师数的得分均比较低，说明了淮北市政府对于公共事业的投入还不足，需要在医疗事业和教育事业上加大投入。

从环境转型的角度看，淮北市的得分为 0.770，在所有被评价城市中位列第 29 位。在环境转型方面，促进环境转型的最大动力源于工业 SO_2 和工业烟粉尘治理、工业固体废弃物综合利用、城镇生活污水集中处理等指标，而空气质量和建成区绿化覆盖率指标相对其他地区来说较高，通过进一步分析，这说明淮北市在治理原本因煤炭资源原始开采导致的环境污染方面成效尚可。

从制度转型的角度看，淮北市的得分为 0.237，在所有被评价城市中位列第 68 位。淮北市在制度转型方面还需要加强，尤其是市场竞争程度的得分最低，这说明淮北市未能充分发展市场化的机制来推动城市转型，被动地陷入"资源诅咒"中而忽略了市场的力量，未能有效地调动社会力量支持城市转型。

（5）未来建议

对于资源枯竭型城市的淮北市而言，寻求传统产业的煤炭产业改造，大力推进产业链延伸、推进高效节能和绿色环保至关重要。其中最主要的就是全面建设可持续发展能力，这要求淮北市加强辖区外煤炭生产，持续发展煤炭产业，延伸煤炭资源产业链，提高产品附加值，为城市的进一步转型赢得过渡时间和经济支持。同时要培育新兴产业，优化产业结构，加快发展非煤产业，比如加快煤矿机械装备制造产业园区和矿山设备专业市场建设，促进当地机械制造业的发展，同时政府也要重视技术进步的作用，加大有关方面的投入，鼓励有能力的企业积极科研创新，发挥自己的技术优势，从而推动整个地区的高新技术产业发展。同时，当地市政府也要进一步推动政府改革，通过简政放权、转变职能，来激发市场活力，建立起促进城市转型的市场机制。

6.9.3 亳州

（1）城市概况

亳州市是安徽省下辖的地级市，总面积 8374 平方公里，位于安徽省西北部，东邻淮北市和蚌埠市，西连河南省周口市，南接阜阳市，北靠河南省商丘市，亳州市是中原经济区、长三角城市群成员城市。近几年来，亳州市积极贯彻国家"调结构、转方式、促升级"的战略方针，逐步优化产业结构，坚持协调发展，坚持工业强市战略，实现了经济的快速增长。2015 年，亳州市地区生产总值 942.6 亿元，按可比价格计算比上年增长 9.1%，人均地区生产总值 18771 元，比上年增加 1002 元，规模以上工业企业主营业务收入 853.5 亿元，先后被评为"国家历史文化名城"和"中国优秀旅游城市"。亳州还享有"药都"的美誉，是全球最大的中药材集散中心和价格形成中心。[①]

（2）资源特点及利用概况

亳州市属于资源成熟型城市，其管辖区内自然资源储备丰富，尤其是地下石油、煤炭储量，累计查明 57 亿吨，其中煤炭资源储量达到 47.23 亿吨，占比 82.9%，在蒙城、涡阳、利辛三县境内，已探明煤炭储量达 28.29 亿吨，于全省煤炭资源储量中占比 11%。许疃、涡北煤矿已经出煤，二期建设正在进行，青疃、信湖、徐广楼、板集、花沟、刘店矿区的开采利用进展有序，总投资达 50 亿元的板集坑口发电厂前期工作正在逐步展开，预计约十年左右煤炭电力将成为亳州经济发展的主导产业。全市水资源总量 26.56 亿立方米。中药材种植 400 多个品种，种植面积 52.28 千公顷。农产品以玉米、小麦、大豆等粮食作物为主，2014 年总产量为 46.7 亿千克，是国家粮食主要生产地之一。除此之外，棉花、蔬菜、烟叶等经济作物也有种植。[②]

（3）得分结果

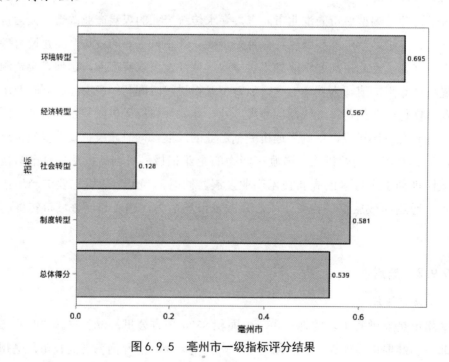

图 6.9.5　亳州市一级指标评分结果

---

① 参见《亳州市 2014 年国民经济和社会发展统计公报》。

② 亳州市人民政府官网，http://www.bozhou.gov.cn。

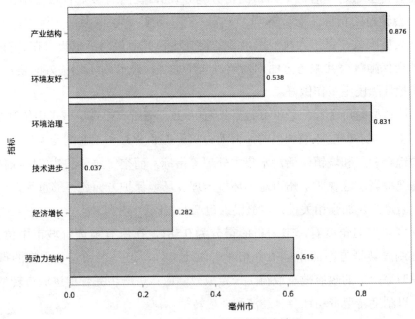

图 6.9.6 亳州市二级指标评分结果

（4）转型评价

从城市转型的总体评分来看，亳州市的得分为 0.539，在所有被评价城市中位列第 58 位，这说明亳州市的城市发展转型取得了一定的成绩。在推动亳州市转型的一级评价指标中，环境转型的得分最高，其次为制度转型，说明了近两年来亳州市在环境治理和优化、政府改革和市场改革方面的成绩比较突出，有力地支撑了城市的转型发展。得分最低的是社会转型。亳州市在社会转型方面的得分最低，这说明亳州市在推动城市转型中没有重视对社会公共服务的提供，需要政府在有关方面加大财政投入。

从经济转型的角度看，亳州市的得分为 0.567，在所有被评价城市中位列第 63 位。从经济转型的指标来看，得分贡献率最高的是产业结构，最低的是技术进步。通过进一步分析，产业结构之所以成为经济转型的最大贡献因素，这与亳州市政府坚持协调发展，实施工业强市战略、推动农业现代化和坚定提升第三产业分不开。亳州市政府积极发展酒产品制造业、现代中药等产业，有条不紊地扩大工业规模。同时兴建亳州国家农业科技园区，有力地扩大农业规模，加强对农业基础设施建设。此外，亳州市政府积极发展旅游业，兴建了许多市本级商贸流通项目，促进了第三产业发展，为产业结构转型打下了坚实基础。而技术进步之所以未能发挥对经济转型的带动作用，主要是当地高新技术产业有所不足，同时政府对于高等院校和科研经费的投入不足，创新驱动力还有所不足。

从社会转型的角度看，亳州市的得分为 0.128，在所有被评价城市中位列第 115 位。从社会转型的指标来看，各项得分均不高，尤其是社保参保比例、每万人教师数、每千人病床数和每千人执业医师数的得分比较低，说明了亳州市在教育、文化、医疗和社会保障等公共服务方面均需要进一步加强，政府对于相关方面要加大投入，要进一步把保障民生工作做好。

从环境转型的角度看，亳州市的得分为 0.695，在所有被评价城市中位列第 84 位。在环境转型方面，促进环境转型的最大动力源于工业 SO_2 和工业烟粉尘治理、工业固体废弃物综合利用和城镇生活污水集中处理等指标，而空气质量和建成区绿化覆盖率指标均需要提高。这说明亳州市对于环境治理和环境保护方面还不够重视，应该坚持可持续发展道路，加强相关投入，鼓励绿色产业发展。

从制度转型的角度看，亳州市的得分为 0.581，在所有被评价城市中位列 8 位。亳州市在制度转型方面的指标得分相对来说还可以，但是市场竞争程度的得分也较低，这说明亳州市的政府改革取得了一定成效，应该进一步完善促进城市转型的市场化机制，以制度转型带动社会、经济和环境转型。

（5）未来建议

对亳州市而言，首先要进一步完善促进城市转型的市场化机制，这要求亳州市政府进一步简政放权、转变职能，通过为外来投资提供便利来吸引投资，并以较为完善的金融和商品市场制度来引导经济转型、社会转型和环境转型。这要求亳州市政府努力招商引资，坚持项目带动，以自身的制度改革优势作为主要吸引力，吸引高新技术企业落户和与当地企业开展合作，带动当地新兴产业的发展，并以此来进一步推动经济结构转型。同时，亳州市政府要重视技术进步对于城市转型的带动作用，要在现有财政支出结构中，加大对科技的投入力度，在政策和资金上支持高等院校和科研机构，增强创新驱动力。最后，亳州市政府要重视民生事业发展，加大对于医疗卫生、教育及养老等社会保障事业的投入，改善人民生活，促进社会转型。

6.9.4　淮南

（1）城市概况

淮南市是安徽省下辖的地级市，总面积 5571 平方公里，位于安徽省中北部，淮南市是安徽省重要的工业城市，素有"中国能源之都"和"华东工业粮仓"之称。

近几年来，淮南市在国家"调结构、转方式、促升级"等战略指引下，深入贯彻落实中央政策，促进区域产业结构转型，充分适应中国经济的新常态。2014 年，全市生产总值达 789.3 亿元，人均地区生产总值达到 33361 元，全年规模以上工业企业实现主营业务收入 918.7 亿元，先后获得中国优秀旅游城市、全国百个宜居城市、全国绿化模范城市、国家园林城市和国家首批试点智慧城市等称号。[①]

（2）资源特点及利用概况

淮南市属于资源成熟型城市，有着丰富的自然资源。其中地下煤炭、石油资源尤为丰富，其中淮南煤田远景储量 444 亿吨，已探明储量 180 亿吨，占安徽省的 70%，占华东地区的 32%，早在明朝中叶，当地政府就已经开始采煤。新中国成立后，淮南于 1952 年兴建了第一座煤矿，截至 2011 年，煤炭产量已达约 1 亿吨，是中国 13 个亿吨煤炭基地之一。除此之外，伴随煤炭工业，淮南电力工业也随之发展，截至 2009 年底，淮南发电装机容量已达 1000 万千瓦，发电总量 460 亿千瓦以上。不仅如此，淮南市的火电资源在未来依旧有着发展空间，预计 2020 年发电装机容量将达到 2000 万千瓦时。[②]

（3）得分结果

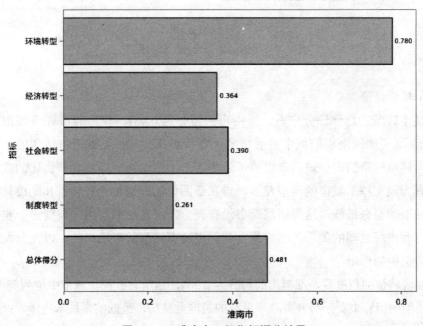

图 6.9.7 淮南市一级指标评分结果

---

① 参见《淮南市 2014 年国民经济和社会发展统计公报》。
② 淮南市人民政府官网，http:// www.huainan.gov.cn。

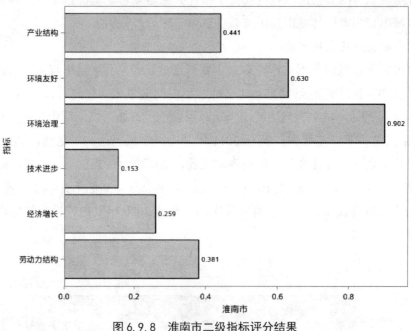

图 6.9.8　淮南市二级指标评分结果

（4）转型评价

　　从城市转型的总体评分来看，淮南市的得分为 0.481，在所有被评价城市中位列第 91 位，这说明淮南市的城市发展转型还有待提高。在推动淮南市转型的一级评价指标中，环境转型的得分最高，说明了近两年来淮南市在环境治理和优化的成绩比较突出，有力地支撑了城市的转型发展。排在后两位的分别是经济转型和制度转型，其中制度转型的得分最低。这说明淮南市没有充分发挥市场的作用，需要进一步改革处理好政府和市场之间的关系，加快建立起促进城市转型的市场机制，以充分发挥市场在资源转型中的作用。

　　从经济转型的角度看，淮南市的得分为 0.364，在所有被评价城市中位列第 109 位。从经济转型的指标来看，得分贡献率最高的是产业结构，最低的是技术进步。产业结构贡献率较大，通过进一步分析，这主要是由于淮南市政府积极培育网络、信息、文化、旅游等新的消费增长点。与此同时，为新兴企业可以得到有效的引入，拓宽发展空间，通过淘汰落后企业扩张环境容量。依法关闭退出了一些煤炭企业和矿产资源企业，尽量将小煤矿开采转变为现代化大矿井，这些方针政策都促进了淮南市的产业结构转变。但是淮南市的产业结构得分相对全国其余城市而言，依旧较低，说明淮南市仍未摆脱以煤矿资源来拉动的经济发展模式，产业结构转型升级仍需努力，而技术进步之所以未能发挥对经济转型的带动作用，原因在于淮南市依旧是依靠资源消耗来促进经济发展的经济发展模式，对于技术进步的重视不足，相关资金投入不足，创新驱动力仍有不足。

从社会转型的角度看，淮南市的得分为 0.390，在所有被评价城市中位列第 43 位，从社会转型的指标来看，各项得分比较均衡，每千人执业医师数的得分相对较低，说明了淮南市在教育、文化、医疗和社会保障等公共服务方面的发展较为均衡。

从环境转型的角度看，淮南市的得分为 0.780，在所有被评价城市中位列第 25 位。在环境转型方面，促进环境转型的最大动力源于工业 SO_2 和工业烟粉尘治理、工业固体废弃物综合利用和城镇生活污水集中处理等指标，而空气质量和建成区绿化覆盖率指标相对其他地区来说尚可。这说明淮南市在环境治理和环境保护方面取得了一定的成效，用一系列的重点治理工程促进了可持续发展，尤其是对于采煤塌陷区的生态修复和综合治理成效显著。

从制度转型的角度看，淮南市的得分为 0.261，在所有被评价城市中位列第 58 位。淮南市在制度转型方面的指标得分相对来说还可以，但是市场竞争程度的得分也较低，这说明淮南市促进城市转型的市场化机制也尚未建立，未能有效地调动社会力量支持城市转型，需要进一步建立并完善促进城市转型的市场化机制。

（5）未来建议

对淮南市而言，发展循环经济、调整经济结构、转变发展方式进而推进城市转型具有重要意义。应立足资源型城市特点，坚持珍惜煤炭、依托煤炭、跳出煤炭、超越煤炭的思路，这要求地方政府进一步推动煤化工产业现代化，提高煤炭产业的技术水平，延伸产业链条，搞好煤炭资源的综合利用，优化煤炭利用效率和经济效益，同时大力发展非煤替代产业，增强发展活力，积极融入长三角、中原经济区，加快合肥经济圈一体化进程。同时淮南市政府要坚持以人为本，促进公共服务均等化，对于社会公共服务方面要加大投入，尤其要保障医疗卫生和教育事业的发展。此外政府也要进一步改革，简政放权，转变职能，以此来激发市场活力，做好"抓"与"放"，建立并完善促进城市转型的市场化机制，摆脱以政府一手包办来促进转型的老路。

6.9.5 滁州

（1）城市概况

滁州市是安徽省省辖市，总面积 1.33 万平方公里，位于安徽省东部，安徽省和江苏省交汇地区，地处长江下游北岸，长江三角洲西端，滁州市是长三角城市群成员城市，同时也是合肥经济圈成员城市。近几年来，滁州市在国家"调结构、转方式、促升级"等战略指引下，深入贯彻落实中央政策，在各个方面实施改革，经济增长稳中有升，2014 年全市生产总值 1184.8 亿元，比上年增长 9.4%，人均地区生产总值达到29818 元，比上年增加 2344 元。在生产总值中，以第二产业为主，不仅规模较大，增长率也达到了 11.1%，第三产业虽然规模较小，只有 332.7 亿元，但是增长率达到了 8.9%。全市规模以上工业实现主营业务收入 2187.1 亿元，比上年增长 11.2%。[①]

（2）资源特点及利用概况

滁州市是资源成熟型城市，非金属矿产资源非常丰富，境内成矿条件优越。非金属矿产是滁州市的优势矿产，矿产种类多，矿种储量大。其中，石灰岩、凹凸棒、石英砂闻明全国。石英岩储量处于华东地区首位，储量保守估计约有 100 亿吨。其他特色非金属矿种的开发前景也十分广阔。同时滁州市还有着丰富的能源资源，滁州市新能源发电前景较好。2015 年 9 月 28 日，滁州市中广核全椒西王风电项目正式并网发电，项目主要建设 25 台风力发电机组，总装机容量 4.95 万千瓦。省发改委核准的滁州市光大生物能源（滁州）有限公司南谯区农林生物质发电项目，于 2015 年 10 月开工建设，2016 年 11 月建成投产。项目建成后，年可燃用生物制燃料约 24 万吨，可增加供电量 1.9 亿千瓦时，年节约标准煤 8.46 万吨，不仅可有效解决秸秆焚烧造成的环境污染，净化城市环境，还可以满足电力能源多样化的需求。[②]

（3）得分结果

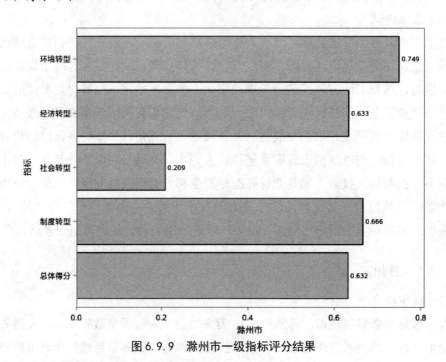

图 6.9.9　滁州市一级指标评分结果

---

① 参见《滁州市 2014 年国民经济和社会发展统计公报》。

② 滁州市人民政府门户网站，http://www.chuzhou.gov.cn。

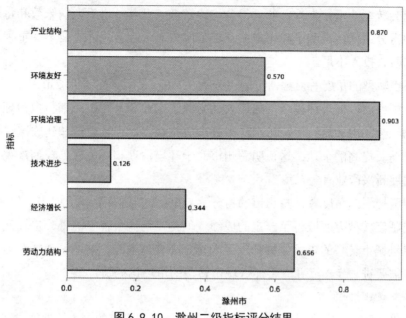

图 6.9.10 滁州二级指标评分结果

（4）转型评价

从城市转型的总体评分来看，滁州市的得分为 0.632，在所有被评价城市中位列第 14 位，这说明滁州市的城市发展转型取得了明显的成绩。在推动滁州市转型的一级评价指标中，环境转型的得分最高，其次为制度转型，说明了近两年来滁州市在环境治理和优化、政府改革和完善促进城市转型的市场化机制方面的成绩比较突出，有力地支撑了城市的转型发展。而社会转型的得分最低，说明滁州市在社会保障、医疗以及教育等社会事业方面的发展还不到位，需要进一步加大投入，社会转型在推动城市转型中的作用还不够显著，有待进一步调整和完善。

从经济转型的角度看，滁州市的得分为 0.633，在所有被评价城市中位列第 24 位。从经济转型的指标来看，得分贡献率最高的是产业结构，最低的是技术进步。产业结构贡献率较大与滁州市政府近年来"抓转型强支撑，进一步提升发展质量"的政策有关，滁州市大力发展新兴产业，比如滁州市开发区跻身首批省级战略性新兴产业智能家电集聚发展基地；同时继续推进农业现代化，其中定远县获批国家农业科技园区；最后对现代服务业的发展也很重视，新建了许多电商园区，引进了大量企业，同时对于现代物流业及旅游业发展也提供了政策支持。而技术进步之所以未能发挥对经济转型的带动作用，是因为滁州市的高新技术产业对于其经济占比依旧不高，应当进一步强化技术进步对于经济发展的作用，对于高新技术产业提供更多的政策支持，提升创新驱动力。

从社会转型的角度看，滁州市的得分为 0.209，在所有被评价城市中位列第 108

位。从社会转型的指标来看，各项得分均比较低，尤其是每千人病床数和每千人执业医师数的得分最低，说明了滁州市在一定范围内对于社会保障事业不够重视，对于民生工作的财政投入不足。

从环境转型的角度看，滁州市的得分为 0.750，在所有被评价城市中位列第 42 位。在环境转型方面，促进环境转型的最大动力源于工业 SO_2 和工业烟粉尘治理、工业固体废弃物综合利用和城镇生活污水集中处理等指标，而空气质量和建成区绿化覆盖率指标也有需要提高的余地。这说明滁州市对于环境治理和环境保护较为重视，这也与其大力发展新兴产业有关。

从制度转型的角度看，滁州市的得分为 0.666。在所有被评价城市中位列第 5 位。滁州市在制度转型方面取得了一定的成绩，但是市场竞争程度的得分也较低，这说明滁州市促进城市转型的市场化机制也尚未充分完善，未能有效地调动社会力量支持城市转型，需要进一步建立并完善促进城市转型的市场化机制。

（5）未来建议

对滁州市而言，目前所需要做的最重要的事，是在已有的城市转型的成绩上，进一步巩固现有成果，同时攻坚城市转型的难点。滁州市政府应该加快改革开放的步伐，加快资源要素市场化配置的改革，同时进一步简政放权、放管结合、优化服务，加快政府自身的改革，转变职能，提高效能，来激发市场活力，为投资和贸易领域的"引进来"、"走出去"提供便利，要摆正政府和市场在推进城市转型中的位置，建立起促进城市转型的市场化机制；同时政府在转变职能时，要加强对民生保障工作的重视程度，坚持以民为本，加大财政投入，优化城市的医疗卫生、教育和养老等社会保障事业，让城市转型的成功真正能为民所享。在经济上要进一步顺应产业跨界发展和融合发展的新趋势，对原本国有企业进行进一步改革，同时继续抓转型强支撑，农业上进一步推进现代化建设，创立特色品牌，工业上要延长产业链，支持高新技术产业的发展，第三产业上要着重发展电子商务和特色旅游，促进三大产业协调发展，进一步推进城市转型。

6.9.6　马鞍山

（1）城市概况

马鞍山市是安徽省下辖的地级市，总面积 4049 平方公里，位于安徽省东部，与南京接壤，是安徽省和江苏省交汇地区，马鞍山市是沪浙苏皖长江三角洲地区城市群成员之一、长江经济带沿线城市成员之一、南京都市圈核心城市成员和皖江城市带承接产业转移示范区门户城市。近几年来，全市紧紧围绕转型升级，主动适应经济发展新常态，在国家"稳增长、调结构、促升级"等战略指引下，攻坚克难，使得经济保持平稳较快增长，经济结构不断优化。2015 年全年实现地区生产总值 1365.3 亿元，按可比价格计算比上年增长 9.2%。其中主要以第二、第三产业的增长为主，分别为 818.6 亿元和 467.2 亿元，完成规模以上工业增加值 603.99 亿元。马鞍山市获得全国文明城市、全国科技兴市试点城市、皖南国际旅游文化示范区和首批国家信息消费城市等称号。[①]

（2）资源特点及利用概况

马鞍山市属于资源再生型城市，矿产资源丰富，区域分块情况较为明显。马鞍山市素有"钢城"之称，铁矿储量尤其丰富，已探明储量超 16 亿吨，其中 10 亿吨随时可供开采。矿床规模以大中型为主，储量亿吨以上的矿址多达 5 处，多属易选的磁铁矿石。硫铁矿集中分布在马鞍山郊区的向山、马山地区，总储量为 2.62 亿吨，约占安徽省的 55.39%。自新中国成立以来，马鞍山市就以钢铁工业为主，成立了马鞍山钢铁公司。但是近年来，马鞍山市面临着矿山资源枯竭、环境破坏严重、产业结构单一等问题，不得不进行城市转型。

除了铁矿以外，马鞍山市的有色金属及贵金属矿产主要有铜矿、铜金矿和金矿及伴生银，但规模小且分散。马鞍山市范围内非金属矿产主要为化工原料、冶金、建材及其他非金属矿产，累计查明资源储量 127129 万吨，保有资源储量 117181 万吨。[②]

（3）得分结果

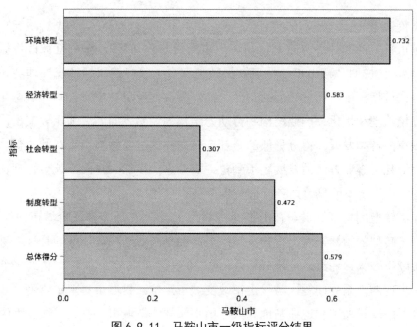

图 6.9.11　马鞍山市一级指标评分结果

---

① 参加《马鞍山市 2014 年国民经济和社会发展统计公报》。
② 马鞍山市人民政府官网，http://www.mas.gov.cn。

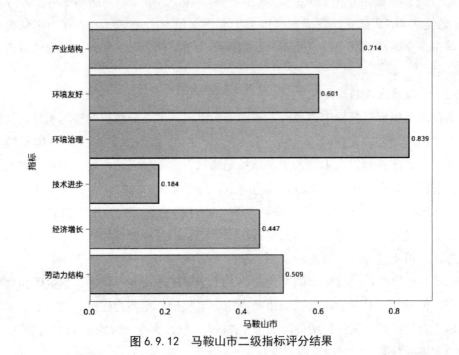

图 6.9.12　马鞍山市二级指标评分结果

（4）转型评价

　　从城市转型的总体评分来看，马鞍山市的得分为 0.579，在所有被评价城市中位列第 34 位，这说明马鞍山市的城市发展转型取得了较好的成绩。在推动马鞍山市转型的一级评价指标中，环境转型的得分最高，其次为经济转型，说明了近两年来马鞍山市在环境治理和优化、产业结构和劳动力结构的调整方面的成绩比较突出，有力地支撑了城市的转型发展。得分最低的是社会转型。这说明马鞍山市在社会保障、医疗以及教育等社会事业方面的发展还不到位，需要进一步加大投入，社会转型在推动城市转型中的作用还不够显著，有待进一步调整和完善。

　　从经济转型的角度看，马鞍山市的得分为 0.583，在所有被评价城市中位列第 51位。从经济转型的指标来看，得分贡献率最高的是产业结构，最低的是技术进步。产业结构贡献率较大，通过进一步分析，这与 20 世纪 90 年代后，针对传统产业所占比例过高而出现的一系列问题，马鞍山市改变城市定位，将城市重新定位为"长江中下游地区重要的现代加工制造业基地和滨江山水园林旅游城市"有关，通过摆脱"钢铁城市"的定位，马鞍山市成功实现了传统钢铁工业的转型升级，同时创造了新的工业空间和经济增长点，促进了产业结构转型。而技术进步之所以未能发挥对经济转型的带动作用，这与资源型城市传统行业占比重过大的通病有关，这说明马鞍山市应当进一步推动新型产业发展和传统产业升级，强化创新驱动力。

从社会转型的角度看，马鞍山市的得分为0.307，在所有被评价城市中位列第77位。从社会转型的指标来看，各项得分均比较均衡，教育经费GDP占比、每千人病床数和每千人执业医师数的得分相对较低，说明了马鞍山市在教育、文化、医疗和社会保障等公共服务方面的发展也需要进一步加强。

从环境转型的角度看，马鞍山市的得分为0.732，在所有被评价城市中位列第60位。在环境转型方面，促进环境转型的最大动力源于工业SO_2和工业烟粉尘治理、工业固体废弃物综合利用和城镇生活污水集中处理等指标，而空气质量和建成区绿化覆盖率指标还有需要提高的余地。

从制度转型的角度看，马鞍山市的得分为0.472，在所有被评价城市中位列第18位，说明马鞍山市政府的改革取得了一定成效，应该进一步完善促进城市转型的市场化机制，以制度转型带动社会、经济和环境转型。

（5）未来建议

对马鞍山市而言，目前所需要做的最重要的事，是在已有的城市转型的成绩上，进一步巩固现有成果，同时攻坚城市转型的难点。首先应该补齐马鞍山市在社会转型上的短板，这要求马鞍山市政府在转变政府职能的同时，强化对社会民生事业的保障，在现有财政支出结构中要加大对医疗卫生事业、教育事业和养老事业等的投入，让城市改革的成果能够真的惠及民众。同时要继续进行产业结构转型，进一步将马鞍山市打造为现代加工制造业基地、宜居城市和旅游城市，这要求马鞍山市对传统钢铁工业进行进一步改造升级，同时拓宽工业结构，引进新兴高科技产业，做好"马鞍山制造"，也要加大科研投入，追求"马鞍山创造"；在发展旅游业上，要加强人居环境建设，做好城市"去钢化"发展，同时要加强与南京都市圈的旅游和交通合作，把马鞍山市打造为"南京都市圈重要的休闲度假地"。

6.9.7　铜陵

（1）城市概况

铜陵市是安徽省省辖市，总面积3008平方公里，位于安徽省中南部，东临芜湖，西临安庆，南连池州，北接合肥。铜陵市是长江经济带重要节点城市，位于长三角经济圈和武汉经济圈的交汇中心，公路和水运交通便捷，这为经济发展带来了便利条件。近几年来，全市紧紧围绕转型升级，主动适应经济发展新常态，在国家"稳增长、调结构、促升级"等战略指引下，攻坚克难，总体经济平稳发展，产业结构不断升级，2014年全市生产总值716.3亿元，按可比价计算比上年增长10%，按常住人口计算的人均地区生产总值 97192 元。第一、第二、第三产业的增加值分别达到 13.2 亿元、512.9 亿元和 190.2 亿元。2014 年全市规模以上工业企业完成工业总产值 1927.1 亿元，增长 8%，全市规模以上工业企业实现主营业务收入 2487.7 亿元，增长 10.8%，工业经济效益有所提高。[1]

（2）资源特点及利用概况

铜陵市属于资源衰退型城市，其地处长江铜铁成矿带上，内生成矿条件有利，以有色金属铜矿著称。从"铜陵"的城市名称就可以看出，这是一座因铜而生的城市。铜陵的采铜史已有 3500 余年，从古至今一直是中国重要的产铜基地，采铜业也一直是铜陵的支柱产业，经过数千年的开采，铜陵仍有大量的铜矿可供开采，其储量占安徽省铜矿总储量的 70% 以上。除了铜矿，铜陵的铁矿、硫矿和煤炭资源也是相当丰富，其铁矿、硫矿储量在华东地区均居于首位，煤炭储量超 6000 万吨。目前铜陵拥有以铜陵有色为代表的众多与金属冶炼相关的公司，大多数已在国内外上市，且具有较大的行业影响力。[2]

（3）得分结果

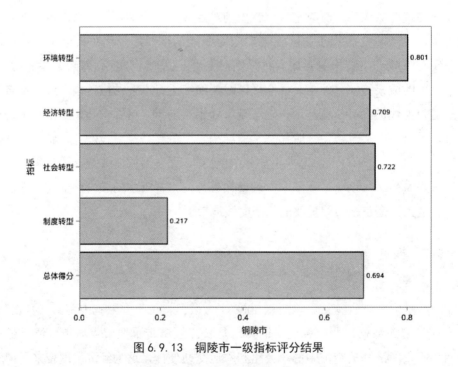

图 6.9.13　铜陵市一级指标评分结果

---

① 参见《铜陵市 2014 年国民经济和社会发展统计公报》。
② 铜陵市人民政府官网，http:// www.tl.gov.cn。

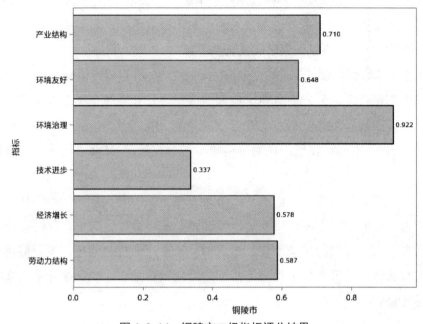

图 6.9.14　铜陵市二级指标评分结果

（4）转型评价

从城市转型的总体评分来看，铜陵市的得分为 0.694，在所有被评价城市中位列第 3 位，这说明铜陵市的城市发展转型取得了明显的成绩。在推动铜陵市转型的一级评价指标中，环境转型的得分最高，其次为社会转型和经济转型，说明了近两年来铜陵市在环境治理和优化、产业结构的调整以及社会保障事业方面的成绩比较突出，有力地支撑了城市的转型发展。而制度转型远远低于其余得分。这说明铜陵市推动城市转型中没有充分发挥市场的作用，政府需要进一步深化改革，补齐制度转型的短板。

从经济转型的角度看，铜陵市的得分为 0.709，在所有被评价城市中位列第 9 位。从经济转型的指标来看，得分贡献率最高的是产业结构，最低的是技术进步。产业结构贡献率较大与铜陵市早早明确了使传统的铜产业进行结构升级和产业集聚，在立足于传统支柱产业的同时，铜陵市还发展了比如新材料、环保、装备制造等新兴产业有关。铜陵市人民政府发布了《铜陵市承接产业转移产业发展指导目录》这一相关政策指南，在政策上为铜陵市的产业结构转型升级起到了引导作用。由于转型早，规划好，铜陵市转型取得了一定的成果，首先在铜深加工产业的发展上，形成了杆线、

PCB（印制电路板）、铜板带、铜棒、铜管、铜粉、铜艺术品等 7 条精深加工产业链，同时稳步推进第三产业的发展。而技术进步虽然是二级指标中得分最低的，但是也已经远远超过了全国平均水平，说明技术进步对于铜陵市经济发展有了一定的带动作用，但是高新技术产业占铜陵经济比重仍然不够。

从社会转型的角度看，铜陵市的得分为 0.722，在所有被评价城市中位列第 1 位，这说明铜陵市在社会转型方面取得了明显的成绩。从社会转型的指标来看，社保参保比例、每万人教师数得分较高，每千人病床数和每千人执业医师数的得分尚可，教育经费 GDP 占比相对较低，说明了铜陵市在教育经费 GDP 占比方面还可以进一步提高。

从环境转型的角度看，铜陵市的得分为 0.801，在所有被评价城市中位列第 20 位，铜陵市在环境转型方面还需要进一步加强。在环境转型方面，促进环境转型的最大动力源于工业污染物排放治理、工业 SO_2 和工业烟粉尘治理、工业固体废弃物综合利用和城镇生活污水集中处理等指标，而空气质量和建成区绿化覆盖率指标也有需要提高的余地。

从制度转型的角度看，铜陵市的得分为 0.217，在所有被评价城市中位列第 77 位，这说明铜陵的政府改革和市场改革还不到位，铜陵市促进城市转型的市场化机制尚未建立起来，是其推动城市进一步转型的短板。

（5）未来建议

对铜陵市而言，目前所需要做的最重要的事，是在已有的城市转型的成绩上，进一步巩固现有成果，同时攻坚城市转型的难点。首先要补齐在制度转型上的短板，这要求铜陵市政府加快改革，进一步简政放权、宽中有紧，以政府改革激发市场活力，为铜陵市的进一步城市转型在制度上铺平道路；此外还要深化国有企业改革，通过深化改革，使得市场在资源配置中起决定性作用，只有摆正政府和市场的位置，才能够完成铜陵市在制度改革上的攻坚。此外，也要巩固好在经济转型、社会转型和环境转型上的成果，继续推进产业接替，同时进一步完善城市生态环境建设，加强对于社会保障事业的财政投入，以经济转型、社会转型和环境转型来带动制度转型。

6.9.8　池州

（1）城市概况

池州市是安徽省省辖市，是长江南岸重要的滨江港口城市，长三角城市群成员城市。池州，位于安徽省西南部，北临长江，南接黄山市，西南与江西省九江为邻，东与芜湖市接壤。在 8272 平方公里的面积里分布着两区三县城，分别是贵池区、九华山风景区和东至县、石台县、青阳县。2014 年末全市户籍人口 160.64 万人，全年生产总值 503.7 亿元，按可比价格计算，比上年增长 9.2%。池州市是中国第一个国家生态经济示范区。[①]

（2）资源特点及利用概况

池州市的资源丰富，城市发展步伐较快。这个"江南鱼米之乡"作为对外通商口岸，贸易往来频繁，包括商品粮、茶叶、蚕丝绒等。属于资源成熟型城市，物产资源富集。景色的优美造就了旅游资源的丰富，九华山等 300 多处久负盛名的景区使得池州市在野生动物保护上也迈出了先进的步伐。池州矿产资源也同样在全国名列前茅，矿产种类就有 40 多种，其中锌、锰等储量在全省境内排名第一，一些矿产资源例如石灰石等不仅储量多而且开发潜力大。已初步形成了产业链式的特色矿业，包括非金属矿新材料、有色金属新材料、化工、机械装备、电子信息等。[②]

（3）得分结果

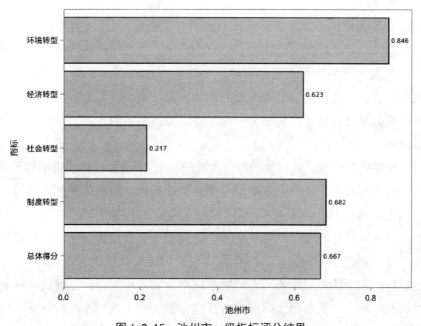

图 6.9.15 池州市一级指标评分结果

---

① 参见《池州市 2014 年国民经济和社会发展统计公报》。
② 池州市人民政府政务服务中心网，http://www.czzw.gov.cn。

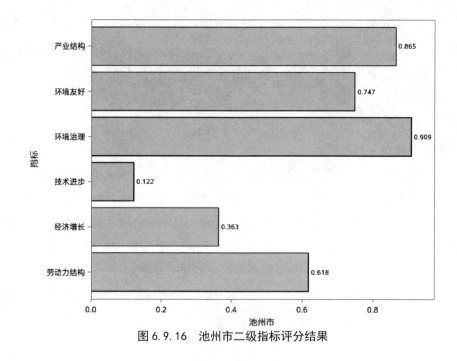

图 6.9.16　池州市二级指标评分结果

（4）转型评价

从城市转型的总体评分来看，池州市的得分为 0.667，在所有被评价城市中位列第 5 位，说明池州市的转型发展取得了突出的成绩。在推动池州市转型的一级评价指标中，制度转型和环境转型的得分最高，其次为经济转型，说明了近两年来池州市在市场机制建设、产业结构调整等方面的成绩比较突出，有力地支撑了城市的转型发展。排在最后的是社会转型，说明池州市在提供公共服务和改善居民生活方面还有很大的进步空间。

从经济转型的角度看，池州市的得分为 0.623，在所有被评价城市中位列第 32 位。从经济转型的指标来看，得分贡献率最高的是产业结构，最低的是技术进步。产业结构贡献率较大与池州市出台了"调转促"实施方案，修订促进工业转型等政策措施有关，大力发展电子信息产业，同时设立了一亿元创业天使投资基金，鼓励新兴产业的发展。此外还鼓励旅游业的发展，细化落实皖南国际文化旅游示范区建设 50 项重点任务，促进特色旅游的发展；最后还鼓励电商产业的发展，开启了现代服务业转型发展和"互联网＋林业"的新模式。这些方针政策都促进了其产业结构转型。技术进步之所以没有发挥对池州市经济发展的带动作用，主要是因为目前池州市新兴产业和高技术产业占比依旧较低，创新驱动力仍有不足。

从社会转型的角度看，池州市的得分为 0.217，在所有被评价城市中位列第 107 位，这说明池州市在社会转型上做的工作还不到位，相关投入还不足。其中社保参保比例得分和每千人病床数得分均不高，说明池州市政府在社会保障事业和医疗卫生事业上的投入不足。

从环境转型的角度看，池州市的得分为 0.846，在所有被评价城市中位列第 4 位，池州市在环境转型方面成果显著。在环境转型方面，促进环境转型的最大动力源于工业污染物排放治理、工业 SO_2 和工业烟粉尘治理、工业固体废弃物综合利用和城镇生活污水集中处理等指标，而空气质量和建成区绿化覆盖率指标也相当不错，池州市应该继续巩固环境转型的成果。

从制度转型的角度看，池州市的得分为 0.682，在所有被评价城市中位列第 4 位，这说明池州市政府改革和市场改革取得了一定的成果，初步建立起了推动城市转型的市场化机制，应该进一步巩固和完善。

（5）未来建议

对池州市而言，首要任务是在已有的城市转型的成绩上，进一步巩固现有成果，同时攻坚城市转型的难点。首先要补齐在社会转型上的短板，这要求池州市政府在加快改革，进一步简政放权、宽中有紧的同时，完善好政府在保障社会公共事业上的职能，在现有的财政收入结构上强化对于医疗卫生和社会保障等方面的支出，让城市转型的成果能够真正地惠及民众。此外，也要巩固好在经济转型、制度转型和环境转型上的成果，继续大力发展现代农业、特色服务业和特色旅游业，同时进一步完善城市生态环境建设，与特色旅游业的发展形成联动，最后要在巩固好现有的政府改革和市场改革成功的同时，进一步将改革向深水区推进，以经济转型、制度转型和环境转型来带动社会转型。

6.9.9　宣城

（1）城市概况

宣城市地处安徽省东南部，东临浙江省杭州、湖州，南倚黄山，西和西北与池州市、芜湖市毗邻，北和东北与马鞍山及江苏省南京、常州、无锡接壤，是中部地区承接东部地区产业和资本转移的前沿阵地，皖苏浙交汇区域中心城市，东南沿海沟通内地的重要通道。2014 年末全市户籍人口 279.8 万人，全年生产总值（GDP）912.5 亿元，按可比价格计算比上年增长 9.0%。[①]

（2）资源特点及利用概况

宣城市属于资源成熟型城市，自然资源富集。已发现各类矿产 55 种（含亚种），其中能源矿产煤和石煤 2 种，金属矿产有铜、钨、钼等 10 种，非金属矿产有石灰岩、方解石、萤石、花岗岩等 42 种，水气矿产有矿泉水，分布于全市 330 个矿区。非金

---

① 参见《宣城市 2014 年国民经济和社会发展统计公报》。

属矿产种类多，以水泥用灰岩资源最为丰富。宣城市森林保有量达 55%，林业面积 44 万多公顷。类似宁贝母的中药材种类繁多，还有国家一级保护动物扬子鳄等野生动物，栖息在国家级自然保护区。①

（3）得分结果

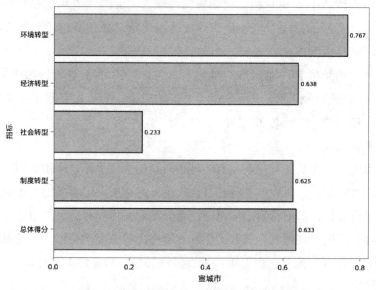

图 6.9.17　宣城市一级指标评分结果

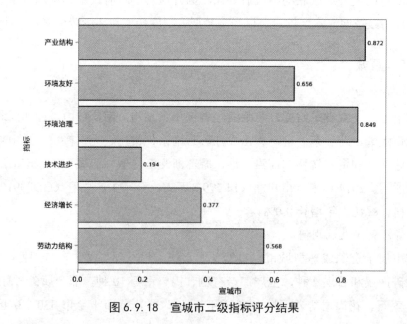

图 6.9.18　宣城市二级指标评分结果

---

① 宣城市人民政府官网，http://www.xuancheng.gov.cn。

（4）转型评价

从城市转型的总体评分来看，宣城市的得分为0.633，在所有被评价城市中位列第13位，说明宣城市的转型发展取得了突出的成绩。在推动宣城市转型的一级评价指标中，制度转型的得分最高，其次为经济转型，说明了近两年来宣城市在市场机制建设、产业结构调整等方面的成绩比较突出，有力地支撑了城市的转型发展。排在后两位的分别是社会转型和环境转型，其中社会转型的得分最低，说明宣城市在提供公共服务和改善居民生活方面还有很大的进步空间。

从经济转型的角度看，宣城市的得分为0.638，在所有被评价城市中位列第23位。从经济转型的指标来看，得分贡献率最高的是产业结构，最低的是技术进步。产业结构贡献率较大与宣城市政府以提高质量效益为中心，着力推进产业转型升级的方针政策有关。工业上新增许多列入省工业投资导向计划的项目，同时大力推进产业转型的承接。其次文化旅游精选线路也是宣城市努力发展的方向，争取在三年内实现"八大工程"的目标促进了相关文化旅游产业的发展与进步，创建了一批4A级景区和一批乡村旅游和休闲农业的精品线路。最后大力发展现代服务业，出台了促进健康养老服务、流通产业、电子商务加快发展等政策意见。技术进步之所以没有发挥对宣城市经济发展的带动作用，主要是因为目前宣城市新兴产业和高技术产业占比依旧较低，创新驱动力仍有不足。

从社会转型的角度看，宣城市的得分为0.233，在所有被评价城市中位列第103位，这说明宣城市在社会转型上做的工作还不到位，相关投入还不足。其中每万人教师数得分和每千人病床数得分均不高，说明宣城市政府在教育事业和医疗卫生事业上的投入不足。

从环境转型的角度看，宣城市的得分为0.767，在所有被评价城市中位列第31位，宣城市在环境转型方面取得了一定的成效。促进环境转型的最大动力源于工业污染物排放治理、工业固体废弃物综合利用和城镇生活污水集中处理等指标，而空气质量和建成区绿化覆盖率指标也相当不错，宣城市应该继续巩固环境转型的成果。

从制度转型的角度看，宣城市的得分为0.625，在所有被评价城市中位列第6位，这说明宣城市政府改革和市场改革取得了一定的成果，初步建立起了推动城市转型的市场化机制，应该进一步巩固和完善。

（5）未来建议

对宣城市而言，目前所需要做的最重要的事是，在已有的城市转型的成绩上，进一步巩固现有成果，同时攻坚城市转型的难点。首先要补齐在社会转型上的短板，这要求宣城市政府在加快改革，进一步简政放权、宽中有紧的同时，完善好政府在保障社会公共事业上的职能，在现有的财政收入结构上强化对于教育和社会保障等方面的支出，让城市转型的成果能够真正地惠及民众。此外，也要巩固好在经济转型、制度转型和环境转型上的成果，现代工业、电子商务、流通产业、特色旅游业协同发展，同时进一步完善城市生态环境建设，建立起环境保护和治理由源头到终端的一套体制，最后要加强政府和市场改革在深水区的攻坚力度，以经济改革、制度改革和环境改革带动社会改革。

6.10　福建

6.10.1　南平

（1）城市概况

南平市地处福建省北部，武夷山脉北段东南侧，位于闽、浙、赣三省交界处。东南与宁德地区交界。总面积 2.63 万平方公里。南平市是福建辖区面积最大的设区市，2014 年末全市户籍人口 319.19 万人，城镇化水平为 53.4%。2014 年全年实现地区生产总值 1232.56 亿元，按可比价格计算，比上年增长 9.6%。据统计数据显示，南平市城镇居民和农村居民人均可支配收入分别约 2.4 万元和 1.1 万元，年增长率各为 8.8% 和 11.5%。[①]

（2）资源特点及利用概况

南平市自然资源富集。闽北境内溪河纵横，水力资源丰富。南平市水系面积达 267.2 亿平方米，人均 8900 平方米，是全国人均水资源占有量的 3 倍。辖区内主要水系有闽江、富屯溪、建溪，可开发水力资源有 150 万千瓦，理论上蕴藏量达 387 万千瓦，居福建省之首。水力资源进一步开发利用的潜力较大，前景广阔。

南平市矿产资源丰富，境内已知矿产有 50 多种，有 30 多种探明储量的矿产。钽铌矿贮备量居全国第一、亚洲第二，石墨矿、硫铁矿、萤石矿等矿石储量居全省第一。于南平发现的南平石以南平命名，是全世界独有的矿产。全市探明大型矿产产地 11 处，如政和压电水晶、熔炼水晶、浦城硫铁矿，邵武、建阳、松溪、光泽萤石矿，建阳石墨矿，延平钽铌矿，顺昌石灰岩、水泥硅质原料等。中型矿产地 15 处，其中铅锌矿 4 处、萤石矿 4 处、石灰岩矿 1 处、蛇纹岩矿 2 处、硫铁矿 2 处、铌钽矿 1 处、水泥硅质原料 1 处。小型矿产产地 80 多处。已知矿点矿化点 700 多处、化探异常 200

---

① 参见《南平市 2014 年国民经济和社会发展统计公报》。

多处、重砂异常 200 多处（其中黄金重砂异常 14 处，钨锡钼重砂异常 112 处）、分流异常 50 多处、磁异常 20 多处地面磁异常百余处。全市有 30 多处矿点进行不同规模的开采。如邵武煤矿、萤石矿，浦城铜矿、硫铁矿，政和铅锌矿、磁铁矿，建瓯煤矿、萤金矿，顺昌石灰岩、硅质原料、蛇纹岩矿，延平石灰岩、磷矿、铌钽矿，松溪钨矿、磷矿、光泽萤石矿等。主要矿种储量：钽铌矿储量 2336 万吨（矿石，下同），居全国第一，亚洲第二位。萤石矿储量 254.8 万吨、硫铁矿储量 2459 万吨、石墨矿储量 634 万吨，居福建省第一位。

　南平市是华南地区的重要林区。总林地面积为 2946 万亩，市内 74.7% 为森林覆盖，绿化率高达 93.1%，毛竹种植面积 535 万亩，获得"世界动物之窗"、"南方林海"的美誉。南平的动植物资源也十分丰富，武夷山自然保护区被誉为"鸟类天堂"、"昆虫世界"、"蛇的王国"，是全世界生物多样性保护的关键地区之一。在全市经济中林业占有重要地位，是山区农民致富奔小康的主要途径。全市有省级以上自然保护区 5 个，面积 108 万亩；自然保护小区 1283 个，面积 127 万亩；普查建档的古树名木 9391 株。[①]

　（3）得分结果

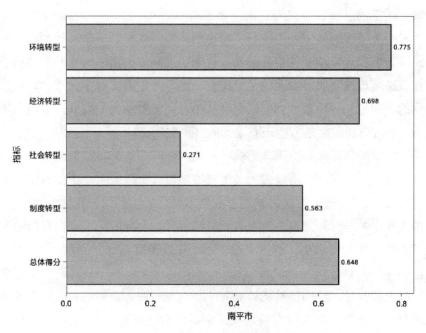

图 6.10.1　南平市一级指标评分结果

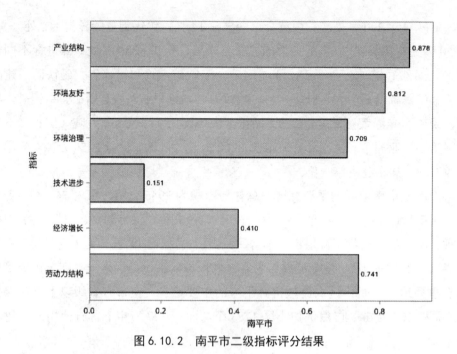

图 6.10.2　南平市二级指标评分结果

（4）转型评价

从城市转型的总体评分来看，南平市的得分为 0.648，在所有被评价城市中位列第 8 位，说明南平市的转型发展取得了突出的成绩。在推动南平市转型的一级评价指标中，经济转型和环境转型的得分最高，说明了近两年来南平市在产业结构调整和生态文明建设，可持续发展等方面的成绩比较突出，有力地支撑了城市的转型发展。排在后两位的分别是社会转型和制度转型，其中社会转型的得分最低，说明南平市在提供公共服务和改善居民生活方面还有很大的进步空间。

从经济转型的指标来看，得分贡献率最高的是产业结构，最低的是技术创新。通过进一步分析，产业结构之所以成为经济转型的最大贡献因素，主要源于南平市按照"一点"、"一线"、"一重心"的思路进行战略部署。"一点"——以高标准严要求对待经济转型过程中的开发和建设，重视省、县级工业企业向园区汇聚，在沿海发达产业的带领下，集中控制、利用、开发、维护、共享资源优势。"一线"——加强交通网络建设，促进和带动经济发展，调整产业格局。"一重心"——建设美丽南平市，加强市区基础设施建设，结构调整成效显著。制造业和服务业先进，一定规模的工业总产值大幅增长，旅游总收入也有所增长，高新技术产业对地区生产总值也有所贡献，研究与试验发展经费支出受到重视。产业结构复杂，经济转型较为成功。

社会转型的指标在南平市综合得分中得分最低，仅 0.271 分，排在第 91 位。从这个结果来看，社保参保比例仅 0.154，社保方面得分要比医疗以及教育方面的得分要低，说明了南平市注重医疗、教育等社会事业发展，而社保方面投入仍有待改善，社会转型仍有进一步提升空间。

制度转型方面，金融发展得分最高，表明政府重视投资，积极引进外资，然而南平市的市场竞争程度得分较低，说明促进城市转型的市场化机制尚未建立，未能有效地调动社会力量支持城市转型，南平市仍需要完善转型，提高本市的企业综合竞争力与独特性。

环境转型是南平市转型贡献的最大因素，城市环境友好型生态文明理念不断增强，全市整体资源利用率显著提高，经济社会可持续发展的能力增强显著，资源环境承载能力和社会经济增长更加协调，全市森林覆盖率和境内生态环境质量连续位居全省前列，森林分布结构有待进一步优化。另外从空气质量指标的角度，应该加强工业和生活污染的处理，改善单位地区生产总值能耗和二氧化碳的排放、主要污染物排放总量以及工业固体废物的综合利用率。

（5）未来建议

对南平市而言，生态文明建设和产业结构调整，对于未来经济社会的可持续发展作用突出，应进一步巩固和强化。同时，应注重公共服务设施的建设和民生改善工作，建立健全市场竞争机制，推动南平市市场制度的发展，以促进经济、社会、环境间的协同发展。就具体措施而言，一是继续落实"一点"、"一线"、"一重心"的基本思路，加快各省级工业园区和县城工业平台建设，积极承接沿海发达地区的产业转移，实现集中控制污染、集约利用土地、共享配套设施；二是强化基本公共服务建设，着重健全社会保障体系，进一步提高城镇就业率；三是不断拓展对外开放的广度和深度，转变外贸的增长方式，提高利用外资的水平，提升外贸出口总额的年均增长率；四是加强环境保护和治理，进一步提高工业企业的废物处理技术，增加废物利用率，提高资源利用率。

6.10.2　三明

（1）城市概况

三明市是福建省省辖地级市，东接福州，南邻泉州，西连龙岩，北毗南平，西北靠赣州。东西宽 230 多千米，南北长 180 多千米。山地占总面积 82%，耕地占 8.3%，水域及其他占 9.7%，有"八山一水一分田"之称。三明辖二区一市九县，土地总面积 2.29 万平方公里，人口 300 万左右。

自 2015 年以来三明市经济运行总体平稳，服务业增长加快，地区生产总值、农业、工业、投资、消费、财政等指标增速放缓，经济下行压力较大。初步核算，一季度，全市地区生产总值（GDP）323.38 亿元，同比增长 8.3%，增幅分别比 1—2 月、上年同期回落 0.2 个百分点和 1.1 个百分点，居全省九设区市第 5 位。其中，第一、第二、第三产业增加值分别为 27.84 亿元、197.79 亿元、97.76 亿元，分别增长 2.3%、8.6%、8.9%；服务业增长快于工业，产业结构不断优化，三次产业结构由上年同期的 7.2∶63.8∶29.0 调整为 8.6∶61.2∶30.2。[①]

（2）资源特点及利用概况

三明市资源丰富。作为中国南方集体林区综合改革试验区，人均林木林地资源居全省第一，素有"中国绿都"之称，目前三明市的森林有效覆盖率达 75% 左右，依托丰富的林业资源，三明市形成了发达的林产品工业，代表性产品有人造地板、松香等。此外，矿产资源丰富也是三明的一大特点，截至 2013 年底，全市已发现各类矿产 79 种，其中探明储量的矿产 49 种，主要有：煤、铁、铅、锌、钨、硫铁矿、蓝宝石等，但是三明市内的矿产资源分布较为分散，较难规模性开发利用。三明市水资源充足，境内主要河流沙溪、金溪、尤溪，均系闽江水系，总长 875 公里，年径流量达 215.8 亿立方米，技术可开发的水能资源达 244.71 万千瓦。作为福建省的重点旅游城市，三明市山川秀丽，风光旖旎，拥有国家 5A 级旅游景区 1 处（泰宁风景旅游区），国家 4A 级旅游景区 5 处，此外还拥有永安大腔戏、泰宁梅林戏等国家级非物质文化遗产项目 5 个，省级非物质文化遗产项目有 31 个。[②]

（3）得分结果

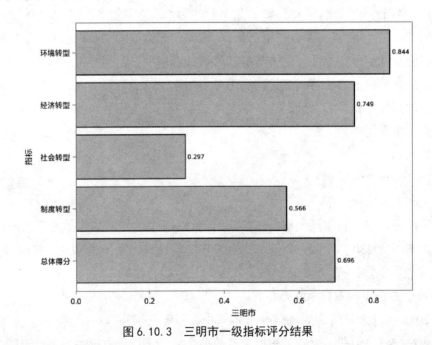

图 6.10.3　三明市一级指标评分结果

① 参见《三明市 2014 年国民经济和社会发展统计公报》。
② 三明市人民政府门户网，http:// www.sm.gov.cn。

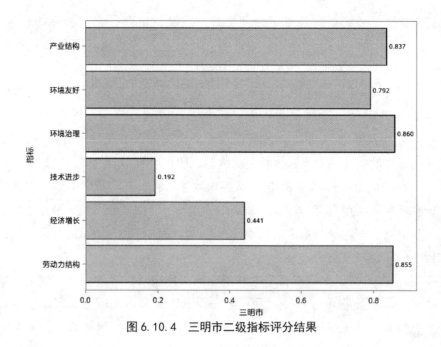

图 6.10.4 三明市二级指标评分结果

（4）转型评价

从城市转型的总体评分来看，三明市的资源转型综合得分为 0.696，在所有被评价城市中位列第 2 位，说明三明市的城市发展转型取得了显著的成效。在推动三明市转型的一级评价指标中，经济转型得分最高，排名第 4，其次为环境转型，排名第 5，制度转型排名第 9，说明了近两年来三明市在产业结构、劳动力结构、技术创新、经济增长、环境治理、环境友好以及政府和市场效率方面成绩突出，有力支撑了城市的转型发展。排名靠后的是社会转型，位列第 81 位，说明三明市在公共服务和居民生活需要进一步提高和完善。三明市在成功转型过程中发挥显著作用的是经济转型和环境转型。可见，三明市转型中经济、社会、环境转型之间未实现同步、协调发展，未建立起彼此促进、共同推进整体转型的内在机制。

从经济转型的指标来看，得分贡献率最高的是劳动力结构得分为 0.855，其次是产业结构得分为 0.837。劳动力结构指标中，虽然人口自然增长率指标得分一般，但采掘业增加值 GDP 占比从业人员代理指标得分很高，产业结构指标中采掘业增加值 GDP 占比、传统制造业从业人员比、现代服务业从业人员比三项指标得分都很理想。具体分析可发现，三明市在城市转型中进行了有效的产业结构和行业结构调整，推动了非公有制经济成为三明市劳动力就业的重要吸纳载体，劳动力结构也得到相应优化。工业主导作用更加突出，中国重汽、机科院、中节能等一批央企项目落地，全市规模以上工业增加值年均增长 15.3%，6 条特色产业链产值突破 2000 亿元；第三产业水平全面提升，旅游、电商、物流领域等快速发展，培育形成一批亿元以上电商企业；农业现代化进程稳步推进，现代农业产值突破 1000 亿元，集结高优粮食、绿色林业、精致园艺、生态养殖、现代烟草五大特色农业主导产业。科技创新能力不断增强，三明高新技术产业开发区升级为国家级高新技术产业开发区，建成福建省虚拟研究院机械装备分院，设立院士和博士后工作站（创新实践基地）25 家、省级重点实验室 3 家、工程技术研究中心 34 家。

从社会转型的指标来看，社会转型得分对三明市综合得分的贡献度最小，三明市社会转型在所有城市中排名第 81 位。从各项数字来看，三明市较为重视教育，教育得分比社会参保及医疗得分高，公民公共服务建设方面如社会保障、医疗等社会事业有待进一步提高。解决好基本生活保障问题有助于促进资源型城市的社会转型，是实现成本较低的社会转型路径。

在环境转型方面，"中国绿都"之称的三明市环境治理成效显著。城市环境治理上得分很高，工业废物治理以及再利用方面得分都很高，表明三明市绿色理念，可持续发展概念深入人心。不仅如此，三明市在空气质量和城市植被覆盖率指标上表现也很好，这与其大量降水以及全省第一的人均林地面积及林业产业发展很好有着密切的关系。

制度转型上三明市也取得很好的成果，排名第 9 位。其金融发展和社会投资规模比例两项指标都得分较高，三明市经济体制以非公有制经济为主，政府和市场效率较高，促进了三明经济的发展。

（5）未来建议

从分析来看，目前三明市在城市转型上已经取得了可观的成果，在注重提升传统产业和发展新兴产业相互配合的转型思路下，三明市转型升级进一步加快，产业实力进一步提升。未来三明市的经济转型应牢牢抓住服务业和电子商务的发展契机，不断拓展对内对外开放的广度深度，增强参与国际合作和竞争能力，更好地促进产业结构的升级和转变。针对社会转型效果欠佳的问题，建议三明市要加快推进居民服务、医疗服务、教育服务等项目的实施，加强公共服务的配置，应着重改善社会医疗保障服务体系。在环境转型方面，应着力发展新材料、新能源、节能环保、生物医药等生物新兴产业，减少传统材料带来的污染，以促进环境友好节约型产业发展。同时，加强日常监管，落实建设项目环保"三同时"监管要求和随机抽查机制，规范事中事后监管，有效避免监管区域盲点和监管对象遗漏，并依据行业、规模及风险特性等列入动态信息库的相应类别实施监管。此外，在制度转型方面，仍需进一步提高市场竞争程度，建议可通过推进服务型政府建设，进一步增强市场主体活力。

6.10.3 龙岩

（1）城市概况

龙岩市是福建省省辖地级市，位于福建省西部，地处闽粤赣三省交界，地理位置重要，东临厦门、漳州、泉州，南临广东梅州，西连江西赣州，北接三明，是海峡西岸经济区重要的交通枢纽。

龙岩市 2014 年全年实现地区生产总值 1621.21 亿元，按可比价格计算，比上年增长 9.7%，三次产业比例由上年的 12.0∶53.8∶34.2 调整为 11.6∶54.0∶34.4。全市财政收入 261.69 亿元，比上年增长 5%。全社会固定资产投资 1590 亿元，比上年增长 22.4%，其中，固定资产投资（不含农户）增长 22.7%；农户投资增长 8.9%。全市工业增加值 702.05 亿元，比上年增长 15.7%。[1]

（2）资源特点及利用概况

龙岩市自然资源丰富，其中已探明的矿物种类 64 种，已探明的资源储量有 35 种。目前已探明资源储量的矿产地 300 多处，有 15 种矿产探明资源储量占全省第一位。其中，无烟煤资源储量 6.08 亿吨，占全省资源储量的 51.18%；锰矿资源储量 315 万吨，占全省的 55.07%；铁矿资源储量 4.65 亿吨，占全省的 79.76%；铜矿（金属量）资源储量 196 万吨，占全省的 94.69%；金矿（金属量）资源储量 96.58 吨，占全省的 73.37%；高岭土原矿资源储量 6196.26 万吨，占全省的 35.68%；膨润土资源储量 1565.9 万吨，为福建省内唯一产区。此外，作为福建省三大林区之一，龙岩森林资源丰富，林业用地达 159 万公顷，森林覆盖率高达 74%，森林蓄积量为 8762 万平方公里，毛竹蓄积量为 4 亿株。此外，龙岩市也是一个旅游产业发展较好的城市，其境内不乏国家级风景区和国家级保护区，例如：国家级风景区连城冠豸山、国家 A 级自然保护区梅花山、武平梁野山等，还有"世界文化遗产"福建永定土楼，而国务院文物保护单位古田会址也代表了龙岩的特色之一。再加上自然景观新罗龙崆洞、汀江客家母亲河，就将龙岩市的旅游特色完美地打造出来。[2]

---

[1] 参见《龙岩市 2014 年国民经济和社会发展统计公报》。
[2] 龙岩市人民政府官网，http://www.longyan.gov.cn。

（3）得分结果

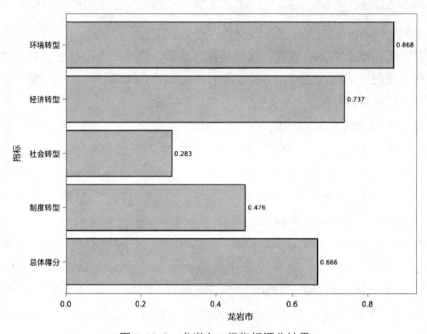

图 6.10.5　龙岩市一级指标评分结果

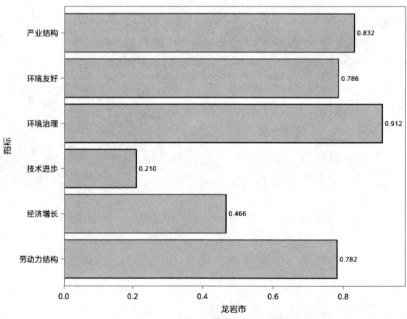

图 6.10.6　龙岩市二级指标评分结果

（4）转型评价

从城市转型的总体评分来看，龙岩市的资源转型综合得分为0.666，在所有被评价城市中位列第7位，说明龙岩市的城市发展转型取得了显著的成效。在推动龙岩市转型的一级评价指标中，环境转型得分最高，排名第2，经济转型得分次之，排名第5，其次为制度转型排名第17，说明了近两年来龙岩市在环境治理、环境友好，产业结构、劳动力结构、技术创新、经济增长以及政府和市场效率方面成绩突出，有力支撑了城市的转型发展。排名靠后的是社会转型，说明龙岩市在公共服务和居民生活上需要进一步提高和完善。

从经济转型的指标来看，得分贡献率最高的是产业结构为0.832，其次是劳动力结构得分为0.782。从2015年的经济发展数据来看，进一步印证了龙岩经济转型的成效，当年社会消费品零售总额640亿元，增长14.2%，增速居全省首位，全年旅游总收入195亿元，增长18%，电子商务实现交易额150亿元，增长58%，"阿里巴巴农村淘宝示范县"实现全境覆盖。此外，采掘业增加值GDP占比、传统制造业从业人员比、现代服务业从业人员比三项指标得分均很高，从侧面印证了龙岩市经济中心正在从工业向服务业转移。但需要注意的是，龙岩市在技术进步上得分相对偏低，在R&D经费投入强度上有待提升。

从社会转型的指标来看，龙岩市社会转型在所有城市中排名第86位，有待进一步提高，说明龙岩市教育、文化、医疗、社会保障等社会事业需进一步发展。社保参保比例较低，社会基本保障有待进一步大范围普及。

在环境转型方面，龙岩市取得显著成功。在环境治理和环境友好上均取得良好效果，不仅在城市环境治理上得分很高，而且在空气质量和城市植被覆盖率指标上也表现很好。

制度转型上龙岩市成效显著，排名第17位。其金融发展和社会投资规模比例两项指标都得分较高。其原因在于，龙岩市经济体制以非公有制经济为主，政府和市场效率较高，促进了龙岩经济的发展。

（5）未来建议

目前龙岩市在城市转型上已取得显著成果，主要贡献是经济转型，而其中产业结构和劳动力结构方面成果显著。因此在龙岩市的未来转型中，仍需要通过产业规模化，壮大第一产业，着力发展第三产业。其中农业特色化，是龙岩市农业产业优化升级的必然趋势，而特色现代农业产业规模小是龙岩市农业产业结构存在的主要问题，壮大第一产业，实现产业规模化对于建设现代农业特色产业，有效实现农业和农村经济的持续快速健康发展，有着十分重要的现实意义。同时，加快龙岩市第三产业的发展，既是调整龙岩市产业结构、促进产业升级的重要突破口，更是实现全市经济社会持续健康快速发展的迫切需要。随着龙岩市后工业化时期以现代服务业为代表的新兴产业集群的快速成长，以及龙岩市基础设施和产业相关政策的不断改革，旅游资源和文化品牌的发掘，加之"动车时代"的到来，龙岩市第三产业的发展迎来了重大的发展机遇。此外还应当注重"互联网＋"与传统产业相融合，在互联网时代，借助于高新技术实现产业结构优化升级。

6.11　江西

6.11.1　景德镇

（1）城市概况

景德镇市是江西省省辖地级市，总面积 5270 平方公里，人口 162.98 万。景德镇地处皖、浙、赣三省交界处，是重要的交通枢纽。区位优势为景德镇旅游业和工业的发展奠定了基础。景德镇的特色经济是陶瓷业、汽车工业和航天工业。作为"世界手工艺与民间艺术之都"，景德镇的陶瓷业在传承中发展创新，近年来景德镇市扩展陶瓷产业园，投产 19 亿元陶瓷项目，扶持手工陶瓷，振兴日用陶瓷，发展高科技陶瓷和建筑卫生陶瓷，推动陶瓷工业可持续发展。景德镇的昌河汽车厂经重组，产能扩大，2014 年全市规模以上工业汽车制造业增加值 18.02 亿元，实现主营业务收入 87.17 亿元，同比增长 22.3% 和 22.8%。航天经济在景德镇同样快速增长，目前景德镇国家级高新园区已落户 15 家航空企业，景德镇直升机成为国家战略性新兴产业区域集聚发展试点，2014 年航空工业增加值 31.89 亿元，同比增长 11.5%。综合来看，景德镇 2014 年地区生产总值 738.21 亿元，同比增长 8.8%，国民经济稳定增长。[①]

（2）资源特点及利用概况

景德镇拥有金、钨、锡、煤炭、陶瓷土等矿产 43 种，已探明储量资源有 37 种。特色矿产主要有海泡石黏土、锰、沙金、陶瓷土等六种，探明资源储量居江西省第一位。此外，景德镇的煤炭资源也较为富集，是江西省三大煤炭基地之一。自然资源为景德镇的工业发展奠定了基础。其中，围绕瓷土资源，景德镇经过上千年的经营，现已形成了包括陶瓷生产、科研、考古、旅游在内的完整产业体系。陶瓷土和不断发展创新的制瓷技术，法蓝瓷、红叶、昌南、望龙等一批企业发展起来。2014 年景德镇的陶瓷工业总产值达 291.6 亿元，客户遍及海内外。景德镇作为我国首批历史文化名城，旅游资源得到持续开发，拥有 30 多处陶瓷文化遗址，7 家国家 A 级景区，2014 年旅

---

① 参见《景德镇市 2014 年国民经济和社会发展统计公报》。

游创汇 1.37 亿美元，在全市生产总值的比重达到 27.2%。^①

（3）得分结果

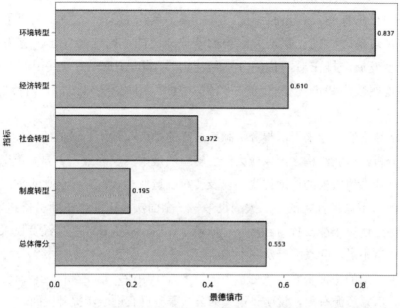

图 6.11.1 景德镇市一级指标评分结果

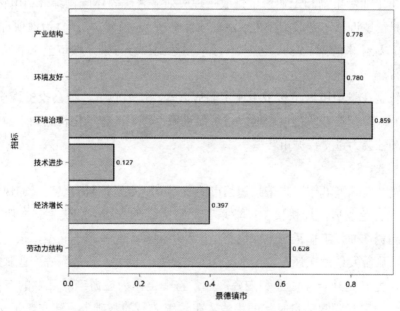

图 6.11.2 景德镇市二级指标评分结果

---

① 景德镇市人民政府官网，http://www.jdz.gov.cn。

（4）转型评价

从城市转型的总体评分来看景德镇市的得分为 0.553，在所有被评价城市中位列第 49 位，说明景德镇市的城市发展转型取得了一定的成效。在推动景德镇市转型的一级评价指标中，环境转型的得分最高，其次为经济转型，说明了近两年来景德镇市环境治理和优化在产业结构的调整方面的成绩比较突出，有力地支撑了城市的转型发展。排在后两位的分别是社会转型和制度转型，其中制度转型的得分最低，说明政府和市场在推动城市转型中的作用还不够显著，有待进一步调整和完善。

从经济转型的指标来看，得分贡献率最高的是产业结构，最低的是技术进步。通过进一步分析，产业结构之所以成为经济转型的最大贡献因素，主要源于现代服务业和高技术产业产值规模的快速提高，以及传统制造业和采掘业经济比重的降低，这主要源于景德镇市近年打响的"三大战役"——全面实施工业、招商引资和城市建设。而技术创新之所以未能发挥对经济转型的带动作用，原因在于科研经费投入有限，创新驱动力仍有不足，互联网普及率不够高。

从社会转型的指标来看，景德镇市的排名处于中游，这主要因为教育经费的投入比例较小，医疗资源有限，说明景德镇的公共服务仍有进一步提升空间。

在环境转型方面，景德镇的成绩相当突出，排名靠前，促进景德镇环境转型的最大动力源于工业污染物和工业粉尘排放治理成效显著，固体废物综合利用状况良好。据统计，景德镇近三年完成工业废水治理项目 47 个，完成工业废气治理项目 20 多个。2012 年城市绿化率达到 55.3%，空气环境质量达到二级标准，城市全年空气质量优良率达 99.7%。

制度转型在景德镇城市转型中属于弱势因素，排名较低，社会投资规模比不高，金融发展有限，市场竞争程度较低，说明促进城市转型的市场化机制尚未建立，未能有效地调动社会力量支持城市转型。

（5）未来建议

作为资源衰竭型城市，未来景德镇市的发展原则是坚持科学发展，加快城市转型升级，突出特色发展，加快接替产业培育，坚持绿色发展，加快生态文明建设。针对原来的陶瓷产业，工作重点是加快整个产业生态和盈利模式的转型，搭上生态、文化、科技、旅游发展的顺风车，实现多头并进，相互助力，形成陶瓷产业长期的可持续性发展。尤其是结合旅游业和陶瓷产业，将陶瓷作为旅游产业开发的有机组成部分。此外，利用互联网信息时代的优势，在传统交易的基础上，建立电子交易平台，与市场更好对接。在资源利用方面，加快瓷矿资源勘探，提升资源保障能力。引导生产中低端产品企业转产、转型，提高矿产资源开发利用的规模化、集约化、科学化水平。支持和鼓励特意华等重点企业建设建陶原料深加工基地，提高资源利用水平。产业结构的调整，特别是直升机及通航、汽车及零部件等六大优势产业的发展，对于未来经济社会的可持续发展作用突出，应进一步巩固和强化。其中，景德镇可以从航空产业出发，并有针对性地从这一切入点展开，宏观上要抓住国家大力发展航空业的机遇，培育直升机等新兴产业的发展，以此带动城市的产业升级转型。同时，在现有财政支出结构中，加大对医疗、教育的投入力度，稳定民生，并探索建立以财政资金为引导的社会化投资机制，综合政府和社会力量，共同支持科技创新和环境治理，形成创新驱动，促进经济向高科技、绿色化方向转型和经济、社会、环境间的协调发展。

6.11.2　新余

（1）城市概况

新余市是江西省省辖地级市，总面积 3178 平方公里，人口 120 万，位于江西省中西部，是江西省的一个新兴工业城市，也是唯一的国家新能源科技城。新余市交通区位优势显著，境内有浙赣铁路和京九铁路通过，三条高速公路和四条省道在新余市交汇，交通密度较大，紧密联系新余市与外部的经济。新余市城镇化率较高，2014年达到 67.43%，大大高于全省和全国平均水平。近年来，面临资源枯竭的不利条件，新余市加快经济转型，大力发展可再生能源和新能源，提升第三产业发展增速，成为中国新能源之都，全国金融生态示范城市，中国最佳投资城市。2014 年，新余市地区生产总值 900.27 亿元，同比增长 8.8%，规模以上工业增加值 331.46 亿元，同比增长11.3%，经济增速较快。[①]

（2）资源特点及利用概况

新余市矿产资源较富集，共发现各类矿产 32 种。已探明存量的矿产为 23 种，占全省总数的 22.8%，其中 13 种被列入省矿产资源储量表，占全省总数的 12.5%。其中，铁、硅灰石、钨等主要矿产现有资源储量居省内前列；水泥用灰岩、饰面大理石、铋、透辉石、钼、铍等矿产仍有很大的开发利用空间；高岭土、硅灰石、金、铅、锌、铜、锡找矿前景好，潜力充分；高铝耐火黏土、锰、焦炭和石膏等资源匮乏。

矿产资源集中在南部、北部，分别分布着金属矿、非金属矿。部分矿产存在结构性不足：铁矿富矿少、贫矿多；无烟煤多、焦煤少。矿产资源主要集中在中小矿，大矿只占 6%，辅助配套较齐全。[②]

---

① 参见《新余市 2014 年国民经济和社会发展统计公报》。
② 新余市人民政府官网，http://www.xinyu.gov.cn。

（3）得分结果

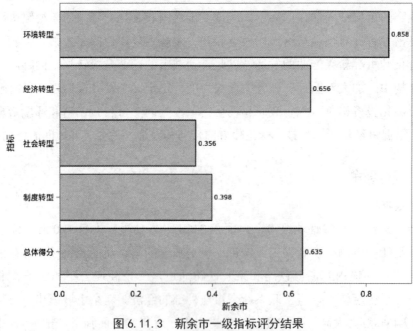

图 6.11.3　新余市一级指标评分结果

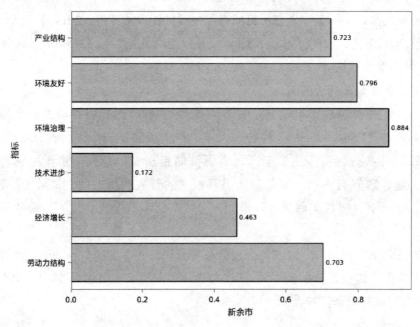

图 6.11.4　新余市二级指标评分结果

（4）转型评价

从城市转型的总体评分来看，新余市的得分为 0.635，在所有被评价城市中位列第 12 位，说明新余市的城市发展转型成效显著。在推动新余市转型的一级评价指标中，环境转型得分最高，其次为经济转型，说明近两年来新余市在环境治理和优化、调整产业结构方面的成绩比较突出，有力地支撑了城市转型发展。排在后两位的分别是社会转型和制度转型，其中社会转型的得分最低，说明政府和市场在推动城市转型中的作用还不够显著，有待进一步调整和完善。

从经济转型的指标来看，得分贡献率最高的是产业结构，最低的是技术进步。通过进一步分析，产业结构和劳动力结构之所以成为经济转型的重要贡献因素，主要源于采掘业的大大减少、传统制造业的比例下降，以及现代服务业产值规模增大，这与新余市近年来大力支持光电产业发展，并组建了钢铁、新能源、新材料三大产业联盟密不可分。而技术创新之所以未能发挥对经济转型的带动作用，原因在于科研经费投入过少、创新驱动力仍有不足。全年研究与试验发展 R&D 经费支出 9.5 亿元，占GDP 比重为 1.00%，比上年下降 0.02 个百分点。

从社会转型的指标来看，新余市在公共服务方面表现平平，在所有被评价城市中处于中游水平，用于教育的财政支出较为有限。同时，每千人的病床数过低，社会转型仍有进一步提升空间。

在环境转型方面，新余市环境治理和环境友好方面工作成效良好，排名非常靠前，全年化学需氧量、氨氮、二氧化硫、氮氧化物动态减排量分别为 1047 吨、146 吨、678 吨、3908 吨，全面完成省下达的动态减排任务，促进环境转型的几大动力如工业污染物和粉尘的排放治理、工业废弃物的综合利用，生活污水的集中处理，工作都相当有成效。

制度转型方面，虽然新余市的指标绝对指数较低，但排名在上游水平，其中，新余市在社会投资规模比例、金融支持方面力度较大，而在市场竞争程度方面仍有可为，良好的市场制度环境仍需进一步完善。

（5）未来建议

对新余市而言，光电产业、新材料、新能源产业的快速发展，对于未来经济社会的可持续发展作用突出，应进一步巩固和强化。在未来经济转型中，应注重工业体系的转型升级和发展。通过改革升级，将落后的、产能低下的企业淘汰掉；关注新兴企业的发展，把关质量监测和技术研发；调整第三产业格局，提高第三产业所占比重。

同时，在现有财政支出结构中，加大民生的投入力度，通过基础设施的建设，改善民生，将公共事业的建设放在教育范畴，加强教育资源的投入和教育信息的流动。并探索建立以财政资金为引导的社会化投资机制，综合政府和社会力量，有利于打造更有效地投资渠道，推进针对项目的融资建设，吸引更多的投资者参与进来，提高融资效率和质量。此外，还应当注重深化公共资源交易改革，全面推行预算绩效目标管理，最终促进经济向高科技、绿色化方向转型，以及经济、社会、环境间的协调发展。

6.11.3 萍乡

（1）城市概况

萍乡市是江南重要的工业城市，在赣西发挥中心作用，引领区域经济发展，自古以来就被誉为"湘赣通衢"、"吴楚咽喉"，紧靠长株潭城市群，对接长珠闽，是江西省面向省外的西大门。21世纪以来，面临发展挑战，萍乡自然资源优势逐渐减弱，萍乡市成功打造"改革开放先行先试区、创新驱动转型升级区、民营经济领先发展区和高铁经济引领三化互动区"，结构优化效益提升明显。2014年萍乡市实现生产总值864.95亿元，同比增长8.6%，全年规模以上企业实现主营业务收入1641.98亿元，同比增长7.4%。先后获得国家级创建创业型城市、全国科技进步先进市等称号。[①]

（2）资源特点及利用概况

萍乡历史上以矿产资源丰富著称，是曾经的江南煤都，已探明的矿藏有煤、锰、石灰石、铁、铜、粉石英、瓷土、高岭土等多种矿产。依托矿产资源，萍乡市形成了较为完备的工业体系，煤炭、机械、建材、冶金、化工、陶瓷等制造业水平较高，工业瓷、电磁、钢材、烟花鞭炮等产品也畅销国内外市场。

全市植物物种1200余种、森林覆盖率达55.4%。萍乡市境内有5条河流流经，水能可开发量4万千瓦，全市建有多座水电站，水利资源利用情况良好。区内水系地域分属长江流域的洞庭湖水系和鄱阳湖水系。全市主要河流有五条，即萍水、栗水、草水、袁水、莲水。袁水、莲水发源于罗霄山和武功山，流入赣江；萍水、栗水、草水发源于武功山与罗霄山、杨岐山之间，最终注入湘江。主要支流有长平河、福田河、东源河、楼下河、高坑河、万龙山河、张家坊河、金山河、大山冲河、鸭路河等。[②]

---

① 参见《萍乡市2014年国民经济和社会发展统计公报》。
② 中国萍乡——萍乡市人民政府门户网站，http://www.pingxiang.gov.cn。

（3）得分结果

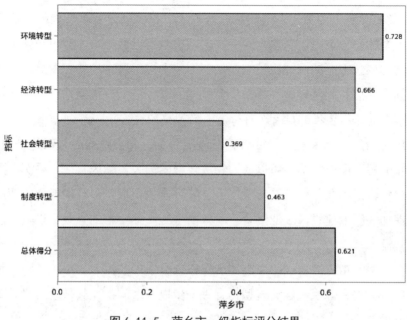

图 6.11.5　萍乡市一级指标评分结果

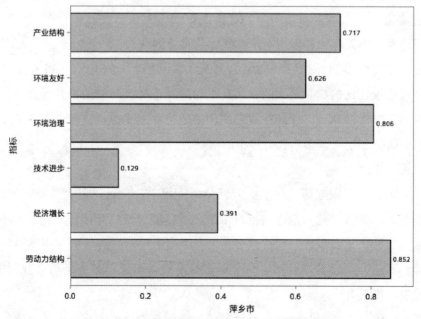

图 6.11.6　萍乡市二级指标评分结果

（4）转型评价

从城市转型的总体评分来看，萍乡市的得分为 0.621，在所有被评价城市中位列第 18 位，说明萍乡市的城市发展转型成效较大。在推动萍乡市转型的一级评价指标中，环境转型的得分最高，其次为经济转型，说明了近两年来萍乡市在环境治理和优化、产业结构调整方面的成绩比较突出，有力地支撑了城市的转型发展。排在后两位的分别是社会转型和制度转型，其中社会转型的得分最低，说明政府和市场在推动城市转型进程中的作用还不够显著，有待进一步调整和完善。

从经济转型的指标来看，得分贡献率最高的是劳动力结构，最低的是技术进步。通过进一步分析，产业结构之所以成为经济转型的最大贡献因素，主要源于人口自然增长率的保持、采掘业与传统制造业比重下降。萍乡市近年来推动现代农业的发展和农产品精深加工园的建设，工业陶瓷、粉末冶金等产业集群的升级，以及普惠金融和物流业的建设。

从社会转型的指标来看，萍乡市在所有评价城市中的排名居中，医疗、教育方面的投入力度有待提升，说明社会转型仍有进一步提升空间，尤其是政府对教育及医疗的投资需要重点改善。

在环境转型方面，萍乡市在环境治理和环境友好方面的评分较高，但排名均不如经济转型突出，处于所有城市中游，这主要源于萍乡市工业污染物排放治理水平较低、生活污水集中处理的程度不足，空气质量有待提升。

制度转型是萍乡市城市发展转型的第三大贡献因素，在所有城市中排名处于前列。社会投资规模比例高和金融的发展是推动萍乡市制度转型的主要因素。其原因在于政府对引进投资的重视，以产业集群和产业链招商为重点，在全市组建 7 个重点产业招商小分队，多层次、多形式开展招商活动。

（5）未来建议

对萍乡市而言，未来应继续加大或保持资金投入，支持"五大传统产业"，加大科技创新投入，促进产业升级，扶持粉末冶金、特种材料、环保、电瓷、新能源、先进装备制造等战略性新兴产业和持续替代产业发展。同时，继续强化招商引资和重点项目建设，推进创新链与产业链、资金链有机衔接，促进创新成果与产业紧密对接，科技与经济深度融合。

在强化经济转型的同时，加大财政对民生特别是教育、医疗的投入力度，将有助于平衡社会与经济的同步发展。进一步提高社会保障体系，立足于基本养老，基本医疗，最低生活保障制度，一步一个脚印，提高社会保障覆盖度。综合提高社会救助水平，提高城市低保和农村低保保障标准。进一步提升卫生服务能力，完善服务体系，增强医疗保障和服务水平，促进均等化的基本公共卫生服务、继续落实重大疾病预防控制和免费救治等工作。此外，在制度方面，探索建立以财政资金为引导的社会化投资机制，加强金融企业在新兴产业的资金融通作用，综合政府和社会力量，共同支持科技创新，在形成创新驱动过程中，促进经济向高科技、绿色化方向转型。加强环境污染治理，增加财政投入，引进先进的工厂废气废物处理技术，从源头减少有害气体的排放，提高资源利用率，落实可持续发展目标。

6.11.4　赣州

（1）城市概况

赣州市是江西省省域副中心城市，总面积 39379.64 平方公里，人口 954 万，是江西省的南大门。东靠福建，南接广东，西临湖南，区位因素优越，地处东南沿海发达地区的辐射地，又是内地经济的前沿地带。赣州交通发达，已形成铁路、航空、高速公路、水上运输等立体交通系统，加强了与外省的经济联系。赣州旅游资源丰富，目前有国家 4A 级旅游区 15 处和多个国家级森林公园及自然保护区。近年来，赣州市积极推动特色产业集群发展，规划建设国家级经济技术开发区和中心城区工业园区，园区内发展新能源汽车、电子信息产业、医药业等产业。在 2014 年，赣州市的地区生产总值和规模以上工业增加值都有所上升，分别为 1843.59 亿元和 751.94 亿元，同比增长率分别为 10% 和 12.4%。由此可见赣州市经济增长势头良好。[①]

（2）资源特点及利用概况

赣州市自然资源优势突出。赣州素有"世界钨都"、"稀土王国"的称号，各类有色金属种类齐全，产量丰富。已发现矿产 62 种，稀土 10 种，已探明工业储量的有 20 多种，潜在经济价值超过 3000 亿元人民币，另外区域内发现的黄钇钽矿和钾钇矿为中国境内首次发现的矿物质。1983 年矿物命名委员会与国际矿物协会新矿物审查通过并正式确认的赣南矿，是全球首次发现的新矿物。目前赣州市稀土产业规模以上企业达到 68 家，主营业务收入约占全国同行业的三分之一；稀土产品也不局限于产业链低端的初加工产品，金力永磁、东磁稀土、荧光磁业、通诚磁材精深加工企业也在此聚集，稀土新材料等产品走在全国前沿。赣州市成为全国重要的稀土氧化物、稀土金

---

① 参见《赣州市 2014 年国民经济和社会发展统计公报》。

属基地和资源综合利用基地。

赣州市水资源富集，基本属富水区，境内大小河流 1270 条。境内温泉 53 处，温泉水已有部分被开发，用于发展休闲旅游、养殖等特色经济。

赣州市的旅游资源优势明显，国家级旅游景点丰富：近 20 个旅游区，3 个自然保护区、8 个森林公园、7 个湿地公园、5 个农业旅游示范点，此外还有多个省级旅游景点。作为中国优秀旅游城市和国家级历史文化名城，赣州市积极发展旅游品牌，并规划了 6 条旅游精品线路，旅游资源利用充分，在海内外享有红色故都、江南宋城、客家摇篮和生态赣州四个旅游品牌。

同时赣州市的森林资源丰富，植物种类繁多，历史悠久，具有我国较多的特有植物珍贵树种。赣南地形复杂，森林垂直分布较明显，境内列入《国家重点保护野生植物名录》（第一批）的达 31 种。[①]

（3）得分结果

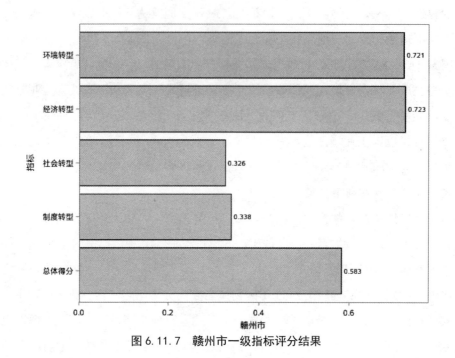

图 6.11.7　赣州市一级指标评分结果

---

① 赣州市人民政府官网，http://www.ganzhou.gov.cn。

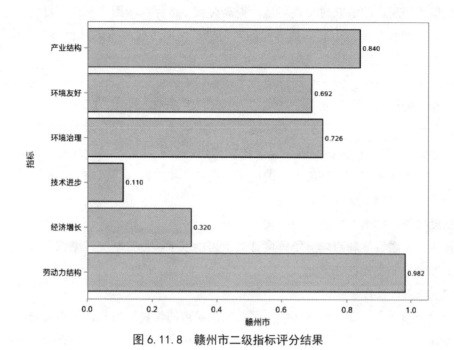

图 6.11.8 赣州市二级指标评分结果

（4）转型评价

从城市转型的总体评分来看，赣州市的得分为 0.583，在所有被评价城市中位列第 28 位，说明赣州市的城市发展转型效果有一定成效。在推动赣州市转型的一级评价指标中，经济转型的得分最高，其次为环境转型，两者均达到了 0.7 以上，说明了近年来赣州市在产业结构的调整以及环境治理保护方面的成绩较突出，促进了城市的转型发展。排在后两位的分别是社会转型和制度转型，其中社会转型的得分最低，说明赣州市的民生状态不够理想，有待进一步调整和完善。

从经济转型的指标来看，得分贡献率较高的是劳动力结构和产业结构，较低的是技术进步和经济增长。通过进一步分析，劳动力结构和产业结构之所以成为经济转型的最大贡献因素，主要源于赣州市劳动力自然增长率较高，并且采掘业在 GDP 的占比降低。近几年来赣州市坚持"做大做强特色产业"的经济转型方案，积极推动传统产业转型，并对扶持新兴产业提供战略性的支持、优势矿产业高端化，加大工业主导企业和小微企业的帮扶力度，一定程度上提高了产业结构优化的速度。技术创新和经济增长之所以未能发挥对经济转型的带动作用，原因在于科研经费投入、互联网普及率不高，创新驱动力仍有不足。

从社会转型的指标来看，赣州市在公共服务方面的成绩并不显著，在所有城市中排名处于中游水平。尽管在近几年中赣州市在城市转型中部署了多项措施，如改造农村危旧土坯房，改造农村交通环境，提高对城乡低保、城镇"三无"群众的保障标准，但是相比较其他城市和其他方面的转型来看，由于赣州市的社保参保率比较低，使得转型的总体成效欠佳。

在环境转型方面，赣州市的环境转型排名居中。促进环境转型的最大动力源于对工业烟粉尘的治理和空气质量的提高，大力开展"净空、净水、净土"行动，促进节能减排和淘汰落后产业，保护生态环境，赣州市的空气质量优良率和城镇集中式饮用水水源地水质达标率均为100%，是全省首届生态宜居城市。然而政府对生活污水集中处理的工作成效较低，环境转型的进程较慢，环境友好项得分略低于环境治理，对于城市的绿化率的重视度有待提高。

制度转型在赣州市发展转型中贡献最少，但排名处于中上游。这主要因为社会投资规模比、金融发展和市场竞争程度都处于居中水平。尽管制度转型的分数不高，但目前制度转型的态势良好。

（5）未来建议

对赣州市而言，促进城市转型，需要把握城市的优势。为此，未来发展中应在经济转型和制度转型上继续保持优势，进一步巩固和强化对于未来经济社会可持续发展作用明显的传统和新兴产业，促进优势产业的高精深化发展和传统产业结构的调整，提升传统产业，淘汰落后产能，集中资源紧跟时代风向，进军新材料、新能源汽车、医药工程以及相关配套产业，力争实现集群式发展，同时壮大和发展现代特殊高效农业，利用烟草种植、油茶和花卉树木等优势特色产业，推进新型农业；加快推进改革创新，深化重点领域和农业农村的改革，大力推进财税制度改革，扩大"营改增"和政府购买公共服务试点范围，进一步放宽市场准入，激发市场活力，加快科技创新体系建设。

同时，要针对城市转型的弱点做出有效举措，在现有财政支出结构中，加大对科技、民生、环境友好的投入力度，综合政府和社会力量，共同支持科技创新和环境治理，深入开展"净空、净水、净土"行动，综合治理环境污染问题，全力推进文明生态旅游业，进一步完善生态文明建设，鼓励低碳农业以及林下经济等绿色产业集群化发展，促进经济、社会、环境间的协调发展，与此同时加强对民生问题的改革，切实解决"看病难、看病贵"的问题，扩大农村低保覆盖面，促进教育领域的改革发展，从战略的高度，统筹规划教育、医疗、养老、旅游、健身等第三产业的互动发展。

6.11.5 宜春

（1）城市概况

宜春市是江西省地级市，总面积 1.86 万平方公里。2004 年举办中华人民共和国第五届农民运动会、2009 举办央视中秋晚会，并且主办每年一度的月亮文化节，被誉为"月亮之都"、"亚洲锂都"。宜春市的优越条件被多方认可，曾被授予国家森林城市、中国最具幸福感城市、中国宜居城市、全国绿化模范城市、中国优秀旅游城市、中国十大休闲城市等称号。[①]

（2）资源特点及利用概况

宜春市有着丰富的金属和非金属矿产资源，分别有 24 种和 29 种。主要的矿产组成为：有色金属（含贵金属）、瓷土矿产、建筑材料及冶金辅助矿产、黑色金属等，其中的优势资源包括煤炭、稀有金属钽和铌、高岭土以及建筑材料矿产。其中，宜春市四一四矿藏有锂、钽、铌、铷、铯等多种贵重金属，是世界上最大的锂云母矿，其开采量占世界 70% 以上。钽资源储量 16119 吨，占全国的 19.06%，占世界的 12.43%。全市分布着 182 所煤炭生产矿井，遍布市内的 7 个县市区，34 个乡镇，大部分集中在锦江流域和浙赣铁路两侧。市内煤炭资源不仅储量丰富，而且品种齐全。全市境内预测煤炭资源量达 6.86 亿吨，占全省预测煤炭资源量的 49.89%。

宜春市内水能资源丰富，多年平均水资源总量达 182.51 亿立方米，水能理论蕴藏量为 60.02 万千瓦，占全省水能理论蕴藏量的 10.40%，宜春的地表水资源来自降水，多年平均降水总量达 311.87 亿立方米，其地下水资源丰富，宜春又是江西省地下热水及矿水分布较密地区之一。光能市内年均日照时数为 1737.1 小时，其特点是北部多于南部，平原多于山区。由于宜春市的地理优势，造就了市内太阳辐射总量较高和昼夜变化较小，满足短日照地区要求。因此，长短日照作物生产太阳能可以得到充分的开发利用。就风能角度来看，较为丰富的地区在东部县市，而其他地区的大风日较少且风速较低，即持续 4 天 / 年，年平均风速 2 米 / 秒。市内原煤储量达 6.09 亿吨，占全省 45.34%，位列第一。宜春的生物资源丰富，是江西省重点林区之一，森林覆盖率高达 52.8%。市内高等植物近 3000 种，占江西省的 60%，含有已知珍稀濒危物种 183 种，同时宜春也是古树之乡，所含古树涉及 30 科 56 属 76 种；同时有珍稀濒危动物 11 种，列为国家重点保护动物的有 53 种。[②]

[①] 参见《宜春市 2014 年国民经济和社会发展统计公报》。
[②] 宜春市人民政府网，http://www.yichun.gov.cn。

（3）得分结果

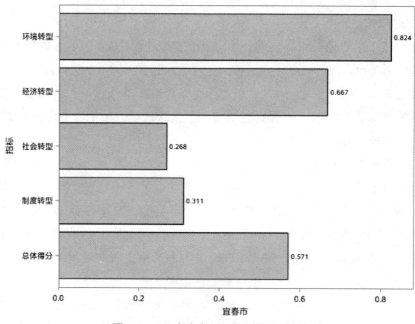

图 6.11.9　宜春市一级指标评分结果

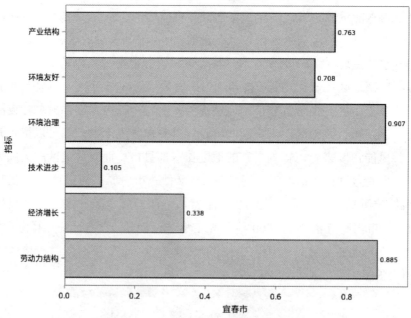

图 6.11.10　宜春市二级指标评分结果

（4）转型评价

从资源型城市转型总体评分来看，宜春市得分为0.571，在所有城市中排名第39位，说明宜春转型取得了较好的效果。在所有一级指标中，环境转型和经济转型指标排名最为靠前，分别为第9名和第15名。说明近年来宜春在环境转型方面取得了较好的成绩。接下来是制度转型和社会转型，排名分别为42位和93位。这表明现阶段的社会投资和竞争环境并不能起到很大推动作用。

从环境转型角度分析，宜春在环境治理和环境友好两个二级指标效果都相当突出，其原因得益于节能减排、环境纠察等举措，不仅城市空气优良指数高，而且引领全省，农村的环境也得到明显改善，生活垃圾处理县乡村组全覆盖，新增省级生态乡镇、村各7个。相较于环境治理评分高但是环境友好评分低的城市，宜春大致上做到了均衡，并没有出现投入很多效果很小的情况，在环境友好方面，宜春的空气质量优良率保持在较高的水平，城市绿化率也较高。

从经济指标来看，得分最高为劳动力结构和产业结构。这说明宜春市产业结构较为完善，能够为经济转型提供强大动力。这一成绩背后离不开宜春市经济转型的总体部署。宜春市委市政府高度重视产业转型与升级，深化结构改革，重点实施"三升级"，宜春以工业为主导，加快发展方式转变，促进农业发展，同时以旅游业为龙头，推动现代服务业升级。然而由于研发投入占比不高的制约，科技创新对经济转型的促进作用并不显著。

在制度转型方面，市场竞争程度得分最低，仅为0.013，可见宜春目前的市场竞争情况并不能更好地鼓励社会投资，进而支撑制度转型，城乡收入差距还比较大，政府的职能转型还未能很好深入，市场经济并不能发挥最大的优势，为城市转型带来的贡献率不能最大化。

在社会转型指标方面，每千人病床数和每千人执业医生数评分均未超过0.1，同时，社保参保比例与其他城市相比较也不高。民生关乎居民福祉，切实保障民生对维持社会和谐具有重要作用，但是宜春的社会转型相比较其他方面的转型来看效果并不明显，关乎民生和社会保障的问题还有待进一步解决。

（5）未来建议

就宜春城市转型的具体情况来看，需要继续保持本身的优势，并且在劣势上弥补不足。为此，继续保持现有的环境投入与产出相平衡的态势，利用劳动力结构和产业结构，在不断加大技术进步投入的前提下，保持城市转型平稳、可持续，惠及更多数的居民。继续巩固工业的根基，深入实施兴工强市战略，坚持产业化思维和"农业为农"方针毫不动摇，继续经济转型和现代化进程，优化升级服务业，加快发展电子商务，借助"互联网+"，实现产业升级新突破。与此同时促进生态文明城市的建设，创新森林经营理念，总结水域、水库的治理模式，对水资源进行综合治理，杜绝劣五类水质，加快生态文明村风景林建设。

就宜春转型中存在的不足，需要做的还很多。为此，通过拓宽就业渠道，精准扶贫，进一步完善社会保障系统，增加社会保障体系覆盖面，实行城乡居民大病保险制度，加大在卫生、医疗、教育和保险等方面的财政投入，同时繁荣各项事业，实施"三通两平台"建设，推进现代职业教育，促进各类教育协调发展，在安全方面加大隐患治理，严防重特大安全事故发生，强化金融监管，严厉打击各类违法犯罪，维护社会稳定；与此同时，贯彻执行中央关于深化改革，管理放权，市场先导的相关指示，做到机制放活，以发展的眼光积极促进政府职能转变，促进制度转型，激活市场，发挥市场经济的作用，政府简政放权，以此来提高市场效率，有效促进市场健康竞争。

6.12　山东

6.12.1　东营

（1）城市概况

东营市是山东省地级市，总面积 7.92 万平方公里。东营市作为山东半岛的重要组成部分，是环渤海经济区的重点城市，南靠山东省内经济区，向北紧邻北京、天津、唐山经济区，往西就是整个广袤的内陆地区，处于连接中原经济区与东北经济区、京津唐经济区与胶东半岛经济区的枢纽位置。

（2）资源特点及利用概况

东营市地理位置特殊，作为黄河入海口，拥有丰富的近海资源。其中，海水含盐度低，含氧量高，有机质多，饵料丰富，渔业资源丰富，是山东发展浅海养殖潜力最大的地区。同样，东营市的矿产资源种类也非常丰富，主要集中在煤、地热、石油、天然气等。关于石油，东营市的胜利油田在 2010 年底共发现 77 个油气田储量累积量达 50.42 亿吨。东营市的天然气资源占天然气地质储量的 85%，约 325.04 亿吨。在东营的凹陷地带也储存着 1000 多亿吨的深层盐矿和卤水，而浅层地带的卤水是深层储量的 2 倍。在东营市广饶县东北部和河口区西部，有面积为 630 平方公里的深埋煤矿，但尚未开发。地热资源主要集中在新户、五号桩、义和、太平、孤岛地区以及广饶、利津部分地区，地热的异常区达一千多平方公里，折合标准煤

1.30×108 吨。不容忽视的是，东营市的生物资源储量丰富，其中用材树种主要有刺槐、毛白杨、旱柳、国槐、白榆等，中草药类植物达到 300 余种，畜禽类约 11 科 20 余种 40 多个品种，众多的鸟类中也不乏 7 种国家一类保护鸟，这里是野生动植物资源的"基因库"，这里的天鹅湖是长江以北最大的人工平原水库，是鸟类栖息繁衍的良好场所。[①]

（3）得分结果

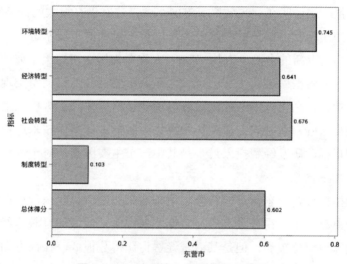

图 6.12.1　东营市一级指标评分结果

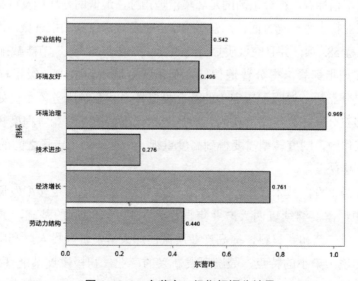

图 6.12.2　东营市二级指标评分结果

---

① 东营市人民政府网，http://www.dongying.gov.cn。

（4）转型评价

从城市转型的总体评分来看，东营市的得分为 0.602，在所有被评价城市中位列第 21 位，说明东营的城市发展转型较有成效。在推动东营市转型的一级评价指标中，环境转型得分最高，其次为社会转型，说明了近年来在公共服务和居民生活等方面有较好的发展。同时，环境转型指标得分较高说明了东营市在环境治理方面表现优异。排在最后两位的是经济转型和制度转型。经济转型指标排名中等，制度转型排名非常靠后，为 110 位。这说明在行政效率等方面东营市政府仍有很大的调整空间。

从经济转型指标看，得分最高的是经济增长，最低的是技术进步。近几年东营市的经济综合实力迈上新的台阶，人均 GDP、人均财力居全国地级市前列，产业结构得分也较高，为经济转型做出了一定的贡献，东营市的产业结构调整实现了新突破，积极推进新型工业化，高新技术产业和装备制造业年均增速高于规模以上工业，粮食综合生产能力明显增强，新型农业生产经营主体不断扩大，然而技术进步指标极大地制约了经济转型指标，研发经费投入过少是其中一个主要因素，对于创新方面的重视度不够高。

从社会转型指标看，东营市的社会转型排名第 2 位，说明东营市在民生和社会保障方面的转型卓有成效，得分最高的是社保参保比例，最低的是教育经费 GDP 占比。虽然每万人教师数得分较高，但是其教育经费占比得分很低，在该方面应继续提高对教育领域的财政投入。

从环境转型指标看，得分最高的是环境治理指标，最低的是环境友好指标。在治理工业 SO_2 和工业粉尘废弃物方面，东营做得十分出色，不仅顺利推进城市湿地建设，实施环保重点工程 582 项，并且空气质量得到改善，完成"十二五"节能减排目标任务。

从制度转型指标看，得分普遍偏低，是东营市城市转型中一级指标的得分最低项，排名也十分靠后。说明了较完善的社会投资体系和金融服务体系仍处于部分缺失状态，不能够充分发挥好市场的作用，市场效率低下，市场的竞争程度极低，在未来的城市转型工作中，制度转型需要得到高度重视，平衡计划与市场之间的关系。

（5）未来建议

从转型评价来看，技术进步、环境友好等二级指标是东营市转型发展的短板。在未来的发展中，需要继续以四大产业集群作为东营工业发展的基础，加快应用新技术、新装备、新工艺和新材料，提高产业层次，加大研发资金投入，利用新兴产业科技含量高、环境污染小的特点，鼓励研发新兴的产业，积极发展节能环保、新能源、新材料、新一代信息技术、现代医药与生物等产业，鼓励大企业加强自主创新能力建设，支持中小企业深化产学研相结合，大力引进高水平创新创业团队，培养创新型人才。鼓励社会投资、市场健康竞争，深化重点领域和关键环节改革，政府进一步简政放权，协调好市场经济中有形的"手"和无形的"手"之间的关系，充分释放和激发市场活力，引导市场有效健康竞争，提高市场效率。

同时，也可经由技术进步达到优化资源配置，推动资源节约环境友好型产业的建立。首先坚持工业强市战略不动摇，加快发展先进制造业，大力发展现代农业，利用自身资源优势提升产业发展水平，打造"农业硅谷"，积极发展"第六产业"，推动一二三产业深度融合，与此同时突破发展现代服务业，积极扩大消费需求。另外以环境质量改善为核心，进行水气污染整治专项行动，加强石油化工等行业挥发性有机物整治和扬尘污染治理，切实改善空气质量，严格能源消耗和污染排放源头的控制。同时切实改善民生，积极推动就业创业，提高社会保障水平，提高城乡低保、农村五保供养标准，深化教育发展保障机制，坚持教育优先发展，提升基层医疗卫生服务能力，提高人民健康水平，切不可在民生方面掉以轻心。

6.12.2 淄博

（1）城市概况

淄博市是山东省下辖地级市，总面积 5.96 万平方公里。淄博地处中国的华东地区、位于黄河三角洲高效生态经济区、山东半岛蓝色经济区两大国家的战略经济区与省会城市群的经济圈重要交汇处，北临华北平原与东营、滨州相接，南依沂蒙山区与临沂接壤，西与省会济南接壤，东接潍坊。位列中国社会科学院 2014 年中国城市综合经济竞争力排行榜第 34 名。2015 年，全市实现地区生产总值 4130.2 亿元，人均生产总值达89235 元。淄博是全国首批科技兴市试点市和国家级星火技术密集区；齐鲁化学工业区是国家发改委设立的国内三家专业化工园区之一；齐鲁股权托管交易中心也设在市内。[①]

（2）资源特点及利用概况

淄博市资源丰富，属于资源型再生型城市。已发现矿产 50 种，已探明储量的有28 种，探明矿床 157 处，其中大型矿床 14 处、中型矿床 50 处、小型矿床 93 处。煤、铁、铝土矿、耐火黏土等重要矿产多集中分布在中部地区，矿产聚集度较高，是全国的铝业基地，也是全国四大钴产地之一。淄博市有丰富的石油和天然气资源。高青油田东西长约 6.2 公里，南北长约 9.3 公里，面积 58 平方公里，共发现 7 套含油层系，含油断块 14 个，面积 10.5 平方公里，储量 1469 万吨。金家油田面积 110 平方公里，5 个含油层总厚度 10 米—28 米，固定含油面积 22.7 平方公里，埋深 200 米—1100 米，储量 3171 万吨。另外，还有高青县的花沟气田等。此外，淄博市的生物资源种类繁多，极具价值的种类有食用菌 30 多种，农作物品种 218 种，木本植物 421 种，药材

---

① 参见《淄博市 2014 年国民经济和社会发展统计公报》。

植物 778 种，饲草植物 416 种。淄博市水资源有地表水和地下水，大气降水是水资源的主要补给源，水资源补给总量 14.11 亿立方米，地下水可开采量 9.45 亿立方米。[①]

（3）得分结果

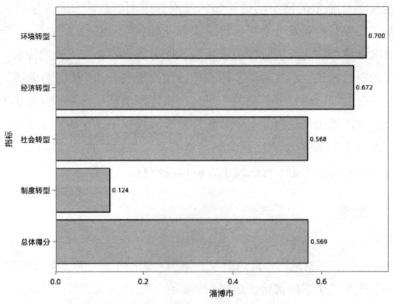

图 6.12.3　淄博市一级指标评分结果

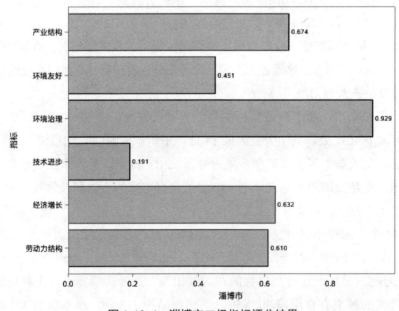

图 6.12.4　淄博市二级指标评分结果

---

① 淄博市人民政府网，http://www.zibo.gov.cn。

（4）转型评价

从城市转型的总体评分来看，淄博市的得分为 0.569，在所有被评价城市中列第 41 位，已经达到中上水平，说明淄博市的城市发展转型已经取得一定效果。在推动淄博市转型的一级评价指标中，环境转型和经济转型的排名较高，有力地支撑了城市的转型发展，这说明淄博市在城市转型中对环境治理方面和产业机构转型升级方面有了比较好的效果。但是社会转型和制度转型则在资源型城市中排名十分靠后，改进空间较大。

从经济转型的指标来看，得分贡献率最高的是产业结构，最低的是技术进步。产业结构、劳动力结构和经济增长得分相似，为经济转型所做的贡献都较大。这主要得益于近年来出台的"工业强市 30 条"、"园区发展 20 条"等重要政策措施。但是对产业结构进行详细分析，我们发现第三产业贡献度不大，发展并不强劲，这对转型提出了很大的考验，并且技术进步指标过低，研发投入不高可能导致很严峻的发展持续性不足的问题。

社会转型方面，淄博表现较好，排名第 11 位。民生支出占财政总支出的比例达到 75.43%，全面降低失业率，进一步提高各项社会保险待遇水平，社保参保比例以及每万人教师数均得到不错的成绩，全年 6 万市定标准贫困人口实现脱贫，"十万农户脱贫奔康工程"如期完成并基本实现农村义务教育学校校舍标准化。医疗方面也较其他城市展现出了优势，基层医疗服务能力和公共卫生水平明显提升。

环境转型方面，虽然环境治理指标得分很高，但是环境友好指标得分相对较低，导致一级指标排名靠后。近年来，淄博市全面打响了空气异味综合整治和孝妇河流域综合治理两场攻坚战，全市"蓝繁"天数同比增加 30 天，大力推广型煤和兰炭，解决散煤无序排放的问题，使得环境治理成效显著。但需要注意的是，从空气质量、绿化覆盖等角度来看，效果并不突出，因此要进一步推进城乡环境的综合治理和路域环境治理，以此来提高城市的绿化率和空气质量。

制度转型指标是淄博市表现最差的一个指标，尤其是市场竞争程度指标，仅达到 0.011，市场效率低下，政府和市场之间的关系不能得到有效的调节，社会投资规模比例仍较低，不能有效地带动金融市场的发展，直接导致社会投资、金融发展的不足。

（5）未来建议

针对淄博市的城市转型得分情况，建议：在产业结构方面，保持现有一、二产业发展劲头的同时，大力发展第三产业，不断调整产业结构。以工艺改进、装备升级和智能化改造为着力点，对化工、机械、建材、纺织等传统产业进行数字化、网络化、智能化改造，推动工业强市建设；发展壮大园区经济，重点抓好淄博高新区、淄博新区、淄博经济开发区、主城区南部区域、齐鲁化工区"一区四园"和文昌湖区等六大板块，突出培植龙头企业，重点扶持"双 50 强"以及各行业具备领军素质的企业，积极化解过剩产能，充分运用节能环保、安全生产、技术标准等倒逼机制，加快市场出清。另一方面，提高对研发的投入，以科技促发展，以新材料、生物医药、新能源及节能环保、新一代信息技术等产业为重点，实施高新技术产业"铸链工程"，培养创新型人才，实施人才强国战略。

同时，发展绿色产业，提高环境经费投入利用程度，坚决打好大气和水污染防治攻坚战，深入推进孝妇河流域综合治理，新建改造文昌湖污水处理厂，大力实施"绿动力提升工程"，继续做好散煤治理，优化空气质量，提高城市绿化率，同时进一步加大生态修复力度，开展土壤污染治理与修复，健全生态建设长效机制，坚决守住生态安全底线。最后一点十分重要的因素在于不断完善现有市场，政府进一步简政放权，激发市场活力，带动全民投资，加强建设金融机构，完善社会金融体系，保证竞争的透明、完善，进而鼓励社会投资涌入。

6.12.3　临沂

（1）城市概况

临沂市位于山东省东南部，地处长三角经济圈与环渤海经济圈结合点、东陇海国家级重点开发区域，东近黄海，西接中原，南邻江苏，是国家综合交通枢纽。现辖三区九县，面积 1.72 万平方公里，人口 1113 万，是山东省人口最多面积最大的地级市。在 2014 年，临沂全市经济在转型升级提质增效中实现中高速增长，实现生产总值 3569.8 亿元，增长 10.1%；全年粮食总产量 435.2 万吨，亩产 425.4 公斤；固定资产投资 2826 亿元；社会消费品零售总额增长 12.8%；全年进出口总额 107.9 亿美元，比上年增长 14.4%；国地税收入 393.5 亿元，城镇居民人均可支配收入 30345 元。经济运行保持良好发展态势。[①]

（2）资源特点及利用概况

临沂市属于资源型再生型城市，蕴藏着丰富的资源，其中非金属矿产资源较为丰富，发现的矿种多，质量好，分布广，储量大，容易开采，在探明储量的 36 种矿产中，非金属矿产占 25 种，非金属矿产大多被利用做特种非金属矿产、冶金辅助原料非金属矿产、化工原料非金属矿产、建筑材料以及其他非金属矿产，为建设以工业为中坚力量的临沂市打下基础。

临沂境内的四大水系包括中运河、沭河、滨海和沂河，区域划分属淮河流域，临沂主要河流为沂河和沭河，有较大支流 1035 条，10 公里以上河流 300 余条。临沂市的土地广袤，并且含有丰富的地表水资源和地下水资源，平水年每年分别达到 51.6 亿

---

① 参见《临沂市 2014 年国民经济和社会发展统计公报》。

立方米和 23.6 亿立方米，其中现有的水利工程平水年可供水量 31.8 亿立方米，淡水资源占山东省总量的 1/6。除此之外，临沂市共发现地热异常区 49 处，发现 6 处地热田，地热资源丰富；生物资源繁多，高等植物中木本植物和药用植物种类繁多，盛产金银花、银杏、板栗等，分别达到 367 种和 830 余种，动物约 1049 种，淡水鱼有 57 种。

（3）得分结果

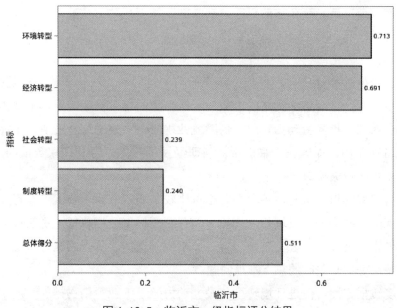

图 6.12.5　临沂市一级指标评分结果

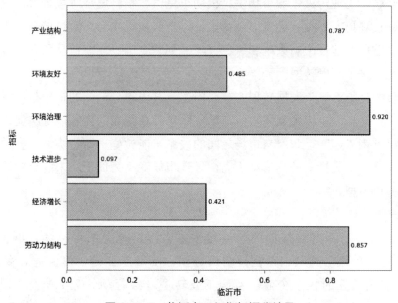

图 6.12.6　临沂市二级指标评分结果

（4）转型评价

从城市转型的总体评分来看，临沂市的得分为 0.511，在所有被评价城市中位列第 72 位，说明临沂市的城市发展转型取得的成效并不显著，仍需要继续推动。在推动临沂市转型的一级评价指标中，环境转型得分最高，其次为经济转型，说明了近两年来临沂市在环境治理和优化以及产业结构调整等方面的成绩比较突出，强有力地促进了城市的转型发展。排在后两位的分别是制度转型和社会转型，其中社会转型的得分最低，说明政府和社会保障机构在推动城市转型中的作用还不够显著，各项公共服务制度仍然存在一定问题，有待进一步调整和完善。

从经济转型的指标来看，得分贡献率最高的是劳动力结构，最低的是技术进步。通过进一步分析，劳动力结构之所以成为经济转型的最大贡献因素，主要由于政府大力加强职业培训，提高劳动力素质、保障就业水平。而技术创新之所以未能发挥对经济转型的带动作用，原因在于临沂市对科研经费的投入、专利授权数量的严重不足，创新驱动力存在较大缺口。

从社会转型的指标来看，各项得分相对比较平均，说明了临沂市教育、文化、医疗、社会保障等社会事业发展相对均衡，但各项指标得分均较低，说明社会公共服务没有跟上城市发展步伐，社会转型仍有进一步提升空间，需持续抓好富民、惠民和安民工程，解决好群众关心的热点难点问题。

在环境转型方面，促进环境转型的最大动力源于工业污染物排放、地质环境治理等污染的治理。临沂市对环境治理经费投入量较大，当前环境治理的力度够大，环境问题相对较轻，工业污染、城市扬尘、机动车尾气、秸秆燃烧等综合整治取得阶段性成果。在建设环境友好型社会方面做得较好，空气质量综合指数位居全省第 7 位，改善幅度全省首位，建设生态系统和绿色屏障，创建全国绿化模范县和省级以上生态县区，有力地促进了环境转型。

制度转型是临沂城市发展转型的重要问题，其中得分最低的指标是市场效率，说明了虽然产业结构做了很大调整，但市场方面仍存在很大的问题，说明促进城市转型的市场化机制尚未建立，政府与市场之间的关系未能做好平衡与协调，金融市场体系未能建立完善，全民投资的热情度不高，导致市场竞争力低下，未能有效地调动社会力量支持城市转型。

（5）未来建议

对临沂市而言，产业结构的调整对于未来经济社会的可持续发展作用突出，应进一步巩固和强化，未来应坚持结构调整，瞄准产业链、价值链高端，引导建设具有较强成长性的骨干企业，实施工业转型升级行动计划；坚持"敲开核桃、一业一策"，对木业、建材、化工、冶金等传统产业逐一实施具体的转型方案；坚持创新战略，发展新兴产业，大力发展现代农业，促进落实藏粮于地、藏粮于技战略，同时培育龙头企业，提高规模化、标准化和品牌化水平。同时，在现有财政支出结构中，加大对环境治理的投入力度，并探索建立以财政资金为引导的社会化投资机制，综合政府和社会力量，共同支持科技创新和环境治理，在形成创新驱动，促进经济向高科技、绿色化方向转型的同时，不放松环境污染治理，坚决防治大气污染，深度治理污染企业，做好能源结构调整，城市扬尘处理，机动车尾气处理和秸秆燃烧的工作，改善环境空气质量，做好沿河、沿路、沿水库、城郊和山岭造林绿化，提高森林覆盖率，使环境问题进一步减少，促进经济、社会、环境间的协调发展。

此外，临沂市的社会转型和制度转型需要进一步提高，推动民生建设落到实处，解决民生难题，让群众共享改革发展成果，抓好教育、健康、金融、社保和社会扶贫，推进各类教育的发展，启动城市公立医院综合改革，强化食品药品安全源头治理；与此同时调动市场有效竞争，积极建立健全金融市场体系，政府进一步简政放权，充分利用市场的作用，以此来提高市场效率。

6.12.4 枣庄

（1）城市概况

枣庄市为山东省下辖市，处山东省南部，东依沂蒙山，西濒微山湖，南接华东门户徐州，北临孔孟之乡——济宁。截至2016年2月，枣庄市总面积4563平方公里，常住人口394万。2015年全市生产总值实现2031亿元，同比增长7.1%。从产业结构看，第一产业增加值占GDP比重为7.6%，比上年提高0.1%；第二产业为52.7%，下降1.6%；第三产业为39.7%，提高1.5%。民营经济稳步发展。民营经济实现增加值876.23亿元，增长9.2%。非公有（民营）经济户数24.79万户，增长18.2%；从业人数87.38万人，增长15.4%；纳税额137.76亿元，增长11.5%，占税收总额的77.61%。

2014年，有1430.01亿元的固定资产投资，增长率15.5%。从产业结构来看，第一产业的投资为21.63亿元，下降了10.1%；第二产业的投资为744.64亿元，增长率为28.5%，其中工业的投资为656.5亿元，增长率为26.4%；第三产业的投资为633.74亿元，增长率为4.6%。[①]

（2）资源特点及利用概况

枣庄市属于资源型衰退型城市，是著名的煤矿城市，素有"鲁南煤城"之城，是

---

① 参见《枣庄市2014年国民经济和社会发展统计公报》。

因煤而兴的矿业城市。截至 2014 年末，枣庄市境内已发现矿种 57 种，有查明资源储量的矿种 12 种。其中，煤炭保有量 171771 万吨，铁矿石保有量 4178 万吨，铜矿石保有量 98 万吨，铝土石保有量 164 万吨，石膏保有量 44258 万吨，水泥用灰岩保有量 224981 万吨，磷保有量 9008 万吨，耐火黏土保有量 892 万吨，熔剂用灰岩保有量 183 万吨，水泥用黏土保有量 550 万吨，电石用灰岩保有量 531 万吨，饰面用花岗岩保有量 394 万平方米。但是，枣庄的煤炭资源存在产品档次低，市场竞争力差的问题，结构性矛盾更加突出，加之煤炭产业价格与价值长期背离，使得枣庄市缺乏发展新兴产业的资金，影响着传统产业的改造和高新技术产业的发展。此外，煤炭资源的利用产生了较严重的污染问题，相比其他非煤炭城市，枣庄市要付出更多的刚性成本和额外负担。

除矿产资源外，枣庄的自然资源也相对丰富，区内地表水系发达，主要河道 15 条，地下水补给资源为 78960.8 万立方米 / 年，其中各富水区开采资源为 30270 万立方米 / 年。生物资源种类繁多，粮食作物主要为小麦、玉米、地瓜等。[①]

（3）得分结果

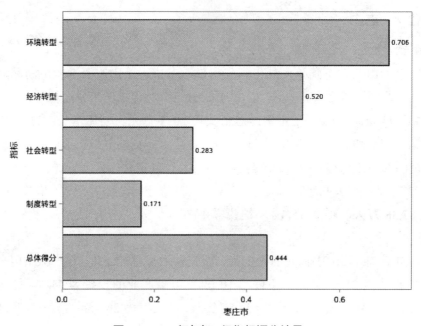

图 6.12.7　枣庄市一级指标评分结果

---

① 枣庄市人民政府网，http:// www.zzszq.gov.cn。

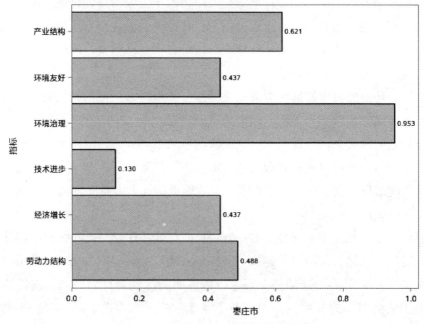

图 6.12.8　枣庄市二级指标评分结果

（4）转型评价

从城市转型的总体评分来看，枣庄市的得分为 0.444，在所有被评价城市中位列第 100 位，说明枣庄市的城市发展转型相当不成功，需要政府和社会各界加大力度，加大对城市转型的重视程度。在推动枣庄市转型的一级评价指标中，环境转型的得分最高，其次为经济转型，说明了近两年来枣庄市在环境治理和优化以及产业结构调整等方面的成绩比较突出，为城市的转型发展提供了强有力的支撑。排在后两位的分别是社会转型和制度转型，其中制度转型的得分最低，说明政府和市场在推动城市转型中的作用还不够显著，存在一定问题，有待进一步调整和完善。

从经济转型的指标来看，得分贡献率最高的是产业结构，最低的是技术进步。通过进一步分析，产业结构之所以成为经济转型的最大贡献因素，主要源于枣庄市及时调整了以传统产业为主的产业结构。枣庄市现阶段大力发展第三产业，尤其是新兴第三产业，根据城市在区域中的功能定位，自身特色和市场选择发展其他产业，这也是枣庄的独特发展方式。而技术创新之所以未能发挥对经济转型的带动作用，原因在于科研经费投入、专利授权数量的不足，创新驱动力仍有不足。

从社会转型的指标来看，各项得分相对比较平均，说明了枣庄市教育、文化、医疗、社会保障等社会事业发展相对均衡，但各项指标得分均很低，说明社会转型仍有进一步提升空间。

在环境转型方面，促进环境转型的最大动力源于工业污染物排放、地质环境治理等污染的治理。近几年枣庄市建设成为国家森林城市，绿化率有所提高，并积极淘汰落后产能，治理大气污染，限制秸秆燃烧，同时狠抓生态修复，治理破损山林，关闭露天采石场，一定程度上促进了环境的转型。

制度转型是枣庄城市发展转型的重要问题，其中得分最低的指标是市场效率，说明了虽然产业结构调整较为成功，但市场方面仍存在很大的问题，不能很好地协调好政府和市场之间的关系，没能积极建立完善的金融市场体系，全民参与投资的热情还不够高，市场活力未能得到有效激发和释放，市场效率低下，制度转型的低分说明促进城市转型的市场化机制尚未建立，未能有效地调动社会力量支持城市转型。

（5）未来建议

从整体转型效果来看，枣庄市在 2014 年的表现仍有较大提升空间。因此应当扬长补短，进一步推动城市转型。建议：坚持把推动产业转型、发展实体经济作为城市转型的战略支点，努力构建结构合理，特色鲜明的产业发展新格局，提档升级工业化，把"工业强市"的梦想转化为"枣庄制造"的强大力量；同时激活各类创新要素，加强企业创新能力的建设，引进核心技术，增加高新产业，更好地对接"信息高速公路"，借用互联网的契机，推动互联网与城市建设、深度融合产业发展和群众生活；对医疗基础设施建设要大大加强，强化公共卫生服务，加快基础教育综合改革，协调发展各类教育，增进民生福祉，以社会转型带动城市转型；积极推进园区循环化改造，积极节能减排，减少主要污染物排放量，完善生态保护制度，建成省级生态市，探索建立以财政资金为引导的社会化投资机制，综合政府和社会力量，共同支持科技创新和环境治理，在形成创新驱动，促进经济向高科技、绿色化方向转型的同时，不放松环境污染治理，使环境问题进一步减少，促进经济、社会、环境间的协调发展。

6.12.5 济宁

（1）城市概况

济宁地处鲁西南腹地，位于鲁中南山地与黄淮海平原的交接地带。北面与泰安市交界，南望江苏徐州，西接菏泽，东邻沂蒙山，西北角隔黄河相望于聊城。济宁市境内是孔孟文化、运河文化、水浒文化的发源地。因济水而得名的济宁市，与济南、济阳、济源共同创造了辉煌的济水文化。数据显示，2015 年的地区生产总值较上年增长约 8%，为 4013.12 亿元。如果按产业划分，在可比价格计算模式下，第一、第二、第三产业增长率分别为 4.1%、7.6% 和 10.7%，分别为 454.19 亿元、1896.13 亿元和 1662.8 亿元。三次产业对 GDP 增长贡献率分别为 4.8%、48.5% 和 46.7%。三次产业结构比例为 11.3：47.3：41.4，与上年相比，第二产业下降 1.8%，第三产业提高 1.8%。[①]

（2）资源特点及利用概况

济宁市有丰富的矿产资源，以建材非金属矿产和能源矿产为主，其中能源矿产主要分布在中西部地区和南部地区，在曲阜、邹城、微山、泗水和嘉祥等山区主要分布建材非金属矿产，在济宁的东部和北部分布少量的金属矿产。截至 2014 年末已发现和探明储量的矿产有 39 种以上。同时，济宁的矿产资源保障程度较高，能满足需求的矿产主要有煤、饰面花岗岩石材、熔剂用灰岩、水泥用灰岩等，储量丰富，矿石质量好，是济宁的优势矿产。按种类具体细分，济宁的矿产资源以煤为主，含煤面积 4826 平方公里，占全市总面积的 45%。经勘探预测，山东省 50% 的煤储量都集中在济宁市，为 260 亿吨，因此也奠定了济宁市成为全国重点开发煤炭基地的基础。此外，已探明大小矿脉 60 余条，地质储量 1275 万吨，在国内仅次于内蒙古的白云鄂博。济宁市的水泥用灰岩资源量也非常丰富，预测到 2020 年水泥产量可达 1200 万吨，相应需求的水泥用灰岩 1440 万吨，济宁本市的资源完全足够满足水泥生产的需要。建筑石材、饰面花岗岩等非金属产品在满足济宁本市的需求的基础上，部分还可供应相邻地市和其他地区。[②]

（3）得分结果

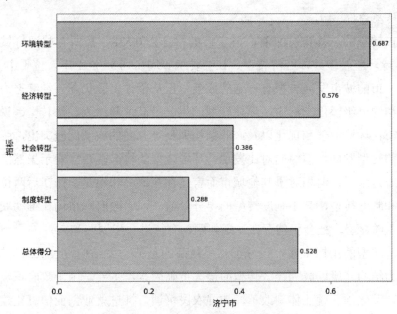

图 6.12.9 济宁市一级指标评分结果

① 《济宁市 2015 年国民经济和社会发展统计公报》，http://www.jiningbu siness.gou.cn。
② 济宁市人民政府门户网站，http://www.jining.gov.cn。

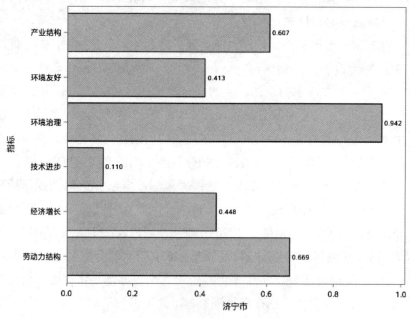

图 6.12.10　济宁市二级指标评分结果

（4）转型评价

　　从城市转型的总体评分来看，济宁市的得分为 0.528，在所有被评价城市中位列第 64 位，除环境转型外，经济转型、社会转型等均名列 50 位上下，位于中上游水平，这说明济宁市的城市发展转型有一定的成效，但从整体上看仍需要继续努力。在推动济宁市转型的一级评价指标中，环境转型的得分最高，其次为经济转型，说明了近两年来济宁市在环境治理和优化以及产业结构调整等方面的成绩比较突出，强有力地促进了城市的转型发展。但纵向对比发现，环境转型的排名落后，表示虽然济宁环境规划达到了一定水平，但相对于其他城市而言还存在缺陷和不足。排在后两位的分别是社会转型和制度转型，其中制度转型的得分最低，说明政府和市场在推动城市转型中的作用还不够显著，社会仍然存在一定问题，有待进一步调整和完善。

　　从经济转型的指标来看，得分贡献率最高的是劳动力结构，最低的是技术进步。其中劳动力结构之所以成为经济转型的最大贡献因素，主要是由于政府积极开展就业优先战略，深化创业就业体制改革，加强农民培训，推进就业创业信息化建设，形成了人才培养新机制。而技术进步之所以未能发挥对经济转型的带动作用，原因在于济宁市对科研经费投入、专利授权数量的严重不足，创新驱动力存在较大缺口。

　　从社会转型的指标来看，各项得分相对比较平均，说明了济宁市教育、文化、医疗、社会保障等社会事业发展相对均衡，但几项指标得分均不高，说明社会公共服务没有跟上城市发展步伐，社会转型仍有进一步提升空间。

在环境转型方面，促进环境转型的最大动力源于工业污染物排放、地质环境治理等污染的治理。济宁市对环境治理经费投入量较大，当前环境治理的力度很大，环境问题相对较轻，在建设环境友好型社会方面做得较好，有力地促进了环境转型。

制度转型是济宁城市发展转型的重要问题，其中得分最低的指标是生产市场效率，说明在产业结构没有安全明确的情况下市场方面也存在着很大的问题，说明促进城市转型的市场机制尚未建立，未能有效地调动社会力量支持城市转型。

（5）未来建议

结合整体转型评价结果，济宁未来的总体目标应着眼于全市的可持续发展，包括创新发展、协调发展、绿色发展、开放发展、共享发展等全体系共同发展。为此，建议未来以"五大发展"理念为引领，协调推进"四个全面"战略布局，进一步提升发展标杆、工作标准、精神境界，更加注重转方式、补短板、惠民生，努力实现有质量有效益的发展。近期来看，应突出产业结构的调整对于未来经济社会的可持续发展的作用，将采掘业、传统制造业和现代服务业进行合理调配，建立适合济宁市资源转型的合理制度和产业体系；同时改善全市环境，重点加强矿山地质保护和土地复垦，健全和完善矿山地质环境保护规范和监督管理体系。此外，由于济宁市在制度转型方面还具有一定的潜力，要进一步协调好政府和市场之间的关系，完善市场化体制，促进经济、社会、环境间的协调发展。远期来看，应进一步调整资源勘查布局，进一步提高资源开发的规模化、集约化以及布局的合理化，达到资源利用的最高效益。

6.12.6 泰安

（1）城市概况

泰安市是山东省下辖的一个地级市，城市依山而建，山城一体。2013 年全市生产总值比去年增长 10.6% 左右，为 2820 亿元，其中公共财政预算收入、固定资产投资、社会消费品零售额分别为 168.8 亿元、2030 亿元、1050 亿元，且整体趋势均有所提高，提高百分点分别为 4.8%、20.7%、13.1%。城镇与农村收入相比，整体均有所提高，分别为 10% 和 13%，达到了 28225 元和 11500 元。人民币的存款和贷款余额也有所增长，存款余额从 2012 年的 1934 亿元到 2013 年的 2261 亿元，贷款余额从 2012 年的 1227 亿元到 2013 年的 1416 亿元。[①]

---

① 参见《泰安市 2014 年国民经济和社会发展统计公报》。

（2）资源特点及利用概况

泰安市矿产资源丰富，资源总量及潜在价值均为山东省首位，平均每平方公里国土面积保有储量为 615 万吨，每平方公里潜在价值达 3.3 亿元人民币，人均占有储量近 9300 吨，是中国石膏、自然硫和花岗石的主要产地，其中石膏矿的储量也作为亚洲之最享誉全球；北京人民大会堂、天安门广场、人民英雄纪念碑等采用的花岗石均来自泰山之石，借其寓意"稳如泰山"、"重于泰山"，赋予建筑物生命的力量。在泰安市发现的 58 种矿产资源中，能源矿产 3 种，金属矿产 15 种，非金属矿产 37 种，水气矿产 3 种。目前开发利用的已有 30 余种，主要是煤、铁、石膏、水泥、黏土等。然而，在泰安市推动国民经济发展的 45 种主要矿产不多，虽然经调查发现一些金矿点，但找到的较大的金、银、铜等重要矿产甚微。泰安生物种类繁多，动物 4 纲 385 种，浮游生物 35 科 136 种。除此之外，珍稀和濒危的动物也有少量聚集。泰安农作物资源丰富，拥有蔬菜、经济作物、粮食以及水产资源四大特色农产品。此外，泰安的水资源丰富，拥有山东第二大淡水湖东平湖，并已建成水库 600 余座，蕴含着 19.22 亿立方米的年平均天然水资源总量，其中地表水径流量 13.48 亿立方米。水资源状况与全省相比状况较好，比平均水平稍高，人均 400 立方米，亩均 431 立方米，但可供开发的地表水只有 2 亿立方米，其中已开发的占总利用量的 63.4%。

（3）得分结果

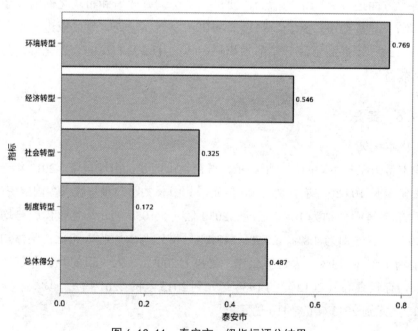

图 6.12.11   泰安市一级指标评分结果

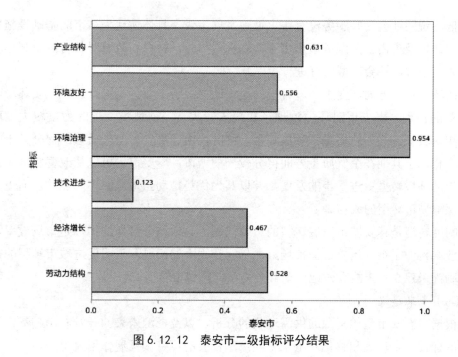

图 6.12.12　泰安市二级指标评分结果

（4）转型评价

从城市转型的总体评分来看，泰安市的得分为 0.487，在所有被评价城市中位列第 85 位，综合排名相对靠后，说明泰安市的城市发展转型成效相对不明显。在推动泰安市转型的一级评价指标中，环境转型的得分最高，其次为经济转型，说明了近两年来泰安市在环境治理和优化以及产业结构调整等方面的成绩比较突出，具体看来对于工业污染和生活污染问题的处理和解决都比较到位，同时在绿化率达到 73.7% 的情况下，能够在一定程度上提高全市的生活水平，并强有力地促进了城市的转型发展。排在后两位的分别是社会转型和制度转型，其中制度转型的得分最低，说明政府和市场在推动城市转型中的作用还不够显著，存在一定问题，有待进一步调整和完善。

由于泰安市旅游资源具有极强的吸引性和综合性，因此形成了泰安市"以山体景观为主，自然与人文旅游资源兼备"的产业匹配资源，带动了全市经济的迅速发展，从经济转型的指标来看，得分贡献率最高的是产业结构，最低的是技术进步。通过进一步分析，产业结构之所以成为经济转型的最大贡献因素，主要源于泰安市及时优化产业布局和产业发展制度环境，同时根据泰安市自身特色大力发展旅游业。而技术进步之所以未能发挥对经济转型的带动作用，原因在于城市对科研经费的投入、专利授权数量的不足，创新驱动力存在很大不足。

从社会转型的指标来看，各项得分相对比较平均，说明了泰安市教育、文化、医疗、社会保障等社会事业发展相对均衡，各项指标得分均较低，其中教育经费指标得分最低，说明社会公共服务没有跟上城市发展步伐，具体体现为城市的基础设施建设不完善，以及市内公共服务质量水平不达标。另外，社会和政府对教育的重视程度和支持力度不够，社会转型仍有进一步提升空间。

在环境转型方面，促进环境转型的最大动力源于工业污染物排放、地质环境治理等污染的治理。泰安市对环境治理经费投入较大，当前环境治理的力度较大，环境问题相对较轻，有力地促进了环境转型。同时，由于泰安市空气质量的评分处于中游水平，相比于其他在空气质量方面得分较高的城市，泰安市仍可以从改善空气质量入手，推动环境转型更进一步的发展，并以其为优势推动当地旅游等产业，从而更大程度上保障城市转型的成功。

制度转型是泰安城市发展转型的重要问题，其中得分最低的指标是市场效率，虽然产业结构做了很大调整，但市场方面仍存在很大的问题，说明促进城市转型的市场化机制尚未建立，未能有效地调动社会力量支持城市转型。

（5）未来建议

根据对泰安市整体资源的供需现状的分析，以及资源未来的开发利用趋势，未来转型的建议是：巩固和强化对于未来经济和社会的可持续发展作用突出的环节。包括以扩大资源储备为目标，建立地质勘查市场，以矿产资源的持续有效供给为目标制定发展战略。同时，在现有财政支出结构中，加大对科技、环境治理的投入力度，依靠科技进步，加强技术改造与创新，推广应用新技术和新工艺，提高产业生产水平和资源综合利用水平，同时缓解资源紧张的矛盾；在制度转型的方向上，可以采取扩大资源供应渠道的措施，利用国内资源和国外资源，在全球范围内配置资源，安排矿产资源勘查、开发，达到资源利用在可持续发展前提下的效益最大化。总体而言，即泰安市在未来的城市转型规划上要注重统筹协调发展，坚持推进泰安的生态和资源建设，推动以人为核心的新型城镇化，让人民群众生活得更方便、更舒心、更美好。

6.12.7　莱芜

（1）城市概况

莱芜市位于山东省中部，辖内有莱城、钢城两个区和三个省级开发区，总面积为 2246 平方公里，总人口 133.27 万。作为古时兵家的必争之地，莱芜不仅风景优美，被誉为国家卫生城市、国家园林城市和中国优秀旅游城市。资源也极为丰富，包括煤、铁。目前，莱芜已由曾经的全国矿冶中心，转变为以钢铁为主导的工业城市，钢产量 2010 年已达 1700 万吨。莱芜作为新兴的工业城市，是山东重要的钢铁生产和深加工基地以及"国家新材料产业化基地"。莱芜盛产生姜、大蒜、蜜桃等。①

---

① 中国城乡统筹网，http://www.cndua.org/news_show.asp?id=1289&smalltypeid=31。

（2）资源特点及利用概况

莱芜市地处鲁中泰沂山区，自然资源较为丰富，且以煤、铁等为主的矿产资源和水资源达到了较好的配套程度。截至 2014 年，已发现矿产 55 种，其中探明储量的 22 种（能源矿产 1 种，金属矿产 8 种，非金属矿产 11 种，水气矿产 2 种），矿产地 113 处，并有多种矿产保有储量居山东省前 5 位。莱芜市主要有铁、煤、铜、金、白云岩、稀土、花岗岩、石灰岩、辉绿岩、玄武岩、天然石英砂等矿种，[①] 已探明的境内铁矿石地质储量 4.8 亿吨，占山东省总储量的 33%。莱芜铁矿平均品位 50%，富矿高达 60%，伴生铜、钴、锰等多种元素，价值颇高。在此基础上形成了山东钢铁股份有限公司莱芜分公司、鲁中矿业有限公司等一批知名企业。作为山东省重要的煤炭基地，莱芜市煤炭已探明储量为 43113.6 万吨，保有储量居全省第 10 位，占全省总储量的 1% 左右；而作为华东地区之首的铁矿石，其已探明储量 46393.19 万吨。全铁平均品位 46.8%，平炉富矿居全国首位，是莱芜市的优势矿产。莱芜地下水资源丰富，包括松散岩系孔隙水、碳酸盐岩类裂隙岩溶水和碎屑岩类变质岩、岩浆岩类隙水，多年平均地表径流量达 5.02 亿立方米。全莱芜市境内现探明水源地 20 处，地下水允许开采量平均约 3 亿立方米，占全省 2.4%。莱芜市还拥有丰富的生物资源，截至 2014 年已发现的木本植物有 71 科、177 属、471 种；而畜禽有牛、羊、猪、兔、鸡等，其中瘦肉型莱芜猪为省内优良畜种。[②]

（3）得分结果

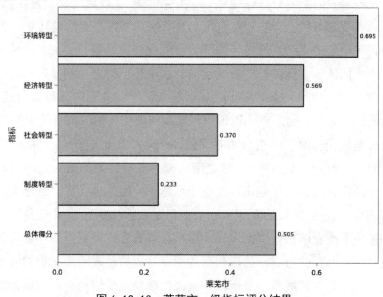

图 6.12.13　莱芜市一级指标评分结果

---

① 《渤海聚焦》，《环渤海经济瞭望》，2013 年第 4 期。

② 莱芜市人民政府网，http:// www.laiwu.gov.cn。

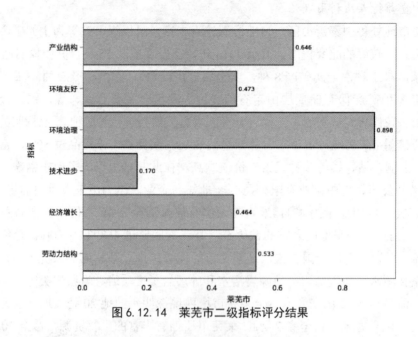

图 6.12.14   莱芜市二级指标评分结果

（4）转型评价

从城市转型的总体评分来看，莱芜市的得分为 0.505，在所有被评价城市中位列第 76 位，一级指标排名在 52—83 之间，其中社会转型最具优势，排在第 52 位，环境转型最次，排在第 83 位。这说明了近几年来莱芜市在产业结构转型、劳动力结构优化方面取得了一定的成绩，但在资源型城市的综合排名中不够突显，因此莱芜市的发展仍存有很大的改善空间。排在后两位的分别是环境转型和制度转型，一方面说明莱芜市在处理政府和市场关系问题上还不够努力，在这方面的改革成效还不够显著，有待进一步的调整完善。另一方面也说明在环境治理优化领域仍有较大的改善空间。

从经济转型的指标来看，得分贡献率最高的是产业结构 0.646，最低的是技术进步 0.170。通过进一步分析，产业结构之所以成为经济转型的最大贡献因素，主要是源于现代农业助推传统农业产业化以及电子信息行业的高速发展。近年来，莱芜市大力发展现代农业，使得 70% 的农村劳动力得以从农业中解放出来投身第二、第三产业，这大大加快了产业结构转型的步伐。但从数据来看，莱芜市在产业发展上采用采掘业和传统制造业并重的方式，而现代服务业相对弱势，表明莱芜市的城市转型在现代服务业上仍有一定的发展潜力；同时，莱芜市鼓励电子信息企业发展，鼓励高科技产品创新，促进了第三产业发展，进一步推动了产业结构转型。而技术进步之所以未能发挥对经济转型的带动作用，原因在于莱芜市教育基础薄弱、科研经费投入不足，在人才培养和鼓励创新方面有待进步。

从社会转型的指标来看，各项得分都较为平均，说明莱芜市在教育、文化、医疗和社会保障方面的进步都较为平均，但是在公共服务方面的得分并不高，反映出莱芜市的城市化建设和改造没有达到城市转型需要的效果，但同时也意味着莱芜市政府在提供公共服务上仍有着一定的进步空间。

在环境转型中的环境治理方面，莱芜市的得分非常高，这意味着莱芜市在改善环境，促进可持续发展方面成效显著，无论是对于环境治理的经费投入力度，还是治理的效率都不错，对于工业污染和生活污染的问题的解决都有较好的成果，这反映出莱芜市的环境转型已经颇有成效了。然而，在环境友好方面莱芜仍与相同总体评价水平的城市存在着一定的差距，这也是导致莱芜市环境转型纵向评价排名落后的重要原因，尤其是因为空气质量较差，导致莱芜市的环境水平处于弱势。

制度转型是莱芜市发展转型的短板因素，其中市场效率的得分相对较低。这说明了莱芜市在市场监管方面尚有缺陷，全市的市场经济体系不够完善，对于市场运作的推动力较弱，同时也没有处理好政府和市场的关系，也说明了在促进城市转型的市场化机制方面不够完善，有待改进。

（5）未来建议

通过以上分析，莱芜市的城市转型在经济、社会、制度和环境等方面较为均衡，没有出现过度强调某一方面发展，这在未来的发展中需要继续保持，以保证全市整体各个方面综合转型的成功。对莱芜市而言，环境转型对未来经济社会的可持续发展作用突出，应该进一步巩固和强化；同时，应该加强制度转型建设，建立起促进城市转型的完善的市场化机制，同时处理好政府和市场之间的关系，重视城市基础设施建设，提高公共服务水平，让经济、社会、环境能够协调发展。具体而言，作为成熟型资源城市，莱芜今后的发展将进入到转型的加速发展阶段，应构建现代产业体系，实施创新驱动，强化发展支柱产业，同时优化产业布局，推动开放合作，从而推动发展，增强资源型城市的活力；同时，坚持改革创新，深化改革体制机制的建设，高效完成去产能、去库存、去杠杆、降成本、补短板等各项任务，改造提升传统比较优势，培育发展新生支柱力量，不断激发市场活力、增强内生动力、释放增长潜力。以技术创新驱动加快城市转型的升级，大力推进供给侧结构性改革；应强化公共服务，提高社会管理水平，着力改善民生，增进群众福祉，构造一个全民幸福的资源型城市。

6.13　河南

6.13.1　三门峡

（1）城市概况

位于河南省西部的三门峡市，作为一座新兴城市，伴随着三门峡大坝而兴起。地处万里黄河第一坝的位置，三门峡湖面上栖息着大量的白天鹅，被美誉为"天鹅城"。截至 2014 年，全市生产总值 1240.13 亿元，按可比价计算，比 2013 年增长 9.1%，其中，第一、第二、第三产业增加值分别为 111.98 亿元、792.92 亿元、335.23 亿元，分别增长了 4.2%、9.9%、8.1%。三次产业结构由 2013 年的 8.3∶66.4∶25.3 变化为 9.0∶64.0∶27.0。[①]

（2）资源特点及利用概况

作为全省乃至全国重要的贵金属、有色金属及能源矿产基地，三门峡市矿产资源极为丰富，河南发现的矿种 60% 都来自于三门峡，共计 66 种。其中大型的和中型的矿床分别为 12 处、31 处。其中探明储量的 50 种，已上国家储量平衡表的 33 种，潜在经济价值达 2700 亿元；有 31 种保有储量居全省前三位。34 种已探明具有开采价值，已开发利用的 37 种，其中黑（煤炭）、白（铝）、黄（黄金）是三大优势矿产资源。三门峡可以说是全省甚至是全国重要的贵金属和能源开发基地，这都来自于其全国排名第二的黄金储量和产量、全省排名第一的锌、锑等 15 种矿，全省排名第二的钼、铀、铅等 9 种矿。同时三门峡市还具有丰富的水资源，有 3000 多条源于黄河和长江的大小河流。全市多年有 29 亿立方米的平均水资源总量（不含黄河入境水），420 亿立方米的黄河干流年均过境水量，18—20 亿立方米的三门峡水库的年调蓄量，容量达到了 96 亿立方米。三门峡的特色温泉，含有锂、钒、碘等 42 种优质微量元素，是全国少有的钙钠型高温矿泉水。另外，三门峡烟叶也以"代云烟"的美名受到关注，是我国各大烟厂抢手的优质卷烟原料。[②]

---

① 参见《三门峡市 2014 年国民经济和社会发展统计公报》。
② 三门峡市人民政府门户网站，www.smx.gov.cn。

（3）得分结果

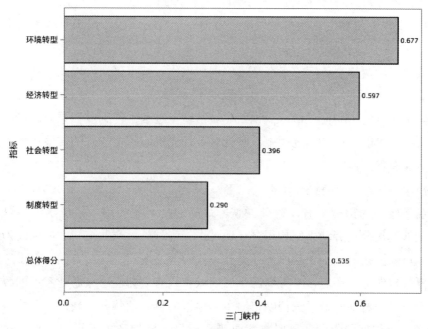

图 6.13.1　三门峡市一级指标评分结果

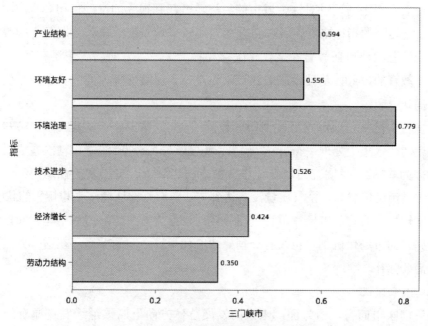

图 6.13.2　三门峡市二级指标评分结果

（4）转型评价

从城市转型总体评分来看，三门峡市的得分为 0.535，在所有被评价城市中位列第 60 位，说明三门峡市在城市发展转型方面有一定的成效，但仍有较大的上升和发展空间。在推动三门峡市转型的一级评价指标中，环境转型的得分最高，其次为经济转型，说明了近两年来三门峡市在环境治理和优化、城市化建设以及产业结构调整等方面的成绩比较突出，促进了城市的转型发展。排在后两位的分别是社会转型和制度转型，其中制度转型的得分最低，说明在城市转型过程中，制度体系问题没有得到很好的解决，这可能是在转型过程中没有针对市场化机制制定较好的转型体系或是所提出的方案没有得到落实造成的。总之，政府针对市场经济制度的工作在推动城市转型方面的作用不显著，有待进一步提高完善。

从经济转型的指标来看，得分贡献率最高的是产业结构，与技术进步得分相差无几，最低的得分是劳动力结构得分。通过进一步分析，产业结构之所以成为经济转型的最大贡献因素，源于现代服务业尤其是旅游业的发展，这一方面有赖于三门峡市得天独厚的自然地理环境，一方面源于三门峡市政府大力促进旅游业发展的政策。但从另一个角度来看则凸显了三门峡市对于本地区的资源依赖程度较高，可能对未来的发展造成一定程度的障碍。同时技术进步也对经济转型产生了很大影响，这说明三门峡市在科研经费投入等方面的工作也有所成效。从互联网普及率来看，三门峡市的网络覆盖水平之高足以对这个城市的经济转型起到很大的推动作用。

从社会转型的指标来看，各项得分相对比较平均，但是在公共服务上的得分并不高。这说明三门峡市在教育、文化、医疗和社会保障等方面的工作还有着一些缺陷，无论是在教育的投入、基础设施的建设，还是社会保险保障方面，社会转型仍有一定的进步提升空间。

环境转型是三门峡市发展转型得分最高的一项，其中环境治理评分 0.779，特别是城镇生活污水集中处理率得分达到 1.0；环境友好得分 0.557，市辖区建成区绿化覆盖率得分为 0.782，说明三门峡在环境转型方面达到了一定程度的预期。但由于工业污染和生活污染仍居高，空气质量没有达到与三门峡整体环境水平相持平的状态。

制度转型方面看，市场竞争程度得分较低，意味着三门峡市尚未建立起促进城市转型的完善的市场化机制，也没有处理好政府和市场之间的关系，在这一方面尚有许多缺陷需要弥补。

（5）未来建议

对三门峡市而言，一方面，未来的发展总体方向上应该继续发扬原有的资源优势，继续发展大旅游业，同时开发三门峡水资源，形成大规模地对矿泉水资源的利用，并以此为着力点推动经济转型。需要注意的是，开发和利用资源的同时应保持适度的发展速度，以防止对于资源过度依赖，以及未来资源枯竭等问题。另一方面，应加快制度和社会保障等相对弱势方面的转型。具体而言，环境转型对于其未来经济社会的可持续发展作用突出，应该进一步巩固和强化。在未来经济转型的发展方面，应该着力优化产业结构，培育持续增长新动力。在保持稳定增长的前提下优化三门峡市的经济发展结构，推动全市产业向中高端的层次迈进，同时重视优势资源的整合，在持续发展大旅游业的基础上，兼顾高新产业的发展。技术创新方面，应着力完善科学载体，蓄积产业发展新势能。促进产业集聚区、商务中心区和特色商业区的建设步伐，以战略战术作为发展支撑，以综合的手段推动技术创新朝着新高度迈进。另外，三门峡市应该大力关注制度转型，尤其是建立完善的促进城市转型的市场化机制，这不仅需要大量财政资金的投入，更需要制度创新。由于三门峡市制度评分较低，因此对这方面的改善和发展能够很好地推动城市转型，应当在未来发展方向上得到重视。只有弥补制度转型的不足，巩固环境转型的成果，兼顾经济转型和社会转型，三门峡市才能够推动其城市转型进一步发展。

6.13.2 洛阳

（1）城市概况

洛阳市乃历史古都，位于黄河中游、河南西部，因坐落于洛河之阳而得名，它不仅被国务院确立为首批历史文化名城，而且也是中部地区重要的工业城市。截至2015年，全市实现生产总值3508.8亿元，同比增长9.2%。其中，第一、第二、第三产业增加值分别为236.4亿元、1740.7亿元、1531.7亿元，其增长率以第三产业的10.3%为首，紧跟其后的是第二产业的8.9%和第一产业的5.0%。2015年，全市增长呈现两个显著特点：一是经济增长逐季回升，一至四季度累计增长分别为7.1%、8.1%、8.9%、9.2%；二是第三产业拉动明显，全年第三产业增速达到10.3%，高出第一、第二产业5.3%和1.4%。洛阳先后荣膺中国优秀旅游城市、全国文明城市、中国十大最佳魅力城市等荣誉称号。2014年，洛阳市入选国家新型城镇化综合试点。[①]

（2）资源特点及利用概况

洛阳市物产资源丰富，主要特点是储量大、埋藏浅，易于开采利用，品种多、品位高，用于能源、冶金、建材、化工等行业的发展，已探明有钼、铝、金、银、钨、煤、铁、锌、水晶、铅等甲类矿产资源26种，以及硫、耐火黏土、硅石、水泥灰岩、花岗岩等其他矿种16种。在洛阳市的栾川县分布着全国储量居首位的钼矿，达200多万吨。除此之外，洛阳市还分布着全省最多的铝土矿达2亿吨。有探明储量的金矿

---

① 参见《洛阳市2014年国民经济和社会发展统计公报》。

也达 200 余吨，主要分布在洛宁、嵩县、栾川等县。在此基础上拥有洛阳石化、中信重工、一拖集团、中铝洛铜、中硅高科、万基控股、伊川电力等众多具有较强市场竞争力的大型企业集团。经过 40 多年大规模的经济建设，洛阳市已成为新兴的工业基地。目前，有工业门类 35 个，乡及乡以上工业企业 1443 家，固定资产原值 165 亿元，净值 96 亿元，已形成机械电子、冶金、建材、石油化工、电力、轻纺、食品等七大支柱企业。众多大型企业也集中在洛阳，以一拖、洛轴、中信重机、洛玻等四大企业集团为首的相关支柱产业，对国民经济的发展起着重要的作用。

此外，洛阳市内生物资源十分丰富，经济作物种类繁多，也是重要的药材产地，中药材种类多达 1480 余种。洛阳市有两处野生植物自然保护区，育有珍稀动物 190 余种，总面积达十万余亩。同时洛阳市的旅游资源也非常丰富，市区及周边分布着周山、龙门山、小浪底、上清宫等四大森林公园和隋唐城遗址公园，伊、洛、瀍、涧、黄五条河流纵横其间，长达 20 余公里的洛浦公园穿城而过。先后荣膺国家旅游标准化试点城市、国家首批智慧旅游试点城市、全球网民推荐的中国十大旅游城市、福布斯中国大陆最发达旅游城市等荣誉称号。[①]

（3）得分结果

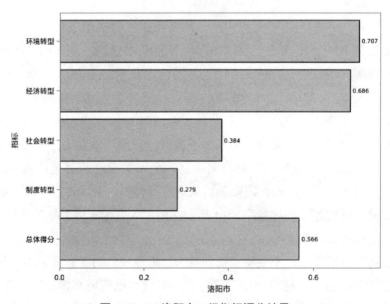

图 6.13.3　洛阳市一级指标评分结果

---

① 洛阳市人民政府网站，http:// www.ly.gov.cn。

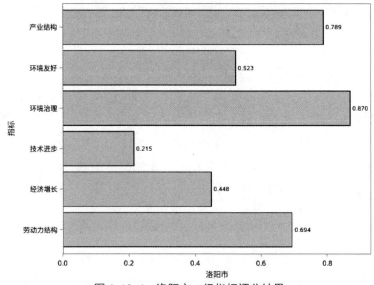

图 6.13.4　洛阳市二级指标评分结果

（4）转型评价

从城市转型的总体评分来看，洛阳市的得分为 0.566，在所有被评价城市中位列第 42 位，属于 115 个资源型转型城市里较为靠前的地区，说明洛阳市的城市发展转型有一定成效。在推动洛阳市转型的一级评价指标中，经济转型得分排名最高，说明了洛阳市在产业结构转型方面的成绩比较突出，有力地支撑了城市的转型发展。其次是社会转型和制度转型，得分均不高，排在后面的是环境转型，在推动城市转型中的作用不显著，有待进一步完善。

从经济转型的指标来看，得分贡献率最高的是产业结构，最低的是技术进步。这在一定程度上得益于洛阳政府加强对重大问题的研究谋划，加快建设"名副其实"的中原经济区副中心城市，着力解决制约发展的深层次问题，着力提速增量、提质增效，使得洛阳市后发优势进一步激活，因此该地区的经济出现转机也是意料之中的事。通过进一步分析，产业结构之所以成为经济转型的最大贡献因素，主要源于现代服务业产值规模和比重的提高，尤其是旅游业，这与洛阳市丰富的旅游资源以及促进旅游业发展的相关政策密切相关。而技术创新之所以对于经济转型的促进作用没有得到发挥，原因在于科研经费投入以及人才培养方面的工作没有到位，创新驱动力仍有不足。

从社会转型的指标来看，公共服务方面的得分并不高，这意味着洛阳市在教育、文化、医疗和社会保障等社会事业领域仍有不足，在这些方面的财政投入和政策支持仍有待完善进步。为了洛阳市的基础设施建设，洛阳城投集团作为发包公司，将项目发放给上下游企业，大额的资金需求量都需要企业自行融资垫付，这些材料商、设备商采取的融资渠道包括社会资本投入和银行融资。这在一定程度上成为了阻碍洛阳城市化发展和基础设施建设方面的障碍，也使得洛阳的社会转型方面仍有加强的必要。

从环境转型方面来看，洛阳市整体的环境得分较好，这得益于环境治理方面的表现，从数据可以看出，环境友好方面的指标只是中等水平，空气质量没有达到与环境转型整体的水平。这说明洛阳市在环境方面的投入和相关政策成效有限，应该进一步巩固和完善以期成为推动其城市转型的一个有力支撑点。

制度转型也是洛阳市城市转型的短板因素。这说明洛阳市政府在处理和市场的关系问题上仍有待进步，这需要洛阳市进行进一步的制度创新，与此同时，政府可以适当发挥力量，在城市转型过程中适时引导社会资本的运作，活跃洛阳全市的市场氛围，建立起一个完善的市场化机制，提高市场运作效率，为进一步的经济转型和社会转型铺平道路。

（5）未来建议

对洛阳市而言，首先，应当保持经济转型成功的优势，深化产业改革，以创新作为开局之眼，推动战略转型发展，坚持不懈的掌控经济社会发展的全局，强力推进供给侧结构性改革，厚植产业竞争新优势。加快构建现代产业体系，努力提高供给体系的质量和效率，为稳增长、调结构提供强劲动力。推动实体经济健康发展，提升工业发展质量效益，促进服务业提质增效。其次，环境对于其未来经济社会的可持续发展作用突出，应该进一步巩固强化，这也对其进一步发展旅游业以促进经济结构转型有着重要影响。要着力推进人与自然和谐共生，加快构建城乡一体的良好生态体系。牢固树立尊重自然、顺应自然、保护自然的理念，以期实现生产、生活上的绿色化，发展方式上的绿色化。坚定不移推进绿色发展，建设生态美丽新洛阳。狠抓重点污染治理，提升生态绿化水平，推进生态水系建设，加强湿地保护，推动低碳循环发展。以更大的力度保护和改善生态环境，打造具有洛阳特色的生态环境建设体系。最后，应该重视制度创新，摆正政府和市场的位置，建立起完善的市场化机制，促进经济、社会、环境协调发展，着力形成对外开放新体制，不断提升对外开放的质量和水平。深度融入"一带一路"战略，积极承接国内外产业转移，不断扩大洛阳作为丝绸之路经济带主要节点城市的开放优势。以及完善社会制度，实现以人为本的发展理念，秉承着改革、发展、稳定的思想，将丰硕的成果用之于民。一切为人民服务，坚持党的社会建设重点，改善民生，解决群众身边最直接、最迫切的利益问题。

6.13.3　焦作

（1）城市概况

焦作市地处河南省西北部，南靠黄河，与郑州市和洛阳市隔河相望，东临新乡市，西依济源市，北临太行山，与山西省晋城市接壤。焦作拥有得天独厚的旅游资源并在 2006 年 2 月被世界旅游评估中心授予"世界杰出旅游服务品牌"称号，是中国首获此殊荣的城市。焦作在 2008 年 3 月被确定为全国首批资源枯竭型城市（煤炭类），并于 2012 年被河南省政府确定为建设中原经济区经济转型示范市。

（2）资源特点及利用概况

作为重要中原城市之一，焦作市拥有独特的水资源优势，有 23 条流域面积在 100平方公里以上的河流，再加上群英水库、青天河水库、白墙水库、顺涧水库等较大水库，都为焦作提供了丰富的水资源。同时，焦作也有相当丰富的矿产资源，经过普查的矿产资源有四十余种，占河南省已发现矿种的四分之一。已探明储量的有 20 多种，包括煤炭、石灰石、硫铁矿、铝矾土、耐火黏土等，并且矿产资源在分布上具有鲜明的地域性，便于开采和利用。其中，煤炭资源是以化工和钢铁工业的理想原料著称的优质无烟煤，保有储量达 32.4 亿吨。同时，作为生产纯碱、乙炔、水泥等的优质原料石灰石，分布较广、储量也较大。此外，焦作市有比较丰富的动植物资源。野生动物190 多种，属于国家保护的珍稀动物 20 多种。属于华北植物落叶植被区的焦作市，有国家保护的青檀、银杏、红豆杉、山白树、连香树、杜仲等珍稀树种；水稻、小麦、玉米是主要的粮食作物，花生、怀药、棉花、大豆是主要经济作物。①

（3）得分结果

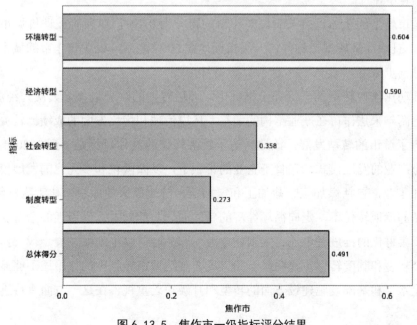

图 6.13.5　焦作市一级指标评分结果

---

① 焦作市人民政府网站，http://www.jiaozuo.gov.cn。

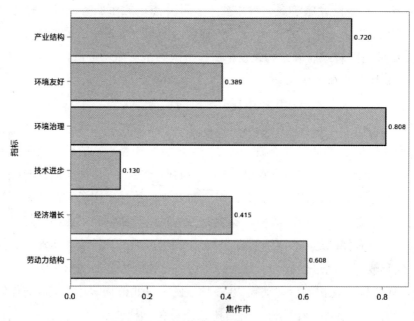

图 6.13.6　焦作市二级指标评分结果

（4）转型评价

从城市转型的总体评分来看，焦作市的得分为 0.491，在所有被评价城市中位列第 84 位，且除经济转型指标外，一级指标均在 50 位之后，说明焦作市的城市发展转型尚待进一步努力。

在推动焦作市转型的一级评价指标中，环境转型的得分最高，其次为经济转型，说明了近两年来焦作市在产业结构的调整、环境治理和优化方面的成绩比较突出，有力地支撑了城市的转型发展。该地区对于经济转型的具体目标是：到 2020 年，改革传统优势产业的发展模式，在骨干企业的带领下，以园区化和多元化的发展模式，发展下游加工业，包括煤加工、盐加工和氟加工，转变原来的原材料化工为精细化工，提高产品的就地转化率，走向循环经济的新局面。与此同时，创造性的培育新材料和新能源，集群化的推进锂电池、太阳能电池、非晶硅薄膜电池的发展步伐。排在最后的是社会转型和制度转型，说明政府和市场在推动城市转型中的作用还不够显著，对于城市化水平和基础设施建设方面的转型和升级缺乏重视，在这一方面有待进一步调整和完善。

从经济转型的指标来看，得分贡献率最高的是产业结构，最低的是技术进步。通过进一步分析，面对煤炭资源枯竭型城市的定位，焦作市产业结构的异军突起源于其对第二产业结构的不断调整，其中工业增加值中的采掘业占比不断降低，而持续产业增加值占比不断提高，以此实现了工业的转移。而技术创新之所以未能发挥对经济转型的带动作用，原因在于虽然互联网的普及十分广泛，但是科研经费投入、专利授权数量的不足使得创新驱动力仍有不足。数据显示，互联网普及率得分为 0.210（64位），R&D 经费投入强度得分为 0.050（81 位），从资源型城市综合得分来看，焦作市对于技术的重视和发展力度处于中等偏下水平，这无疑对于焦作市的经济转型起到了一定程度上的阻碍作用。

从社会转型的指标来看，教育方面的得分远比医疗以及社保方面的得分要高，说明焦作市教育、文化的发展要远超于医疗、社会保障等社会事业发展，说明社会转型仍有进一步提升空间。

在环境转型方面，虽然促进环境转型的最大动力源于对工业污染物排放、地质环境等污染的治理，但是焦作市空气质量得分拉低了环境友好方面的整体得分，一方面说明了当前环境治理的投入力度十分强劲，另一方面也反映出焦作市环境、空气方面的问题还没有得到有效解决。

制度转型是焦作市发展转型的最小贡献因素，其中市场竞争程度得分最低，说明促进城市转型的市场化机制尚未建立，未能有效地调动社会力量支持城市转型。

（5）未来建议

需要肯定的是，作为"因煤而兴"的城市，不得不承认在过去的一段时间里焦作市在转型上有所收获，不断摆脱"黑色印象"的传统产业进而朝着"绿色主题"的新兴产业不断发展，但发展仍面临着资源枯竭的历史遗留问题，因此未来的发展目标主要是实现维护能源资源安全、推动新型城镇化和工业化的发展。对此，建议：一方面强化产业转型，突破原有的以煤矿为生产资源的传统理念和产业模式，聚集支柱产业，采用先进技术，壮大装备制造业并且积极培育新兴产业。由于煤炭资源的几近枯竭，焦作市的产业转移朝向新兴产业，但由于采掘业增加值的 GDP 占比较高，因此不能忽视现有基础和资源，为了实现以能源和精细化工为支柱产业的集群，推进产业链条的延伸，在高新技术产业的带领下改造以建材、塑料为代表的传统产业技术，秉承"工业强市"的发展理念，实现发展目标。另一方面，通过加强基础设施建设，加强人才资源开发，保护生态环境以及塑造城市精神，提升区域地位和城市品牌。尤其是针对指标评分相对落后的社会转型和制度转型，应从城市整体的结构和机制入手，完善城市基础建设体系和转型制度。在社会转型方面，应该保持对学校建设和教育、福利的重视，同时提高社会保险的覆盖程度以及完善医疗保障制度；而在制度转型方面，应加大对于资源型城市转型宣传的力度，调动社会力量，立足市场经济体制等方面，建立绿色有活力的资源保障地。

6.13.4　鹤壁

（1）城市概况

鹤壁市是河南省省辖市，面积 2182 平方公里，位于河南省北部，地处中原经济区，衔接环渤海经济圈前沿。京广铁路、京港澳高速公路等多条铁路公路组成鹤壁的"双十字"大交通格局。鹤壁市资源禀赋良好，煤炭、白云岩、水泥灰岩较丰富。农业发展水平较高，人均畜牧业产值、肉蛋奶产量等指标连续 20 多年居全省首位。近年来，鹤壁市加快打造"两个构建"即构建新兴产业基础和新型城市骨架升级版，经济转型初见成效，2014 年实现全市生产总值 682.2 亿元，同比增长 10.1%，增长速度为全省第一，其中电子信息产值增速最为显著，达到 139.2%。鹤壁市重视生态和循环经济的建设，先后成为全国首批循环经济示范市创建城市、全国首批中美低碳生态试点城市、国家生态旅游示范区。[1]

（2）资源特点及利用概况

鹤壁市矿产资源丰富，地域组合良好，品位高，易开发。目前已发现的矿藏主要有煤炭、瓦斯气、水泥灰岩、白云岩、石英砂岩、耐火黏土等 30 多种。其中，煤炭探明储量 17.4 亿吨，白云岩约 10 亿吨，水泥灰岩矿床储量为 50 亿吨。依托富集的矿产资源，鹤壁市作为国家能源重化工基地，为河南省乃至中原经济区的工业发展提供了大量的矿产资源。面对资源的持续开采利用，加之周边没有发现特大型的煤矿，鹤壁的发展面临的困境是有增的产业和无增的矿产资源。[2] 作为黄淮海平原农业综合开发区，鹤壁市土地肥沃，耕地面积 158 万亩，粮食总产量稳定在 110 万吨以上，粮食、棉花、油料等农产品及柿子、核桃等经济作物产量较高，拥有著名的"淇河三珍"（鲫鱼、缠丝鸭蛋、冬凌草）。而且，在全河南省 60 条主要城市河流水质排名中，淇河水质常年保持在国家二类以上，排名第一。此外，鹤壁市旅游资源丰厚，一河（淇河）、两城（浚县国家历史文化名城、淇县朝歌古城）、三山（大伾山、云梦山、五岩山）是鹤壁市旅游发展的重点，2014 年全市实现旅游总收入 55.4 亿元。

---

① 参见《鹤壁市 2014 年国民经济和社会发展统计公报》。

② 刘兴宇：《资源型城市产业结构优化研究——以鹤壁市为例》，《当代经济》2013 年第 9 期。

（3）得分结果

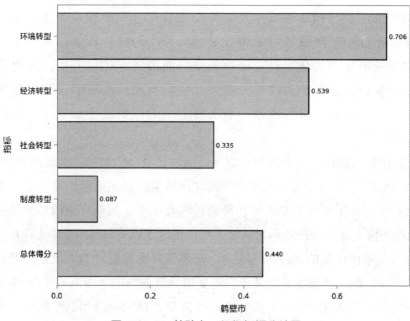

图 6.13.7 鹤壁市一级指标评分结果

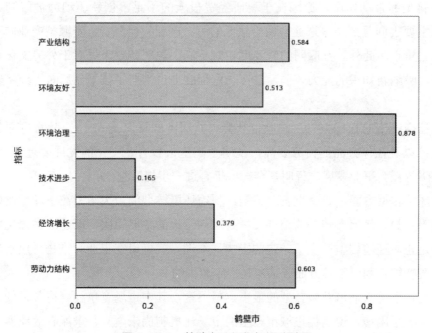

图 6.13.8 鹤壁市二级指标评分结果

（4）转型评价

从城市转型的总体评分来看，鹤壁市的得分为 0.440，在所有被评价城市中位列第 101 位，说明鹤壁的城市发展转型成效相对不理想。在推动鹤壁市转型的一级评价指标中，环境转型的得分最高，其次为经济转型，说明了近两年来鹤壁市在环境治理与优化、产业结构调整方面的成绩比较突出，有力地支撑了城市的转型发展。排在后两位的分别是社会转型和制度转型，其中制度转型的得分最低，说明政府和市场在推动城市转型中的作用还不够显著，有待进一步调整和完善。

从经济转型的指标来看，得分贡献率最高的是劳动力结构，最低的是技术进步。通过进一步分析，劳动力结构之所以成为经济转型的最大贡献因素，主要源于人口增长率相对较高和采掘业劳动者比例降低。近几年来，鹤壁市资源型产业从业人员人数在逐渐下降，非资源产业单位从业人员比重达 50%—60%，反映出深层制造业吸纳的劳动力人数比传统的资源采选业多，资源型产业的劳动力人数已经开始向非资源型产业转移。这一理想结果则是源于鹤壁市近年倡导的"两个构建"，新兴产业基础和新型城市的发展减少了原有采掘业的经济量，休闲旅游和新型物流新业态快速发展，因此经济转型和产业结构调整两方面初见成效。而技术创新之所以未能发挥对经济转型的带动作用，原因在于科研经费投入的不足，创新驱动力被限制。科研经费的主要去向是煤炭采选业，由于较低的下游产业科研经费，资源型产业向下游发展的困难重重。此外，互联网的普及度相对不高，说明鹤壁市民对于外界文化交流相对不足，吸纳新知识的能力较弱，这在一定程度上也削弱了技术创新对于经济转型的作用。

从社会转型的指标来看，鹤壁市社会公共服务的排名是 63 位，教育方面的得分远比医疗以及社保方面的得分要高，说明了鹤壁市教育、文化的发展要远超于医疗、社会保障等社会事业发展，说明社会转型仍有进一步提升空间。

在环境转型方面，鹤壁市表现不佳，制约环境转型的最大阻力在于环境友好方面的转型不理想。鹤壁市较差的空气质量是这一结果的主要原因，而建成区绿化覆盖面积的不足也对环境转型产生了一定的影响。不过，鹤壁市在工业污染物排放治理、工业固体废物综合利用率等方面成绩也是不容忽视的。

制度转型是鹤壁市发展转型的最小贡献因素，其中市场竞争程度得分最低，金融发展也陷入了困境，说明促进城市转型的市场化机制尚未建立，未能有效地调动社会力量支持城市转型。

（5）未来建议

从转型评价结果，对未来鹤壁的发展建议：

一是促进资源型产业的转型，提高下游资源的精加工能力。根据资源采选业—资源初级加工业—资源深层制造业的产业链路径因地适宜的发展资源型产业，重点发展金属镁加工业和煤电一体化，推进各种产业向产业链的下游延伸，促进一体化的上下游产业发展，努力加强产业的核心竞争力。

二是深入完善资源的开发体系，建设能源的供应基地。对于矿产资源的勘查、开发、保护、利用进行合理的安排，整合并优化重要矿产资源。提高对小规模资源企业的重组合并，整合大型的矿产资源企业。鹤壁市要建立综合的能源体系，在构建资源型产业的同时，与其他资源供应进行充分的联系，使得资源的利用和引进可以得到保证。

三是培养创新型的人才队伍，增加科技投入。创新和改革煤炭开采以及废物利用、清洁生产、污染治理的技术。增大资源型产业的科技投入，调整就业结构，促进大中型企业的创新活力。加强管理和引进专业人才，建立属于自己的科研创新团队。

四是发展循环经济，深入推进可持续发展。打造循环经济的产业链条，要按照废弃物产生、资源开发、资源消耗、社会消费和再生资源利用这五个关键环节规划工业园区的企业整合、产业构成与产业集聚区。

6.13.5 濮阳

（1）城市概况

濮阳市是河南省省辖市，位于河南省东北部，地处冀、鲁、豫三省交界处。总面积 4188 平方公里，人口 389.93 万。濮阳市区位优势明显，作为河南省的东北门户，濮阳市连接山东省聊城市、泰安市，河北省邯郸市，是中原经济区重要出海通道。京九铁路、大广高速等多条铁路和高速公路贯穿全境，交通便捷。近年来，濮阳市注重改革发展，提升创新能力，先后被列为国家知识产权试点市、"全国质量强市示范城市"创建城市，高新技术创业服务中心被评为国家级科技企业孵化器。2014 年濮阳市实现了 1253.61 亿元的地区生产总值，同比增长率为 10%，排河南省增速第二位；达到 729.79 亿元的规模以上工业增加值，同比增长率为 12.8%，排河南省增速第二位；城镇居民人均可支配收入为 23767 元，同比增长率为 10.2%，排河南省增速第一位。[①]

---

① 参见《濮阳市 2014 年国民经济和社会发展统计公报》。

（2）资源特点及利用概况

濮阳市是国家重要商品粮生产基地和河南省粮棉油主产区之一，石油、天然气、盐、煤等地下资源丰富，是中原油田所在地，具有丰富的矿藏资源和地热资源。濮阳的石油、天然气储量较为丰富，且质量好。经估算，石油远景的总储备量达十几亿吨，有 2000 亿—3000 亿立方米的天然气远景资源量。濮阳市初步探明的煤炭储量约 10.862 亿吨，但煤炭埋藏深，在地下 1200—1600 米，且地处黄河行洪、滞洪区，因此开发技术障碍较大。濮阳市的岩盐储量为 1440 亿吨，且具有"重结晶明显，结晶粒度粗大，品位高，储量大"的特点，因而勘探开发价值很高。铁、铝土矿因埋藏较深，其藏量尚未探明。濮阳市具有省出资地热勘查项目一个，工作区内温水和温热水资源总量为 30.97×109 立方米，热能共计 45.75×1017 焦耳。

多年来，濮阳市围绕石油化工、煤化工、盐化工"三化"融合，建设成为国家重要的化工基地，多个精细化工项目正在推进，地热资源的开发利用步入正轨。[①]

（3）得分结果

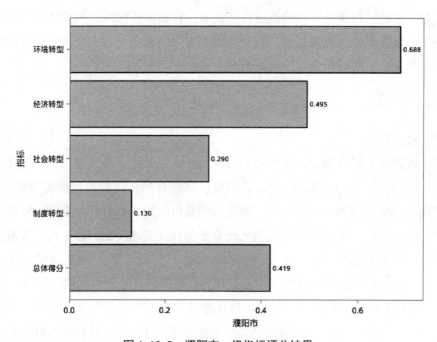

图 6.13.9　濮阳市一级指标评分结果

---

① 濮阳市人民政府网，http://www.puyang.gov.cn。

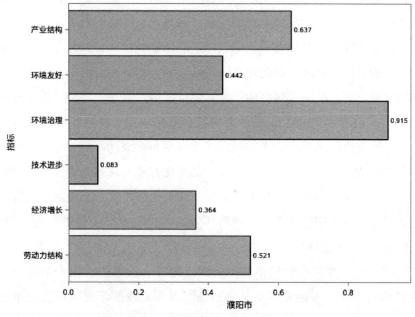

图 6.13.10　濮阳市二级指标评分结果

（4）转型评价

从城市转型的总体评分来看，濮阳市的得分为 0.419，在所有被评价城市中位列第 109 位，说明濮阳市的城市发展转型成效不显著。在推动濮阳市转型的一级评价指标中，环境转型的得分最高，其次为经济转型，说明了近两年来濮阳市在环境治理和优化、产业结构调整方面成绩比较突出。排在后两位的分别是社会转型和制度转型，其中制度转型的得分最低，说明政府的财政政策在推动城市转型中的作用还不够显著，有待进一步调整和完善。

从经济转型的指标来看，得分贡献率最高的是产业结构，得分最低的是技术进步。通过进一步分析，产业结构之所以成为经济转型的最大贡献因素，主要源于其工业经济实力不断增强。在工业经济总量实现新突破的同时，显著增强了工业发展实力。通过深入实施"131"工业强市战略工程，工业规模持续扩张，质量效益稳步提升。一批化工企业、循环经济企业和科技企业为濮阳市的经济转型和升级贡献了力量。而技术进步之所以未能发挥对经济转型的带动作用，原因在于科研经费投入、专利授权数量的不足，创新驱动力仍有不足。不容忽视的是，互联网的普及率相对不高，说明濮阳市民对于外界文化交流相对不足，吸纳新知识的能力较弱，这在一定程度上也削弱了技术进步对于经济转型的作用。

从社会转型的指标来看，濮阳市的社会转型排名处于中下游，教育方面的得分远比医疗以及社保方面的得分要高，说明了濮阳市教育、文化的发展要远超于医疗、社会保障等社会事业发展，社保参保比例过低，病床数过少，公共服务成效不明显，政府在民生方面的工作仍有进一步提升空间。

在环境转型方面，濮阳市排名中下游。促进环境转型的主要动力源于相对较高的工业污染物排放治理水平和工业固体废物综合利用率。而环境友好对促进环境转型的贡献作用不够突出，虽然濮阳市的绿化工作做得相对成功，但对空气质量方面的管控工作还不够有效。一方面说明了环境保护的观念并没有深入人心，政府仍需要多做宣传。另一方面表明政府对于大气方面的保护政策力度不够，公众对于这方面的意识尚不清晰。因此濮阳市应注意在维持现有环境保护的程度上，加强空气质量方面的监控，继续扩大城市绿化面积。

制度转型方面，濮阳市对城市转型的制度建设和改善仍有很大的提升空间，社会投资规模相对不高，金融发展不足，市场竞争程度较低，说明促进城市转型的市场化机制尚未建立，未能有效地调动社会力量支持城市转型。因此濮阳市需要积极引入更多的社会投资、加强产权保护和金融支持力度，以期有效地调动社会力量支持城市转型。

（5）未来建议

30 年前，濮阳依托中原油田开发而建，通过多年的不懈努力，已初步建立了以石油化工为主导、门类相对齐全的工业体系，但同时资源依赖型发展路径的弊端也逐步凸显。建议濮阳未来的发展中，一是强化产业结构的调整，重点推进高精尖技术企业的建立和化工业的发展，发挥其对实现未来经济社会可持续发展的突出作用。包括加快发展化工、石油机械装备制造、家具制造、食品加工、羽绒制品及服饰加工等传统优势产业，扩大规模，提升层次，增强核心竞争优势；瞄准产业发展新趋势，精心选择重点突破领域，出台实施新材料、电子信息、新能源汽车等产业发展专项，着力培育战略性新兴产业，抢占发展制高点；此外还应该大力发展现代服务业，突出抓好现代物流、文化旅游、信息服务、金融、商贸服务、健康养老等六大领域，以重点领域突破带动服务业全局发展。二是加强污染治理。当前对于污染的治理、环境的保护工作还应持之以恒保持良好的势头。三是加强民生投入。在现有财政支出结构中，加大对民生的投入力度，并探索建立以财政资金为引导的社会化投资机制，综合政府和社会力量，共同支持科技创新和产业升级，力图营造一个投资生产环境良好，人民生活质量水平进一步提高的各要素协同发展的社会。

6.13.6　平顶山

（1）城市概况

平顶山市是河南省地级市，总面积 7882 平方公里，总人口 537.5 万。北临省会郑州市，东靠许昌市、漯河市，西与汝州市、洛阳市、南阳市接壤。贯穿平顶山市城区的孟宝铁路是连接京广线、焦柳线两大干线的重要铁路。近年来，平顶山市抓住调整结构和加快转型的主线来提升经济，2014 年，平顶山市实现生产总值 1289.3 亿元，同比增长 8.4%，其中，人均生产总值达到 31986 元，同比增长 8.1%，产业结构中，第一产业和第三产业同比上升 0.1% 和 1.5%，第二产业下降 1.6%。[①]

（2）资源特点及利用概况

平顶山市地质构造复杂，成煤条件优越，矿产资源丰富，素有"中原煤仓"之称。有 57 种已探明的矿产，其中优势矿产 8 种。有煤、石灰石、盐、耐火黏土、溶剂灰石、铅、铁和硅石。新中国建立后开发建设的矿区以及位于平顶山市区和郏县、襄城县、宝丰县交界地带的平顶山煤田，煤炭煤种齐全，储量丰富，质量优良，约有 650 平方公里，总储量 103 亿吨，大部分为肥煤、焦煤、气煤。而地处叶县南部的叶县盐田，总面积约 400 平方公里（包括舞阳县），远景储量至少在 2000 亿吨以上，叶县境内地质总储量有 1025 万吨，是特大型盐矿床，含氯化钠 90% 以上，居全国井盐第二位。另外铁矿工业储量 6.61 亿吨。石膏、铝矾土、黏土、花岗岩、水泥灰岩、石灰石等几十种矿产资源质量好、品位高、储量大、易开采，有力地促进了能源工业、冶金工业等的发展。大量矿产资源促成一批工业和贸易企业的发展：香安煤业、金华煤业、虹冠煤业、玉隆工贸、驰润商贸等。同时，利用焦炉煤气制备氢气及乙炔气关键技术研究及产业化示范项目等一批延长产品链条、增收增效的工业项目依托资源优势逐步发展。由于平顶山市地处淮河流域上游，水资源严重不足，人均水资源量 364 立方米，低于河南省人均 406 立方米的水平，是极度缺水地区。[②]

---

① 参见《平顶山市 2014 年国民经济和社会发展统计公报》。
② 平顶山市人民政府网，http://www.pds.gov.cn。

（3）得分结果

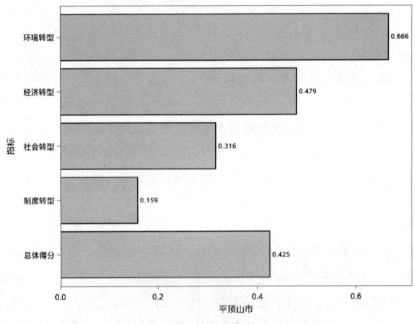

图 6.13.11　平顶山市一级指标评分结果

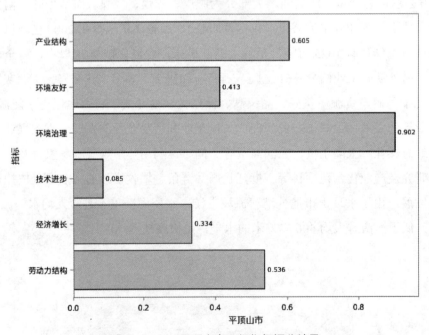

图 6.13.12　平顶山市二级指标评分结果

（4）转型评价

从城市转型的总体评分来看，平顶山市的得分为 0.425，在所有被评价城市中位列第 106 位，说明平顶山市的城市发展转型成效不明显。在推动平顶山市转型的一级评价指标中，环境转型的得分最高，其次为经济转型，说明了近两年来平顶山市在环境治理和优化方面的成绩比较突出，在产业结构的调整方面有一定效果。排在后两位的分别是社会转型和制度转型，其中制度转型得分最低，说明政府和市场在推动城市转型中的作用还不够显著，有待进一步调整和完善。

从经济转型的指标来看，得分贡献率最高的是产业结构，最低的是技术进步。通过进一步分析，产业结构之所以成为经济转型的最大贡献因素，主要源于传统制造业比重的下降、现代服务业产值比重的快速提高，这与平顶山市近年来规划建设 15 个专业园区、发展战略性新兴产业、改造提升传统产业的战略密不可分。平顶山市作为工业化城市，主要就是通过生成洁净能源和替代产品、关注煤化工的转型。同时发展先进技术下的机械制造业，实现二者的齐头并进化发展。为了改变对于资源依赖的现状，平顶山市进行多元化的发展，依靠外部资本等生产要素来促进经济转型。而技术进步之所以未能发挥对经济转型的带动作用，原因在于在互联网普及率并不高的情况下，科研经费投入也很少，这使得居民缺少对外交流，接受新知识的能力较弱，因而创新驱动力仍有不足。

从社会转型的指标来看，平顶山市在公共服务方面的发展较薄弱，教育经费支出不够多，每千人职业医生数有限，病床数量不足，说明平顶山市医疗资源短缺是社会转型失败的一大原因，教育投资还应投入更多，城市社会转型仍有进一步提升空间。

在环境转型方面，促进环境转型的最大动力源于对环境的治理，工业污染物排放减少，工业 SO_2 和工业烟粉尘排放得到治理，工业固体废物综合利用水平较高。然而，在环境友好方面，虽然平顶山市绿化覆盖率不低，但是城市的空气质量却成为阻碍环境成功转型最大的障碍。这也反映出平顶山市政府对于空气质量监控和治理的不足，应引起有关部门的重视，尽快采取有效的措施。而且，环境友好方面较弱说明居民环保意识不强，政府也应该对于这方面进行宣传，有助于推进环境转型。

制度转型是平顶山市的弱势指标，在所有城市排名中靠后，主要原因在于市场竞争程度较低，社会投资规模比过低，说明平顶山市社会资本的融通作用并没有得到完全发挥，促进城市转型的市场化机制尚未建立，未能有效地调动社会力量支持城市转型。

（5）未来建议

由于当前转型效果总体欠佳，未来平顶山市应下大力气，进一步强化产业结构调整，同时完善社会化投资机制，将政府和社会的资本形成合力，共同支持科技创新和环境治理，从而促进经济、社会、环境间的协调发展。具体而言：

一是增加对于资源的利用，以达到集约化发展。资源是资源型城市的立市之本，因此，如果按照因地制宜、实事求是的原则，就不应该摒弃传统资源产业着力发展高新技术产业，而是应该转变经济发展方式，提高资源使用的质量和效益，着重集约发展，整合资源并且发展循环经济。

二是同时改造传统产业以及培育新型产业。单一的产业结构、大比重的重工业、采掘业和原材料工业，以及小比重的加工工业，是平顶山市在工业方面现存的严重问题。这些工业都处于产业链的前端，较低的产业加工程度，滞后的高科技产业，不发达的第三产业使资源型城市的产业经济效益不高、转换功能不强、适应市场能力较差。因此，以经济结构调整为主来推进产业结构的优化升级可以达到可持续发展的目的。

三是治理生态环境，来达到绿色经济。发展的中心思想应该是抛弃污染的 GDP，淘汰落后的生产设备，加强建设生态环境；在工作布局上，以确定环境容量为发展前提，以倡导环境保护促进经济发展为理念，以确定环境准入为调节手段，以确定环境管理为转变措施，以确定环境评估为考核依据，以经济和环境保护共同发展为目标。

6.13.7 南阳

（1）城市概况

南阳市是河南省辖地级市，位于河南省西南部，地处豫鄂陕三省交界地带。总面积 2.66 万平方公里，人口 1000.6 万，是河南省面积最大、人口最多的省辖市。南阳市通讯畅达，形成了综合铁路、航空、高速公路的交通体系，便捷的交通为南阳市的经济发展提供了基础。2014 年，南阳全市生产总值达到 2347.09 亿元，同比增长 8.6%，其中，第一、第二、第三产业增长值分别为 4.2%、9.3%、9.6%；全年规模以上工业企业主营业务收入 3149.51 亿元，同比增长 11%。南阳市重视结构调整和协调发展，先后获批全国中医药服务贸易先行先试重点区域城市、国家新能源示范城市、中国优秀旅游城市等。①

（2）资源特点及利用概况

南阳市自然资源丰富，地域广阔，是鄂、豫、陕毗邻地区的中心城市，农业基础雄厚，素有"中州粮仓"之称；水资源总量 70.35 亿立方米，拥有丹江口水库、鸭河口水库、白河水系等，是南水北调中线工程核心水源地和渠首所在地；作为中国矿产品最富集的地区之一，南阳目前已发现矿种 94 种，已探明储量的矿种 45 种，且都已投入开发利用。其中，能源矿产 3 种，金属矿产 8 种，非金属矿产 37 种，水气矿产 2 种。此外，作为中国四大名玉的独山玉出自南阳，素有"东方翡翠"之称，目前已探

---

① 参见《南阳市 2014 年国民经济和社会发展统计公报》。

明的独山玉储量为 1.975 万吨。天然碱、蓝石棉、高铝矿物等，储量位居全国之冠；石油、金、铜、钒、钛在省内占有重要位置。①

（3）得分结果

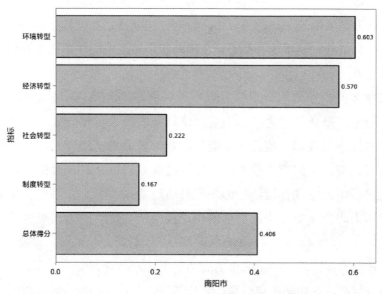

图 6.13.13　南阳市一级指标评分结果

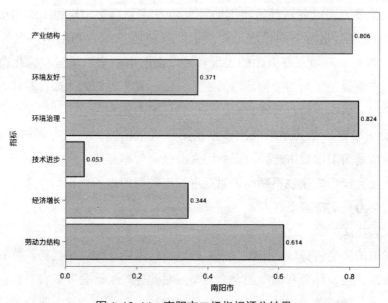

图 6.13.14　南阳市二级指标评分结果

---

① 南阳市人民政府门户网站，http://www.nanyang.gov.cn。

（4）转型评价

从城市转型的总体评分来看，南阳市的得分为 0.406，在所有被评价城市中位列第 112 位，说明城市发展转型成效不明显。在推动南阳市转型的一级评价指标中，环境转型的得分最高，其次为经济转型，说明了近两年来南阳市在产业结构的调整、环境治理和优化方面取得了一定成绩。排在后两位的分别是社会转型和制度转型，其中制度转型的得分最低，说明政府和市场在推动城市转型中的作用还不够显著，有待进一步调整和完善。

从经济转型的指标来看，得分贡献率最高的是产业结构，最低的是技术进步。通过进一步分析，产业结构之所以成为经济转型的最大贡献因素，主要源于现代服务业增加值占比的提高和采掘业、传统制造业增加值占比的降低。虽然产业结构改善的成效较高，但是南阳市在技术进步方面的成效仍旧不足。而技术创新之所以未能发挥对经济转型的带动作用，原因在于科研经费投入不足，而且互联网普及率非常低，这使得南阳市民对外交流机会偏少，接受新知识的能力相对较弱，创新驱动力仍有不足。

从社会转型的指标来看，南阳市的成绩居下游，教育方面的得分远比医疗以及社保方面的得分要高，说明南阳市教育、文化的发展要远超医疗、社会保障等社会事业发展，南阳市医疗条件亟须提升，社会转型需走的路较长。

在环境转型方面，促进环境转型的最大动力源于工业 SO_2 和工业烟粉尘排放治理，而南阳市的工业污染物排放治理、工业固体废物综合利用率、生活污水集中处理的表现相对于环境友好方面的表现较好。南阳市的空气质量和绿化覆盖率都不是很好，一方面说明了当前爱护环境的观念并没有真正地深入人心，绿化方面的发展做得不够突出；另一方面也反映出南阳市虽然环境治理投入较多，但是全方位的环境转型依旧迫在眉睫，尤其是政府应该重视空气质量，加大大气方面的控制和监管。

制度转型是南阳市城市转型的弱势因素，政府效率有待提高，其中市场竞争程度得分最低，社会投资规模也不高，说明促进城市转型的市场化机制尚未建立，未能有效地调动社会力量支持城市转型。

（5）未来建议

面对紧迫的转型任务，南阳市在未来的城市转型中，应突出优势，弥补劣势，以经济转型带动社会、环境和制度的全面转型。对此建议：一是发挥自身优势资源，建设一批规模大、效应强的产业。寻找新的经济增长点和增长方式。重点关注国家政策和投资重点，站在产业、资源等优势资源角度，建立完备的成型项目数据库。以高操作性的大数据为依托预测项目发展，有针对性的争取更多项目和资金。重点关注主导产业和产业集群的发展，结合拉长的产业链条，来推广类似南召产业集聚区的发展，以提高年底的考核成绩。以扶持和管理重点骨干企业为领头羊的方法，继续抓好工业企业"双百"工程。

二是加快产业结构调整，促进工业转型升级。提升南阳市经济质量必须优化产业结构，淘汰落后产能。调整产业结构首先要调整工业产业结构，包括协调发展各产业，改善其组织结构，包括制造业与服务业、轻重工业、劳动力密集与资金、技术密集型产业。在骨干企业的带领下，形成以市场竞争为模式、专业分工为方式、产业配套为措施，规模经济为目标的集中化产业，实现产业结构中上下游的协同发展。正确运用先进的科学技术展开改造，实现新型工业化发展。合理运用必要的行政手段和推出产能落后的企业净化市场环境。提高准入要求，以控制产能过剩和重复控制。最后要对于工业区域布局进行优化，使得区域协调发展新格局与地区资源、能源及环境容量相适应，突出主导产业特色优势。

三是在现有财政支出结构中，加大对教育、医疗、科技、环境治理的投入力度，共同支持科技创新和环境治理，形成创新驱动，促进经济向高科技、绿色化方向转型。

6.14　湖北

6.14.1　鄂州

（1）城市概况

鄂州市是湖北省下辖的地级市，面积 1594 平方公里，人口 104.88 万人。地处湖北省东部，武汉城市圈核心区，位于长江黄金水道南岸，建有 4 座港口，可停泊万吨级船舶。依托区位优势和产业基础，鄂州市建有五大工业和农业园区，形成矿产冶金、建筑材料、食品轻工和蔬菜、水产等九大产业，是武汉城市圈重要的工业产品和农副产品供应地。目前鄂州市有各类企业 2100 多家，规模以上企业 180 多家，湖北省名牌产品 3 个，驰名商标 6 个。2014 年，鄂州市完成生产总值 686.64 亿元，同比增长 9.7%；全市人均生产总值达到 64851 元，同比增长 8.46%，经济发展态势良好。[①]

---

① 参见《鄂州市 2014 年国民经济和社会发展统计公报》。

（2）资源特点及利用概况

鄂州市境内矿产资源富集，具有铁、铜、钼、金、银、锶等数十种金属矿资源，硬石膏、沸石、膨润土、花岗石、珍珠石等 30 余种非金属矿产资源，以及能源矿产煤矿。除了钼、钴、银、镓、石膏尚未利用外，其他资源均已开采。鄂州市坐拥全省第二大铁矿储量的宝座，已探明 2.5 亿吨，与此同时，铜金属量为 21 万吨，这些矿产资源在鄂州市得以合理的利用，为冶金、建材、机械等产业的发展提供了原材料基础。近些年，鄂州市对太阳能、风能、生物能资源的开发利用进程加快，目前鄂州市太阳能光伏发电年产能 2.72 亿千瓦时，太阳能照明 160 万千瓦时。此外，鄂州市已建成户用沼气 4.5 万户，年产沼气 120 万立方米；风力发电厂发电能力为 500 千瓦时，年产能 100 万千瓦时；太阳能光热建筑应用面积 300 万平方米，地源热泵建筑应用面积 310 万平方米。此外，享有"百湖之市"的鄂州市，坐拥梁子湖、红莲湖、鸭儿湖、三山湖、洋澜湖等大小湖泊 129 个，水域面积 65.06 万亩。[①]

（3）得分结果

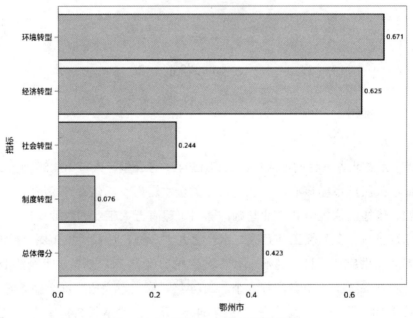

图 6.14.1　鄂州市一级指标评分结果

---

① 鄂州市政府门户网站，http:// www.ezhou.gov.cn。

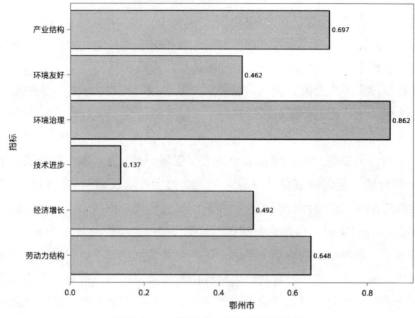

图 6.14.2   鄂州市二级指标评分结果

（4）转型评价

从城市转型的总体评分来看，鄂州市的得分为 0.423，在所有被评价城市中位列第 108 位，说明鄂州城市转型成效有限。在推动鄂州市转型的一级评价指标中，环境转型的得分最高，其次为经济转型，说明了近两年来鄂州市在环境治理和经济调整的成绩较突出。排在后两位的分别是社会转型和制度转型，其中制度转型得分最低，说明制度环境对鄂州市的转型并没有起到期望的作用，有待进一步调整和完善。

从经济转型的指标来看，得分贡献率最高的是产业结构，最低的是技术进步。通过进一步分析，产业结构之所以成为经济转型的最大贡献因素，主要源于采掘业和传统制造业规模的减少。近年来，面对钢铁业发展逐年下滑的问题，鄂州市政府采取了平稳过渡的方式，即一方面通过新型城镇化建设，短时间内刺激钢材水泥市场；同时通过钢铁业的重组，淘汰落后产能和僵尸企业，有力地推动了传统产业的转型。此外，鄂州市着力发挥医药资源优势，在政府的扶持下，生物医药等高科技企业发展迅速，成为唯一一个纳税呈爆发式增长的产业。相比之下，在技术创新方面存在着一定的不足，未来应加强科研经费投入以激发创新动力。

从社会转型的指标来看，鄂州市的公共服务较落后，居 97 位。鄂州市的居民社保参保比例非常低，教育经费支出也很少，政府需重视社保、教育、医疗等方面的财政支持，社会转型仍有进一步提升空间。

　　在环境转型方面，鄂州市的评分居下游水平。鄂州市在环境治理方面做的不错，但是环境友好对促进环境转型的贡献作用不够突出，一方面说明了当前爱护环境的观念并没有真正的深入人心，绿化方面的发展做得不够突出；另一方面也反映出鄂州市虽然环境治理投入较多，但是全方位的环境转型依旧迫在眉睫。

　　制度转型在鄂州市发展转型中贡献最少，社会投资规模比较低，金融业务尚待发展，社会力量未能有力支持城市转型。

　　（5）未来建议

　　对于鄂州市未来的发展，建议：一是依靠创新驱动，进一步明确先进制造业、现代服务业和新兴产业在城市发展中的定位，着力于稳增长调结构，强力推进产业升级。坚持改造传统产业与培育新兴产业并重，加强传统企业技术改造，推进工业化与信息化融合。启动实施"百家企业技改行动计划"，全面提升技术装备、经营管理、品种质量水平，培育一批高端拳头产品，提升全要素生产效率，促进传统工业向信息化、智能化、绿色化迈进。把新兴产业培育作为经济工作的主战场，集中力量支持生物医药、电子信息、新材料等产业形成集群优势。发挥产业基金对新兴产业培育、高新项目引进的撬动作用，支持北斗导航、物联网、机器人、高端智能装备、新能源等项目快速成长。加快电厂三期、南都电源、特种汽车、虹润新能源等重大项目进展，尽快形成百亿产业规模。

　　二是坚持绿色低碳发展，建设生态文明示范区。从生态文明建设入手转变发展方式，对绿色发展机制进行完善，加快绿色发展进程。首先，推进全域生态建设。以创建生态市为契机，全域推进生态文明试验区建设。依托梁子湖综合防洪一期工程等重大项目，建设全国水生态文明试点，对于湖泊的生态治理，要在政府的主导下集中实施，并且要充分发挥用途管制等方式的作用。完成花马湖水系生态保护规划，启动青天湖、五四湖、葛店南部区域湖泊生态恢复工程。开展生态乡镇创建，建设一批国家级、省级和市级生态乡（镇）村。对全市百年以上古树名木实行编号保护。全面推进"绿满鄂州"建设。其次，进一步整治生态环境，充分发挥政府、企业、公众等不同主体的作用，建立一个多维度的城乡环境治理体系。实行污染源控制和污染物治理两手抓，加强工农业生产污染源监管，实施一批节能减排工程，严控农村面源污染。最后，探索绿色发展促进机制。推动建立自然资源资产产权制度，探索绿色资产证券化、绿色信贷融资模式，积极开展资源和环境责任审计试点。

6.15 湖南

6.15.1 衡阳

（1）城市概况

衡阳市地处湖南省南部，位于南岳衡山的南面，是湘南水陆运输中心的重要交通枢纽，也是湖南的第二大城市。截至 2014 年底，衡阳市实现地区生产总值 1957.70 亿元，同比增长 11.8%。按常住人口计算，人均地区生产总值 27258 元，增长 11.4%。衡阳矿产资源丰富，工业产品种类齐全，衡阳钢管厂、南岳油泵油嘴、市话电缆等一批高科技含量的名牌产品也在全国同行业名列前茅。作为南方重要的"鱼米之乡"，衡阳还是重要的商品粮生产基地、农副产品的重要产区。[1]

（2）资源特点及利用概况

衡阳市矿产丰富，主要包括有色金属、黑色金属、陶瓷原料、建筑材料以及辅助材料等。其中铅锌矿储量达 262 万吨，居全省第二，煤炭储量居全省第三。黑色金属矿有铁、锰等，其中铁矿石储量达 3709 亿吨。化工原料主要有盐、硫铁、钙芒硝等；辅助材料有萤石、白云石、硅石等。累计探明各种矿产资源总量约 130 亿吨，占全省 28.85%。珠晖区茶山坳地下的盐矿、石膏、芒硝极为丰富，探明的储量盐 33 亿吨，石膏 71.3 亿吨，芒硝 103.9 亿吨。盐及其他资源还可开采几十年，盐的开采与加工及其盐卤工业是衡阳的支柱产业之一。近年来，衡阳市先后培植了原煤、化肥、钢管、汽车配件、大型冶金设备等一批拳头产品。在农业方面，衡阳市是中国南方重要的商品粮生产基地、农副产品重要产区，形成了优质农产品商品生产基地，农业区域化、规模化、产业化的格局正在逐步形成。[2]

---

[1] 参见《衡阳市 2014 年国民经济和社会发展统计公报》。

[2] 衡阳市人民政府网，http://www.hengyang.gov.cn。

（3）得分结果

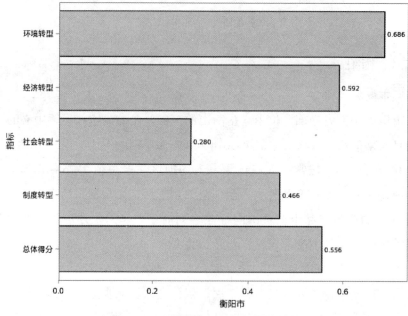

图 6.15.1　衡阳市一级指标评分结果

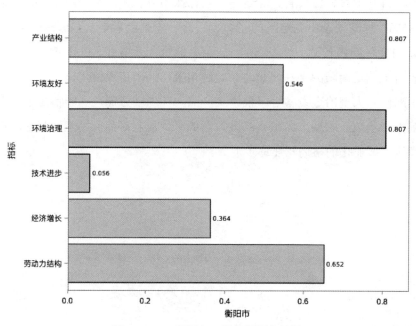

图 6.15.2　衡阳市二级指标评分结果

（4）转型评价

从城市转型总体评分来看，衡阳市的得分为 0.556，在所有被评价城市中位列第47 位，说明衡阳市的城市发展转型取得了一定的成效。在推动衡阳市转型的一级评价指标中，制度转型的得分排名最高，其次为经济转型。说明了近两年来衡阳市在市场效率、产业结构转型方面的成绩比较突出。排在后两位的分别是环境转型和社会转型，其中环境转型的得分排名最低。说明环境友好与治理在推动城市转型中的作用还不够显著，有待进一步调整和完善。

从经济转型的指标来看，得分贡献率最高的是产业结构，最低的是技术进步。通过进一步分析，产业结构之所以成为经济转型的最大贡献因素，这与衡阳市一直以来打造装备制造、能源、食品及农副产品加工和商贸物流等千亿元主导产业有关。作为传统制造业大省，衡阳市原有的工业发展模式增速逐步放缓，企业盈利能力下降，面对这一现状，全市加大推动信息化和工业化融合在设备智能化、生产过程自动化、管理信息化的基础上向深度融合方向发展，全面推进传统工艺装备的自动化改造、管理服务的网络化创新和关键产品的智能化升级，有力地实现了产业的转型升级。而技术进步之所以未能发挥对经济转型的带动作用，原因在于科研经费投入、专利授权数量的不足，创新驱动力仍有不足。此外，衡阳市互联网普及率不高，说明衡阳市居民对外文化交流偏少，因此接受新知识的能力普遍较弱，导致科技创新能力比较差。

从社会转型的指标来看，各项得分相对较低，说明了衡阳市教育、住房、医疗、社会保障等社会事业发展相对落后，仍有较大进步空间。社会保障和医疗设备方面做得更差，因此政府应该重视这两方面，切实落实相关政策。

在环境转型方面，政府忽视了工业污染物的治理以及城镇生活污水的集中处理。这导致了环境治理方面的"短板"。在环境友好方面，空气质量和绿化覆盖率得分相对平均，但都不是很高，一方面说明了当前环境治理的投入力度仍有不足，衡阳市环境问题仍相对严峻，环境转型需求迫切，另一方面说明爱护环境的观念并没有真正的深入人心，绿化方面的发展做得不够突出，全方位的环境转型依旧迫在眉睫。

衡阳市的制度转型排名第 19 位，说明转型相对成功。不能忽视的是，当前衡阳市市场竞争的评分相对较低，说明衡阳市应该在保持目前的发展态势的条件下，努力改善市场竞争程度，建立促进城市转型的市场化机制，争取有效地调动社会力量支持城市转型。

（5）未来建议

未来衡阳市的转型发展要继续巩固既有优势，着力从以下几个方面重点、深入展开：一是加快推进企业兼并重组，通过政策引导、骨干示范、大项目带动等综合措施推动企业强强联合，特别是要鼓励中小企业主动联大靠强，整合企业资源，提高企业综合竞争实力；二是培育壮大战略性新兴产业。支持各地因地制宜地培育和发展电子信息、先进装备制造、新能源等产业，作为未来衡阳经济的支柱产业，对战略性新兴产业的充分发挥能引领和带动该市的工业经济；三是改造提升传统优势产业，发挥科技创新在产业转型中的主导功能，帮助改造和提升传统产业，推动各类技术、资源、要素聚向优势产业，引导同类产业聚向优势区域，打造一批产业竞争高地，做大做强一批优势传统产业，加快智能技术在衡阳市优势传统产业中的推广应用。此外，改善民生也不容忽视，要继续稳步推进养老保险制度改革和全民参保登记，解决农村人口饮水不安全问题。全面发展社会事业，着力坚守安全底线，尤其要注意监管较大以上安全生产事故。最后要注意对环境治理的投入力度，加快环境转型，改善生态环境，早日实现绿色衡阳。

6.15.2　郴州

（1）城市概况

郴州市位于湖南省东南部，东界江西赣州，南邻广东韶关，西接湖南永州，北连湖南衡阳、株洲，是"华中经济圈"、"珠三角经济圈"多重辐射地区、国家级湘南承接产业转移示范区。郴州市现辖 1 市、2 区、8 县，总面积 1.94 万平方公里。2014 年，郴州市实现生产总值 1872.6 亿元，同比上年增长率为 10.9%。其中，第一产业的增加值为 181.2 亿元；第二产业的增加值为 1064.1 亿元；第三产业的增加值为 627.3 亿元。按本市的常住人口计算，全市的人均生产总值达 39999 元。2014 年，郴州市实现高新技术产业增加值 397.2 亿元。[①]

（2）资源特点及利用概况

郴州市是全球有名的有色金属之乡，已经发现的矿种达 110 种，其中有全国储量排名第一的钨、铋、钼、微晶石墨，有全国排名第三的锡和排名第四的锌和铅，矿产资源潜在价值 2656 亿元。[②]其他矿产品种也极其丰富，包括燕尾双晶等特色矿石。此外，石墨储量丰富，占全国的 50% 以上，煤炭储量占全省的 25%，达 8.12 亿吨，是华南能源的重要供应地。并且水资源也有可观的数字，蕴藏量达 151 万千瓦，其中有138.5 万千瓦的可开发量，已开发量 105 万千瓦，是联合国小水电基地之一。全市森林覆盖率达 59.1%，作为华南地区和湖南地区的绿色天然宝库和林产区，宜章县莽山有着众多的来自中国南北各地的动物和植物聚集在这 10 万亩的原始次森林里，有着"第二西双版纳"的美称。同时，郴州市还是香港农产品供应基地之一，临武鸭、桂

---

① 参见《郴州市 2014 年国民经济和社会发展统计公报》。
② 郴州市国土资源局，http://www.czgtzy.gov.cn。

阳烟、东江鱼、桂东玲珑茶等农副产品享誉海内外。①

（3）得分结果

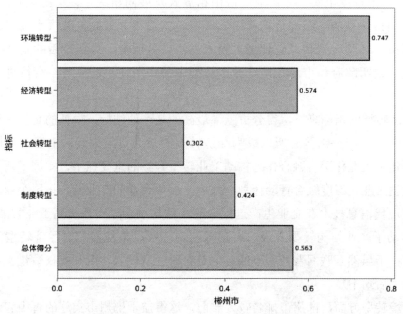

图6.15.3 郴州市一级指标评分结果

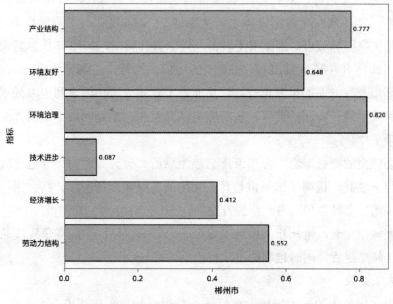

图6.15.4 郴州市二级指标评分结果

---

① 郴州市人民政府网，http://www.czs.gov.cn。

（4）转型评价

从城市转型的总体评分来看，郴州市的得分为 0.563，在所有被评价城市中位列第 46 位，一定程度上实现了矿业经济由粗放式发展向精深化、集约化发展的转型。在推动郴州市转型的一级评价指标中，环境转型的得分最高，其次为经济转型，说明了郴州市在环境转型和经济转型上投入大，成效明显。排在最后的是社会转型和制度转型，说明政府和市场在推动城市转型中的作用还不够显著，有待进一步调整和完善。

从经济转型的指标来看，得分贡献率最高的是产业结构，最低的是技术进步。通过进一步分析，产业结构之所以成为经济转型的最大贡献因素，主要源于郴州市将推进信息化和工业化深度融合作为推动工业转型升级的重要抓手，实施了新一代信息技术和新型工业化深度融合行动计划，致力于深化企业的产业链，拓展企业的业务领域，促进现代信息技术在企业生产过程中的渗透与融合，不断提高工业智能化水平，有效地推动了产业结构转型升级。而技术创新之所以未能发挥对经济转型的带动作用，原因在于虽然互联网普及率不低，但是科研经费投入、专利授权数量不足，使得创新驱动力后劲不足。

在环境转型方面，郴州市排名较为靠前，这得益于郴州市实施的青山碧水蓝天净土工程，全市重点工矿区和 200 余座尾矿库成功复绿，入河废水达标排放，主要河流和重点水域水质达标，农村环境综合整治全面铺开。目前，郴州市森林覆盖率达 67.71%，江、河、湖、库等水岸林木绿化率达 91.68% 以上，湿地保护率达 67.97%。郴州市已是国家园林城市、国家卫生城市和国家森林城市。2015 年底，新浪网等网络媒体发布"2015 年中国大陆城市'氧吧'50 强"，郴州市是湖南省唯一入选的城市。郴州市在环境友好方面的得分也较高。然而，工业固体废物综合利用率低下说明郴州市市政府忽略了这一方面的监管，政府应尝试开发新的重复利用工业固体废物的方法来改进这项工作。

从社会转型的指标来看，郴州市排名较为靠后。教育方面的得分远比医疗以及社保方面的得分要高，说明了郴州市教育、文化的发展要远超医疗、社会保障等社会事业发展，说明社会转型仍有进一步提升空间。

从制度转型来看，郴州市制度转型排名十分靠前，然而市场竞争程度的落后一定程度拉低了转型进程，同时也制约了社会投资的增长。

（5）未来建议

对于未来郴州市的转型发展，建议：一是进一步完善郴州市有色金属"五个一"战略体系建设，做好有色金属精深加工，特别是要充分发挥郴州市钨、钼、铅、锌、铜等优势资源，做好深加工，精加工，延长产业链条，提高产业附加值。二是提升经济竞争力。当前郴州市的经济发展动力仍以投资为主，企业竞争力明显不强、科技创新步伐不快，使得经济转型基础不够牢固，对此郴州市应当通过培育新兴产业，强化技术创新，优化空间布局，提高产业和企业竞争力；三是在发展的过程中，始终重视环境转型，建设良好的居住环境。

6.15.3　邵阳

（1）城市概况

邵阳市地处湘中偏西南部，位于资江上游，向东与衡阳市为邻，向南和零陵地区及广西壮族自治区桂林地区接壤，向西与怀化地区交界，向北与娄底地区毗连，交通发达，区位优势明显。邵阳市总面积达 20876 平方公里，在湖南 14 个地州市中位列第三。2014 年邵阳市完成地区生产总值 1261.61 亿元，比上年增长 10.8%。按常住人口计算，全市人均国民生产总值 17498 元，比上年增长 10.4%。[1] 丰富的资源和优美的景观，吸引着世界各地的人们慕名而来，市内四通八达的交通也方便着出行的人们参观各处的自然景观和人文胜地。[2]

（2）资源特点及利用概况

邵阳市境内山地、丘陵、岗地、平原各类地貌兼有，经济作物和传统土特产品种繁多，是湖南省的山丘经济开发区。同时邵阳市位于植物区系交汇地带，是湖南四大林区之一，也是有名的山地草原区，各种各样的野生动物栖息在这片茂密的森林里，畜牧业也因草场资源的丰富而得到不断的发展。邵阳市也成为湖南省的种畜牧草良种繁育基地和奶肉牛商品基地。除此之外，邵阳市有丰富的矿产资源，有74 种已发现的矿藏，涉及贵金属、能源、黑色金属、有色金属、水气矿产和非金属等六大类，占全省探查矿种的 61.67%，矿种结构较合理。煤、锌、金、锰、铅、锑、滑石、石膏、硫铁矿等都是优势的矿产资源，其中滑石保有资源储量居全省第一，硫铁矿、石膏居全省第二，锌、锰居全省第三位，全市保有矿产资源储量经济价值达 3128.24 亿元。非金属矿藏不仅品味好而且储量高，均居全省前列。邵阳市河川水系发达，总面积达 111.9 万亩，平均水资源总量 168.3 亿立方米，人均占有量 2749 立方米。作为新能源的水资源蕴藏量理论上有 144.73 万千瓦，其中可开发利用 68.77 万千瓦。

---

[1]　参见《邵阳市 2014 年国民经济和社会发展统计公报》。
[2]　邵阳市人民政府官网，http://www.shaoyang.gov.cn/Content-5660.html。

（3）得分结果

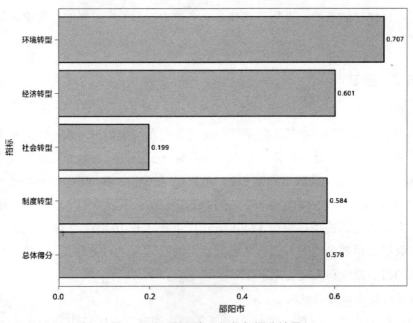

图 6.15.5　邵阳市一级指标评分结果

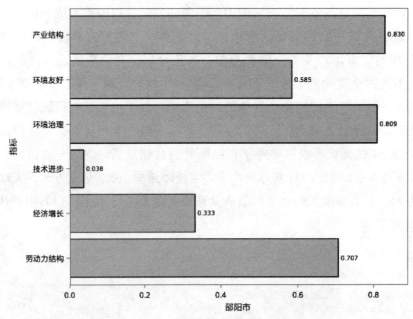

图 6.15.6　邵阳市二级指标评分结果

（4）转型评价

从城市转型的总体评分来看，邵阳市的得分为 0.578，在所有被评价城市中位列第 35 位，说明邵阳市的城市发展转型取得了较好的成效。与其他城市排名相比，制度转型得分排名最高，其次为经济转型，说明了近两年来邵阳市在市场效率、产业结构方面的成绩比较突出，有力地支撑了城市的转型发展。排在后位的是环境转型和社会转型。社会转型的得分排名最低，说明公共服务在推动城市转型中的作用还不够显著，有待进一步调整和完善。

从经济转型的指标来看，得分贡献率最高的是产业结构，最低的是技术进步。通过进一步分析，产业结构之所以成为经济转型的最大贡献因素，主要源于现代服务业产值规模和比重的快速提高。2014 年邵阳市旅游收入达 695 亿元，国民生产总值比重由 8% 提高到 14%。在大规模关闭小煤矿的过程中，各产煤区纷纷走上产业转型升级的新路子，例如邵东县转"黑色"为"绿色"，利用"南国药都"廉桥镇在邵东的地理优势，做大做强中药材产业；邵阳县长乐乡通过推动"黑色土地"转绿工作，集中矿区土地和人力资源发展油茶产业 3400 亩；武冈市文坪镇采取"引进来"战略，用"绿色"招牌选商选资，目前已建成了水果、蔬菜和中药材等种植基地，并准备推广建设油茶种植基地。而技术进步之所以未能发挥对经济转型的带动作用，原因在于邵阳市互联网普及率不高，科研经费投入、专利授权数量不足，使得创新驱动力仍有不足。

从社会转型的指标来看，教育方面的得分远比医疗以及社保方面的得分要高，说明邵阳市教育、文化的发展要远超医疗、社会保障等社会事业发展，说明社会转型仍有进一步提升空间。

在环境转型方面，环境治理经费投入对促进环境转型的贡献作用突出，一方面说明了当前环境治理的投入力度较大，另一方面也反映出邵阳市环境友好和治理对推动城市转型起了较大作用。但是政府对于工业固体废物的利用和生活污水的集中处理缺少重视，导致其得分较低。此外，邵阳政府还应对空气质量和城区绿化多做努力。

制度转型是邵阳市发展转型的第一大贡献因素，说明社会投资规模比例较高，金融发展迅速，但是邵阳市市场竞争程度较差，在推动城市转型中拖了后腿。

（5）未来建议

对于邵阳市来说，在城市转型中仍有几个方面需要继续改进和提高。首先要继续深化产业结构改革。凭借后发跨越优势，加快供给侧改革，在更高水平更大范围中，使得邵阳市的经济结构可以实现供需平衡。对于食品加工、装备制造、建材、轻工等优势产业进一步巩固，新材料、生物医药、新能源、节能环保、电子信息等新兴产业需要加速发展。同时，还应当围绕农民增收，增强重农固本意识，培育以"规模化、专业化、标准化、集约化"为特征的现代农业经营模式，打造国家级农业科技示范园。此外，还应当借助"互联网＋"的发展契机，依靠大数据、云计算等信息技术，在金融、物流、信息交流等领域大力扶持服务型公司的发展，完善现代产业体系。其次，针对市内各区县经济发展不均衡的问题，要明确扶贫任务，创新扶贫方式方法，对于后发优势和发展空间要准确把握，使城镇化建设成为新的经济增长点。同时还要进一步改善基础设施软硬条件建设，推进交通、水利、能源建设，持续深化改革开放。要更加关注民生问题，努力促进就业，提升社保医疗水平，促进教育、文化、体育协调均衡发展，筑牢安全生产防线，维护社会和谐稳定。最后，要改善环境质量，提高绿化和生态文明水平。

6.15.4　娄底

（1）城市概况

娄底市区位优越，交通便捷，位于湖南地理几何中心，是南北通达、东西贯通的重要交通枢纽，既是一小时经济圈的重要节点城市，又是"两型社会"综合配套改革试验区之一，总面积 8117 平方公里，总人口 438 万。截至 2014 年娄底市实现地区生产总值 1210.91 亿元，同比增长 8.1%，按常住人口计算，娄底市人均生产总值 31508元，同比增长 7.6%。娄底市是湖南乃至全国的重要新型能源原材料产业基地，物产资源丰富，产业基础良好，为广大投资者开展战略合作提供了重要的支撑基础。除此之外，娄底市还被评为全国绿化模范城市、中国优秀旅游城市和国家园林城市，目前正在全力创建全国文明城市。[①]

（2）资源特点及利用概况

娄底市是湖南省乃至全国的重要新型能源原材料产业基地，矿产资源丰富。已探查 47 个矿种，其中探明储量的有 25 种，以有色金属、煤炭、建材为主。其中，锑的储量丰富，居全国甚至全世界的首位，煤、白云石、石灰岩和大理石居省首位，石墨居第二位，石膏和黄铁矿排名第三，其他占有省内重要地位的还包括金、铅、锌、锰、钨等。与此同时，尚未探明储量的有钒、硅石等，也有其潜在的价值和厚积薄发的优势。娄底市不仅是湖南省的重要产煤区，在江南地区也是主要煤炭基地之一。娄底市配套化的矿产资源和合理的空间优势，有利于其成为湖南省能源原材料开发区。多年来，娄底市围绕着冶金、能源、建材、化工、机械五大支柱产业，着力打造了汽车零部件及工程机械零部件产业园、三一产业园等一批百亿产业园区，培育了良好的产业基础和发展格局。[②]

---

① 参见《娄底市 2014 年国民经济和社会发展统计公报》。
② 娄底市人民政府网，http://www.hnloudi.gov.cn。

（3）得分结果

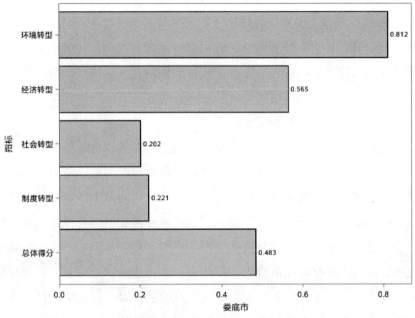

图 6.15.7　娄底市一级指标评分结果

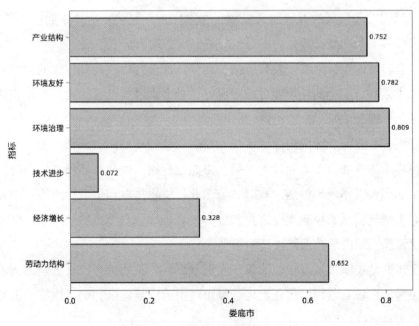

图 6.15.8　娄底市二级指标评分结果

（4）转型评价

从城市转型的总体评分来看，娄底市得分为 0.483，在所有被评价城市中位列第87 位，说明娄底市城市发展转型有待加强。在推动娄底市转型的一级评价指标中，环境转型的得分最高，其次为经济转型，说明近两年来娄底市在环境治理和优化、产业结构方面的成绩比较突出，有力地支撑了城市的转型发展。排在后两位的分别是社会转型和制度转型，其中社会转型的得分最低，说明公共服务在推动城市转型中的作用还不够显著，有待进一步调整和完善。

从经济转型的指标来看，得分贡献率最高的是产业结构，最低的是技术进步。通过进一步分析，产业结构之所以成为经济转型的最大贡献因素，是因为近年来面对资源濒临枯竭的现实，娄底市积极提出对包括服务业在内的六个产业部门加快转变的发展思路，包括加快转变单一产业主导模式、加快转变粗放型增长模式以及加快建设现代服务产业，通过对娄底市经济开发区生产、生活型物流基地的建设，大规模推进服务业的发展。同时，发挥娄底市特色，积极构建多元旅游产业体系，整合文化要素与旅游资源，打造全方位旅游体验。在发展现有产业的同时，积极加快技术改造，完善产业链，打造产业集群。大力鼓励新兴产业发展，从政策上加大对科技企业的扶持力度，推动第二产业与第三产业协调发展。而技术进步之所以未能发挥对经济转型的带动作用，原因在于较低的互联网普及率使得娄底市市民接受新知识的能力普遍低下，科研经费投入、专利授权数量的不足也使得创新驱动力仍有不足。

从社会转型的指标来看，教育方面的得分远比医疗以及社保方面的得分要高，说明了娄底市教育、文化的发展要远超于医疗、社会保障等社会事业发展，说明社会转型仍有进一步提升空间。

在环境转型方面，环境治理经费投入对促进环境转型的贡献作用突出，一方面说明了当前环境治理的投入力度较大，另一方面也反映出娄底市环境友好和治理对推动城市转型起了较大作用。但是，政府对于工业污染物排放和生活污水的集中处理监管不够，对于空气质量的控制也还需再加强。娄底市绿化水平虽然还不错，但是政府也不应放松管理，还应继续保持较高的水平。

制度转型是娄底市发展转型的第三大贡献因素，说明社会投资规模比例较低，金融发展缓慢，市场竞争程度欠佳，促进城市转型的市场化机制尚未建立，未能有效地调动社会力量支持城市转型。

（5）未来建议

不同产业发展有其内在规律和形成核心竞争力的关键，为此可以沿着这一思路，通过推动传统产业延长产业链条、提高资源综合利用效率来实现转型；优化增量，通过加快发展战略性新兴产业，培育发展生产性服务业；逐步建立层次分明的现代工业产业体系，培育城市的核心产业竞争力。就具体措施而言，建议：一是要延伸传统产业链条，提高资源使用效率。娄底市现有的冶金、石化、建材等传统优势工业的调整改造力度要增强，既靠企业自主创新，也靠外来技术引进，增强传统优势产业的市场竞争力，合理控制资源开采规模和强度，提高产品质量和资源综合利用水平，继续保持传统产业发展的领先地位。二是要加快发展战略性新兴产业。依托娄底市现有产业基础，以国家科技发展规划与战略性新兴产业发展规划为导向，优化娄底工业产业结构。三是坚持绿色发展。造福于民是经济社会发展的目的，也是工业布局调整和转型升级的最终目的。作为资源型城市，过去娄底市的六大高耗能传统产业为国家经济建设做出了贡献，但同时也给当地生存环境带来了破坏，因此必须为民重整绿水青山。通过切实探索区域生态补偿机制和治理机制，加强县市区之间的沟通与合作，建立健全市级统筹、城乡统一，协调顺畅的环境治理、管理、监察、监测体系。明确各方责任，坚持谁污染谁治理的基本原则，加强工业"三废"污染防治的力度，减少工业废气和粉尘对大气环境的污染。

6.16　广东

6.16.1　韶关

（1）城市概况

韶关市位于广东省北部，北临湖南，东南面、南面和西面与广东的惠州、河源、广州和清远等市接壤，东面与江西相接，地理位置优越。全市土地面积 1.85 万平方公里，是广东省第二大城市。截至 2014 年底，韶关市地区生产总值完成 1111.5 亿元，比上年增长 9.5%，人均生产总值达到 3.8 万元，同比增长 8.7%。[①] 作为全国重点林区，韶关市被誉为华南生物基因库和珠江三角洲的生态屏障，同时也是"中国有色金属之乡"，被称为"中国锌都"。此外，韶关市还荣获国家科技进步考核先进市、产学研结合示范市称号，是中国著名的旅游城市，韶关市现已逐步发展成为交通便利、生态良好、发展潜力巨大的新型城市。

---

① 参见《韶关市 2014 年国民经济和社会发展统计公报》。

（2）资源特点及利用概况

韶关市林业资源丰富，是广东省用材林、水源林和重点毛竹基地，林业用地面积 142 万公顷，活立木总蓄积量 8475 万立方米，森林覆盖率高达 75%。同时，韶关市矿产资源比较齐全，且多数储量较大，分布较广。已探明储量的矿产有煤炭、铅、锌、铜等 55 种。依托矿产资源优势，韶关市形成了资源型产业突出、加工工业发达、部分轻工业分量较重的综合类工业城市。机械制造、电子、医药、印刷、玩具产业发展迅速，是广东省重工业基地，工矿产值在国民经济中占相当大的比重，是韶关市的经济优势之一。此外，由于雨量充沛，河流众多，落差大，韶关的水量、水力资源丰富，储藏量理论上达到 174.49 万千瓦，针对电装机容量，其中可开发的有 169.92 万千瓦，已开发的有 146.6 万千瓦。以山地丘陵为主的韶关市，土地资源的多样化，为农林牧副渔业综合发展提供多样性的条件。①

（3）得分结果

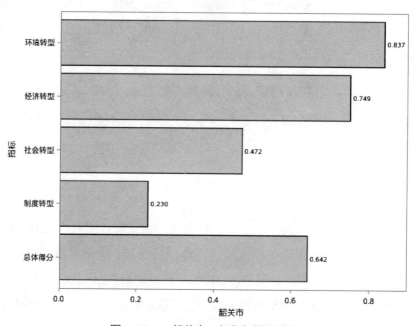

图 6.16.1　韶关市一级指标评分结果

---

① 韶关市人民政府门户网，http:// www.sg.gov.cn。

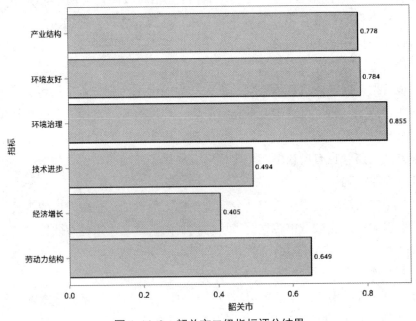

图 6.16.2　韶关市二级指标评分结果

（4）转型评价

从城市转型的总体评分来看，韶关市得分为 0.642，在所有被评价城市中位列第 9 位，说明韶关市的城市发展转型取得了很好的成效。在推动韶关市转型的一级评价指标中，经济转型的得分排名最高，其次为环境转型，说明近两年来韶关市在劳动力结构调整、环境友好与治理的成绩比较突出，有力地支撑了城市的转型发展。排在后两位的是社会转型和制度转型，其中制度转型的得分排名最低，说明政府和市场在推动城市转型中的作用还不够显著，有待进一步调整和完善。

从经济转型的指标来看，得分贡献率最高的是产业结构，最低的是技术进步。通过进一步分析，产业结构之所以成为经济转型的最大贡献因素，这与韶关市一直以来打造装备制造、能源、加工和商贸物流等千亿元主导产业有关。近年来，韶关从并购重组、对现有的省级开发区和产业转移园区进行提升，推进主导产业的集聚发展。如钢铁、玩具、机械装备、有色金属等；通过正确的对投资的引导，培育并发展壮大了一批又一批高新技术产业，打造了广东省重要的装备基础制造基地、华南地区重要的玩具生产基地、广东省先进的制造业配套基地和最理想的电子信息产业转移承接基地，有力实现了产业结构的转型升级。而技术进步之所以未能发挥对经济转型的带动作用，原因在于虽然韶关市的互联网普及率比较高，但是科研经费投入、专利授权数量的不足，创新驱动力仍有不足。

从社会转型的指标来看，各项三级指标得分相对较高，说明了韶关市教育、住房、医疗、社会保障等社会事业发展相对发达。社保和教育方面的得分远比医疗的得分要高，说明韶关市教育、文化、社会保障的发展要远超医疗等社会事业发展，说明社会转型仍有进一步提升空间。

在环境转型方面，促进环境转型的最大动力源于水污染、重金属污染、大气污染治理取得明显成效；六大高耗能行业比重下降，环境治理经费投入对促进环境转型的贡献作用突出。但是，韶关市政府忽视了生活污水集中处理，同时对于空气质量和绿化覆盖率方面的监管也有所松懈，一定程度上弱化了环境转型的总体效果，因此未来应在这几方面加以强化。

制度转型排名较低说明韶关市社会投资规模比例较低，金融发展较为缓慢，市场效率方面表现欠佳，促进城市转型的市场化机制尚未建立，未能有效地调动社会力量支持城市转型。

（5）未来建议

结合转型评价结果，未来韶关市转型发展中，应注重：一是立足本地实际，明确产业定位，补足产业的延伸链条，健康发展有色金属、机械制造、烟草等产业，扩大工业园区的规模。全力打造先进制造业和改造提升传统优势产业，着力实施节能减排项目，以淘汰落后产能、填平补齐和技术改造为基础，优化升级产品结构和产业结构；二是主动适应经济发展新常态，加强与珠三角产业对接，以建设先进装备制造产业为重点，加快融入珠三角产业体系。提升工业发展环境，加大政策支持力度，加快建设重点项目，致力于创新发展，着眼于技术改造，提高企业生产效率，逐步优化产业结构；三是更加关注民生问题，努力促进就业，提升社保医疗水平，筑牢安全生产防线，维护社会和谐稳定。还要改善环境质量，提高绿化率和生态文明水平。加强对生活污水集中处理、空气质量以及绿化覆盖率的监管和控制，还韶关市民一个和谐绿色的生态城市。

6.16.2　云浮

（1）城市概况

云浮市地处广东省中西部，是连接广东省珠三角和大西南的枢纽，以旅游业著称，同时也是全国有名的"石材王国"，被人们誉为"硫都"、"石都"。2015 年，全市实现地区生产总值 710.07 亿元，比上年增长 8.5%。其中，第一产业增加值 149.83 亿元，增长 4.4%，对 GDP 增长的贡献率为 9.2%；[①] 第二产业增加值 310.33 亿元，增长

---

① 《2015 年云浮国民经济和社会发展统计公报》，http://yf.southcn.com/content/2016-03/28/content_144903104.html。

9.2%，对 GDP 增长的贡献率为 53.3%；第三产业增加值 249.92 亿元，增长 9.7%，对 GDP 增长的贡献率为 37.5%。三次产业结构为 21.1：43.7：35.2。在第三产业中，批发和零售业增长 6.0%，住宿和餐饮业增长 5.8%，金融业增长 12.8%，房地产业增长 4.8%。民营经济增加值 503.6 亿元，增长 8.1%。全市人均地区生产总值达到 28953 元，增长 7.8%，按平均汇率折算为 4648 美元。[①]

（2）资源特点及利用概况

云浮市矿产资源形成条件好，是全国重要的多金属矿产集中区之一。有 49 种已探明储量并开采的矿产资源。其中金属矿种有：金、铅、锌、锰、锡、银、铜、铁等；非金属矿种有：滑石、高岭土、重晶石、硅线石、花岗岩、大理岩、石灰石、白云岩、黏土、钾长石、矿泉水、砂页岩、地热和稀有矿种等。[②]优越的矿产资源为云浮市的工业、建筑业的发展奠定了基石。同时，云浮市拥有丰富的动植物资源，有 129 科 373 属 600 余种植物和鸟类、兽类、鳞介类及蛇类等 210 多种动物，植物里被子植物的属种最丰富，松树和衫科也为云浮创造着优势价值。此外，云浮水资源丰富，大部分为过境客水，其流量大的优势为云浮市的灌溉、发电、供水等产业提供了便利条件，缓解水资源压力。

（3）得分结果

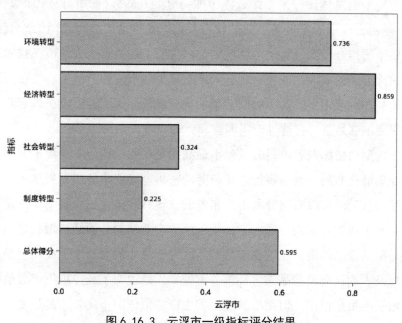

图 6.16.3 云浮市一级指标评分结果

---

① 参见《云浮市 2015 年国民经济和社会发展统计公报》。
② 云浮市人民政府门户网站，http://www.yunfu.gov.cn。

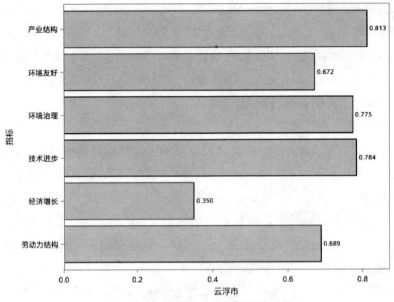

图 6.16.4　云浮市二级指标评分结果

（4）转型评价

从城市转型的总体评分来看，云浮市的得分为 0.595，在所有被评价城市中位列第 23 位，说明云浮市的发展转型成效较为突出。在推动云浮市转型的一级评价指标中，经济转型的得分最高，其次为环境转型，说明了近两年来云浮市在技术进步、环境友好与治理方面的成绩比较突出，有力地支撑了城市的转型发展。排在后两位的分别是社会转型和制度转型，其中制度转型的得分最低，说明云浮市在政府和市场参与方面的作用还不够显著，有待进一步调整和完善。

从经济转型的指标来看，得分贡献率最高的是产业结构。主要源于云浮市近年来进行的产业集群化布局，并逐步推进传统劳动密集型产业集群向新兴技术密集型产业集群的发展，且云浮市政府充分利用广东省的双转移政策，积极吸纳珠三角地区的产业转移，拉动了相关行业的发展，丰富了云浮的产业结构。而经济增长之所以未能发挥对经济转型的带动作用，原因在于虽然地区生产总值的增长率很高，但是人均地区生产总值以及人均社会消费品零售额都非常低。一是说明了云浮市生产总值的基数很低，所以增长率虽然很高，但是增长之后的生产总值依旧不高。二是说明了云浮市人口较多，因此虽然生产总值不低，但是平均到每个人的数值就比较低了。

从社会转型的指标来看，社会保障的参保比例较高，教师数量相对充足，但是与之相对的医疗方面的得分很低，而教育经费的问题也尤为突出。因此，政府应该着重补充医疗方面的资源，并且加强教育经费的投入。

在环境转型方面，云浮市表现较好，需要注意的是，云浮市在工业固体废物的综合利用方面以及生活污水的集中处理上还需更多努力，而且环境治理经费投入的贡献作用不够突出，一方面说明了当前环境治理的投入力度仍有不足，另一方面也反映出云浮市环境问题仍相对严峻，环境转型需求迫切。此外，云浮市政府在保持目前空气质量的水平上还应该加强对于绿化覆盖的监管。

制度转型在云浮市发展转型中贡献最低，说明云浮市社会投资规模比例较低，金融发展缓慢，市场竞争程度欠佳，仍有很大提升空间。

（5）未来建议

从既有转型成效来看，产业集聚对经济转型的促进作用显著，应当进一步强化。建议：一是以云浮市现有的四大工业园区作为珠江三角洲地区产业转移基地，积极引进内外资企业入驻园区，实现产业计划发展；二是大力发展生物医药、现代农业、大数据信息交互、节能环保设备等新兴技术产业，加强创新产业化示范基地建设，孵化中小企业，扶持高新技术企业；三是以现代生态城市为引领，打造现代化的城乡运输体系；四是以环境保护和科学利用资源的观念，推动城乡区域互促共进，着力发展生态景观林、碳汇林、森林进城围城和乡村绿化美化四大林业重点生态工程。

6.17 广西

6.17.1 百色

（1）城市概况

百色市位于广西壮族自治区西部，北与贵州接壤，西与云南毗邻，南与越南交界。总面积 3.62 万平方公里，总人口 378 万，有壮族、汉族、瑶族、苗族、彝族、仡佬族、回族 7 个少数民族，少数民族人口占总人口的 87%，被公认为汇集六个地区的特殊区域，其中包括革命老区、少数民族地区、边境地区、大石山区、贫困地区、水库移民区。2014 年，全市地区生产总值 917.9 亿元，增长 8.4%。城镇居民人均可支配收入 23496 元，同比增长 9.5%。[①]

---

① 参见《百色市 2014 年国民经济和社会发展统计公报》。

（2）资源特点及利用概况

百色市依托丰富的资源优势造就了强大的发展潜力。一是森林资源丰富。百色拥有土山面积 3500 多万亩，森林覆盖率达 63.9%，被誉为"土特产仓库"和"天然中药库"。二是矿产资源丰富。百色市是我国十大有色金属矿区之一，已探明矿产有 57 种，为百色市的工业、建筑业发展奠定了基石，其中铝土矿已探明储量 7.8 亿吨，形成了以铝及配套产业为主的产业发展模式，规模化的产值占据了一半的工业总产值，成为百色老区经济发展的强劲动力。三是旅游资源丰富。现拥有 6 个国家级 4A 旅游风景区，3 个全国农业旅游示范点。四是水资源丰富。有 216 亿立方米的水资源总量，其中用于可开发的水电资源有 600 万千瓦，已经开发的有 460 万千瓦，是国家"西电东送"基地。五是独特的亚热带气候资源提供了丰富的农产品。百色市作为我国有名的蔬菜水果生产基地之一，主营无公害，被誉为中国茶叶之乡、中国芒果之乡。[①]

（3）得分结果

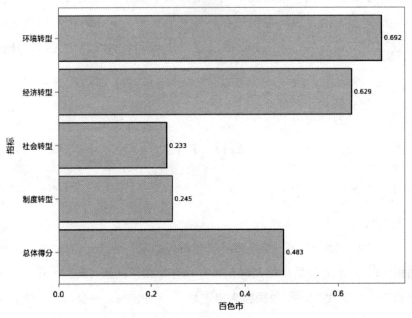

图 6.17.1　百色市一级指标评分结果

---

① 百色市人民政府网，http://www.baise.gov.cn。

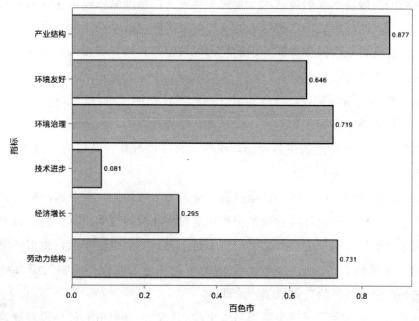

图 6.17.2　百色市二级指标评分结果

（4）转型评价

从城市转型的总体评分来看，百色得分为 0.483，在所有被评价城市中位列第 88 位，说明百色市的城市发展转型还有待加强。在推动百色市转型的一级评价指标中，经济转型的得分排名最高，其次为制度转型，说明了近两年来百色市在产业结构升级、市场效率提高方面的成绩比较突出，有力地支撑了城市的转型发展。排在后两位的分别是制度转型和社会转型，其中社会转型的得分排名最低，说明公共服务在推动城市转型中的作用还不够显著，有待进一步调整和完善。

从经济转型的指标来看，得分贡献率最高的是产业结构，最低的是技术进步。通过进一步分析，产业结构之所以成为经济转型的最大贡献因素，主要源于百色市以休闲度假和健康养生为主题的旅游业的蓬勃发展，同时也有房地产业和金融业、住宿餐饮业等现代服务业产值规模和比重的快速提高。百色市立足自身的资源优势，加快第三产业发展速度，做大服务业总量，推进传统服务业改造升级。首先，着力发展旅游，提高旅游经济质量。其次，对现代物流业要大力发展，围绕建设广西新工业基地，将工业和物流业融合在一起，推动并支持工业的发展。发展煤炭物流业、冶金建材物流业、农贸物流、烟草物流业等，引导物流企业向规模化、集约化经营发展。第三，做好金融服务，引导辖区内合理安排金融机构，加强管理农村金融体系，做好扶持惠农信贷，拓宽中小企业融资的渠道。最后，加强文化产业园区的建设以更好地支持文化产业的发展。积极引导房地产企业参与进来，帮助县域城镇建设的同时促进房地产业的发展。而技术进步之所以未能发挥对经济转型的带动作用，原因在于互联网普及率较低使得百色市民接受新知识的能力也较差，科研经费投入、专利授权数量不足也使得创新驱动力仍有不足。

从社会转型的指标来看，各项得分相对较低，说明了百色市教育、住房、医疗、社会保障等社会事业发展相对落后，仍有进一步提升空间。具体来说，教育方面的得分远比医疗以及社保方面的得分要高，说明了百色市教育、文化的发展要远超医疗、社会保障等社会事业发展。

在环境转型方面，促进环境转型的最大动力源于水污染、重金属污染、大气污染治理取得了一定成效，而环境治理经费投入对促进环境转型的贡献作用不够突出，一方面说明了当前环境治理的投入力度仍有不足，另一方面也反映出百色市环境问题仍相对严峻，环境转型需求迫切。显然，政府忽视了对工业固体废物的综合利用的监管，也缺乏对空气质量的有效控制和治理。

制度转型是百色市发展转型的第二大贡献因素，但百色市的社会投资规模比例较低，金融发展缓慢，市场竞争程度欠佳，在制度转型方面百色市仍有很大提升空间。

（5）未来建议

在未来发展中，首先应当破解"一铝独大，大而不强"的经济发展问题，立足于铝业自身，通过完善工业发展体系、合理规划发展布局，提供更好的金融信贷支持，鼓励科研机构、高等院校和企业合作，来营造更好的工业发展环境，强化产业自身竞争力，带动电业、石化、旅游等产业的协同发展，形成规模化的品牌群体。同时，针对当前农民受益普遍偏低的问题，展开布局调整，着力加强农业发展。例如，南部石山区主要发展草食畜禽的养殖业，北部主要种植芒果和油茶等作物，右江河谷地理位置的特点主要依附高质量、高技术的特种养殖和农业种植业等，这些地区的优势产业以产业结构的技术化，信息交通的快速化，来推进农业新发展，为农民的切身利益服务。

6.17.2　河池

（1）城市概况

河池市位于云贵高原的南端，广西壮族自治区的西北部，是西南出海通道的要塞，"南昆经济区"和"中国—东盟自由贸易区"的美誉来自于人、财、物的不断交融和汇集。河池市区面积 3.35 万平方公里，是一座以壮族为主的多民族聚居城市，人口大约 409 万人。2014 年全市地区生产总值 601 亿元，增长 8.1%；城镇居民人均可支配收入 21520 元，增长 9.5%。①

（2）资源特点及利用概况

河池市矿产资源丰富，已开发利用的矿种达 36 种，其中有石煤、煤等主要的能源矿产，白云岩、硫、石灰岩等主要的非金属矿产，水气矿产主要是矿泉水，是全国有名的"有色金属之乡"，锡、铅、锌、锑、铟等优势矿产资源保有储量居广西首位。此外，河池市内河流众多，地形落差大，水能资源蕴藏量极为丰富，水电储量占广西壮族自治区总储量的 60%，是未来华南的能源中心之一。此外，河池市还是广西主要林区之一，林木树种资源非常丰富。河池有各种淡水鱼类 52 种，其中经济鱼类有 20 多种，具有广阔的开发前景。河池农作物品种资源种类繁多，种植业系列品种达 400 多个，未来有条件发展成为广西重要的蔗糖生产基地。河池市具有丰富的旅游资源，据不完全统计，河池市已发现的风景名胜区共 60 余处，分布在两个地区 9 个县城内，这个少数民族聚居的旅游胜地，无疑在旅游业上优势无限。②

（3）得分结果

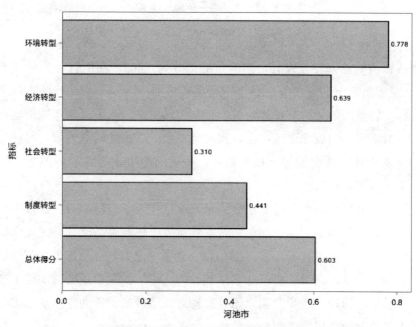

图 6.17.3　河池市一级指标评分结果

① 参见《河池市 2014 年国民经济和社会发展统计公报》。
② 河池市人民政府门户网站，http://www.gxhc.gov.cn。

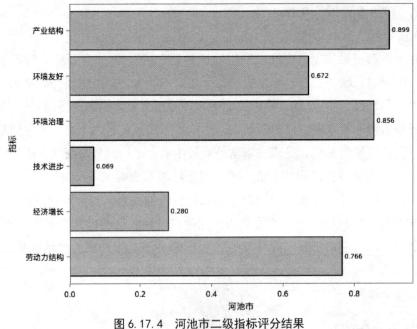

图 6.17.4　河池市二级指标评分结果

（4）转型评价

从城市转型的总体评分来看，河池市的得分为 0.603，在所有被评价城市中位列第 20 位，说明河池市的城市发展转型取得了较好的成效。在推动河池市转型的一级指标中，经济转型的得分排名最高，其次为制度转型，说明了近两年来河池市在产业结构、市场效率方面的成绩比较突出，有力地支撑了城市的转型发展。排在最后的是社会转型，其中社会转型的得分排名最低，说明河池市在公共服务的作用还不够显著，有待进一步调整和完善。

从经济转型的指标来看，得分最高的是产业结构。这与河池市一直以来打造装备制造、能源、食品及农副产品、加工和商贸物流等千亿元主导产业有关。近年来，河池市采用新材料、新技术、新工艺，推动有色金属、电力、食品加工、茧丝绸、化工等传统产业改造提升，同时积极推广清洁能源，提高能源利用效率，实现了产业提质增效的发展目标。而技术进步之所以未能发挥对经济转型的带动作用，原因在于低互联网普及率导致河池市民接受新知识的能力较差，科研经费投入、专利授权数量的不足也使得创新驱动力仍有不足。

从社会转型的指标来看，各项得分相对较低，说明了河池市教育、住房、医疗、社会保障等社会事业发展相对落后，在推动城市转型中还有较大提升空间。具体来说，教育方面的得分远比医疗以及社保方面的得分要高，河池市政府应加强在医疗卫生方面的投入，完备医疗资源，提高居民幸福指数。

在环境转型方面，促进环境转型的最大动力源于对水污染、重金属污染、大气污染治理取得一定成效，环境治理经费投入对促进环境转型的贡献作用突出，表明当前环境治理的投入力度较大。此外，河池市政府应加强对于生活污水集中处理的监管，并且在保持目前的空气质量水平的基础上，提高绿化的覆盖率，建设一个和谐的生态城市。

制度转型的排名较高，说明社会投资规模比例较高，金融发展在推动城市转型中发挥了很大作用。但是河池市的市场竞争程度较低，对于制度成功转型有着不利的影响。

（5）未来建议

未来河池市的发展思路是着重建设发展通道工业和现代农业带、沿江工业和特色农业带、长寿养生休闲旅游和生态农业区的"两带一区"空间布局，突出发展"河·路"（即红水河流域、龙江河流域和高等级公路、高速铁路）经济，重点抓好"高、果、游、园"（即构建高速交通网，发展特色水果业，建设国际旅游区，打造新型产业园），补齐基础公共服务短板，保护生态环境，促进新型信息化、工业化、农业现代化、城镇化同步发展。

在促进经济转型发展中，一方面不断壮大新兴特色产业。建设特色酒业基地，重点推进丹泉、天龙泉、巴马长寿老酒等公司扩能技改项目建设。整合提升优质饮用水资源，扩大巴马丽琅、巴马活泉、罗城九千万等知名品牌影响力。大力推进保健养生食品和医药产业开发，着力培育碳酸钙骨干企业，建设新型碳酸钙产业基地。另一方面着力提升服务企业水平。开展企业减负专项行动，推进用电户与发电企业直接交易，建设保税仓，降低企业成本。继续开展"市长企业接待日"活动。深入开展"助保贷、惠企贷"，拓宽企业融资渠道。发挥公共检测技术服务平台作用，保障企业产品质量。推动企业科技创新，组织 3 家以上企业申报自治区级企业创新平台。抓好企业培育服务工作，倾斜支持强优企业发展，积极打造"百亿南方"、"百亿丹泉"项目，培育一批产值超亿元、十亿元企业。

此外，生态是河池市最大的品牌优势，是河池市未来发展核心竞争力，必须抓住全国全区实施绿色发展的新机遇，重点构建一流的生态系统，维持一流的水环境质量，保持一流的空气环境质量，打造一流的污染防治体系。

6.17.3 贺州

（1）城市概况

贺州市位于广西壮族自治区东北部，桂、湘、粤三省交界地，地理条件优越。市辖区内山地居多，其中有 4062 平方公里的山地面积，1420 平方公里的平原面积，

6373 平方公里的丘陵面积。[①]2014 年全年贺州市实现地区生产总值 448.38 亿元，比 2013 年增长 6.1%。按常住人口计算，人均生产总值 22345 元。贺州市矿产资源、水资源丰富。贺州市被称为中国奇石之乡，有着全国双拥模范城、中国优秀旅游城市等称号。

（2）资源特点及利用概况

贺州市地处中国南岭之一的萌渚岭南缘，为南岭东西向构造岩浆岩成矿带的中段，地层出露较齐全，地质构造复杂，岩浆活动频繁，是矿产资源比较丰富的地区，已发现煤、铁、锰、钨、锡、铜、铅、锌、锑、钼、金、银、稀土、硫铁矿、砷等约 60 多种矿产资源，为贺州市的工业、建筑业的发展奠定了基石。亚热带南部季风气候使贺州拥有日照充足，雨量丰沛，无霜期长等优势，十分利于植物生长。作为广西重点林区之一，贺州市森林覆盖率较高的同时绿化水平也已完善配套，整体指标远高于全区甚至全国平均水平。贺州市雨量充足，水系发达，水力资源极为丰富，贺州市水能蕴藏量达 72 万千瓦，可开发量达 50 万千瓦。贺州市电力装机总容量 33.78 万千瓦，年发电量达 13.2 亿千瓦时，建成了广西地级市唯一的独立电网。同时，电网的独立性也保证了电价的低廉，这也为地方的工业创造了条件。

（3）得分结果

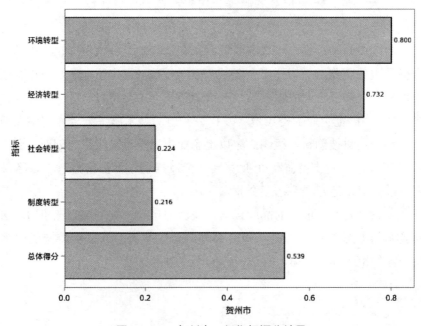

图 6.17.5　贺州市一级指标评分结果

---

① 贺州市人民政府网，http://www.gxhz.gov.cn。

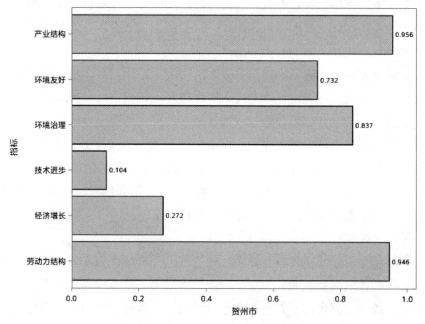

图 6.15.6　贺州市二级指标评分结果

（4）转型评价

从城市转型的总体评分来看，贺州市的得分为 0.539，在所有被评价城市中位列第 57 位，说明贺州市的城市发展转型取得了一定的成效。在推动贺州市转型的一级评价指标中，经济转型的得分排名最高，其次为环境转型，说明了近两年来贺州市在产业结构调整、环境治理与优化方面的成绩比较突出，有力地支撑了城市的转型发展。排在后两位的分别是社会转型和制度转型，其中社会转型的得分排名最低，说明公共服务在推动城市转型中的作用还不够显著，有待进一步调整和完善。

从经济转型的指标来看，得分贡献率最高的是产业结构，最低的是技术进步。通过进一步分析，产业结构之所以成为经济转型的最大贡献因素，这与贺州市一直以来打造装备制造、能源、食品及农副产品、加工和商贸物流等千亿元主导产业有关。贺州市着力打造以碳酸钙和新型建筑材料"两个千亿元产业"为龙头的特色工业，加快发展生态经济，产业结构转型升级扎实有效。此外，贺州市农业发展平稳，创建国家农业科技园区已通过评审，农业综合生产能力不断增强。同时，贺州市以成为广西唯一的全国"多规合一"试点城市为契机，将生态保护与建设规划与国民经济社会发展、城乡建设等规划紧密衔接，保障人口、产业、资源和环境的协调发展，为推动贺州市产业向绿色发展方向转型夯实了基础。而技术进步之所以未能发挥对经济转型的带动作用，原因在于科研经费投入、专利授权数量的不足，创新驱动力仍有不足。

从社会转型的指标来看，教育方面的得分远比医疗以及社保方面的得分要高，说明了贺州市教育、文化的发展要远超医疗、社会保障等社会事业发展，说明社会转型仍有进一步提升空间。

在环境转型方面，促进环境转型的最大动力源于对水污染、重金属污染、大气污染治理取得明显成效，环境治理经费投入对促进环境转型的贡献作用突出，一方面说明了贺州市政府对当前环境治理的投入力度较大，另一方面也反映出贺州市环境友好和治理对推动城市转型起了较大作用。但是，政府还应加强对于工业固体废物综合利用率的监管以及对于城市空气质量的控制，来建设一个和谐的生态城市。

制度转型是贺州市发展转型的第三大贡献因素，说明社会投资规模比例较低，金融发展缓慢，市场竞争程度欠佳，仍有很大提升空间。

（5）未来建议

一是构建竞争力强的现代产业体系。把改造提升传统优势产业与培育发展新兴产业有机结合，推进机械制造业、铝电子产业二次创业，打造成为广西乃至全国重要的铝电子产业基地；实施食品、有色金属与木材加工等传统优势产业改造提升工程；发展稀土及稀土功能材料、有色金属精深加工、钨基合金及超硬材料等产业；推进"互联网＋工业"行动，加快新一代信息技术与传统工业深度融合。发展壮大"两个千亿元产业"，加快推进旺高工业区（广西碳酸钙千亿元产业示范基地）等平台建设和广西旭腾实业集团新型建筑材料产业化示范基地等一批重点项目建设。二是提升发展现代服务业，发展壮大特色农产品展销会、中国（贺州）国际石材、碳酸钙工业展览会等展会，科学规划布局全市农贸市场，建设完善市、县、镇、村各级骨干市场。三是全面统筹发展生态健康旅游、生态健康养生、生态健康晚年、生态健康休闲等四大业态，争取打造国内知名的生态养生长寿胜地。重点建设黄姚古镇旅游区、姑婆山（路花）旅游区、南乡（西溪）温泉旅游区、大桂山旅游区四大旅游片区，构建"快旅慢游"服务体系，推进桂贺旅游一体化建设，共同打造区域联动的旅游精品路线，建成华南地区高品质的生态健康度假旅游目的地，力争生态旅游业年均增长 15% 以上。四是推动特色农业提质增效，推动农业发展标准化、产业化，实施大面积增粮增收工程、有机大米生产基地、"沃土工程"等项目建设。

此外，还应继续沿着"园中园"和"一区多园"的模式，着力建设广西千亿元的碳酸钙产业示范基地、新型建筑材料产业园等特设园区，以园区为载体有序承接产业转移。深入开展环境保护和治理，做好大气质量监控、节能减排、应对气候变化等工作。对于就业和社会保障等民生问题，贺州市也绝对不能放松。要落实各项支持高校毕业生、返乡农民工等群体的就业创业工作。

6.18 四川

6.18.1 广元

(1) 城市概况

广元市位于四川省北部，面积 16314 平方公里，东与巴中市接壤，北与甘肃、陕西交界，西与绵阳市相连，南与南充市为邻。2014 年全市生产总值 566.19 亿元，比上年增长 9.2%，人均生产总值 22247 元。[1] 广元地处秦岭南麓，是南北的过渡带，既有北方天高云淡、艳阳高照的特点，同时又具有南方的湿润气候特征。北部中山区冬寒夏凉，南部低山，冬冷夏热，秋季降温迅速。四季分明，适宜生物繁衍生息。

(2) 资源特点及利用概况

广元市丰富的非金属资源，潜力巨大，玻璃石英砂等在全省名列前茅且产量丰富。有色金属主要有玻璃碟砂、煤炭等，金属矿主要为沙金，为广元市的工业发展奠定了基石。此外广元市还拥有九龙山、元坝、龙岗西三大气田，天然气含硫低，品质较好。由于资源转化不足，西部资源城市的经济社会发展与东部地区的发展差距依然比较明显，四川省明确提出加快推进资源优势向经济资源转化，将广元市列为四川省规划发展天然气的重点地区和支持的重点区域。广元市产中药材以动物和植物药材区分，前者有 2500 多种，后者有 90 余种，剑阁柴胡、青川天麻质量名列中国同类产品之首。广元市是长江的流经城市，其支流分布有 80 多条，水量丰富，落差大，流速急，全市共有各类水利工程 4700 余处，地下水资源总量 10 亿立方米，目前已建成的水电、火电站总装机容量达到 90 万千瓦，其中宝珠寺的电站装机容量达到了 70 万千瓦。广元市境内发现野生动物 400 余种，其中有多达 76 种的省级和国家重点保护野生动物。境内野生植物达 2900 多种，仅珍贵野生木本植物 832 种，有多达 40 余种被列入联合国《濒危野生动植物国际贸易公约》红皮书。[2]

---

[1] 参见《广元市 2014 年国民经济和社会发展统计公报》。
[2] 广元市人民政府门户网，http://www.cngy.gov.cn。

（3）得分结果

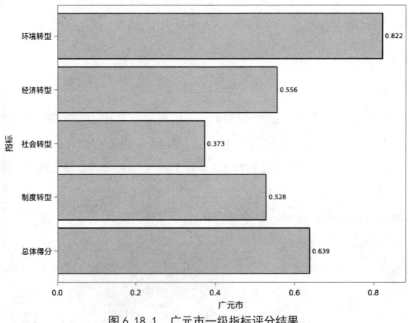

图 6.18.1　广元市一级指标评分结果

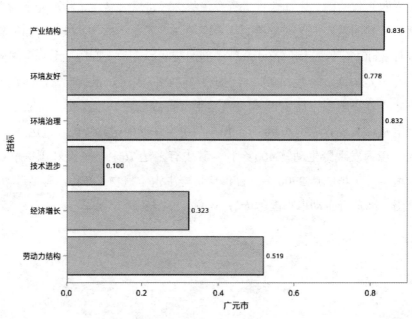

图 6.18.2　广元市二级指标评分结果

（4）转型评价

从城市转型的总体评分来看，广元市的得分为 0.639，在所有被评价城市中位列第 10 位，说明广元市的城市发展转型取得了明显的成效。在推动广元市转型的一级评价指标中，环境转型的得分排名最高，其次为制度转型，说明了近两年来广元市在环境友好与治理、市场效率的成绩比较突出，有力地支撑了城市的转型发展。排在后两位的分别是经济转型和社会转型，其中经济转型的得分排名最低，说明广元市虽然整体转型效果良好，但在优化产业结构，促进经济增长方面仍有较大的提升空间。

从经济转型的指标来看，得分贡献率最高的是产业结构，这与广元市确立的轻纺鞋服、煤电能源、化工建材、机械电子等主导产业，着力培育新能源、节能环保、电子信息、高端装备等新型产业的产业转型部署密切相关。近年来，广元通过大力实施"工业转型升级三年行动计划"，设立 1 亿元工业发展基金，指导启明星等 15 户企业争取到直购电政策，落实工业企业用气指标，全力推进工业稳增长、调结构，并出台"大众创业、万众创新"实施意见和 14 条措施，新增国家高新技术企业 11 家，有力地推动了产业的转型升级。而技术进步之所以未能发挥对经济转型的带动作用，原因在于科研经费投入、专利授权数量不足，创新驱动力仍有不足。

从社会转型的指标来看，教育方面的得分远比医疗以及社保方面的得分要高，说明了广元市教育、文化的发展要远超医疗、社会保障等社会事业发展，说明社会转型仍有进一步提升空间。

在环境转型方面，环境治理经费投入对促进环境转型的贡献作用相对突出，也反映出广元市环境友好和治理对推动城市转型起了较大作用。但对于工业污染物的排放以及城市绿化覆盖率的监管和控制有所忽视，以后应当加强。

制度转型是广元市发展转型的第二大贡献因素，说明社会投资规模比例较高，金融发展迅速，推动了城市转型。但是，广元市的市场竞争程度较差，在一定程度上削弱了制度转型在城市转型中的积极作用。

（5）未来建议

未来建议广元市大力实施工业强市战略。一是围绕"5+2+1"产业体系，继续实施"工业转型升级三年行动计划"和工业强基工程，开展质量品牌和质量对标提升行动，探索设立战略性新兴产业发展基金，重点培育新材料、新能源、生物医药等高端成长型、战略性新兴产业发展。二是推进"互联网＋制造业"创新发展，促进信息化工业化深度融合。三是推进传统优势产业转型升级，帮助金属、煤炭等产业逐步走出困境。四是支持中小微企业"专精特新"发展，培育新进规模以上企业 40 户。五是加强园区配套能力建设，完善市场化建园模式。

同时要积极实施污染防治与绿色生态环境的建设。大力实施退耕还林、水土保持等工程。加强湿地公园、湿地保护小区的规划和建设，实现城市绿化精细化管理，启动植物园建设，深入推进国家园林城市创建。全面完成国家、省主要污染物总量减排任务。深入实施大气污染防治，加大颗粒物污染管控力度，确保可吸入颗粒物（PM10）浓度持续下降。强化城镇生活污水处理厂建设和运营，继续开展"两江"、"两湖"流域污染综合治理，强化饮用水水源和良好水体保护，加快城市黑臭水体整治，全面整治市城区水域污染源。加强土壤、固体废物、重金属污染防治，建立废旧农膜收集处理体系。深入推进城乡环境综合治理"五大工程"，巩固提升国家卫生城市创建成果。加强环境监测和执法监管，推行网格化监管，加大执法惩戒力度。

6.18.2　南充

（1）城市概况

南充市位于四川盆地东北、嘉陵江中游，总人口 759.64 万，面积 1.25 万平方公里，地貌类型以丘陵为主，高丘低山、中丘中谷、浅丘平坝类型大体各占 1/3。南充市属于中亚热带湿润季风气候；在农作物的主要生长地带光热水充足。截至 2014 年，南充 GDP 总量达 1432.02 亿元，比上年增长 7.2%。人均地区生产总值 22639 元，增长 7.0%。[①]南充市矿产资源、生物资源与水资源丰富，除此之外，南充还是三国文化和春节文化的发祥地，民风淳朴，民俗优雅。

（2）资源特点及利用概况

南充市地下盐矿资源在全省甚至全国都名列前茅，盐盆是其中最大的天然盐矿。同时，拥有丰富的油气储量，其中石油储量 7779 万吨，天然气储量 1000 亿立方米，建筑用沙砾 64318 万立方米，砖瓦用黏土 566.52 万吨，有力地支撑了南充市工业的发展。南充市境内水资源总量为 400 多亿立方米。地表径流量 41.91 亿立方米，全市人均拥有水量 600 立方米，经过数据分析，与全省甚至全国比较，低于平均水平。南充动植物种类繁多，共有植物近 2000 种，其中药用植物 700 余种，属中国重点药用植物的有 300 多种，为南充市的制药业提供了坚实基础。南充土壤有 5 个土类，其中 60% 为紫色土、水稻土。[②]

---

① 参见《南充市 2014 年国民经济和社会发展统计公报》。
② 南充市人民政府网站，http://www.nanchong.gov.cn。

（3）得分结果

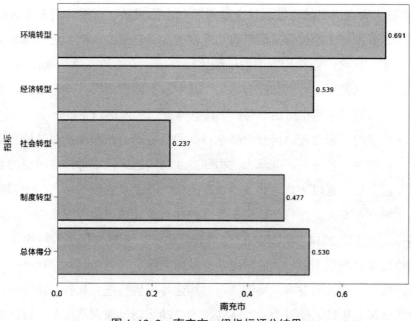

图 6.18.3　南充市一级指标评分结果

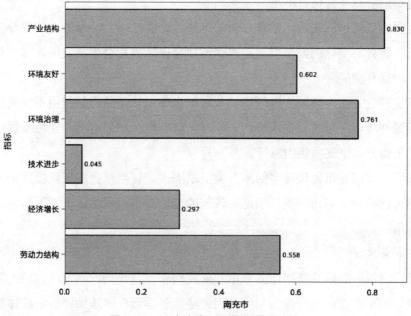

图 6.18.4　南充市二级指标评分结果

（4）转型评价

从城市转型的总体评分来看，南充市的得分为 0.530，在所有被评价城市中位列第 62 位，说明南充市的城市发展转型取得了一定的成效。在推动南充市转型的一级评价指标中，制度转型的得分排名最高，其次为经济转型，说明了近两年来南充市在提高市场效率、优化产业结构方面的成绩比较突出，有力地支撑了城市的转型发展。排在后两位的分别是环境转型和社会转型，其中社会转型的得分排名最低，说明公共服务在推动城市转型中的作用还不够显著，有待进一步调整和完善。

从经济转型的指标来看，得分贡献率较高的是劳动力结构和产业结构，最低的是技术进步。通过进一步分析，劳动力结构和产业结构之所以成为经济转型的最大贡献因素，这与南充市一直以来打造装备制造、能源、食品及农副产品、加工和商贸物流等千亿元主导产业有关。在打好稳增长硬仗的同时更加速调整经济结构是南充一直秉承的转型发展目标。2014 年以来，在全市石油化工、天然气化工、精细化工和医药化工等战略性支柱产业不断壮大的同时，开发新能源、培育新材料，通过一系列节能环保的手段加快企业转型发展，协调统一的构建传统优势产业和新兴产业并存的新局面。而技术进步之所以未能发挥对经济转型的带动作用，原因不仅在于较低的互联网普及率导致南充市民接受新知识的能力普遍较低，而且科研经费投入、专利授权数量的不足使得创新驱动力仍有不足。

从社会转型的指标来看，教育方面的得分远比医疗以及社保方面的得分要高，说明了南充市教育、文化的发展要远超医疗、社会保障等社会事业发展，说明社会转型仍有进一步提升空间。

在环境转型方面，环境治理经费投入对促进环境转型的贡献作用不够突出，环境问题仍相对严峻，环境转型需求迫切。同时，政府应该加强对于工业污染物排放的治理以及对于南充市空气质量的监管。

制度转型是南充市发展转型的第一大贡献因素，说明社会投资规模比例较高，金融发展迅速，推动了城市转型。但是，较差的市场竞争程度削弱了制度转型对于城市转型的作用。

（5）未来建议

一是突出抓好战略性新兴产业专项发展规划和促进新兴产业发展政策的落实，充分发挥其对城市产业转型升级的引领作用。建立科学合理的政绩评价考核体系，引导各级把工作着力点转到加快产业转型升级上来。建立部门帮扶和领导联系制度，营造全社会支持产业转型升级的良好氛围。

二是进一步建立完善区域整体推进产业转型升级的工作机制，着力培植一批旗舰型、基地型的龙头骨干企业，着力造就行业领军。为加快发展现代生产性服务业，建议在现代物流园重点推进现代服务业，以科技为依托，信息为媒介发展营销活动，促进上下游企业共同发展，着力加快工业和新兴现代服务业的融合进程。

三是加快推进产业结构由工业主导向工业、服务业协调发展转型，增长动力由工业推动向工业、服务业双轮驱动转化。改变投资方向，进一步优化二产投资，加大对新材料、装备制造、节能环保和新能源等新兴产业投资比重，努力提高投资效益和质量。充分发挥财政投资的引导带动作用，以贴息、补助等方式，引导带动民间投资，带动社会资本广泛参与，带动产业优化升级。

四是坚持向绿色低碳转型，逐步化解过剩产能。以降低能耗、清洁生产为核心推动企业生产方式的革命。强化主要行业单位产品能耗对标管理，确保南充市国、省重点用能企业完成"十三五"节能目标。着力开展行业能效、物耗"对标"活动，进一步全面实施"双高"行业清理。

最后，强化基本公共服务。继续加大教育投入，强化依法治理、系统治理、源头治理、综合治理，不断对社会治理方式进行改进。深入开展"法律七进"的活动，加强全民的普法教育。

6.18.3 广安

（1）城市概况

广安市位于四川省东北部，有"川东门户"的称号，面积为6344平方公里，东、南分别与重庆市相接，是川东方向至重庆和南下东进的重要枢纽，也是全国"五纵七横"交通干线上的重要节点，已进入重庆1小时和成都2.5小时经济圈，未来随着构建西部综合交通枢纽战略的实施，广安市的交通优势将更加突出。截至2014年广安地区生产总值为919.6亿元，同比增长10.2%。人均GDP为28489元，同比增长9.9%。[①]

（2）资源特点及利用概况

广安市已探明发现的矿藏有30余种。其中原煤蕴藏量7亿吨，是华蓥山煤田的富集区，含煤地层为二叠系乐平统龙潭组，二次为上三叠系须家河群；天然气蕴藏量1000亿立方米，为四川尚未开发的特大气田之一，广安市境内有油层伴生气和气藏气两大类。油层伴生气，在整个川中地区主要产自广安区大安镇境内的大安寨油层；

---

① 参见《广安市2014年国民经济和社会发展统计公报》。

石灰石分布 800 余平方公里，层厚 20—200 米，广泛分布于华蓥山、铜锣山三叠系嘉陵江组、雷口坡组及侏罗系自流井群大安寨段地层中，品位高；在侏罗系自流井群发现凉高山组、大安寨组两个具有工业开采价值的油层；岩盐遍布于全境，集中在广安区、岳池县、武胜县境内，总储量 2552 亿吨。为广安市的工业、建筑业的发展奠定了基石。广安境内森林植被属中亚热带常绿阔叶林和针阔混交林植被区，森林种类繁多。境内植物种类共有 392 种（不含近千种药类植物）。广安市的森林植被区系广泛，既有盆东地带特性的森林植被，又有盆中地带共性的森林植被，以偏东成分较多，具有盆东与盆中过渡地带的植被特色。广安市拥水资源较为丰富，江河径流总量 437 亿立方米。水能蕴藏量 60 万千瓦，尤以嘉陵江为最。拥有东西关、桐子壕、富流滩、四九滩、凉滩等水电站。[①]

（3）得分结果

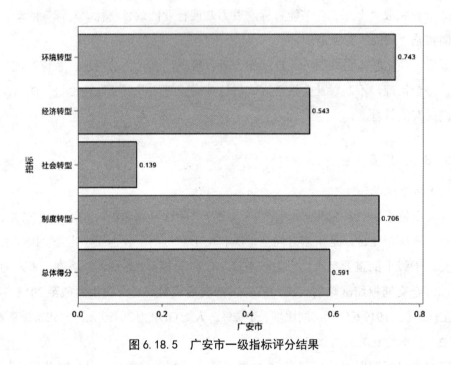

图 6.18.5　广安市一级指标评分结果

---

① 广安市人民政府网站，http://www.guang-an.gov.cn。

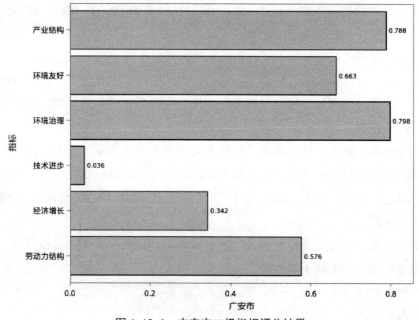

图 6.18.6　广安市二级指标评分结果

（4）转型评价

从城市转型的总体评分来看，广安市的得分为 0.591，在所有被评价城市中位列第 25 位，说明广安市的城市发展转型取得了较好的成效。在推动广安市转型的一级评价指标中，制度转型的得分排名最高，其次为环境转型，说明了近两年来广安市在市场效率、环境友好与治理方面的成绩比较突出，有力地支撑了城市的转型发展。排在后两位的分别是经济转型和社会转型，其中社会转型的得分排名最低，说明公共服务在推动城市转型中的作用还不够显著，有待进一步调整和完善。

从经济转型的指标来看，得分贡献率最高的是产业结构，最低的是技术进步。通过进一步分析，产业结构之所以成为经济转型的最大贡献因素，得益于广安市工业转型速度的加快。近年来，广安市加快推进传统优势产业的转型改造升级，有序消化过剩产能，淘汰落后产能，并以技术创新为支撑培育战略性新兴产业和高端服务业发展，以优化工业结构。同时，深入实施大企业大集团培育计划，加快中小微企业培育发展。工业布局持续优化，"一园一主业"基本成型，园区配套功能进一步完善。推动现代服务业改革发展。扎实推进省级服务业综合改革试点市和现代物流业试点示范市建设，六大新兴先导型服务业加快发展，培育省级现代服务业集聚区 2 个。推动农业发展方式加快转变，以技术创新引导农业转型升级，并通过设立技术示范区，发挥以点带面的作用加快农业的转型发展。推进现代农业标准化生产、产业化经营，加强邓小平故里优质农产品"华蓥山"公用品牌建设，广安区、岳池县成功创建省级地理标志产品保护示范区，申报认证"三品一标"农产品 56 个，广安农产品影响力和市场竞争力不断提升。而技术进步之所以未能发挥对经济转型的带动作用，原因在于科研经费投入、专利授权数量的不足，创新驱动力仍有不足。

从社会转型的指标来看，教育方面的得分远比医疗以及社保方面的得分要高，说明了广安市教育、文化的发展要远超医疗、社会保障等社会事业发展，说明社会转型仍有进一步提升空间。

在环境转型方面，促进环境转型的最大动力源于对水污染、重金属污染、大气污染治理取得明显成效，同时在低碳方面表现突出，环境治理经费投入对促进环境转型的贡献作用也较明显。但是，政府忽视了对于工业固体废物的综合利用以及对于城市空气质量的监管。

制度转型是广安市发展转型的第一大贡献因素，说明广安市社会投资规模比例较高，金融发展迅速，推动了城市转型。但是，广安市市场竞争能力较差，说明市场对于制度转型的贡献较小。

（5）未来建议

一是坚定不移实施"工业强市"战略，认真落实"中国制造2025四川行动计划"，深入开展质量对标提升行动，加快新型工业化发展进程，全年实现规模以上工业增加值增长 10% 以上。加快发展战略性新兴产业，推动电子信息、生物医药、新材料等新兴产业突破发展。积极改造提升传统产业，推广运用新技术、新工艺、新设备、新材料，完成技改投资 175 亿元以上；以市场化机制推进煤炭、水泥企业兼并重组，促其提档升级、做大做强。着力打造工业创新平台，实施制造业创新中心建设、高端装备创新研制等一批重大工程，不断完善创新研发中心、孵化器平台等设施建设。持续提升园区产业集聚能力，推进园区建设特色化、专业化。鼓励支持企业上市发展，利用资本市场做大做强。支持中小微企业"专精特新"发展，全年新增规模以上企业 30户。兑现落实工业稳增长政策措施，切实帮助企业解决市场开拓、要素保障等问题，推动工业经济稳定增长。

二是加大社会保险扩面征缴力度，做好医疗保险异地就医即时结算。整合城乡居民医疗保险制度，实现城乡居民大病保险全覆盖。健全特困人员供养制度，提高低保保障和五保供养标准。完善临时救助制度。促进慈善事业健康发展。深化县级公立医院综合改革；开工建设市人民医院第二住院大楼；加强市中医医院服务能力建设；实施基层医疗卫生服务能力提升工程，积极推进医疗联合体建设、县域医疗卫生一体化管理，大力推行分级诊疗制度。加强新农合资金监管。实施"全面两孩"政策。加强残疾人保障和服务体系建设。

三是贯彻实施环境保护法律法规，加大大气、水、土壤污染防治力度，切实改善环境质量。实施渠江、嘉陵江、御临河、大洪河流域及重点小流域生态环境综合治理，抓好饮用水源保护。深入开展城乡环境治理，加强矿产资源开发利用监管，大力推进"洁净水"行动，达标处理城镇生活污水和城乡垃圾，不断优化生态环境。加强环境执法工作，依法打击环境违法行为。

6.18.4 自贡

（1）城市概况

自贡市是四川南部的中心城市，被誉为"千年盐都"、"恐龙之乡"、"南国灯城"、"美食之府"。自贡市地处四川盆地南部，东面与隆昌、泸县相连，南面与江安、南溪、宜宾相接，西面与犍为、井研毗邻，北面靠威远、内江。面积4373.13平方公里。地貌类型属低山丘陵，由低山地貌、丘陵地貌、平坝地貌和沟谷地貌组成。2014年自贡市实现地区生产总值1073.40亿元，增长7.6%。按平均常住人口计算，人均生产总值达到39146元，增长6.9%。[①]自贡是国家历史文化名城、有着中国优秀旅游城市、国家园林城市、国家卫生城市、中国"文学之城"百强市、省级风景名胜区和四川省环境优美示范城市的称号。

（2）资源特点及利用概况

自贡市现已探明的矿产主要有盐矿、煤矿等18种，开发利用的矿种主要有岩盐、烟煤、石灰岩等12种，探明岩盐资源储量79.3亿吨，煤炭资源储量6480万吨，石灰岩矿资源储量1.07亿吨，为自贡市的工业、建筑业的发展奠定了基石。自贡有野生动物46科300余种，以蛇、蛙、鸟类等野生动物种群数量居多，主要分布在森林较多的丘陵地区，全市有国家二级保护野生动物17种，为吸引游客，促进旅游业发展起到突出贡献。自贡市土壤在特定的气候、地形、母质、生物和人为综合作用下，形成5个土类，9个亚类，25个土属，70个土种。高产土壤占32%，中产土壤占42%，低产土壤占26%，紫色土占土壤总面积的50.08%，黄壤土占土壤总面积的13.73%，黑褐土占土壤总面积的0.71%。自贡市境内河流分属岷江、沱江两大河流水系。西部越溪河、茫溪河属岷江水系，境内流域面积1207平方公里，其余河流属沱江水系，沱江水系在市境内有一级支流釜溪河、二级支流旭水河、威远河、长滩河、镇溪河等重要河流。全市流域面积在5平方公里以上的河流有142条，其中流域面积在50平方公里以上的河流为17条，河流形状多为羽毛状或树枝状。自贡水资源极度匮乏，水资源总量约为16亿立方米，是全国50个最严重缺水城市之一。全市人均水资源量585立方米，亩均水资源量868立方米，仅为四川省人均、亩均水资源量的

---

① 参见《自贡市2014年国民经济和社会发展统计公报》。

18.84%、23.5%。特别是人口稠密、企业集中、商贸繁荣的城市中心区，缺水问题尤为突出，人均水资源量仅为 307 立方米，占四川省人均水资源量的 9.7%。[①]

（3）得分结果

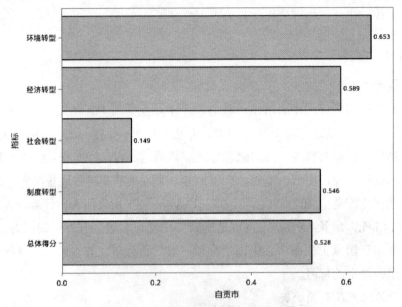

图 6.18.7　自贡市一级指标评分结果

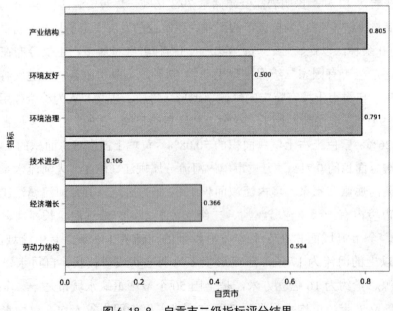

图 6.18.8　自贡市二级指标评分结果

---

① 自贡市人民政府网，http://www.zg.gov.cn。

（4）转型评价

从城市转型的总体评分来看，自贡市的得分为 0.528，在所有被评价城市中位列第 63 位，说明自贡市的城市发展转型取得了一定的成效。在推动自贡市转型的一级评价指标中，制度转型的得分排名最高，其次为经济转型，说明了近两年来自贡市在市场效率、产业结构方面的成绩比较突出，有力地支撑了城市的转型发展。排在后两位的分别是环境转型和社会转型，其中社会转型的得分排名最低，说明公共服务在推动城市转型中的作用还不够显著，有待进一步调整和完善。

从经济转型的指标来看，得分贡献率较高的是劳动力结构和产业结构，最低的是技术进步。通过进一步分析，劳动力结构和产业结构之所以成为经济转型的最大贡献因素，是因为自贡市新型工业化步伐加快，传统产业提质升级，三大战略性新兴产业发展迅速，自贡航空产业园加快布局，贡井区成为全市航空与燃机产业发展主战场。现代服务业加速发展，川南汽贸产业园成功申报为省级现代服务业集聚区，川南五金城一期建成运营，专业市场、商业街区商业氛围日趋浓厚，建设镇固胜村获中国乡村旅游模范村称号。特色农业提质扩面，"四带五基地"初具规模，龙潭镇、白庙镇获全国"一村一品"示范镇，突出品牌培育，强化标准生产，注重农产品质量安全，全面开展水产、蔬菜、水果农业生产基地标准化创建，五宝花生、龙都早香柚获国家地理标志保护产品称号，塔罗科血橙获"国家绿色食品"认证，龙潭镇 14 个蔬菜品种获国家有机食品认证。而技术进步之所以未能发挥对经济转型的带动作用，原因在于虽然自贡市互联网普及率不低，但是科研经费投入、专利授权数量的不足使得创新驱动力仍有不足。

从社会转型的指标来看，各项得分相对较低，说明了自贡市教育、住房、医疗、社会保障等社会事业发展相对落后，仍有较大进步空间。具体来说，自贡市的教师以及医生极度匮乏，这也造成了教育与医疗资源的不足，未来政府应加强在这方面的改进。

在环境转型方面，环境治理资经费投入对促进环境转型的贡献作用不够突出，反映出自贡市环境问题仍相对严峻，环境转型需求迫切。此外，政府忽视了对于工业污染物排放的治理以及对于城市空气质量的监控，这也在一定程度上削弱了环境转型的效果。

制度转型是自贡市发展转型的第一大贡献因素，说明社会投资规模比例较高，金融发展迅速，推动了城市转型。但是，自贡市的市场竞争程度较低，这也减弱了制度转型的力度。

（5）未来建议

加快新型工业化步伐。加强园区基础设施建设，修订完善自贡航空产业园控制性详规，力争完成桥头工业园规划编制，启动航空产业园航天大道、创业大道一期工程建设。大力发展战略性新兴产业，加快推进航空与燃机零部件制造、航空技术应用中心、增材技术工程中心、轻型飞机制造等项目建设，促进航空产业集群化发展。改造提升传统优势行业，帮助环保节能、绝缘子、塑胶建材等企业平稳健康发展，提高产品技术含量和市场竞争能力。支持中小微企业发展，新培育一批企业上规模。加快工业信息化平台建设，推进 4G 工程、"宽带乡村"等信息化项目建设，实现工业化与信息化加速融合。强化企业协调服务，加强优秀企业家队伍培育，促进企业持续健康发展。

加快发展现代服务业。打造特色专业市场，巩固提升汽贸产业，加快川南汽贸产业园基础设施、公共服务平台建设，推进汽车商贸会展中心、汽车配件市场建设，增强园区服务功能和聚集能力；壮大五金专业市场，延伸产业链，推进川南五金城二期项目建设。打造特色商业街区，培育西城财富中心、平桥熙街等商业圈，力争 2016 年培育和新增商贸上限企业 5 户以上。积极发展电子商务、健康养老等新兴先导型服务业，促进农村电子商务加快发展。打造特色旅游，力促航空旅游文化新区规划编制完成。开展旅游标准化体系建设，推进南北环路和 G348 沿线乡村旅游提档升级，加强艾叶古镇盐业遗迹保护利用，提升改造老街河街，打造莲花—牛尾森林公园等休闲观光基地。

加强生态建设。实行最严格的环境保护制度，健全完善环境治理体系。加快推进省级生态区创建，持续开展大气污染综合治理专项行动，加强工业污染防治、城市建筑工地和道路扬尘整治，切实改善空气环境质量。扎实开展旭水河流域综合治理工作，完成金鱼河人工湿地项目建设，实施贡井污水处理厂一期深度处理，启动成佳污水处理厂建设，不断改善水环境质量。加强环境整治，深化城乡环境综合治理，持续开展城乡"五乱"治理工作，规范市容秩序，完成育才路摊区综合整治。深化环卫绿化市场化作业，加快环卫基础设施建设，推进垃圾分类收集试点，新建垃圾压缩转运站 1 座。强化城区在建工地、运渣车辆管控，加大主街大道降尘力度，健全多部门联管、联治机制，巩固煤油烟专项治理成果。继续采取高压态势，严查严处"两违"行为。全面推进"环境优美示范"工程创建，充分发挥数字化城市管理平台作用，提升城乡管理水平。

6.18.5　泸州

（1）城市概况

泸州市位于四川省东南部，是长江和沱江交汇点，川滇黔渝结合部的区域中心城市，泸州港是长江上游的重要港口，成渝经济区重要的商贸物流中心，是一个以化工、酿酒和机械为支柱的综合性工业城市，具有地理优势、资源优势和产业优势。全市城区建成区面积达 12240 平方公里，人口约为 111 万。2014 年，泸州市实现地区生产总值 1259.7 亿元，按可比价格计算，比上年增长 11.0%。泸州市旅游文化资源丰富，曾先后获得国家历史文化名城、国家森林城市、中国优秀旅游城市等荣誉称号。[①]

（2）资源特点及利用概况

泸州位于攀西—六盘水资源"金三角"开发区，资源密集度极高，矿产资源丰富，探明储量煤 43.32 亿吨，天然气 407 亿立方米，硫铁矿 32.17 亿吨。近年来，泸州以大型煤矿企业为主体，通过收购、兼并、联合重组和优化资源配置来提高产业集中度，逐步形成了勘建采一体化，煤电煤化工一条龙的煤矿开发新格局。同时，作为有名的"酒城"，泸州的酿酒历史超过 2000 年，目前形成了 400 余个酒类生产工业，名优酒 100 余个，其中泸州老窖和郎酒是泸州酿酒的典型代表。此外，泸州水资源丰富，境内长江航道 133 千米，入境水量 2420.8 亿立方米，出境水量 2945.6 亿立方米，泸州市水能资源理论蕴藏量 628 万千瓦，可开发量 252 万千瓦。泸州市地属盆地中亚热带温润气候区，以亚热带气候为主，垂直差异明显，雨量充沛，土地肥沃，盛产水稻、糯高粱、荔枝、桂圆等经济作物，畜牧业发展良好，猪、牛、山羊、家蚕等产量高。林地面积 41.88 万公顷，占全市总面积的 34.21%，各类珍稀植物共 46 种，中药材有 1444 种，还有数十种珍稀名品。为泸州市的制药业提供了坚实基础。但是从总体上来看，泸州市的产业链条短，产销率低下，产业结构不合理以及基础设施建设落后，水利、电力和大型工程项目建设落后于经济发展，这些劣势都限制了泸州市经济的发展。[②]

（3）得分结果

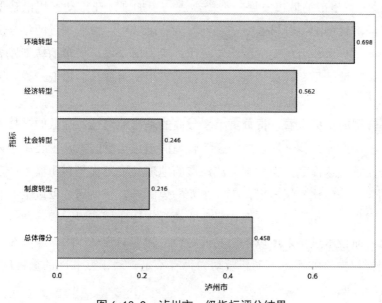

图 6.18.9　泸州市一级指标评分结果

---

① 参见《泸州市 2014 年国民经济和社会发展统计公报》。
② 泸州市人民政府门户网站，http://www.luzhou.gov.cn。

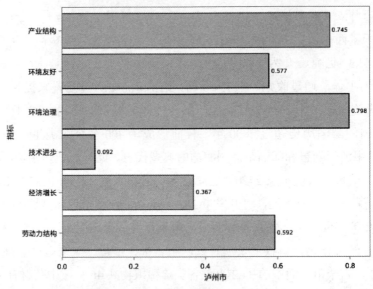

图 6.18.10　泸州市二级指标评分结果

（4）转型评价

从城市转型的总体评分来看，泸州市的得分为 0.458，在所有被评价城市中位列第 98 位，说明泸州市的城市发展转型仍需进一步加强。在推动泸州市转型的一级评价指标中，经济转型的得分排名最高，其次为制度转型，说明了近两年来泸州市在市场效率及产业结构调整方面的成绩比较突出，有力地支撑了城市的转型发展。排在后两位的分别是环境转型和社会转型，其中社会转型的得分排名最低，说明泸州市在发挥公共服务在推动城市转型的作用方面仍需加强。

从经济转型的指标来看，得分贡献率最高的是产业结构，最低的是技术进步。通过进一步分析，产业结构之所以成为经济转型的最大贡献因素，主要源于采掘业和传统制造业的比重快速提高，充分利用泸州市的地理与资源优势和明显的产业结构，逐步形成了勘建采一体化，煤电煤化工一条龙的煤矿开发新格局，以重工产业带动经济发展，突出贡献，但相比较之下现代服务业的贡献还比较有限，服务业内部结构需要进一步优化。而技术进步之所以未能发挥对经济转型的带动作用，原因在于科研经费投入、专利授权数量的不足，创新驱动力仍有不足，对于互联网的重视度不够明显，互联网普及率过低。

从社会转型的指标来看，各项得分相对较低，在所有被评价城市中排 96 名，整个社会的参保程度低下，政府在教育领域上投入的经费占 GDP 比例项得分达到了0.380，但是教育事业的从业人数比例并不高，得分只有 0.161；其次观察医疗指标，病床数和医疗从业人员得分都比较低，说明了泸州市教育、住房、医疗、社会保障等社会事业发展相对落后，仍有较大进步空间，作为资源型城市，泸州市将更大的比例放在了工业上，而忽视了基础设施的建设。

从环境转型评价结果来看，环境治理对环境转型的贡献率最高，环境友好方面其次，但二者的得分均较高，说明泸州市对环境治理方面相当重视。作为一个以化工、机械为支柱的综合型工业城市，泸州市在带动经济发展的同时会带来比较严重的环境污染问题，如果不在环境治理方面加以重视，会给泸州市带来更大的危机，生态环境遭到破坏、人民生活水平下降进而迫使经济发展缓慢。反观泸州市，环境治理经费投入对促进环境转型的贡献作用比较突出，工业污染物的排放得到有效治理，工业固体废物得到有效利用，空气质量和绿化率都较高，环境转型方面为泸州市的城市转型做出了较大的贡献。

制度转型是泸州市发展转型评分中的得分最低项，社会投资规模比例较低，金融发展缓慢，市场竞争程度很低，得分 0.023，市场效率低下，加之泸州市的基础设施发展缓慢，社会保障体系不完善，这些因素都造成了制度转型对泸州市的城市转型的贡献率低下这一现象。

（5）未来建议

结合对泸州市城市转型的评分分析，针对泸州市的未来发展，建议利用泸州市的优势特点，坚持工业强市战略，保持泸州市的四大产业——白酒、化工、能源和机械制造的稳固健康发展，培育发展新能源新材料、高端装备制造、现代医药等新兴产业；根据自身基础设施的不足，继续加强投资的有效性，同时坚持扩大内需，保持经济平稳增长，并提升基础设施水平，加大基础设施的投资比例，促进社会事业的协调发展，另一方面也应大力引进教育、医疗卫生等专业人才，全面促进教育、医疗和食品安全的发展，持续加强生态环保，强化节能减排，改善大气质量；加快产业转型升级，提升产业核心竞争力，大力发展现代制造业，加快发展现代服务业，推进华为四川大数据中心、省信用联社异地灾备大数据中心项目建设，积极发展现代农业，突出抓好"八大特色农业产业"，提升园区集聚功能，重点发展智能电网、大数据、高端装备制造、现代医药和新能源新材料五大产业；加强和创新社会治理，加大民生投入，完善社会保障体系，扩大社会保险的覆盖面，建设"生态文明美丽泸州"，扎实推进国家生态文明建设，促进人与自然和谐发展，同时加快国家电子商务示范基地建设，推动生产性、生活性服务业协同发展，促进旅游业与文化等产业的融合发展；加强政府的自身管理和建设，推动法治和廉洁的发展，进一步简政放权；深化坚持体制、经济和创新改革创新，激发发展动力活力，有效地调动社会力量支持城市转型，深入推进"大众创业、万众创新"。

6.18.6　攀枝花

（1）城市概况

攀枝花市地处中国西南川滇交界处，是金沙江和雅砻江交汇地点。东、北两面与四川省凉山彝族自治州的会理、德昌、盐源 3 县接壤，西、南两面与云南省的宁蒗、华坪、永仁 3 县相交接，面积为 7440.398 平方公里，是四川省通往华南、东南亚沿边、沿海口岸最近的城市，被誉为"四川南向门户"上重要的交通枢纽和商贸物资集散地。2014 年攀枝花市实现地区生产总值 870.85 亿元，按可比价计算，增长 9.3%。人均地区生产总值 70646 元，同比增长 9.2%。全市有丰富的水能资源，矿产资源和生物资源，是工业和旅游业发达的城市。攀枝花还荣获全国双拥模范城、中国优秀旅游城市、全国社会治安综合治理优秀地市等称号。[①]

（2）资源特点及利用概况

攀枝花地处"攀西大裂谷"中南段，自然资源极其丰富，被誉为"富甲天下的聚宝盆"。攀枝花市矿产资源丰富，矿产资源种类多，其中包括煤、钒钛磁铁矿、溶剂石灰石、冶金用白云岩等，全市发现矿产 76 种，探明储量的矿产 39 种，得到开发利用的矿种 45 种，其中多个项目被世界纪录协会收录为世界之最，为攀枝花市的工业及建筑业等奠定了基石；矿产资源储量丰富，优势矿产保有资源储量大，其中铁储量达到全国的近 20%，是中国的四大铁矿之一，钛、钒储量分别达到全世界的 35% 和11%，分别位居世界第一和第三位，由于攀枝花的矿产资源开采条件优越，其交通运输条件良好，规划开发的铁矿、煤矿、石墨、花岗岩等矿种分布集中，大多适宜露天开采，便于进行矿产资源的开采。由此形成了一条矿产资源产业链，全市共有矿山企业 326 家，其中金属矿山 48 家，占矿山企业的 14.72%，非金属矿山 278 家，占矿山企业的 85.28%。但是矿产资源现状中存在较多的问题，矿山中大中型矿山只有 7 个，小矿山过多，开采所造成的环境问题较突出。除此之外，水能资源丰沛，金沙江和雅砻江纵贯全境，境内河谷深切，高差悬殊，水能源的可开发量达到全国的 18% 以上，是"世界水能大宝库"；攀枝花水能资源理论蕴藏量 687.9 万千瓦以上，可开发量高达599.4 万千瓦，水能发电已经成为攀枝花重要的发电方式之一，我国 20 世纪末建成的最大水电站——装机容量达到 330 万千瓦的二滩水电站就位于攀枝花。除此之外，攀枝花市的植物和野生动物种类繁多，达 2500 多种，其中包括众多国家级珍贵稀有动植物，尤以"攀枝花苏铁"举世称奇，为攀枝花市的旅游业发展提供了良好的基础。

---

① 参见《攀枝花市 2014 年国民经济和社会发展统计公报》。

总体来说，攀枝花市是成熟型资源型城市，资源丰度居全国之冠。①

（3）得分结果

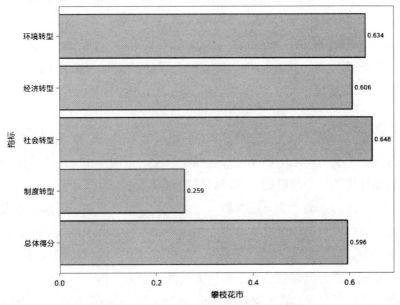

图 6.18.11 攀枝花市一级指标评分结果

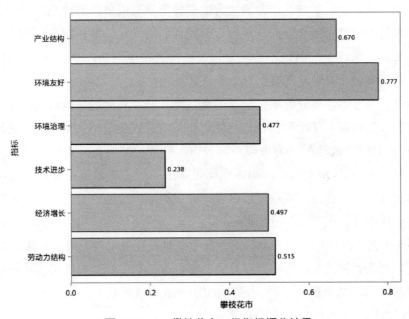

图 6.18.12 攀枝花市二级指标评分结果

---

① 攀枝花市人民政府门户网站，http://www.panzhihua.gov.cn。

（4）转型评价

从城市转型的总体评分来看，攀枝花市的得分为 0.596，在所有被评价城市中位列第 22 位，说明攀枝花市的城市发展转型取得了较好的成效。在推动攀枝花市转型的一级评价指标中，社会转型的得分最高，其次为环境转型，说明了近两年来攀枝花市在公共服务、技术进步和生态环境保护和建设方面上的成绩比较突出，有力地支撑了城市的转型发展。排在后两位的分别是经济转型和制度转型，其中制度转型的得分最低，说明市场效率在推动城市转型中的作用还不够显著，有待进一步调整和完善。

从经济转型的指标来看，得分贡献率最高的是产业结构，最低的是技术进步。通过进一步分析，产业结构之所以能发挥对经济转型的带动作用，原因在于攀枝花市得天独厚的自然环境条件和政府的投入，将攀枝花市规划为 6 个矿业综合开发区，加快转变发展方式，大力推动产业升级和城市转型，形成了体现攀枝花市经济发展特点独具特色的城市品牌，包括中国钒钛之都、中国阳光花城、国家现代农业示范区、中国阳光康养旅游城市等。技术进步之所以未能发挥重大的贡献作用在于科研经费投入、专利授权数量还不够，创新驱动力不够明显。而劳动力结构之所以未能较好地发挥对经济转型的带动作用，原因在于攀枝花市劳动力结构单一，服务业劳动力缺失。

从社会转型的指标来看，各项得分较高，攀枝花市的参保比例、教育投入和医疗方面得分都较高，说明攀枝花市在民生方面的转型卓有成效，攀枝花市在全省率先实现了新型农村和城镇居民社会养老保险市级统筹。近几年，攀枝花市也初步建成了区域教育、文化、医疗卫生高地，公共文化服务产业快速发展，攀枝花市教育、住房、医疗、社会保障等社会事业发展相对平衡且良好。

在环境转型方面，得分贡献率最高的是环境友好，其次是环境治理，环境友好之所以具有较高的贡献率在于攀枝花市的绿化建设颇有成效，在"十二五"时期，启动实施"五创联动"，成功创建为省级森林城市，打造花城景观，环境空气质量持续保持优良，优良率高达 90% 以上，初步实现了从生产型工矿城市向综合型宜居宜业宜游城市的伟大转型。然而环境治理经费投入对促进环境转型的贡献作用不够突出，对工业废物的排放和处理方式仍有待提高，一方面说明了当前环境治理的投入力度仍有不足，另一方面也反映出攀枝花市环境问题仍是攀枝花城市转型的一大障碍。

制度转型是攀枝花市发展转型评分中的得分最低项，社会投资规模比例较低，金融发展缓慢，市场竞争程度很低，得分 0.020。市场效率低下，导致了制度因素对攀枝花市的城市转型的带动力不足。

（5）未来建议

攀枝花市在经济转型和社会转型方面要继续保持优势，在未来的发展中，要加快产业转型升级，需要以产业力促转型升级，以新型工业化为主导，继续支持攀钢、钢城等企业的发展，做强工业经济，培育壮大钒钛、机械制造等特色产业，推进传统产业升级和新兴产业培育，积极推行"风光林"、"风光农"、"风光水"的综合发展模式；与此同时大力改善民生，深入推进脱贫攻坚，健全保险、救助、优抚三大社会保障体系，促进信息、文化教育、旅游、绿色、养老等产业融合发展，确保经济稳定增长。同时以重大项目为支撑，发挥投资拉动效应，有效地调动社会力量，引进战略投资者支持城市转型。在深入推进改革开放的同时，大力保障和改善民生，保持社会和谐稳定，扎实推进国家首批生态文明先行示范区建设，将生态文明理念融入经济社会发展全过程。

反观其他方面，攀枝花市需要大力发展创新事业，以改革创新为重点，深化重点领域改革，大力实施"互联网＋"战略，推动生产方式和发展模式变革，创新旅游营销模式，积极发展旅游产业；加大生态环境保护力度，深入实施"蓝天、碧水、绿地、宁静、洁净"五大行动，积极探索工业废水废气的创新处理模式，避免过度开发，建立节能减排的创新联动机制，加强污染物的综合治理；在制度转型方面，应进一步强调简政放权，以政府权力换取市场活力，以此来提高市场效率，并大力推进攀枝花市的产业结构的转变，提高政府的执行力、公信力和约束力，以此来树立良好的工作作风，带动整个城市进行转型。

6.18.7　达州

（1）城市概况

达州市位于四川省东部，地处川、渝、鄂、陕四省市交界处和长江上游成渝经济带中，是四川省对外开放的"东大门"，同时也是四川省的人口大市，农业发达、资源丰富、工业蓬勃发展和交通枢纽之处，是著名的革命老区，被称为"中国气都"、"巴人故里"，是国家"川气东送"工程的起点站。达州市物产丰饶，资源富集，被誉为中国苎麻之乡、中国黄花之乡、中国油橄榄之都、中国富硒茶之都。2014年，达州市生产总值增长了8.4%，达到了1347.83亿元。达州市自然资源丰富，并且拥有独特的少数民族文化，是四川著名的旅游胜地。[①]

（2）资源特点及利用概况

达州市矿产资源丰富，已发现矿物有38种，产地有250余处。其中探明储量有28种，所涉及的产地有146处之多，已开发利用的有21种。在这之中，矿产资源分为能源矿、金属矿和非金属矿，能源矿中包含石煤和天然气，石煤已探明储量为

---

① 参见《达州市 2014 年国民经济和社会发展统计公报》。

7.63 亿吨，天然气远景储量达 3.8 万亿立方米，达州已经成为全国继新疆塔里木、内蒙古鄂尔多斯气田之后最具开发潜力的大气田，中石油和中石化已经将达州市视作"十一五"期间天然气勘探、开采的主战场；金属矿包括铁矿、锰矿、钒矿和铝土矿，铁矿保有储量 3743 万吨，锰矿、钒矿、铝土矿、石灰岩等同样产量丰富；非金属矿包括石灰岩、石膏、岩盐矿、富钾卤水和白云岩，其中石灰岩的储量达到 20 亿吨左右，石膏的探明储量有 2.3 亿吨，为达州的工业、建筑业的发展奠定了基石。除此之外，达州市的水能资源丰富，溪河分布广，水资源发电潜力巨大，其中水力的可开发量达 44 万千瓦时；达州市生物资源也不容忽视，共有脊椎动物 400 余种，其中国家、省重点保护野生动物有 52 种，具有种类多、分布广、数量大、南北植物兼备等特点，有重要经济、科学研究价值。达州市还有珍稀保护植物 31 种，同时达州市的森林资源丰富，森林覆盖率达 32.21%，还有药用价值植物、经济作物类植物等。达州市普查鉴定的 2158 种植物中，可供药用的 1652 种，现已收入标准的有 500 多种，为达州市的制药业提供了坚实基础。同时达州交通便利，是四川通江达海的东通道和川渝鄂陕结合部的交通枢纽，为达州市的开放和发展提供了便利。①

（3）得分结果

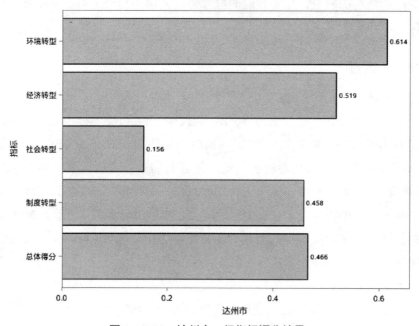

图 6.18.13　达州市一级指标评分结果

① 达州市人民政府门户网站，http://www.dzszw.gov.cn。

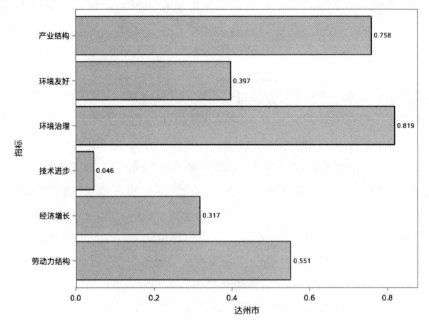

图 6.18.14　达州市二级指标评分结果

（4）转型评价

从城市转型的总体评分来看，达州市的得分为 0.466，在所有被评价城市中位列第 95 位，说明达州市的城市发展转型需进一步加强。在推动达州市转型的一级评价指标中，环境转型的得分最高，其次为经济转型，说明了近两年来达州市在环境治理、经济增长方面的成绩比较突出，有力地支撑了城市的转型发展。排在后两位的分别是制度转型和社会转型，其中社会转型的得分最低，说明公共服务在推动城市转型中的作用还不够显著，有待进一步调整和完善。

从经济转型的指标来看，得分贡献率最高的是产业结构，最低的是技术进步。通过进一步分析，产业结构之所以成为经济转型的最大贡献因素，主要源于达州市近几年中突出加快实施重点项目，调整产业结构，加快城市转型，规模以上的工业增加值达 344.7 亿元，加大工业投资，其中在技术改造上的投资高达 239 亿元，新增高新技术产业，创建市级以上的企业技术中心，经济增速加快，人均可支配收入增加。而技术进步之所以未能发挥对经济转型的带动作用，原因在于科研经费投入、专利授权数量的不足，创新驱动力仍有不足。

从社会转型的指标来看，各项得分相对较低，是对达州市城市转型的贡献率最低项，社会转型关系到最贴近民生的方方面面，需要加以重视，摆正民生方面改革的方向。达州市在文化服务方面发展较快，近年来达州市已建成几座现代化的文化场所，然而达州市的参保比例、教育投入和医疗方面得分都较低，达州市在民生方面的转型有待提高，基础设施的建设还不够完善，对民生方面的重视度仍不高，说明了达州市教育、住房、医疗、社会保障等社会事业发展相对落后，仍有较大进步空间。

在环境转型方面，环境治理方面相比较环境友好方面的贡献率高，说明达州市对环境治理的经费投入对促进环境转型的贡献作用比较突出，对于工业废物的处理得当，然而尽管近几年达州市的城镇绿地新增 38 万平方公里，但是绿化率仍有较大的提高空间，空气质量有待提高，对环境的保护观念有待加强，一方面说明了当前环境治理的投入力度仍有进步空间，另一方面也反映出达州市环境问题仍相对严峻，环境转型需求迫切。

制度转型方面得分 0.458，排名为 22，说明制度转型对于达州市的城市转型起到了一定的作用，达州市推进财税金融体制改革，健全完善政府预算体系，扩大"营改增"试点，推进投融资体制改革，加快释放民间的投资活力，发挥市场的调节作用，总体来看，达州市的社会投资规模比例较高，金融发展迅速，市场竞争程度较好，在推动城市转型中发挥了很大作用。

（5）未来建议

达州市在未来的发展中，要根据城市转型的得分情况调整重点，应该重点推动社会转型，关注民生，切实针对民生问题，加强基础教育和学前教育；推进发展医疗事业，完善分级医疗制度，并切实发挥达州市的资源优势，加快发展中医药事业；完善社会保障体系，增大社会保险覆盖面，做好对贫困群众的生活救助工作，保持社会和谐稳定。与此同时，要继续保持达州市在环境转型和经济转型方面的优势，扩大有效投资，坚持内需拉动，深化产业转型发展，推动产业优化升级，推进新型工业化，延长冶金、机械等传统优势产业的发展，引入高新技术和新能源材料到产业中来。加快创新驱动，深化落实重点工业企业转型升级推进方案，保持经济平稳增长，同时推动生产性、生活性服务业协同发展，利用达州区位优势，完善物流体系；促进旅游业与文化等产业的融合发展。

同时达州市不可忽视环境保护和制度改革在城市转型中的重要作用，将生态文明理念融入经济社会发展全过程，持续推进中心城区环境的综合治理，突出抓好节能减排的重点工程，对重污染领域——工业、建筑、交通的节能降耗，并积极推进天然林保护区、自然保护区和生态功能区的建设，加大生态脆弱区域和灾毁区域的生态修复力度，扎实推进国家生态文明建设，促进人与自然和谐发展。与此同时，深化坚持体制改革创新，进一步简政放权，释放和激发发展动力活力，提高市场效率，有效发挥市场的作用和激发市场竞争力，有效地调动力量支持城市转型。

6.18.8 雅安

（1）城市概况

雅安市属四川省，是四川盆地与青藏高原的交接地带，川藏公路和川滇公路在此连接，同时也是丝绸之路的必经之处。雅安市面积为 15314 平方公里，雅安以北是阿坝藏族羌族自治州，西部与南部分别与甘孜藏族自治州和凉山彝族自治州相邻，东面与成都市、眉山市、乐山市相邻，[①]地理上十分重要，被称为"川西咽喉"、"西藏门户"和"民族走廊"。截至 2014 年实现地区生产总值 462.41 亿元，同比上年增长 11.0%。人均生产总值 30052 元，同比增长 10.4%。雅安是茶马古道的起点，是禅茶文化的发源地，是历史最久、产量最大的藏茶生产基地。雅安珍稀动植物资源丰富，矿产资源也闻名全国，丰富的水资源也为发电、养殖、旅游提供了很好的条件。[②]

（2）资源特点及利用概况

雅安森林分布广阔，全市森林覆盖率达 50.79%，同时林区内有熊猫、金丝猴等珍贵动物。除此之外，雅安矿产资源丰富，不得不提的就是雅安的石棉、锰、煤。雅安石棉由于纤维长、储量大而著称，而花岗岩、大理石也在建材中十分重要，雅安绿、雅安红等石材更是在全国出名，为雅安的工业、建筑业发展提供了坚实的基础。雅安水资源丰富，大小支流近百条。雅安是国家水电基地，可开发量占全省的十分之一。而且雅安空气质量、饮用水质量都达到国家二级标准，水质量达到国家三类标准，为雅安的旅游业发展做出了贡献。雅安市积极推进矿产资源利用统计工作，截至 2015 年 4 月 20 日，矿产资源利用统计工作已全面完成。经过调查统计，基本上摸清了全市矿山企业的基本情况。2015 年雅安市全市持证矿山企业 291 个，实际纳入统计矿山企业 257 个。矿山年产矿石量 483.54 万吨，矿山企业工业总产值（矿山采掘，不含矿产品深加工部分）57010.57 万元，矿山企业利润总额 3868.6 万元，矿产品销售收入 41956.56 万元，全年开发利用矿种 30 种，能源矿产、有色金属、建材矿产开发仍居主体地位。根据可持续发展能力和资源保障能力的不同差异，《全国资源性城市可持续发展规划（2013—2020 年）》把雅安市列为成熟型的城市，认为雅安市处于资源开发的稳定阶段，是我国现阶段能源资源安全保障的核心区。[③]

---

① 雅安市人民政府门户网站，http://www.yaan.gov.cn。
② 参见《雅安市 2014 年国民经济和社会发展统计公报》。
③ 雅安市人民政府门户网站，http://www.yaan.gov.cn。

（3）得分结果

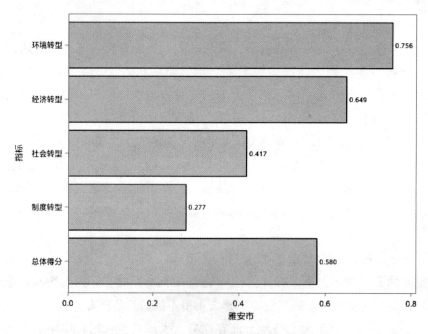

图 6.18.15　雅安市一级指标评分结果

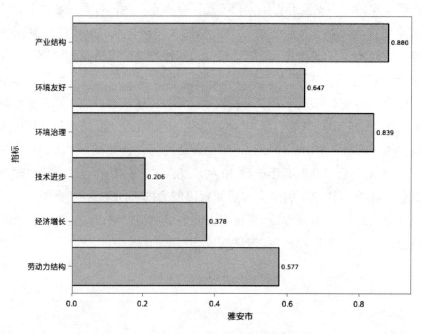

图 6.18.16　雅安市二级指标评分结果

（4）转型评价

从城市转型的总体评分来看，雅安市的得分为 0.580，在所有被评价城市中位列第 32 位，说明雅安市的城市发展转型取得了较好的成效。在推动雅安市转型的一级评价指标中，经济转型的得分排名最高，其次为社会转型，说明了近两年来雅安市在产业结构升级、公共服务方面的成绩比较突出，有力地支撑了城市的转型发展。排在后两位的分别是环境转型和制度转型，其中制度转型的得分排名最低，说明市场效率在推动城市转型中的作用还不够显著，有待进一步调整和完善。

从经济转型的指标来看，得分贡献率最高的是产业结构，最低的是技术进步。通过进一步分析，产业结构之所以成为经济转型的最大贡献因素，主要源于"4+6"骨干特色产业支撑带动作用进一步凸显，现代服务业产值规模和比重的快速提高，新兴行业发展迅速，贡献突出，服务业内部结构进一步优化。而技术进步之所以未能发挥对经济转型的带动作用，原因在于科研经费投入、专利授权数量的不足，创新驱动力仍有不足。

从社会转型的指标来看，各项得分排名相对较高，说明了雅安市教育、住房、医疗、社会保障等社会事业发展相对平衡且较好。

在环境转型方面，环境治理经费投入对促进环境转型的贡献作用突出，说明了当前环境治理的投入力度较大，对环境转型有较大的推进作用。

制度转型是雅安市发展转型中贡献最低，说明雅安市社会投资规模比例较低，金融发展缓慢，市场竞争程度欠佳，仍有很大提升空间。

（5）未来建议

雅安未来的城市转型建议主要有以下几点：一是应积极推进雅安市的产业结构转型升级，加快发展战略性新兴产业。以传统产业为依托，坚持可持续发展理念，推进新型产业建设，为传统产业寻找接替产业。二是雅安市应加快现代服务业的发展，作为推动产业结构升级的重要措施。首先，应大力发展现代商贸服务业。加速推进城市大型商业综合体的建设工作，采取优惠的财税政策等措施，积极引进国内外高端品牌和国际知名商贸流通企业入驻雅安。其次，应积极发展新兴先导型服务业。发展现代物流业，培育发展第三方物流企业。发展现代金融业，推进金融产品服务创新，强化金融市场监管，规范小额贷款和融资性担保公司管理。发展健康养老服务业，转化利用雅安生态资源优势，突出发展生态文化旅游业。建设相关的休闲旅游场所、养生会馆、度假村等，将文化与旅游深度结合。三是高度重视生态环境保护与恢复工作，对环保未达标企业进行严厉整治，加大企业的环保违规成本。对于矿山地质环境的治理，坚持"谁使用谁负责，谁污染谁治理"的原则，使权责明确。四是大力提升雅安市的基本公共服务水平。在深入推进改革开放的同时，大力保障和改善民生，保持社会和谐稳定，实现经济发展与环境保护的有机结合，以示范区模式带动生态文明发展。

6.19　贵州

6.19.1　六盘水

（1）城市概况

六盘水市位于贵州省西部，地处滇、黔两省结合部，与安顺市、曲靖市、毕节市相邻；2013 年末全市占地面积 9965 平方公里，辖 4 个县级行政区，常住人口 285.9 万，GDP 总量在 2015 年达到 1201.08 亿元，人均 GDP 仅次于省会贵阳。地势西高东低，北高南低，中部因北盘江的强烈切割侵蚀，起伏剧烈。市境属北亚热带季风湿润气候区，冬暖夏凉，气候宜人，号称"中国凉都"。特殊的地理环境为六盘水市提供了天然的旅游资源，形成了以彝族、苗族、布依族等少数民族文化和风情为特色的旅游品牌，成为贵州地区重要的旅游城市之一，陆续建成了国家级森林公园、地质公园，拥有牂牁江景区等多个知名景点。2000 年以来，随着景区资源的不断开发，六盘水涌现出一批旅游景点，创造和打破了中国世界纪录协会多项世界纪录、中国纪录，获得多项世界之最、中国之最。[①]

（2）资源特点及利用概况

六盘水市矿产资源丰富，素有"西南煤海"、"江南煤都"之誉。已发现矿种有 30 余种，已探明储量的有 16 种，其中以煤、铁、铅、锌储量为多。六盘水煤田远景储量 711 亿吨，已探明储量 164 亿吨，六盘水丰富的煤炭资源质量易于开采，品质优良。六盘水水资源丰富，总量 36.5 亿立方米。全市水能资源理论蕴藏量 116.65 万千瓦，可开发水力资源 70.68 万千瓦，占理论蕴藏量的 59.84%。围绕矿产和水能资源，六盘水市建成煤炭、电力、冶金、建材支柱产业。煤炭开采和洗选业，石油加工、炼焦和核燃料加工业，非金属矿物制品业，黑色金属冶炼及压延加工业等行业增长较快。

"十二五"时期，六盘水市循环经济示范城市获得了国家批复，并且循环经济工作取得了可喜的成绩，黔桂天能等一批循环经济项目建成投产，煤矿正常生产矿井机械化程度达到 69%，煤炭资源就地转化率达到 70%，煤层气开发利用率达到 40%，工业固体废弃物综合利用率达到 68%。生态环境建设也取得了一定的成绩。城镇污水处理率和城乡生活垃圾无害化处理率分别达到 91.6% 和 88%。淘汰落后产能 452.75 万吨，单位生产总值能耗下降 19.78%。并且启动空气质量 AQI 监测并定期发布监测数据，全市空气质量 API 优良率达到 99.4%。根据可持续发展能力和资源保障能力的不同差异，《全国资源性城市可持续发展规划（2013—2020 年）》把六盘水市列为成长型

---

① 参见《六盘水市 2014 年国民经济和社会发展统计公报》。

的城市，报告指出六盘水市的转型发展和资源开发利用还处于发展期，且处于潜力无限大的发展上升期，是现阶段我国煤炭后备基地，应规范其资源开发秩序，使之成为我国煤炭资源接续基地。[①]

（3）得分结果

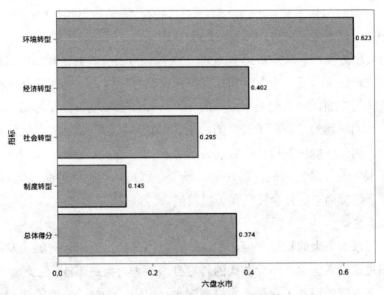

图 6.19.1　六盘水市一级指标评分结果

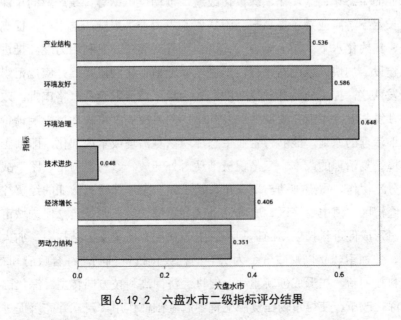

图 6.19.2　六盘水市二级指标评分结果

---

① 《国务院关于印发全国资源型城市可持续发展规划（2013—2020 年）的通知》，http://www.gov.cn/zwgk/ 2013-12/03/content_2540070.htm，2013 年 12 月 3 日。

（4）转型评价

从城市转型的总体评分来看，六盘水市的得分为 0.374，在所有被评价城市中位列第 114 位。从任何一个指标来看，六盘水在城市转型的道路上仍有很长的一段路要走，各方面问题都十分突出。

从经济转型的指标来看，六盘水得分为 0.402，排名为 108，不管是劳动力结构、产业结构还是技术进步等方面，六盘水得分均较低。

在社会转型方面，六盘水市排名为 82，与六盘水自身其他指标相比已属较高，但和其他城市比较起来六盘水市在诸如社保参保比例等指标上仍旧排名十分靠后。

在环境转型方面，和其他城市不同的一个方面在于环境友好指标与环境治理指标相差不大，说明环境治理取得了较好的成果。但是环境治理指标和其他城市比较时处于劣势地位，因此环境转型指标排名依旧不高。

制度转型方面，最突出的问题在于市场竞争程度。仅为 0.016，这值得很大的关注，因其关乎紧接而来的社会投资和金融发展。

（5）未来建议

对于六盘水市未来的转型发展，建议一是以循环经济为引领，加快发展战略性新兴产业，积极推进六盘水市产业结构的转型升级。大力推进工业企业转型升级，加快建立绿色循环低碳的现代工业体系。提高煤炭、电力、钢材等资源的深加工水平，推进传统产业的生态化、循环化、绿色化改造，推动煤电钢等传统产业向精深加工转型升级，延长上下游产业链、提高产品附加值。大力推进煤炭清洁生产，提高煤炭生产安全水平、集约化水平。加大煤层气、页岩气等新能源开发利用力度，推进煤炭地下气化项目建设。加快局域电网建设，推进电能就地转化利用。二是应规范煤炭等能源资源的开发秩序，提高能源开发行业的准入门槛，对开发企业严格审批，政府应合理确定资源开发强度，不能在短期内过度开采，同时应高度重视环境影响评价工作，坚持谁污染谁治理的原则，能够将企业生态环境恢复治理成本内部化，即由企业自身负担生态环境恢复治理的成本。三是积极推动对外开放。参与"一带一路"战略，积极参与区域分工协作，重点推动与珠三角、长三角、京津冀及东南亚的经贸往来，积极加入黔中经济区、滇中经济区、成渝经济区等区域发展。四是建立促进城市转型的市场化机制，形成促进科技创新的体制和氛围。在现有财政支出结构中，加大对科技的投入力度，并探索建立以财政资金为引导的社会化投资机制，综合政府和社会力量，共同支持科技创新，在形成创新驱动，促进经济向高科技方向转型。深化国有企业改革，通过深化改革，使得市场在资源配置中起基础性作用，建立并完善促进城市转型的市场化机制。五是高度重视民生工作，大力提升六盘水市的基本公共服务水平。六盘水市政府需要加强政府对教育、医疗和社会保障等公共服务的提供，由政府通过公开招标、定向委托等方式购买公共服务，可以采用 PPP 模式，让非公共部门自愿参与提供产品和服务。

6.19.2 安顺

（1）城市概况

安顺市是贵州省下辖的一个地级市，毗邻贵州省会城市贵阳，位于贵州省中西部，自古有黔之腹、滇之喉、粤蜀之唇齿之称。全市总人口 289.98 万人，总面积 9267 平方公里，少数民族占 39%。地处珠江水系北盘和长江水系乌江流域的分水岭地带，属于世界上典型的喀斯特地貌集中的地区；素有"蜡染之乡"、"中国瀑乡"、"西部之秀"、"屯堡文化之乡"的美誉，是中国著名的旅游城市。安顺市属于国家区域经济规划重点发展的黔中经济区，是新兴工业城市，发展潜力较大。2013 年全市地区生产总值 429.16 亿元，同比增长 15.4%。[①]

（2）资源特点及利用概况

安顺市矿产资源丰富，有金矿、煤炭、铝土矿等矿产资源。目前探获一定储量的矿产资源有：重晶石 3292 万吨；煤炭累计探明储量 18 亿吨；锑矿 50 万吨；铅锌矿 47.77 万吨；铝土矿 1948 万吨；汞矿 24 万吨；炼镁白云石 1569 万吨；锰矿 191 万吨；铁矿 202 万吨；化工用白云岩 240 万吨；石膏 7778 万吨；电石灰石 219 万吨；化肥用砂石 162 万吨；硅石 1175 万吨；水泥用灰岩 2663 万吨；化工用白云岩 240 万吨；水泥配料用黏土 61 万吨；饰面用灰岩 464 万米；耐火黏土 123 万吨；萤石矿 2.3 万吨。煤炭是西电东送工程主要依托的能源矿产，为该市重要优势矿产，储量达 130 余亿吨，重晶石累计储量 4700 万吨以上；冶金用硅石储量 3500 万吨以上。在此基础上还存在十余种已经探明的矿产因各种原因未能开发。水能资源和旅游资源也十分丰富。安顺市素有"蜡染之乡"、"西部之秀"的美誉。13.9℃的气候和稳定的空气质量适宜居住。以龙宫风景区和黄果树大瀑布为代表的 5A 级景区吸引着大批的游客。[②] 根据可持续发展能力和资源保障能力的不同差异，《全国资源性城市可持续发展规划（2013—2020 年）》把安顺市列为成熟型的城市，是现阶段我国能源资源安全保障的核心区。[③]

---

① 参见《安顺市 2014 年国民经济和社会发展统计公报》。
② 安顺市人民政府网站，http://www.anshun.gov.cn。
③ 《国务院关于印发全国资源型城市可持续发展规划（2013—2020 年）的通知》，http://www.gov.cn/zwgk/2013-12/03/content_2540070.htm，2013 年 12 月 3 日。

（3）得分结果

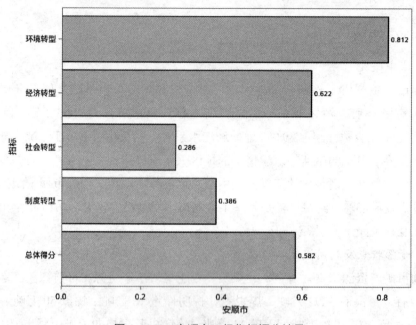

图 6.19.3　安顺市一级指标评分结果

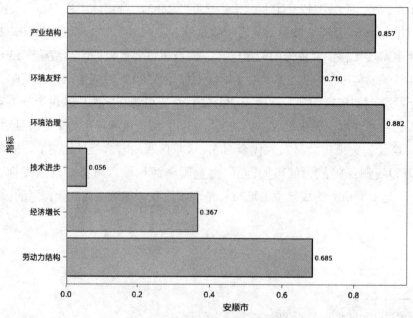

图 6.19.4　安顺市二级指标评分结果

（4）转型评价

从城市转型的总体评分来看，安顺市的得分为 0.582，在所有被评价城市中位列第 29 位。说明安顺市在城市发展转型中取得了较好的成效。在推动安顺市转型的一级评价指标中，环境转型的得分最高，其次为制度转型和经济转型，说明安顺市在产业结构调整和环境治理与优化上下足功夫，取得了优良的成效。排在最后的是社会转型，说明安顺市在社会保障体系建设当中还有待提高。

经济转型是安顺市工作的重中之重，其中得分最低的是技术进步指标。互联网普及率和研发投入占比低，均对城市转型进程有着很大的阻碍作用。

从社会转型指标来看，社会保障体系逐步完善。实现养老、医疗、生育、工伤、失业五项社会保险制度全覆盖，基本养老保险参保率达到 80% 以上，城乡三项基本的医疗保险参保率达到 95.5%，大病保险制度全面实施。但相较于其他城市以及其他转型方面，社会转型力度不够，成效不显著，工作重点应全面考虑社会制度转型。

在环境转型方面，生态建设成效明显，排名达到第 12 位。扎实推进"绿色安顺"建设三年行动计划，大力实施退耕还林等林业重点工程，目前安顺的森林覆盖率已接近 50%。建成 18 个城区山体公园、小型游园。邢江河国家级湿地公园启动试点建设，虹山湖获批省级湿地公园。治理小流域 8 条，关闭地下机井 16 口，治理水土流失面积 667 平方公里，综合治理石漠化面积 507 平方公里。

制度转型方面，社会投资和金融发展均已达到较好程度。然而市场竞争程度和其他城市比较略显劣势，这也很可能在未来的发展中对其他制度转型部分起到阻碍作用。

（5）未来建议

建议安顺未来在以下方面重点做好城市转型工作：一是应积极推进城市转型和产业结构转型升级，升级改造传统产业，大力扶持战略性新兴产业。以民用航空产业基地和贵安新区的建设为契机，积极推进工业结构调整，加快形成支柱产业并促进其发展。鼓励、引导工业企业加强自主创新，通过技术改造不断调整产业结构，增强企业市场竞争力。积极发展低能耗经济，杜绝高耗能项目，引导工业企业开展节能降耗工作。二是在现有财政支出结构中，应加大对科技、社会公共建设的投入力度，并探索建立以财政资金为引导的社会化投资机制，综合政府和社会力量，共同支持科技创新和基础建设，形成创新驱动，促进经济向高科技、绿色化方向转型。加大招商引资力度，着力优化园区投资环境，制定更加优惠的配套政策，吸引带动性强的大企业到安顺投资兴业，扶持中小微企业做大做强，加快推动产业园区转型升级、开放创新。三是高度重视环境保护与污染防治问题。提高企业环保标准，加大社会环保宣传，打造环境生态工程优质试点，努力将贵安新区打造成为生态文明建设引领区，建设美丽贵安。四是大力发展旅游业。加大旅游基础设施投入力度，开发特色旅游产品，推进旅游业和文化产业融合发展。五是高度重视民生工作，大力提升安顺市的基本公共服务水平。加强政府对教育、医疗和社会保障等公共服务的投入力度，可采取公开招标、定向委托等方式购买公共服务或 PPP 模式。在深入推进改革开放的同时，大力保障和改善民生，保持社会和谐稳定，将生态文明理念融入经济社会发展全过程，促进人与自然和谐发展。

6.19.3　毕节

（1）城市概况

毕节市是贵州省下辖的地级市，位于贵州省西北部，贵州金三角之一，乌蒙山腹地，川、滇、黔之锁钥，长江、珠江之屏障，东靠贵阳市、遵义市，南连安顺市、六盘水市，西邻云南省昭通市、曲靖市，北接四川省泸州市，是乌江、北盘江、赤水河的发源地。2014 年全市地区生产总值 1266.7 亿元，比上年增长 14.0%。全市财政总收入 357.6 亿元，比上年增长 6.1%。全社会固定资产投资完成 2061.3 亿元，比上年增长 21.2%。毕节盛产核桃、茶叶等农特产品，被誉为"中国天麻之乡"、"中国皱椒之乡"等。①

（2）资源特点及利用概况

毕节市的水资源和矿产资源丰富，具有多样性的生物资源。境内矿产资源丰富，有 40 多种丰富的矿产资源，包括煤、硫、黏土、高岭土、铁、铅锌、铝土、重晶石、砂岩、石膏、磷、硅石、稀土、白云岩、锑、镍、彩石、钻土、萤石、碧石、锰、铜、玛瑙等。据数据显示，毕节市的煤炭持有量占据领先地位达 364.7 亿吨；其他铁矿资源一半以上的储量已被探明；铅锌矿以小型矿居多达 13 个是中型的 4 倍；硫铁矿多数为大型矿。毕节市每年的降水量丰富达 277.96 亿立方米，使这里拥有丰富的水资源。区内河流分属长江、珠江两大水系，水能资源理论储量 221.21 万千瓦，分属于长江和珠江流域，前者有 214.67 万千瓦，后者达 6.54 万千瓦。毕节市生物资源丰富，以野生动物居多，珍稀动物在 10 种以上。近几年来，毕节市对煤、电、烟等传统支柱产业进行改造升级，大力发展生态和环境保护的新兴产业，把新型能源化工产业、电子信息产业、新能源汽车产业、中药材产业、文化旅游等现代服务业和现代山地高效生态农业作为生态新兴产业的重要支撑，推进产业生态化。根据可持续发展能力和资源保障能力差异，《全国资源性城市可持续发展规划（2013—2020 年）》将毕节市列为成长型城市，认为潜力无限的毕节市在转型升级中不断跃进，正处于上升阶段，应

---

① 参见《毕节市 2014 年国民经济和社会发展统计公报》。

规范其资源开发秩序，使之成为我国煤炭资源接续基地。[①]

（3）得分结果

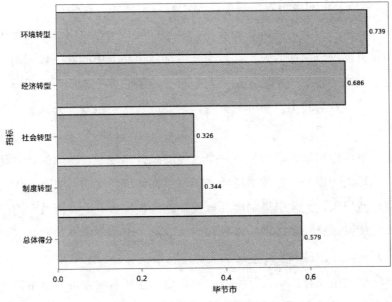

图 6.19.5　毕节市一级指标评分结果

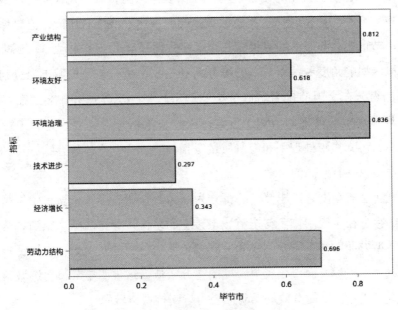

图 6.19.6　毕节市二级指标评分结果

---

① 《国务院关于印发全国资源型城市可持续发展规划（2013—2020 年）的通知 》，http://www.gov.cn/
zwgk/2013-12/03/content_2540070.htm，2013 年 12 月 3 日。

（4）转型评价

从城市转型的总体评分来看，毕节市的得分为 0.579，在所有被评价城市中位列第 33 位，说明毕节市的城市发展转型取得了较好的成果。在推动毕节市转型的一级评价指标中，经济转型的得分排名最高，其次为制度转型，说明了近几年来毕节市在产业结构调整方面的成绩比较突出，政府在推动城市转型中起到了较大的作用。排在后两位的分别是社会转型和环境转型，其中社会转型的得分最低，说明毕节市推动城市转型中没有给予社会转型以充分的重视，需要政府进一步发挥公共服务在推动城市转型中的作用。

从经济转型的指标来看，得分贡献率较高的是技术进步，较低的是劳动力结构和产业结构。通过进一步分析，技术进步之所以成为经济转型的最大贡献因素，这与毕节市对科研经费投入、人才引进制度、重视知识产权保护有关。而劳动力结构和产业结构之所以未能发挥对经济转型的主导作用，原因在于毕节市第一产业居多，需要由农副土特产品向第二、三产业转型，加大力度打造服务业的水平和层次。

从社会转型的角度看，毕节市的得分为 0.326，在所有被评价城市中位列第 67 位，社会转型的得分在全国的排名与明显低于毕业城市转型的总体得分排名。从社会转型的指标来看，各项得分相对比较平均，社保参保比例和每千人执业医师数很低，说明了毕节市教育、文化、医疗、社会保障等社会事业发展相对均衡，但总体得分均不高，说明毕节市在公共服务的提供尤其是医疗方面需要进一步加强。

从环境转型的角度看，毕节市的得分为 0.739，在所有被评价城市中位列第 52 位，环境转型的得分在全国的排名略低于毕业城市转型的总体得分排名。在环境转型方面，促进环境转型的最大动力源于工业污染物排放治理、工业 SO_2 和工业烟粉尘治理、城镇生活污水集中处理率和空气质量等指标，而工业固体废弃物综合利用和建成区绿化覆盖率也还有提高的余地。

从制度转型的角度看，毕节市的得分为 0.344，在所有被评价城市中位列第 36 位，制度转型的得分在全国的排名与毕节城市转型的总体得分排名基本相当。这说明毕节市在制度转型方面取得了一定的成效，制度转型的成效主要来源社会投资规模比例和金融发展这两个指标，而市场竞争程度的得分较低，这说明毕节市促进城市转型的市场化机制尚未建立，未能有效地调动社会力量支持城市转型。

（5）未来建议

未来转型发展建议重点做好以下工作：一是积极谋划布局战略性新兴产业，加快推进产业生态化。加快煤电烟等传统产业转型升级，大力培育壮大新型能源化工产业、新能源汽车产业、电子信息产业、中药材产业、现代山地高效生态农业和文化旅游等现代服务业，加快推进产业生态化。二是加大生态建设和环境保护力度，实现经济效益、社会效益和生态效益同步提高。毕节市政府应提高资源开发企业的准入门槛，并提高企业的环保违规成本，坚持"谁污染谁治理"的原则，能够将企业生态环境恢复治理成本内部化，即由企业自身负担一部分生态环境恢复治理的成本。在发展自身经济的同时，政府要加大环境监管力度，建立健全严格的环境保护机制，促进环境友好型社会建设，注意保护绿水青山，形成可持续发展的良性循环，促进经济、社会、环境间的协调发展。三是建立促进城市转型的市场化机制，形成促进科技创新的体制和氛围。通过深化改革，使得市场在资源配置中起基础性作用，建立和完善促进城市转型的市场化机制。建立促进城市转型的社会化投资机制，综合政府和社会力量，共同支持科技创新，形成创新驱动，促进经济向高科技方向转型。四是高度重视民生工作，提高政府效率和办事水平，提高人民群众的幸福指数。扎实推进精准扶贫工作，优先发展教育事业，加强卫生计生服务，促进社会就业创业，提升社会保障水平，推动社会事业全面发展。在深入推进改革开放的同时，大力保障和改善民生，保持社会和谐稳定，将生态文明理念融入经济社会发展全过程，促进人与自然和谐发展。

6.20　云南

6.20.1　曲靖

（1）城市概况

曲靖市是云南省下辖地级市，位于云南省东部，与贵州、广西毗邻，是边疆中的内地，素有"云南咽喉"之称。全市面积 33821 平方公里，全市人口 12576 万地形地貌多样，民族风情各异，是彝、布依、壮、苗、瑶等八大少数民族的聚集地，拥有独特的语言、服装、风俗和信仰等民族文化。作为云南省重要工商城市，曲靖市的经济社会综合实力居云南省第二位，是云南省"滇中城市群规划"区域中心城市。截至 2013 年底，城市建成区面积 130 平方公里，主要城区人口达 100 万。2013 年，曲靖地区生产总值 1652.26 亿元。[①]

---

① 参见《曲靖市 2014 年国民经济和社会发展统计公报》。

（2）资源特点及利用概况

　　曲靖市自然资源丰富。截至 2014 年末，曲靖市已发现 47 种矿产资源，探明 29 种矿产、254 处矿产地，总储量 354.7 亿吨。按 1990 年不变价计算，潜在经济价值 12947 亿元。有较大开发利用价值的矿藏 30 多种。矿藏资源丰富，磷矿总储量 63 亿 吨，占云南省的 1/3；重晶石 3.39 亿吨；铅锌矿 177.7 万吨。此外还有铜、锑、锡、银、金、大理石、萤石、锰矿等分布，陆良还有石油天然气。煤炭远景储量 270 亿 吨，占全省的 56%；探明储量 122.61 亿吨；保有资源储量 116.58 亿吨，占全省的 40.21%；炼焦用煤储量占全省的 95% 以上。煤种齐全，以低灰、低硫、高发热量煤 为主，煤层分布于 6 县 1 市 1 区及 3 个乡镇，大多埋藏在 500 米垂深以内。有 4 个 煤田、22 个矿区、98 个井田。已探明铅矿保有储量 64.33 万吨，占全省 10.23%；锌 矿保有资源储量 113.37 万吨，占全省 6.87%，预测资源量约 700 万吨；锰矿保有资 源储量 511.3 万吨，占全省 5.41%；锑矿保有资源储量 2986 吨，居全省第五位，占 1.22%；硫铁矿保有资源储量 3.61 亿吨，居全省第一位，占 73.62%；磷矿保有资源 储量 9.29 亿吨，居全省第二位，占 21.92%，预测资源量约 63 亿吨；水泥用石灰岩保 有资源储量 5.65 亿吨，居全省第一位，占 21.7%；铁矿保有资源量 3853.73 万吨，占 全省 1.09%；已开发利用煤、磷、铅、锌、锑、铁、锰、硅石、重晶石、石灰石、耐 火材料、地热水、矿泉水等 36 处。曲靖境内江河纵横，汇聚长江和珠江的分支流域，在理论上，水能资源蕴藏量 406.28 万千瓦，可开发量占四分之三，具有不可估量的开 发潜力。曲靖水能开发利用率 43.9%，高于全省平均水平。此外，曲靖拥有得天独厚 的生物资源。近几年来，曲靖市根据中央和云南省政府文件精神，大力推进工业转型 升级，重点发展煤电化冶、非煤传统产业和战略性新兴产业等。其中，煤电化冶包括 煤及新型煤化工、电力产业及冶金产业。主要通过延长产业链，促进产品精细化，提 高产品附加值，打造煤电化冶产业升级。根据资源保障能力和可持续发展能力差异，《全国资源性城市可持续发展规划（2013—2020 年）》将曲靖市列为成熟型城市，意味 着曲靖市的资源开发和利用水平已经达到一定标准，是现阶段我国能源资源安全保障 的核心区。[①]

---

① 《国务院关于印发全国资源型城市可持续发展规划（2013—2020 年）的通知》，http://www.gov.cn/zwgk/ 2013-12/03/content_2540070.htm，2013 年 12 月 3 日。

（3）得分结果

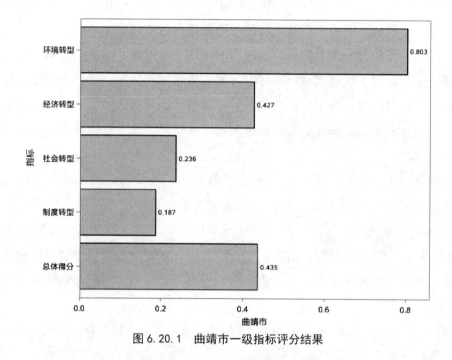

图 6.20.1　曲靖市一级指标评分结果

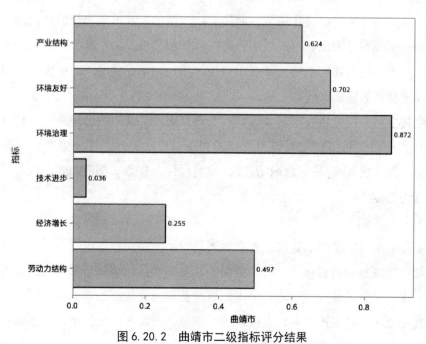

图 6.20.2　曲靖市二级指标评分结果

（4）转型评价

从城市转型的总体评分来看，曲靖市的得分为 0.435，在所有被评价城市中位列第 103 位，说明曲靖市的城市发展转型并不理想。在推动曲靖市转型的一级评价指标中，环境转型的得分排名最高，其次为制度转型，说明了近两年来曲靖市在环境治理和优化方面以及政府推动城市转型方面的成绩比较突出。排在后两位的分别是社会转型和经济转型，其中社会转型分数排名最低，说明曲靖市在产业结构调整方面和公共服务方面的欠缺在资源配置中起决定性作用了城市发展转型的效果，政府需要重点关注。

从经济转型的指标来看，最高的是产业结构，最低的是技术进步。通过进一步分析，产业结构之所以成为经济转型的最大贡献因素，主要源于轻工业产值规模和比重的快速提高。在新一轮的产业升级中，曲靖市正按照"产业建设年"和"产业提升年"的战略部署展开自我"革命"。而技术进步之所以未能发挥对经济转型的带动作用，原因在于科研人才的缺失和转型还处于起步阶段，创新驱动力仍有不足。

从社会转型的指标来看，得分相对比较低，说明了曲靖市教育、文化、医疗、社会保障等社会事业发展还有待提升。

在环境转型方面，促进环境转型的最大动力源于工业污染物排放的治理，曲靖市在环境治理指标得分突出，这反映了政府有意识并且以实际行动做到了加大对环境治理的投入力度，使曲靖向着物流商贸、电子产品、光电光伏等新兴绿色产业迈进，在向绿色发展转型方面成绩较为突出。

制度转型是曲靖城市发展转型的第二大贡献因素，其中得分最高的指标是生产安全事故死亡率，说明了在煤炭资源的开采利用中有效提升了安全生产意识和生产规范，而得分最低的指标是产权保护程度，说明居民产权意识仍需加强，政府应加大产权保护宣传力度。

（5）未来建议

曲靖市未来城市转型的建议主要有以下几点：一是积极推进城市转型和产业结构调整升级，尽快培育资源接续替代产业集群，加快发展战略性新兴产业。大力推进工业转型升级，重点发展煤电化冶、非煤传统产业和战略性新兴产业等。通过提高资源型产业技术水平，延长产业链，促进产品精细化，提高产品附加值，打造煤电化冶产业升级版，扶持一批龙头企业，促进产业集群化。二是高度重视生态环境问题，高度重视环境影响评价工作，坚持谁污染谁治理的原则，能够将企业生态环境恢复治理成本内部化，即由企业自身负担生态环境恢复治理的成本。在发展自身经济的同时，政府要加大环境监管力度，建立健全严格的环境保护机制，促进环境友好型社会建设，注意保护绿水青山，形成可持续发展的良性循环，促进经济、社会、环境间的协调发展。三是建立促进城市转型的市场化机制，形成促进科技创新的体制和氛围。通过深化改革，使得市场在资源配置中起基础性作用，建立和完善促进城市转型的市场化机制。建立促进城市转型的社会化投资机制，综合政府和社会力量，共同支持科技创新，在形成创新驱动，促进经济向高科技方向转型。四是高度重视民生工作，提高政府行政效率和办事水平。扎实推进精准扶贫工作，优先发展教育事业，加强卫生计生服务，促进社会就业创业，提升社会保障水平，推动社会事业全面发展。在深入推进改革开放的同时，大力保障和改善民生，保持社会和谐稳定，将生态文明理念融入经济社会发展全过程，促进人与自然和谐发展。

6.20.2 保山

（1）城市概况

保山市是云南省下辖的地级市，位于云南省西南部，外与缅甸山水相连，国境线长 167.78 公里，内与大理、临沧、怒江、德宏四州市毗邻，是滇西政治、经济、文化中心。保山市面积 19637 平方公里，总人口 246.8 万，居住着 13 个少数民族，是云南省主要的侨乡，南方丝绸古道、滇缅公路、史迪威公路穿境而过。截至 2014 年底，保山市生产总值 389.96 亿元，比上年增长 15.1%。2015 年 12 月 1 日，大瑞铁路将保山与印度洋相连接，成为促成欧洲、亚洲、非洲往来的第三座"大陆桥"。中印铁路和大瑞铁路建成连轨后，保山将成为滇西重要的交通枢纽和物资集散中心，这对加快保山政治、经济、文化和旅游业的发展，开创保山各项事业建设将起到重要作用。[①]

（2）资源特点及利用概况

保山市能源资源和矿产资源非常丰富。已探明的主要矿产资源有铁、锌、铜、大理石等 27 种。能源资源主要包括水能、地热能、天然气、煤炭、太阳能五大资源，丰富的能源资源，具有巨大的开发潜力。保山市水资源丰富潜力巨大，水能资源理论蕴藏量为 489 万千瓦。保山市的煤炭资源主要是低质褐煤，储量超过 1 亿吨的有龙陵镇安煤矿，超过 54 万吨的有昌宁红星煤矿和保山羊邑煤矿。保山市的地热资源也较

---

① 参见《保山市 2014 年国民经济和社会发展统计公报》。

为丰富，全市有各种热泉 170 余处，圈定热田 10 处，年流出热水约 1.6 亿立方米。在天然气资源方面，保山盆地两类有效泾源岩分布面积为 73 平方公里，已钻三口井为民服务，探明储量为 9.6 亿立方米。在太阳能资源方面，保山空气质量稳定且达标从而提高光照质量，较长的光照时间，使得年均辐射量为 5553.7—5959.8 兆焦耳/平方米，相当于每平方米 189.74—203.61 千克标准煤燃烧的发热量。根据资源保障能力和可持续发展能力差异，《全国资源性城市可持续发展规划（2013—2020 年）》将保山市列为成熟型城市，意味着保山市的资源开发和利用水平已经达到一定标准，是现阶段我国能源资源安全保障的核心区。[①] 近几年来，保山市政府把发展的基点放在科技创新上，构建促进创新的体制机制，构建现代产业体系，积极推进"五基地一中心"建设，促进城市转型。五基地建设包括建设全省特色农产品加工基地、建设国际小商品加工基地、建设数据储存灾害备份基地、建设新材料加工基地、建设商贸物流基地。一中心即为建设滇西边境中心城市，其目标为将保山市建设成为"园林、生态、创业、宜居"的城市。

（3）得分结果

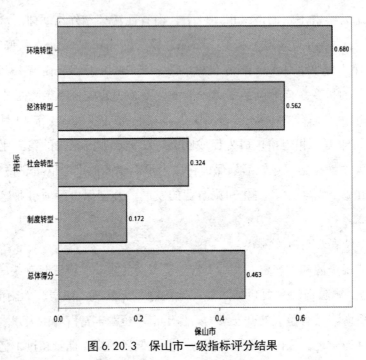

图 6.20.3　保山市一级指标评分结果

---

① 《国务院关于印发全国资源型城市可持续发展规划（2013—2020 年）的通知》，http://www.gov.cn/zwgk/2013-12/03/content_2540070.htm，2013 年 12 月 3 日。

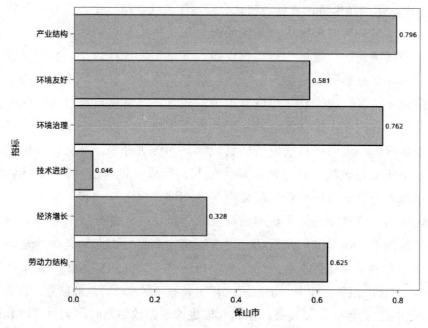

图 6.20.4 保山市二级指标评分结果

（4）转型评价

从城市转型的总体评分来看，保山市的得分为 0.463，在所有被评价城市中位列第 96 位，这说明保山市的城市发展转型还有待加强。在推动保山市转型的一级评价指标中，经济转型的得分排名最高，其次为社会转型，说明了近两年来保山市在产业结构调整和公共保障方面的成绩比较突出，一定程度上支撑了城市的转型发展。排在后两位的分别是环境转型和制度转型，说明保山市在环境治理和优化上需要加强，要充分发挥市场在资源转型中的作用，使得市场在资源配置中起决定性作用。

从经济转型的指标来看，得分贡献率较高的是产业结构和劳动力结构，最低的是技术进步。通过进一步分析，劳动力结构和产业结构之所以成为经济转型的最大贡献因素，这与保山市准确把握新常态下面临的"孟中印缅经济走廊建设"、"加强第三产业"、"云计算大数据"等重大机遇，打造自身产业优势，让产业走出国门，让产品走向南亚。而技术进步之所以未能发挥对经济转型的带动作用，原因在于科研经费投入、专利授权数量的不足，创新驱动力仍有不足。

（5）未来建议

保山市未来城市转型的建议主要有以下几点：一是构建现代产业体系，积极推进"五基地一中心"建设。积极推进产业结构调整升级，尽快形成若干支柱型接续替代产业，积极推进"五基地一中心"建设。构建有利于创新的体制机制，最大限度激发创新活力，最大限度释放创新潜能，培育发展新动力，拓展发展新空间。加快产业转型升级力度，推动高原特色农业现代化、新型工业化、信息化、旅游国际化、特色城镇化过程。二是高度重视生态环境问题，加大生态建设和环境保护力度。重视生态建设和环境保护，推进生态工程建设，促进生态资源转化。高度重视环境影响评价工作，坚持谁污染谁治理的原则，能够将企业生态环境恢复治理成本内部化，即由企业自身负担生态环境恢复治理的成本。在发展自身经济的同时，政府要加大环境监管力度，建立健全严格的环境保护机制，促进环境友好型社会，注意保护绿水青山，形成可持续发展的良性循环，促进经济、社会、环境间的协调发展。三是建立促进城市转型的市场化机制，形成促进科技创新的体制和氛围。通过深化改革，使得市场在资源配置中起基础性作用，建立和完善促进城市转型的市场化机制。建立促进城市转型的社会化投资机制，综合政府和社会力量，共同支持科技创新，在形成创新驱动，促进经济向高科技方向转型。四是高度重视民生工作，大力发展社会事业，提升保山市的基本公共服务水平。扎实推进精准扶贫工作，优先发展教育事业，加强卫生计生服务，促进社会就业创业，提升社会保障水平，推动社会事业全面发展。在深入推进改革开放的同时，大力保障和改善民生，保持社会和谐稳定，将生态文明理念融入经济社会发展全过程，促进人与自然和谐发展。

6.20.3　昭通

（1）城市概况

昭通市是云南省下辖市级行政区，位于云南省东北部，地处云、贵、川三省结合处，金沙江下游沿岸，坐落在四川盆地向云贵高原抬升的过渡地带。昭通市总面积 2.3 万平方公里，总人口 521.3 万。昭通历史上是云南省通向四川、贵州两省的重要门户，是中原文化进入云南的重要通道，云南文化三大发源地（大理、昭通、昆明）之一，素有小昆明之称。2015 年，昭通市实现生产总值 709.18 亿元，增长 8%，人均生产总值为 1.3 万。昭通素有"资源金三角"和"聚宝盆"的美誉，是西部重要的能源基地。昭通市人力资源丰富，每年有 120 多万农民外出务工，劳动力优势明显。[①]

（2）资源特点及利用概况

昭通市水能蕴藏量巨大，建设中的溪洛渡、向家坝、白鹤滩 3 座巨型水电站总装机容量超过 3400 万千瓦，到"十三五"中期，水电、火电、煤炭基地全面建成。矿产资源丰富，已知矿种 33 种，煤、硫铁矿储量居全省首位。煤炭储量 165.8 亿吨，其中昭通坝区褐煤储量 81.9 亿吨，为我国南方最大的褐煤田。昭鲁坝区有我国南方最大

---

① 参见《昭通市 2014 年国民经济和社会发展统计公报》。

的褐煤田，探明储量达 84.45 亿吨。已发现小型矿床以上规模金属矿区矿点 195 个，非金属矿区矿点 150 个，其中铅、锌储量万吨以上的矿床 8 个。探明 A+B+C+D 级铅锌储量超过 170 万吨；预测含煤面积 5000 平方公里。昭通是云南三大有色金属基地之一，是全国五大硫铁矿之一。昭通市是云烟的主产区之一，是全国山嵛菜、马铃薯、白魔芋最适宜生长和种植面积最大的区域，是我国南方优质苹果基地，全国品质最优的野生天麻的核心区域。根据资源保障能力和可持续发展能力差异，《全国资源性城市可持续发展规划（2013—2020 年）》将昭通市列为成长型城市，意味着昭通市具有无限的发展潜力，在城市转型和资源开发利用过程中处于上升阶段，是现阶段我国煤炭后备基地，应规范其资源开发秩序，使之成为我国煤炭资源接续基地。[①] 近几年来，昭通市通过改造提升传统产业，加快培育新兴产业，积极促进城市转型。协调支持煤矿"双电源双回路"建设，完成煤矿转型升级方案审查，推动复产复建煤矿正常投产。培育壮大第三产业，构建"一心两点三带"旅游体系，促进现代物流业的快速发展，鼓励发展信息服务、商务服务、"康体＋度假"、"休闲＋养生"等新兴服务业。

（3）得分结果

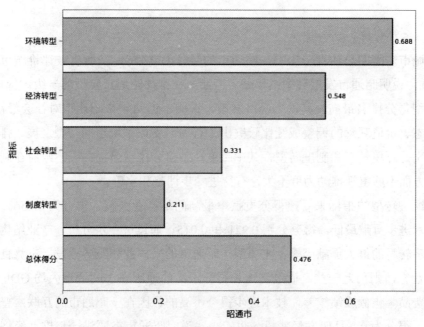

图 6.20.5　昭通市一级指标评分结果

---

① 昭通市人民政府网站，http://www.zt.gov.cn。

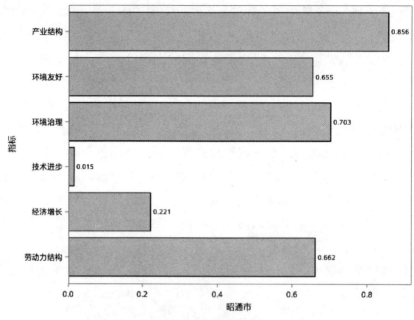

图 6.20.6　昭通市二级指标评分结果

（4）转型评价

从城市转型的总体评分来看，昭通市的得分为 0.476，在所有被评价城市中位列第 93 位，说明昭通市发展转型结果并不明显。在推动昭通市转型的一级评价指标中，社会转型得分排名最高，其次为经济转型，说明了近两年来昭通市对社会经济结构、文化形态、价值观念的调整成绩比较突出，有力地支撑了城市的转型发展。排在后两位的分别是环境转型和制度转型，其中制度转型得分排名最低，说明政府在制度转型和环境方面不够重视推动力度不大，有待进一步调整和完善。

从经济转型的指标来看，得分贡献率最高的是产业结构，得分为 0.856。经济增长和技术进步贡献最低，得分分别 0.221 和 0.015。通过进一步分析，产业结构之所以成为经济转型的最大贡献因素，主要源于昭通市的采掘业和服务业发展态势良好，传统制造业方面则稍差一些。而经济增长得分不高的原因在于昭通市人均 GDP 和人均社会消费品零售额成绩较差，技术进步得分不高的原因在于昭通市的互联网普及率惊人的低，得分为 0，且研发经费投入也较少。说明昭通市需要进一步推动经济增长和技术创新。

对昭通市社会转型贡献最大的分指标为教育经费与 GDP 的比例，说明昭通市在义务教育上的投资颇多。但是昭通市对医疗改善和社保参保比例的推动力度不大，导致昭通市在所有城市中社会转型的得分排名只属于中间位置。

在经济、社会、环境和制度四个方面的转型中，昭通市环境转型的排名最靠后。昭通市环境治理方面的成绩好于环境友好方面的成绩。昭通市作为一个矿产资源地，污染是比较严重的。所以市区绿化率很低导致其空气质量较差从而环境友好分数不高。同时昭通市在生活污水的治理和工业固体废物综合利用率上的投入力度不足，另一方面也反映出昭通市环境问题仍相对严峻，环境转型需求迫切。

从制度转型的指标来看，金融发展和市场竞争的能力都排在所有城市的末尾，这是昭通市需要重点加强的一块。

（5）未来建议

未来对于昭通而言，一是加快推进转型和产业结构的转型升级，加快发展战略性新兴产业。提升传统产业，加快培育新兴产业，积极促进城市转型。培育壮大第三产业，构建"一心两点三带"旅游体系。积极谋划布局战略性新兴产业，积极推进城市转型和产业结构的转型升级。二是加强生态建设，加强环境保护。昭通市政府应出台政策规范本地煤炭等资源的开发秩序和开发强度，使昭通市成为我国重要的煤炭资源战略接续基地。重视生态建设和环境保护，推进生态工程建设，促进生态资源转化。高度重视环境影响评价工作，坚持谁污染谁治理的原则，能够将企业生态环境恢复治理成本内部化，即由企业自身负担生态环境恢复治理的成本。牢固树立绿色发展理念，全面推进"山水昭通"、"森林昭通"、"清洁昭通"建设，使昭通的天更蓝、地更绿、水更清。在发展自身经济的同时，昭通市政府要加大环境监管力度，建立健全严格的环境保护机制，促进环境友好型社会，注意保护绿水青山，形成可持续发展的良性循环，促进经济、社会、环境间的协调发展。三是建立促进城市转型的市场化机制，形成促进科技创新的体制和氛围。通过深化改革，使得市场在资源配置中起基础性作用，建立和完善促进城市转型的市场化机制。建立促进城市转型的社会化投资机制，综合政府和社会力量，共同支持科技创新，形成创新驱动，促进经济向高科技方向转型。四是着力提升公共服务水平，提高人民群众的幸福指数。扎实推进精准扶贫工作，优先发展教育事业，加强卫生计生服务，促进社会就业创业，提升社会保障水平，推动社会事业全面发展。在深入推进改革开放的同时，大力保障和改善民生，保持社会和谐稳定。

6.20.4 丽江

（1）城市概况

丽江市位于云南省东北部，与云贵高原及青藏高原相连，海拔高度为 2418 米。

东接四川凉山彝族自治州和攀枝花市，南连大理白族自治州剑川、鹤庆、宾川三县及楚雄彝族自治州大姚、永仁两县，西、北分别与怒江傈僳族自治州兰坪县及迪庆藏族自治州维西县毗邻。丽江总面积 2.6 万平方公里。总人口 127 万。丽江古城区是中国罕见的保存相当完好的少数民族古城，集中了纳西文化的精华，完整地保留了宋、元以来形成的历史风貌，风景优美，是一个全国著名的旅游胜地。截至 2015 年底，丽江市全年完成生产总值 290 亿元，同比增长 10.7%，人均生产总值为 2.3 万元。2011 年到 2015 年，丽江共实施国内合作项目 989 个，引进市外到位资金 1080 亿元，比"十一五"期间增长 176%。丽江被《中国青年报》连续评为 2006 年度、2007 年度、2008 年度"青年人最喜爱的十大旅游目的地和旅游景区"，2014 年被授予省级"双拥模范城"称号。[①]

（2）资源特点及利用概况

丽江地区具有独特的大地构造位置和多种成矿地质条件，形成了丰富多样的矿产。有地台型矿产、地槽型矿产，矿产资源具有地区特色。已发现 30 多种矿产，350 多个矿产地，天然气产地一处，几十处地热产地。其中煤、铜、沙金及建筑材料等矿种具备一定的优势。铁、钛、铬等黑色冶金工业及镍、钴等有一定的远景储量。[②] 丽江市旅游资源丰富，现有以老君山、玉龙雪山、丽江古城、泸沽湖、金沙江为代表的旅游景点几十处，每年吸引大量的中外游客前往游览。丽江市内河流纵横，水力资源丰富，水能资源理论蕴藏量达 11400 万千瓦。

根据资源保障能力和可持续发展能力差异，《全国资源性城市可持续发展规划（2013—2020 年）》将丽江市列为再生型城市，意味着丽江市不再依赖资源压力，转变经济增长方式使得经济市场稳定发展。[③] 近几年来，丽江市政府为推进工业转型升级，主抓清洁能源基地建设，推动新型工业发展。煤炭产业结构调整转型升级取得了一定的成绩，年产 9 万吨及以下的 89 对煤矿全部关停整顿，实施机械化改造升级的 6 对年产 15 万吨煤矿通过竣工验收。矿产、冶金、建材、生物产品加工、旅游商品加工等重点工业转型升级步伐持续加快。程海保尔年产 1500 吨螺旋藻技改扩建、华坪干箐太阳能光伏电站等项目建设深入推进。城市转型工作取得了不小的成绩。

---

① 参见《丽江市 2014 年国民经济和社会发展统计公报》。
② 丽江政务官网，http://news.lijiang.gov.cn/others/article/2010-12/23/content_2642.htm，2010 年 12 月 23 日。
③ 《国务院关于印发全国资源型城市可持续发展规划（2013—2020 年）的通知》，http://www.gov.cn/zwgk/2013-12/03/content_2540070.htm，2013 年 12 月 3 日。

（3）得分结果

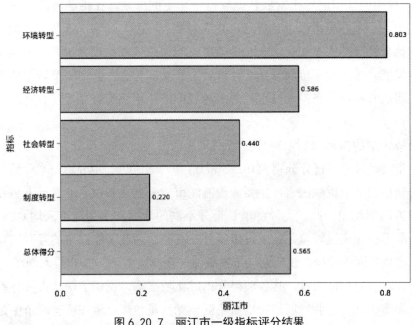

图 6.20.7　丽江市一级指标评分结果

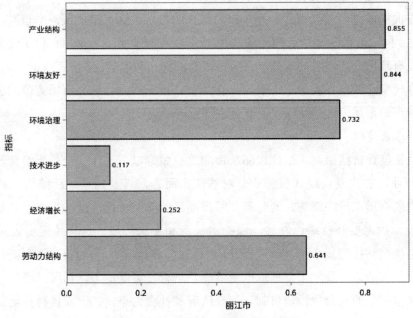

图 6.20.8　丽江市二级指标评分结果

（4）转型评价

从城市转型的总体评分来看，丽江市的得分为 0.565，在所有被评价城市中位列第 45 位，说明丽江市的城市发展转型取得了一定的成效。在推动丽江市转型的一级评价指标中，环境转型得分排名最高，其次为社会转型，说明了近两年来丽江市对环境治理，社会经济结构、文化形态、价值观念的调整成绩比较突出，有力地支撑了城市的转型发展。排在后两位的分别是经济转型和制度转型，其中制度转型的得分排名最低，说明政府和市场在推动城市和经济转型中的作用还不够显著，有待进一步调整和完善。

从经济转型的指标来看，得分贡献率最高的是产业结构得分为 0.855，经济增长和技术进步贡献最低，得分分别为 0.252 和 0.117。通过进一步分析，产业结构之所以成为经济转型的最大贡献因素，主要源于丽江市的采掘业和服务业发展态势良好，传统制造业方面则稍差一些。而经济增长得分不高的原因在于丽江市人均 GDP 和人均社会消费品零售额成绩较差，技术进步得分不高的原因在于丽江市的互联网普及率不高、研发经费投入也较少，说明丽江市需要进一步推动经济增长和技术创新。

从社会转型的指标来看，其各项得分相对比较平均，说明了丽江市义务教育、医疗、社会保障等社会事业发展相对均衡稳健，尤其是教师比例在所有城市中是处于领先地位，但是在参保比例和社会医疗上有进一步提升空间。

环境转型是丽江市发展转型的最大贡献因素，丽江市环境友好方面的成绩好于环境治理方面的成绩。丽江市作为一个山清水秀的旅游大区，植被覆盖率很高，空气质量更是达到了 1.0 的最高分。但是丽江市工业污染物排放、工业 SO_2 和工业烟粉尘排放治理没有拿出令人满意的成绩，这应该引起丽江市政府的注意。

制度转型在丽江各类转型中表现欠佳。社会投资规模比例和市场竞争的能力都排在所有城市的末尾，这是丽江市需要重点加强的一块。

（5）未来建议

结合转型评价结果，未来建议丽江市应重点做好以下工作：一是要培育发展战略性新兴产业，加快发展现代服务业。对丽江市而言，需要调整经济结构，搞特色农业、生物创新增加经济总值。同时需要坚持丽江的旅游特色，继续生态产业基地、水电站建设，更需要坚持绿色发展，保护水资源和生态环境，这样才能实现可持续发展。二是提高科技创新水平，改造提升传统产业。构建有利于创新的体制机制，最大限度激发创新活力，最大限度释放创新潜能，培育发展新动力，拓展发展新空间。建立促进城市转型的社会化投资机制，综合政府和社会力量，共同支持科技创新，形成创新驱动，促进经济向高科技方向转型。三是加大民生投入，推进基本公共服务均等化。关注国计民生，以社会事业为重，建设基本的基础公共服务业。扎实推进精准扶贫工作，优先发展教育事业，加强卫生计生服务，促进社会就业创业，提升社会保障水平，推动社会事业全面发展。

6.20.5 普洱

（1）城市概况

普洱市别称思茅，是云南省地级市。位于云南省西南部，辖1区9县，2014年全市人口259.4万，总面积45385平方公里。普洱市有9个少数民族自治县，居住着汉、哈尼、彝、拉祜、佤、傣等14个民族，少数民族人口占61%。截至2014年全市实现地区生产总值464.7亿元，比上年增长8.9%，高于全国1.5%，高于云南省0.8%。按常住人口计算，全市人均地区生产总值达到17949元，比上年增长8.5%。全市民营经济实现增加值201.2亿元，占GDP的比重为43.3%，比上年提高0.5%。[①]

（2）资源特点及利用概况

普洱市土地、矿产、森林、生物、水能等自然资源丰富，有"怀金孕宝"之誉。已探明黄金储量103.7吨，铁储量仅惠民铁矿就达21亿吨，铜储量253万吨，铅储量35.5万吨，江城钾盐矿是全国唯一的可溶固体钾盐矿，储量达2000多万吨。普洱市水能蕴藏量1500万千瓦，风能蕴藏量220万千瓦，是"西电东送"、"云电外送"的重要清洁能源基地。普洱市森林覆盖率超过67%，茶园达318万亩，有2个国家级、4个省级自然保护区，具有丰富的生物多样性；普洱市是北回归线上最大的绿洲，被联合国环境署称为"世界的天堂，天堂的世界"。普洱市林业用地面积4656万亩，是云南省重点林区、重要的商品用材林基地和林产工业基地。[②]此外，普洱市曾是"茶马古道"上重要的驿站，是著名的普洱茶的重要产地之一，也是中国最大的产茶区之一。近几年来，为了促进城市转型，普洱市加强生态建设和绿色发展。普洱市依托其自然生态和资源环境优势，形成以茶叶、咖啡、生物制药等为主的特色生物产业，以及现代林业、水电业、旅游度假业和矿产等五大产业集群。普洱市通过支持、引导科技型中小企业聚焦"新技术、新业态、新模式"，走科技化、专业化、精细化发展道路，初步打造出一批具有竞争力和影响力的特色产业、企业、精品和品牌。为了支持和促进普洱市的生态建设和绿色发展，国家也针对普洱市出台了很多优惠政策。2011年5月，国务院出台的《国务院关于支持云南省加快建设面向西南开放重要桥头堡的意见》明确支持普洱建设特色生物产业、清洁能源、林产业和休闲度假基地。2013年6月15日，国家发改委正式同意普洱市建设国家绿色经济试验区。根据资源保障能力和可持续发展能

---

① 参见《普洱市2014年国民经济和社会发展统计公报》。
② 普洱市人民政府网，http://www.puershi.gov.cn/pegk/07643077707004600223，2015年4月28日。

力差异，《全国资源性城市可持续发展规划（2013—2020 年）》将普洱市列为成熟型城市，认为普洱市资源开发处于稳定阶段，是现阶段我国能源资源安全保障的核心区。[1]

（3）得分结果

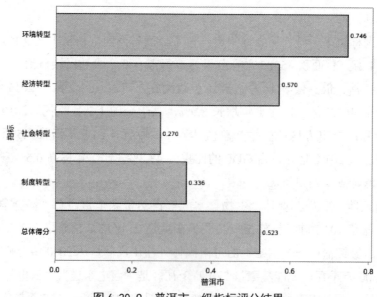

图 6.20.9   普洱市一级指标评分结果

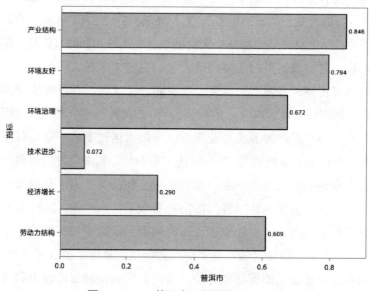

图 6.20.10   普洱市二级指标评分结果

① 《国务院关于印发全国资源型城市可持续发展规划（2013—2020 年）的通知》，http://www.gov.cn/zwgk/2013-12/03/content_2540070.htm，2013 年 12 月 3 日。

（4）转型评价

从城市转型的总体评分来看，普洱市的得分为 0.523 分，在所有被评价城市中位列第 67 位，说明普洱市的转型效果一般。在推动普洱市转型的一级指标评价中，制度转型得分排名最高，其次为环境转型，当地在环境治理方面的工作有一定成效。排在后两位的分别是经济转型和社会转型，说明了普洱市在产业结构调整方面仍需要进一步努力，同时在社会基础保障方面需要更多关注与投入。

从经济转型的角度看，普洱市的得分为 0.570，在所有被评价城市中位列第 58 位，这说明普洱市经济转型在全国的排名高于城市转型的总体评分。从经济转型的指标来看，得分贡献率较高的是产业结构，其次是劳动力结构，最低的是技术进步。通过进一步分析，产业结构之所以成为经济转型的最大贡献因素，这与普洱市加强建设特色生物产业、现代林业、水电业、旅游度假业和矿产等五大产业集群有关。而技术进步之所以未能发挥对经济转型的带动作用，原因在于科研经费投入少、专利授权数量的不足，创新驱动力仍有不足。

从社会转型的角度看，普洱市的得分为 0.270，在所有被评价城市中位列第 92 位，社会转型的得分在全国的排名远低于城市转型的总体得分。从社会转型的指标来看，各项得分相对比较平均，每千人病床数和社保参保比例偏低一点，说明了普洱市教育、文化、医疗、社会保障等社会事业发展相对均衡，但总体得分均不高，说明普洱市在公共服务的提供尤其是医疗和社保方面需要进一步加强。

从环境转型的角度看，普洱市的得分为 0.746，在所有被评价城市中位列第 47 位，环境转型的得分在全国的排名远高于城市转型的总体得分排名。在环境转型方面，促进环境转型的最大动力源于工业烟粉尘治理、城镇生活污水集中处理率、空气质量和建成区绿化覆盖率等指标，而工业污染物排放治理和工业固体废物综合利用率也还有提高的余地。

从制度转型的角度看，普洱市的得分为 0.337，在所有被评价城市中位列第 40 位，制度转型的得分在全国的排名远高于城市转型的总体得分排名。普洱市在制度转型方面有一定的成效，社会投资规模比例的得分较高，金融发展和市场竞争程度的得分比较低，这说明普洱市促进金融发展的金融市场体系还不是很完善，促进城市转型的市场化机制尚未建立，未能有效地调动社会力量支持城市转型。

（5）未来建议

普洱市未来城市转型的建议主要有以下几点：一是积极推进产业结构调整升级，构建现代产业体系。以其自然资源和生态优势为基础，在现有的特色生物产业、现代林业、水电业、旅游度假业和矿产等基础上，扶持战略性新兴产业的发展，优化产业结构，打造多层次的产业体系。二是高度重视环保问题，加大生态建设力度。普洱市应依托其自然生态和资源环境优势，充分利用国家和省政府的优惠政策，加强生态建设和绿色发展。在发展自身经济的同时，政府要加大环境监管力度，建立健全严格的环境保护机制，促进环境友好型社会，注意保护绿水青山，形成可持续发展的良性循环，促进经济、社会、环境间的协调发展。三是建立促进城市转型的市场化机制，形成促进科技创新的氛围。通过深化改革，使得市场在资源配置中起基础性作用，建立和完善促进城市转型的市场化机制。加强创新精神和创新文化的培育，形成全民创新的文化氛围。四是提高科技创新水平，改造提升传统产业。建立促进城市转型的社会化投资机制，综合政府和社会力量，共同支持科技创新，形成创新驱动，促进经济向高科技方向转型。五是高度重视民生工作，大力发展社会事业，提升普洱市的基本公共服务水平。扎实推进精准扶贫工作，优先发展教育事业，加强卫生计生服务，促进社会就业创业，提升社会保障水平，推动社会事业全面发展。在深入推进改革开放的同时，大力保障和改善民生，保持社会和谐稳定，将生态文明理念融入经济社会发展全过程，促进人与自然和谐发展。

6.20.6　临沧

（1）城市概况

临沧，古称缅宁，是云南省管辖的一个地级市。位于中国西南，澜沧江畔，云南省的西南部。全市土地总面积 2.4 万平方公里，总人口约 226.5 万人。东邻普洱，北连大理，西接保山，西南与缅甸交界。临沧民族众多，其中佤族占全国佤族总人口的三分之二。截至 2014 年，全市常住人口 249.3 万，全年完成地区生产总值 465.12 亿元，比上年增长 11.2%。全市完成规模以上工业增加值 116.3 亿元。在此期间，活跃的民营企业发展迅速，增加 200.1 亿元。临沧的气候宜人，四季如春，年平均气温 17.2 摄氏度。临沧聚集着优秀的佤文化，是世界著名的"滇红"之乡。[①]

（2）资源特点及利用概况

临沧市自然资源种类丰富达 16 种，贵金属和稀有金属这些名贵资源的储量较大，非金属资源在藏量和品位上也名列前茅。临沧的水资源丰富，最具特色的是水电基地。澜沧江境内流程 232 公里，[②] 国家和省规划已建成的三座百万千瓦级电站，包括漫湾、大朝山和人小湾。2014 年临沧市森林覆盖率 66.5%，[③] 比上年提高 1.3%。临沧

---

① 参见《临沧市 2014 年国民经济和社会发展统计公报》。
② 临沧市人民政府网，http://www.lincang.gov.cn/Zzlc/Lcgk/200803/8297.html，2008 年 3 月。
③ 参见《2015 年临沧市政府工作报告》。

是世界种茶的原生地之一，全国著名的"核桃之乡"，也是昆明通往缅甸仰光的陆上捷径，因此又被誉为"南方丝绸之路"、"西南丝茶古道"。近几年来，临沧市政府为加快临沧社会经济的发展，大力调整产业结构，支持工业创新能力建设，对于农业提倡绿色产品开发，对于工业做到清洁生产节能减排。临沧市政府为了促进城市转型升级，把临沧市旅游业作为新兴产业重点培育，开发了多种旅游商品，包括精制茶叶、民族服饰等，加强市内交通网络等基础设施建设，促进旅游行业的发展。2016年4月19日，云南省全省旅游产业发展推进会议举行，会议提出要实施全域旅游发展战略，促进旅游产业转型升级，会议印发了《云南省旅游产业转型升级三年（2016—2018）行动计划》和《重大项目建设表》，这为临沧市发展旅游产业创造了机遇。根据资源保障能力和可持续发展能力差异，《全国资源性城市可持续发展规划（2013—2020年）》将临沧市列为成熟型城市，认为临沧市资源开发处于稳定阶段，是现阶段我国能源资源安全保障的核心区。①

（3）得分结果

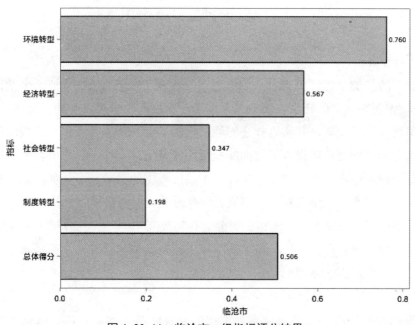

图 6.20.11 临沧市一级指标评分结果

---

① 《国务院关于印发全国资源型城市可持续发展规划（2013—2020年）的通知》，http://www.gov.cn/zwgk/2013-12/03/content_2540070.htm，2013年12月3日。

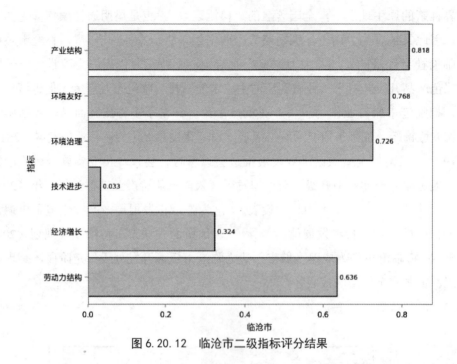

图 6.20.12 临沧市二级指标评分结果

（4）转型评价

从城市转型的总体评分来看，临沧的得分为 0.507 分，在所有被评价城市中位列第 75 位，说明临沧市的转型发展效果不理想。在推动临沧市转型的一级评价指标中，环境转型得分排名最高，其次为社会转型，说明了近两年来临沧市在公共服务建设和居民生活保障，以及环境投入等方面的成绩比较突出，支撑了城市的转型发展。排在后两位的分别是经济转型和制度转型，其中制度转型的得分排名最低，说明临沧市在竞争性市场架构方面工作成效还不够显著，有待进一步调整和完善。

从经济转型的角度看，临沧市的得分为 0.567，在所有被评价城市中位列第 62 位，这说明临沧市经济转型在全国的排名高于城市转型的总体评分。从经济转型的指标看，得分贡献率较高的是产业结构，其次是劳动力结构，得分最低的是技术进步。通过进一步分析，产业结构之所以成为经济转型的最大贡献因素，这与临沧市近几年来大力调整产业结构，引进高新技术为工业的发展创造技术条件，以农业开发的绿色化作为先决条件，促进工业的能源节约化发展，降低能源降耗等措施有关。而技术进步之所以未能发挥对经济转型的带动作用，原因在于科研经费投入、专利授权数量不足，创新驱动力仍有不足。

从社会转型的角度看，临沧市的得分为 0.347，在所有被评价城市中位列第 59 位，社会转型的得分在全国的排名高于城市转型的总体得分排名。从社会转型的指标来看，教育经费 GDP 占比和每万人教师数得分较高，每千人病床数、每千人执业医生数和社保参保比例较低，说明了临沧市在教育方面的投入尚可，在医疗和社保等公共服务方面需要进一步加强。

从环境转型的角度看，临沧市的得分为 0.760，在所有被评价城市中位列第 35 位，环境转型的得分在全国的排名远高于城市转型的总体得分排名。在环境转型方面，促进环境转型的最大动力源于工业烟粉尘治理、工业固体废物综合利用率、城镇生活污水集中处理率和空气质量等指标，而工业污染物排放治理和建成区绿化覆盖率也还有提高的余地。

从制度转型的角度看，临沧市的得分为 0.198，在所有被评价城市中位列第 88 位，制度转型的得分在全国的排名远低于城市转型的总体得分排名。在制度转型方面，社会投资规模比例的得分上高一点，金融发展和市场竞争程度的得分比较低，这说明临沧市促进金融发展的金融市场体系还不是很完善，促进城市转型的市场化机制尚未建立，未能有效地调动社会力量支持城市转型。

（5）未来建议

临沧市未来城市转型的建议主要有以下几点：一是积极推进产业结构转型升级，构建现代产业体系。在现有的旅游资源、水电基地和矿产资源等基础上，进一步推进产业结构转型升级，尽快形成资源接续替代产业，积极发展战略性新兴产业，构建现代产业体系，形成一批以资源深加工为主的产业集群。二是高度重视生态环境问题，加大生态建设和环境保护力度。为了加强生态建设和环境保护的力度，临沧市政府应大力调整产业结构，推行工业清洁生产方式，支持工业创新能力建设，提升绿色农产品加工水平，节约能源，降低能源降耗。大力发展旅游业也可以看作是加大生态建设和环境保护的一项措施。在发展自身经济的同时，政府要加大环境监管力度，建立健全严格的环境保护机制，促进环境友好型社会，注意保护绿水青山，形成可持续发展的良性循环，促进经济、社会、环境间的协调发展。三是建立促进城市转型的市场化机制，形成促进科技创新的体制机制和氛围。通过深化改革，使得市场在资源配置中起基础性作用，建立和完善促进城市转型的市场化机制。加强创新精神和创新文化的培育，形成全民创新的文化氛围。建立促进城市转型的社会化投资机制，综合政府和社会力量，共同支持科技创新，形成创新驱动，促进经济向高科技方向转型。四是高度重视民生工作，大力发展社会事业，提升临沧市的基本公共服务水平。扎实推进精准扶贫工作，优先发展教育事业，加强卫生计生服务，促进社会就业创业，提升社会保障水平，推动社会事业全面发展。在深入推进改革开放的同时，大力保障和改善民生，保持社会和谐稳定，将生态文明理念融入经济社会发展全过程，促进人与自然和谐发展。

6.21　陕西

6.21.1　延安

（1）城市概况

延安市位于陕北金三角经济协作区腹地，东临黄河与山西省隔河相望，西连甘肃，南接陕西省铜川市，北与陕北另一座历史文化名城榆林市相连，历来是陕北地区政治和军事中心。延安是中国革命圣地，中华民族重要发祥地。全市辖 1 区 12 县，总人口 219 万，总面积 3.7 万平方公里。近年来，延安市积极应对世界金融危机的严重冲击，全力克服前进道路上的各种困难，经济社会保持了平稳较快发展势头。强劲的综合实力带来了生产总值的持续增长，截至 2013 年末，全市生产总值达到 1354.14 亿元，人均 GDP 达 10081 美元，高于全国、全省平均水平。财政总收入 469.71 亿元，其中地方财政收入 155.38 亿元，人均财力位居陕西省前列。城镇居民人均可支配收入、农民人均纯收入达到 21188 元和 6565 元，均超过全省平均水平。[1]

（2）资源特点及利用概况

延安市的矿产资源非常丰富，能源化工业发展迅速。截至 2014 年末，全市已探明矿产资源 16 种，其中煤炭储量 115 亿吨，石油 13.8 亿吨，天然气 2000—3000 亿立方米，紫砂陶土 5000 多万吨。延安作为石油的起源地已有百年历史。[2] 此外，延安市还是我国天然气资源的后备基地。

延安市的森林、药材等自然资源非常丰富，光照、气候等自然条件也非常好。这些自然资源和自然条件为发展现代生态农业提供了良好条件。延安市土地辽阔，天然次生林 163 万亩，木材蓄积量 308 万立方米；丰富的中药材数量达到 200 种，包括甘草、五加皮等；数量繁多的鸟兽类达 100 种；延安的地理优势，使得苹果的产量丰硕，例如享誉盛名的"洛川苹果"，因土层深厚，光照充足，昼夜温差大，高产又优良。远销海内外。[3] 林地总面积 4338.6 万亩，林草覆盖率 57.9%。人均土地面积达 27 亩。

延安市的旅游资源非常丰富，延安市延安革命纪念地系列景区为我国红色旅游景区，黄帝陵景区是全国第一号古墓葬。延安市在自然景观方面的旅游景点主要有延安

---

① 参见《延安市 2014 年国民经济和社会发展统计公报》。
② 延安市人民政府网，http://www.yanan.gov.cn/zjya/yagk/zyzk.htm。
③ 延安市人民政府网，http://www.yanan.gov.cn/zjya/yagk/zyzk.htm。

黄河壶口瀑布（4A 级景区）、黄河蛇曲国家地质公园（乾坤湾）、延安国家森林公园和洛川黄土国家地质公园等。延安市境内有历史遗迹 5808 处，革命纪念地 445 处，珍藏文物近 7 万件。有历史文物保护景点 848 处，有保存完好的宋代石刻群洞 18 个，石窟寺 14 处，有建于唐代的宝塔等 12 处古建筑，现存革命旧居 140 多处。延安市是我国红色旅游资源富集区，延安市境内的红色旅游资源主要有枣园革命旧址（4A 级景区）、杨家岭革命旧址、王家坪革命旧址、凤凰山革命旧址、南泥湾、清凉山、延安革命纪念馆等。[1]

根据资源保障能力和可持续发展能力差异，《全国资源性城市可持续发展规划（2013—2020 年）》将延安市列为成长型城市，意味着延安市具有巨大的发展潜力，资源的开发和利用处于上升阶段，是现阶段我国煤炭后备基地，应规范其资源开发秩序，使之成为我国煤炭资源接续基地。[2]

（3）得分结果

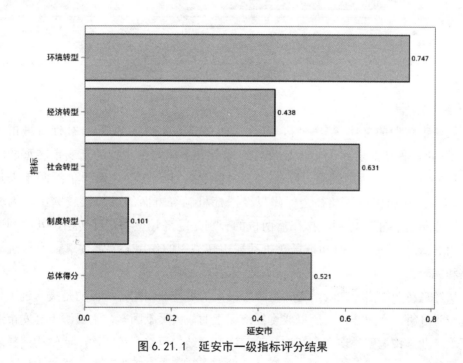

图 6.21.1　延安市一级指标评分结果

① 延安市人民政府政务服务中心网站，http://www.yaxzsp.gov.cn/z_yanan/Column.aspx? ColId=819&chid=91&chid=91。

② 《国务院关于印发全国资源型城市可持续发展规划（2013—2020 年）的通知》，http://www.gov.cn/zwgk/2013-12/03/content_2540070.htm，2013 年 12 月 3 日。

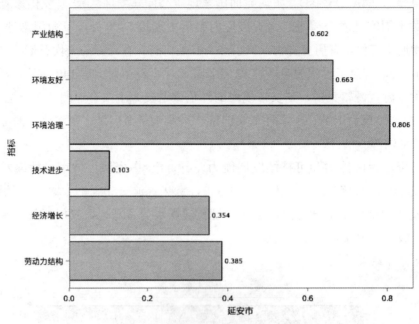

图 6.21.2　延安市二级指标评分结果

（4）转型评价

从城市转型的总体评分来看，延安市的得分为 0.521，在所有被评价城市中位列第 69 位，说明延安市的城市发展转型成效并不明显。在推动延安市转型的一级评价指标中，环境转型的得分排名最高，其次为社会转型，说明了近两年来延安市在环境治理和优化以及社会保障以及医疗机制等方面的成绩比较突出，为城市的转型发展提供了支撑力。排在后两位的分别是经济转型和制度转型，其中制度转型的得分最低，说明政府和市场在推动城市转型中的作用还不够显著，有待进一步调整和完善。

从经济转型的指标来看，得分贡献率最高的是产业结构，最低的是技术进步。通过进一步分析，产业结构之所以成为经济转型的最大贡献因素，主要源于延安市进行过两次产业结构调整，现在正在进行第三次产业结构调整。第二次产业结构调整奠定了工业基础，同时延安石油工业得到快速发展。从"十一五"开始，延安市提出第三次产业结构调整，到"十二五"开始加大力度转型升级，提出了三产并举的思路，加快工业化、农业现代化和以旅游为龙头的现代服务业发展。而技术创新之所以未能发挥对经济转型的带动作用，原因在于科研经费投入、专利授权数量的不足，创新驱动力仍有不足。

从社会转型的指标来看，各项得分相差较大，其中社会参保人数和教师数量指标得分较高，表明延安市的教育和社会保障制度较为完善，但其他各项得分相当且较低，其中得分最低的是每千人执业医生数，得分为 0.161，说明社会医疗仍有进一步提升空间。

在环境转型方面，促进环境转型的最大动力源于工业污染物排放、地质环境治理等污染的治理。延安市对环境治理经费投入相对较多，促进了环境转型。

制度转型是延安城市发展转型的重大短板，其中得分最低的指标是生产市场效率，说明了在矿产资源流入市场时存在一定问题，说明促进城市转型的市场化机制尚未建立，未能有效地调动社会力量支持城市转型。

（5）未来建议

延安市未来城市转型的建议主要有以下几点：一是提升传统产业，延伸传统资源型产业的产业链，增加产品的附加值，同时加快培育新兴产业，积极促进城市转型。二是加强生态建设，严格环境保护。延安市政府应规范资源开发秩序，科学合理地确定各项资源的开发强度，使延安市成为我国重要的天然气等战略资源接续基地。重视生态建设和环境保护，推进生态工程建设，促进生态资源转化。高度重视环境影响评价工作，坚持谁污染谁治理的原则，将企业生态环境恢复治理成本内部化，即由企业自身负担生态环境恢复治理的成本。提高环保意识，加强环保监管，对违规企业进行严厉处罚，促进环境友好型社会，注意保护绿水青山，形成可持续发展的良性循环，促进经济、社会、环境间的协调发展。三是建立促进城市转型的市场化机制，形成促进科技创新的体制和氛围。通过深化改革，使得市场在资源配置中起基础性作用，建立和完善促进城市转型的市场化机制。建立促进城市转型的社会化投资机制，综合政府和社会力量，共同支持科技创新，形成创新驱动，促进经济向高科技方向转型。四是提高政府的行政水平和办事效率，大力发展公共服务事业，扎实推进精准扶贫工作，优先发展教育事业，加强卫生计生服务，促进社会就业创业，提升社会保障水平，推动社会事业全面发展。在深入推进改革开放的同时，大力保障和改善民生，保持社会和谐稳定，将生态文明理念融入经济社会发展全过程，促进人与自然和谐发展。

6.21.2　铜川

（1）城市概况

铜川市是陕西省省辖地级市，原称同官市，总面积 3882 平方公里，位居陕西中心、陕北黄土高原的南缘，分别与渭南地区的富平县、咸阳地区的旬邑县以及延安地区的洛川县相邻，全市地貌呈丘陵山地峡谷，是连接关中和陕北的交通要道。

自 2015 年第十九届西洽会暨丝博会以来，铜川围绕"四个铜川"目标，深入贯彻国家"一带一路"战略，不断改善投资环境、强化项目落实，招商引资、项目建设等各项工作均取得了良好进展。第十九届西洽会暨丝博会上，铜川市代表团共签约项目 171 个，涉及金额 468.35 亿元。签约的 171 个项目中，合同项目 134 个，合同金额 306.25 亿元；协议项目 37 个，协议金额 162.10 亿元（包括两框架协议）。截至 2016 年 4 月，签约项目中有 145 个项目已实施，占签约项目总数的 84.8%；其中有 97 个项目已开工建设，开工项目中有 33 个项目已竣工、投产或投入运营。2016 年 4 月新增到位资金 2.72 亿元，全年实现到位资金 68.84 亿元。截至 2015 年 11 月底，全市招商引资项目今年实现到位资金为 144.87 亿元（其中省际合同项目到位资金 107.96 亿元）。西洽会招商引资项目成为铜川市提速转型发展的主要力量。[①]

（2）资源特点及利用概况

铜川市水资源总量贫乏，且分布不均。全市水资源总量为 2.295 亿立方米，人均占有量 276 立方米，亩均 218.3 立方米，属于严重缺水地区。水资源的分布与全市经济社会发展不协调。全市 80.2% 人口、62% 耕地、工农业比较发达的石川河区，水资源量仅占全市水资源总量的 61.4%，人均占有量仅 210 立方米。[②]

此外，铜川市矿产资源丰富，尤其是煤矿、金属矿产、陶土资源丰富，带动全市经济发展。全市年产原煤 1100 万吨，占全省原煤总产量的 30%，在西北地区煤炭工业中，有着举足轻重的地位。铜川是以煤炭生产而兴起的工业城市，煤炭生产、矿工生活是全市经济和社会发展的重要组成部分。作为陕西的煤炭基地，铜川为全省经济建设的发展和人民生活的改善做出了重大贡献。

作为成长型资源城市，铜川矿产资源丰富，交通便利，发展建筑材料工业有优越的条件。随着经济结构的变化，以生产砖瓦、石灰、石料、石渣及以非金属矿采选业为主的多种经济类型的乡镇企业竞相发展，成为建材行业一支可观的生产力量。铜川建材行业的骨干企业多是省属企业。与省属企业相比，市县建材企业开发利用的矿产品少，建材产品种类不多，生产手段仍然落后，环境污染亦未解决。同时，铜川陶土和煤炭资源丰富，有良好的陶瓷生产条件。陶瓷器是铜川有代表性的传统产品之一。中共十一届三中全会以来，铜川市委、市人民政府贯彻执行改革开放政策，陶瓷业获得新的发展：出口创汇连年增加，新厂相继建立，新产品大批涌现。陶瓷工业在铜川的经济建设中具有较为重要的地位。

---

① 参见《铜川市 2014 年国民经济和社会发展统计公报》。
② 铜川市人民政府网《关于破解铜川水资源瓶颈制约的思考》，http://www.tongchuan.gov.cn/html/zxzx/qkzz/tcjjshdc/yisanyi/201603/88345.html，2013 年 4 月 2 日。

（3）得分结果

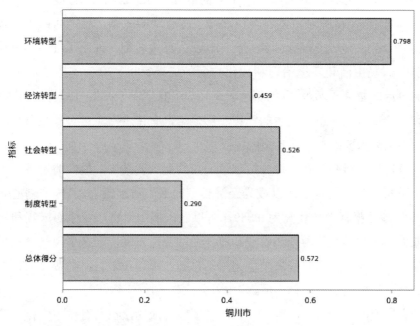

图 6.21.3　铜川市一级指标评分结果

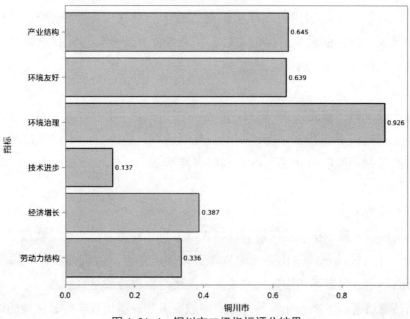

图 6.21.4　铜川市二级指标评分结果

（4）转型评价

从城市转型的总体评分来看，铜川市的得分为 0.572，在所有被评价城市中位列第 37 位，说明铜川市的城市发展转型取得了较有效的成果。在推动铜川市转型的一级评价指标中，社会转型得分排名最高，其次为环境转型，说明了近两年来铜川市在公共服务、居民生活和环境治理和优化方面的成绩突出，有力支撑了城市的转型发展。排名靠后的是：排名第 50 的制度转型，以及排名第 95 的经济转型。说明铜川市在政府和市场在推动城市转型中的作用不够显著，有待进一步调整和完善。铜川市在转型过程中更为重要的是经济转型的提高。

从经济转型的指标来看，得分贡献率最高的是产业结构，最低的是技术进步。通过进一步分析，产业结构之所以成为经济转型的最大贡献因素，"传统制造业增加值GDP 占比"该项指标得分较高为 0.859，可以看出铜川市将产业中心煤炭和建材业向其他产业偏移，尤其是旅游业和农业和服务业的快速发展，迎合了现代产业需求。而技术创新之所以未能发挥对经济转型的带动作用，原因在于科研经费投入、专利授权数量的不足，创新驱动力仍有不足。

从社会转型的指标来看，铜川市社会转型较为成功，在所有城市中排名第 16 位，公共服务指标得分较高，说明铜川市较为重视教育、文化、医疗、社会保障等社会事业的发展。

在环境转型方面，铜川市在环境治理方面十分重视，环境治理取得较好效果，因此得分较高。在工业污染物排放治理、工业 SO_2 和工业烟粉尘排放治理、工业固体废物综合利用率、城镇生活污水集中处理率等方面表现均较好，在这四项指标上得分都较高。

制度转型上铜川市排名第 50 位，市场效率得分为 0.290。由于铜川市全市能源工业基本上归属国有，普遍存在计划经济体制特征，使得企业不能以市场、效益为动力，制约了铜川经济的快速发展。为取得转型成功，铜川市政府和市场效率都有待提高。

（5）未来建议

目前铜川市依然存在一些问题：以粗放型煤炭开发为主，产业层次低；资源开采难度增大，开发接续矛盾突出；能源资源管理渠道多元，协调难度大；国企比重过大企业活力不足；生态环境治理欠账较多，主要污染物排放总量居高不下；就业总量小，体制转轨遗留的下岗失业人员再就业问题突出等。铜川市煤炭、水泥的电力消耗占到全市电力消耗的 70% 以上，煤炭消耗占到全市能源消费的 15% 以上；新上转型骨干项目短时间依然集中在传统产业的改造提升方面，节能减排形势不容乐观。对铜川市而言，未来的发展应首先在现有财政支出结构中，加大对科技的投入力度，并探索建立以财政资金为引导的社会化投资机制，综合政府和社会力量，共同支持科技创新，形成创新驱动，促进经济向高科技方向转型，创新文化、创新精神的培育也需要加强。其次，需要加强政府对教育、文化、医疗和社会保障等公共服务的提供，可以由政府通过公开招标、定向委托等方式购买公共服务，可以采用 PPP 模式，让非公共部门自愿参与提供产品和服务。同时，需要深化国有企业改革，通过深化改革，使得市场在资源配置中起基础性作用，建立并完善促进城市转型的市场化机制；推进简政放权，激发企业活力、创造力和竞争力；发展混合所有制经济。从"源头和终端"双管齐下，促进经济、社会、环境间的协调发展。

6.21.3 渭南

（1）城市概况

渭南市是陕西省省辖地级市，地处陕西关中渭河平原东部，与山西、河南、西安、咸阳相邻，是陕西省的"东大门"。总面积约 13134 平方公里，户籍人口 562 万。为陕西省农业大市和人口大市。截至 2014 年，渭南全年实现生产总值 1460.94 亿元，比上年增长 10.5%，人均生产总值达 27372 元。其中，三产增加值分别为 207.16 亿元、794.51 亿元和 459.27 亿元，产值比重为 14.2%:54.4%:31.4%。非公有制经济增加值 694.6 亿元，占生产总值的 47.5%。[①]

（2）资源特点及利用概况

渭南是中国国家授时中心所在地，还是中国重要的商品农业基地，工业以电力、煤矿、木材为支柱，矿产资源丰富，其中钼矿储量位居中国第二。在渭南市丰富的矿产资源中，煤、钼、金、石为优势矿种。素有"黑腰带"之称的渭北煤田绵延 200 千米，年产煤炭千万吨以上，开发利用规模居陕西省之首；钼矿已探明储量 100 万金属吨，居中国第二位；金矿石探明储量 21.7 万金属吨，占陕西省 48.4%；地热水和医饮兼用矿泉水资源丰富，其中大荔矿泉水日出水 5.6 万吨，被誉为"中国之冠，世界罕见"。能源矿产 4 种，金属矿产 8 种，稀有、稀散、稀土元素 8 种，非金属矿产 31 种，矿产地 238 处。已探明并列入储量表的矿产 38 种，产地 221 处。钼、铅、铜、铌、硒 5 个矿种储量居陕西省第 1 位，其中钼居中国前 3 位；铁、铝土矿、铼储量居陕西省第 2 位；金矿储量居陕西省第 3 位；煤、大理石和石墨储量居陕西省第 4 位。金属矿产中，黑色金属矿产主要是铁矿，有色金属矿产资源有

---

① 参见《渭南市 2014 年国民经济和社会发展统计公报》。

铜、铅、钼、铝土矿和钨矿共 5 种。此外渭南市的生物资源也较为丰富。根据资源保障能力和可持续发展能力差异，《全国资源性城市可持续发展规划（2013—2020年）》将渭南市列为成熟型城市，意味着渭南市针对这些丰富的资源，在开发利用上处于持续的稳定阶段，是现阶段我国能源资源安全保障的核心区。[①]

渭南市的五大主导产业为能源工业、化工工业、装备制造工业、食品工业和有色冶金工业。近几年来，渭南市政府为促进城市转型，传统工业转型升级的步伐加快，龙钢、金钼、陕化扩能等企业的技术改造工作全面完成，蒲城清洁能源、秦电 7#8#机组等重大工业项目建成投产，能源化工等主导产业加速向中高端产业链延伸。战略性新兴产业也快速发展，3D 打印、新能源汽车成为发展新亮点。渭南市的发展方式得到不断优化，产业转型升级取得了一定的突破。

（3）得分结果

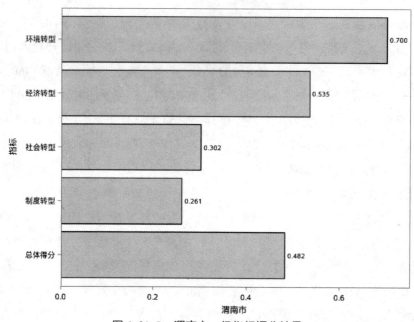

图 6.21.5　渭南市一级指标评分结果

① 渭南人大网，http://www.wnrd.gov.cn/list.asp?D_CataID=A0007。

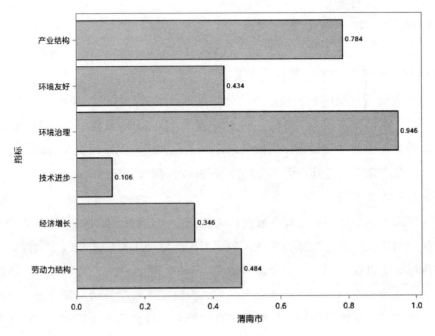

图 6.21.6　渭南市二级指标评分结果

（4）转型评价

从城市转型的总体评分来看，渭南市的资源转型综合得分为 0.483，在所有被评价城市中位列第 89 位，说明渭南市的城市发展转型有待促进。在推动渭南转型的一级评价指标中，制度转型得分排名最高，说明了近两年来渭南市在政府和市场效率的成绩突出，有力支撑了城市的转型发展。但渭南市经济转型、社会转型和环境转型方面，排名都在 80 名左右。说明渭南市在产业结构、劳动力结构、技术进步、经济增长和公共服务及居民生活方面以及环境治理和环境友好方面有待进一步完善。

从经济转型的指标来看，得分贡献率最高的是产业结构，最低的是技术进步。通过进一步分析，产业结构之所以成为经济转型的最大贡献因素，在传统制造业比重（逆）从业人员比代替和现代服务业从业人员代理指标上得分较高，可以看出渭南市将产业中心从煤矿产业向其他产业偏移，尤其是旅游业和农业和服务业的快速发展，迎合了现代产业需求。而技术创新之所以未能发挥对经济转型的带动作用，原因在于科研经费投入、专利授权数量的不足，创新驱动力仍有不足。

从社会转型的指标来看，渭南市社会转型有待进一步发展，在所有城市中排名靠后，公共服务指标得分偏低，说明渭南市在教育、文化、医疗、社会保障等社会事业的发展需要进一步的努力。

在环境转型方面，渭南市得分排名第 80 位。在环境治理上，工业污染物排放治理、工业 SO_2 和工业烟粉尘排放治理、工业固体废物综合利用率、城镇生活污水集中处理率都取得很好成果，尤其是工业固体废物综合利用率得分为 1，但在环境友好方面，空气质量和城区植被覆盖率得分均偏低，尤其是城区植被覆盖率有待提升。

制度转型上渭南市排名为 57，市场效率得分为 0.261。虽然制度转型上，渭南市取得一定成果，在四项转型指标中最突出，但在社会投资规模比例和市场竞争程度得分都很低，在未来有待提升，而在金融发展上，渭南市表现较好。

（5）未来建议

渭南市未来城市转型的建议主要有以下几点：一是积极推进城市转型和产业结构调整升级，加快发展战略性新兴产业。渭南市矿产资源丰富，是我国十大煤炭产地之一，初步形成了以装备制造、冶金建材、通用航空、能源化工、生物医药、印刷纺织为主体的工业体系。未来应在此基础上，大力推进工业转型升级，使资源型产品更加精细化，提高其产品的科技附加值等，培育一批具有特色的资源深加工产业集群，促进城市转型和产业结构调整升级。二是高度重视生态环境问题，加强环保监管，在发展自身经济的同时，政府要加大环境监管力度，建立健全严格的环境保护机制，促进经济与环境的协调发展，为经济增长注入可持续发展的动力。高度重视环境影响评价工作，坚持谁污染谁治理的原则，能够将企业生态环境恢复治理成本内部化，即由企业自身负担一部分生态环境恢复治理的成本。三是建立促进城市转型的市场化机制，形成促进科技创新的体制和氛围。在渭南市产业转型中，需以创新驱动转变发展，推进结构调整，加快转变经济发展方式，促进产业结构优化升级。在产业转型升级中不可或缺的是高新技术产业快速发展，这类产业不但资源消耗少，附加值高，而且对其他产业的渗透能力强，对产业升级至关重要。建立促进城市转型的社会化投资机制，综合政府和社会力量，共同支持科技创新，形成创新驱动，促进经济向高科技方向转型。四是高度重视民生工程建设，提高社会公共服务水平和城乡均等化，提高人民群众的幸福指数。扎实推进精准扶贫工作，优先发展教育事业，加强卫生计生服务，促进社会就业创业，提升社会保障水平，推动社会事业全面发展。在深入推进改革开放的同时，大力保障和改善民生，保持社会和谐稳定，将生态文明理念融入经济社会发展全过程，促进人与自然和谐发展。

6.21.4　咸阳

（1）城市概况

咸阳市是陕西省省辖地级市，位于陕西省八百里秦川腹地。咸阳东邻省会西安，西接国家级杨凌农业高新技术产业示范区，西北与甘肃接壤。辖 2 区 1 市 10 县，总面积 10246 平方公里。2014 年末全市常住人口 495.68 万，其中城市人口 91.5 万，位居陕西省第三位，仅次于西安、宝鸡。

2014 年，全年生产总值 2077.34 亿元，按可比价格计算，比上年增长 10.9%。其中，第一产业增加值 321.72 亿元，增长 5.0%，占生产总值的比重为 15.5%；第二产业增加值 1219.88 亿元，增长 13.5%，占 58.7%；第三产业增加值 535.73 亿元，增长 8.2%，占 25.8%。按常住人口计算，人均生产总值 41971 元，按年平均汇率折合约为 6833 美元。全市县域经济平均规模 123.28 亿元，比上年增加 12.92 亿元。全年非公有制经济增加值 1068.39 亿元，占生产总值的比重为 51.43%，比上年提高 0.64 个百分点。[①]

（2）资源特点及利用概况

咸阳矿产资源丰富，已探明的主要包括煤、铁、石灰石、石英砂岩、陶土、油页岩及石油等，主要集中在北中部台塬区。其中煤炭资源经济价值最大，探明储量为 110 亿吨左右，为陕西省第二大煤田，[②] 是国家确定的大型煤炭开发基地、陕西关中能源接续地。同时，石灰石是咸阳市第二大矿产，品质优良，是生产水泥、电石、轻质碳酸钙等产品和烧制石灰的优级矿石。依托于丰富的资源优势，咸阳市目前已形成能源工业、化工工业、装备制造业、食品加工业、电子信息制造业、纺织服装业、医药制造业、建材工业、战略新兴产业九大支柱产业。但需要注意的是，咸阳的水资源总量贫乏，由河川径流和地下水所组成。大气降水量是地表径流及地下水补给的主要来源之一，分布呈南少北多之势。地下水资源南富北贫，南部潜水是地下水的主要部分，潜水埋藏浅，循环交替快，易于调蓄。

根据资源保障能力和可持续发展能力差异，《全国资源性城市可持续发展规划（2013—2020 年）》将咸阳市列为成长型城市，认为咸阳市具有无限的潜力，在城市转型和资源的开发利用上处于发展上升期，大量的资源作为后备力量坚守在待开发的道路上，需要规划性的发展纲要，使之成为我国煤炭资源接续基地。[③]

---

① 参见《咸阳市 2014 年国民经济和社会发展统计公报》。

② 咸阳市人民政府网，http://www.xianyang.gov.cn/zjxy/zrhj/7699.htm，2011 年 9 月 27 日。

③ 《国务院关于印发全国资源型城市可持续发展规划（2013—2020 年）的通知》，http://www.gov.cn/zwgk/2013-12/03/content_2540070.htm，2013 年 12 月 3 日。

（3）得分结果

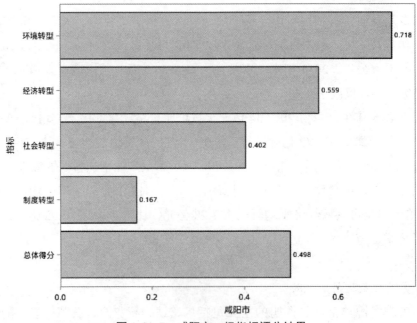

图 6.21.7　咸阳市一级指标评分结果

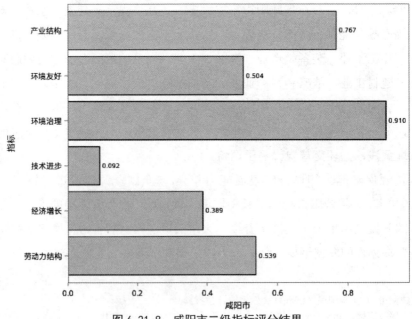

图 6.21.8　咸阳市二级指标评分结果

（4）转型评价

从城市转型的总体评分来看，咸阳市的资源转型综合得分为0.498，在所有被评价城市中位列第81位，说明咸阳市的城市发展转型需要进一步促进。在推动咸阳市转型的一级评价指标中，社会转型得分排名最高，其次为环境转型，说明了近两年来咸阳市在公共服务、居民生活和环境治理和优化方面的成绩突出，有力支撑了城市的转型发展。排名靠后的是：排名第96位的制度转型，以及排名第71位的经济转型。说明咸阳政府和市场在推动城市转型中的作用不够显著，有待进一步调整和完善，在产业结构、劳动力结构、技术进步和经济增长等方面的改革也有待促进。限制咸阳市转型的主要为制度转型。

从经济转型的指标来看，得分贡献率最高的是产业结构，最低的是技术进步。通过进一步分析，产业结构之所以成为经济转型的最大贡献因素，是因为采掘业增加值GDP占比、传统制造业增加值GDP占比两项指标得分很高，均在0.9以上，而在现代服务业增加值GDP占比指标上得分为0.427表现稍差。可看出咸阳市将产业中心从能源矿产向其他产业偏移，尤其是新兴科技和服务业的快速发展，迎合了现代产业需求。而技术进步之所以未能发挥对经济转型的带动作用，原因在于科研经费投入、专利授权数量的不足，创新驱动力仍有不足。

从社会转型的指标来看，咸阳市社会转型得分位于第40位排名居中，有待进一步发展，说明咸阳市教育、文化、医疗、社会保障等社会事业需要进一步发展。

在环境转型方面，咸阳市在环境治理方面尚待改进，得分位居第68位。在环境治理的四项指标得分都较高，可见环境治理取得一定成效，但空气质量和城区植被覆盖率都偏低，咸阳市在环境友好方面有待提升。

制度转型上咸阳市排名为第96位，市场效率得分仅为0.167。为取得转型成功，咸阳市政府和市场效率都有待提高。

（5）未来建议

咸阳市未来城市转型升级的建议主要有以下几点：一是积极推进咸阳市的城市转型和产业结构升级，加快发展战略性新兴产业。咸阳市目前已形成能源工业、化工工业、装备制造业、食品加工业、电子信息制造业、纺织服装业、医药制造业、建材工业、战略新兴产业九大支柱产业。未来应进一步提升传统产业，加快培育战略性新兴产业，积极促进城市转型和产业结构升级，加快推进新型工业化。二是加强生态建设，严格环境保护。咸阳市政府应规范资源开发秩序，科学合理地确定各项资源的开发强度，使咸阳市成为我国重要的煤炭等战略资源接续基地。重视生态建设和环境保护，推进生态工程建设，促进生态资源转化。高度重视环境影响评价工作，坚持谁污染谁治理的原则，能够将企业生态环境恢复治理成本内部化，即由企业自身负担生态环境恢复治理的成本。在发展自身经济的同时，政府要加大环境监管力度，建立健全严格的环境保护机制，促进环境友好型社会，注意保护绿水青山，形成可持续发展的良性循环，促进经济、社会、环境间的协调发展。三是建立促进城市转型的市场化机制，形成促进科技创新的体制和氛围。通过深化改革，使得市场在资源配置中起基础性作用，建立和完善促进城市转型的市场化机制。建立促进城市转型的社会化投资机制，综合政府和社会力量，共同支持科技创新，形成创新驱动，促进经济向高科技方向转型。四是高度重视民生工作，大力发展社会事业，提升咸阳市的基本公共服务水平，提高人民群众的幸福指数。扎实推进精准扶贫工作，优先发展教育事业，加强卫生计生服务，促进社会就业创业，提升社会保障水平，推动社会事业全面发展。在深入推进改革开放的同时，大力保障和改善民生，保持社会和谐稳定，将生态文明理念融入经济社会发展全过程，促进人与自然和谐发展。

6.21.5 宝鸡

（1）城市概况

宝鸡市是关中—天水经济区副中心城市，地处关中平原西部。全市行政区划面积 18116.93 平方公里，其中城市建成区面积 97.78 平方公里。宝鸡市处于西安、成都、兰州、银川四省会城市的几何中心，东连西安市、咸阳市，南接汉中市，西、西北分别与甘肃省天水市和平凉市毗邻，东西长 156.6 公里，南北宽 160.6 公里。全市下辖 3 区 9 县，总面积 1.82 万平方公里。截至 2014 年末常住人口 375.32 万。其中城市户籍人口 102 万，位居全省第二位，是陕西省两大百万人口城市之一。宝鸡历史悠久，文化丰富。2014 年宝鸡市实现地区生产总值 1658.54 亿元，增长 10.8%，城镇居民人均可支配收入 31560 元，同比增长 10.7%，农村居民人均纯收入 9421 元，同比增长 12.5%。2014 年宝鸡市规模以上工业实现增加值 745.2 亿元，增长 12.2%。宝鸡是首批国家生态园林城市、全国文明城市、中国优秀旅游城市、国家森林城市，中国人居环境奖获得城市。[①]

（2）资源特点及利用概况

宝鸡市自然资源丰富，主要资源种类有矿产资源、森林资源、动植物资源等。宝鸡市现有矿产 26 种，主要矿种有金、铜、铅、锌等金属矿产及硫、磷、大理石、石墨等非金属矿产。得益于宝鸡良好的气候条件与生态环境，大量动植物在宝鸡繁衍生息。宝鸡现有植物超 2000 种，动物近 500 种，其中珍稀保护植物 28 种，珍稀保

---

① 参见《宝鸡市 2014 年国民经济和社会发展统计公报》。

护动物 30 种。宝鸡市森林资源丰富，全市森林覆盖率超过 30%，[①] 森林总面积达 940
万亩。根据资源保障能力和可持续发展能力差异，《全国资源性城市可持续发展规划
（2013—2020 年）》将宝鸡市列为成熟型城市，认为宝鸡市在丰富的能源基础上，展开
了稳定的资源开发利用，是现阶段我国能源资源安全保障的核心区。

（3）得分结果

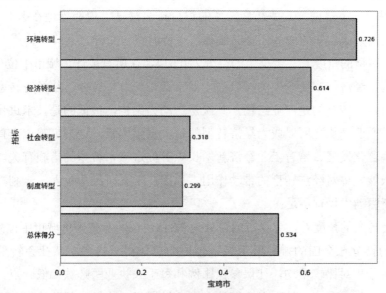

图 6.21.9　宝鸡市一级指标评分结果

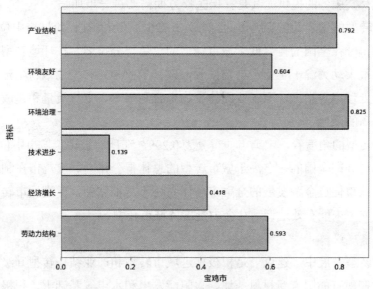

图 6.21.10　宝鸡市二级指标评分结果

---

① 宝鸡市人民政府网，http://www.baoji.gov.cn/site/12/html/327/335/271401.htm，2015 年 6 月 29 日。

（4）转型评价

从城市转型的总体评分来看，宝鸡市的得分为 0.534 分，在所有被评价城市中位列第 61 位，说明宝鸡市的转型发展效果一般。在推动宝鸡市转型的一级评价指标中，经济转型得分排名最高，其次为制度转型，说明了近两年来宝鸡市在产业结构调整、市场化改革方面的成绩比较突出，有力地支撑了城市的转型发展。排在后两位的分别是社会转型和环境转型，其中社会转型的得分排名最低，说明当地在公共服务建设、改善居民生活方面工作的成效还不够显著，有待调整和完善。

从经济转型的角度看，宝鸡市的得分为 0.614，在所有被评价城市中位列第 35 位，这说明宝鸡市经济转型在全国的排名高于城市转型的总体评分。从经济转型的指标来看，得分贡献率较高的是产业结构，其次是劳动力结构，最低的是技术进步。通过进一步分析，产业结构之所以成为经济转型的最大贡献因素，这与宝鸡市一直以来推进优势产业集群化发展、培育工业经济新增长点等促进城市转型的措施有关。而技术进步之所以未能发挥对经济转型的带动作用，原因在于科研经费投入、专利授权数量的不足，创新驱动力仍有不足。

从社会转型的角度看，宝鸡市的得分为 0.318，在所有被评价城市中位列第 73 位，社会转型的得分在全国的排名低于城市转型的总体得分排名。从社会转型的指标来看，各项得分相对比较平均，社保参保比例和每千人执业医师数偏低一点，说明了宝鸡市教育、文化、医疗、社会保障等社会事业发展相对均衡，但总体得分均不高，说明宝鸡市在公共服务的提供尤其是社保医疗方面需要进一步加强。

从环境转型的角度看，宝鸡市的得分为 0.726，在所有被评价城市中位列第 62 位，环境转型的得分在全国的排名低于城市转型的总体得分排名。在环境转型方面，促进环境转型的最大动力源于工业污染物排放治理、工业 SO_2 和工业烟粉尘治理、城镇生活污水集中处理率等指标，而工业固体废物综合利用率、空气质量和建成区绿化覆盖率也还有提高的余地。

从制度转型的角度看，宝鸡市的得分为 0.299，在所有被评价城市中位列第 44 位，制度转型的得分在全国的排名高于城市转型的总体得分排名。宝鸡市在制度转型方面尚可，但宝鸡市促进金融发展的金融市场体系还不是很完善，促进城市转型的市场化机制尚未建立，未能有效地调动社会力量支持城市转型。

（5）未来建议

在未来转型发展中，建议一是积极推进城市转型和产业结构转型升级，构建现代产业体系。在现有的国家新材料基地、太阳能发电和水电等基础上，积极推进产业结构转型升级，逐步形成资源接续替代产业集群，构建现代产业体系。二是建立促进城市转型的市场化机制，形成促进科技创新的体制和氛围。通过深化改革，使得市场在资源配置中起基础性作用，建立和完善促进城市转型的市场化机制。建立促进城市转型的社会化投资机制，综合政府和社会力量，共同支持科技创新，形成创新驱动，促进经济向高科技方向转型。三是高度重视生态环境问题，加大生态建设和环境保护力度。重视生态建设和环境保护，推进生态工程建设，促进生态资源转化。高度重视环境影响评价工作，坚持谁污染谁治理的原则，能够将企业生态环境恢复治理成本内部化，即由企业自身负担生态环境恢复治理的成本。在发展自身经济的同时，政府要加大环境监管力度，建立健全严格的环境保护机制，促进环境友好型社会，注意保护绿水青山，形成可持续发展的良性循环，促进经济、社会、环境间的协调发展。

6.21.6 榆林

（1）城市概况

榆林市地处陕西北部，位于黄土高原与内蒙古高原的过渡区，是高原和沙地两种地形的交汇处。东临黄河与山西省隔河相望，西与宁夏、甘肃相接，南接陕西省延安市，北与内蒙古鄂尔多斯市相连，系陕、甘、宁、内蒙古、晋五省区交界地。榆林市总面积 4.36 万平方公里，人口 375 万（2014 年）。榆林市是世界少有的矿产富集区，近年资源开发使当地财政收入快速增长，截至 2015 年底，榆林市全年生产总值 2621.29 亿元，人均总值 7.7 万元，2015 年，榆林市总投资在 10 亿元以上的项目有 45 个。另外榆林是国家历史文化名城、国家卫生城市、国家新能源示范城市，也是首批中国爱心城市之一。[①]

（2）资源特点及利用概况

榆林市能源矿产、化工矿产及其他非金属矿产丰富，能源富集，资源优势得天独厚，拥有国内最大的内陆盐田和世界七大煤田之一的陕北侏罗纪煤田及整装大气田，有较丰富的石油和煤层气资源，有全省唯一的肥焦煤资源，是国内罕见世界少有的能源矿产富集地。截至 2014 年底，榆林市全市已发现 8 大类 48 种矿产资源，以煤、气、油、盐最为丰富。煤炭预测资源量 2800 亿吨，探明储量 1500 亿吨，"榆林煤"全国知名；天然气预测资源量 4.18 万亿立方米，已探明气田 4 个，探明储量 1.18 万亿立方米；石油预测资源量 6 亿吨，探明储量 3.6 亿吨；岩盐预测资源量 6 万亿吨，探明储量 8857 亿吨，约占全国岩盐总量的 26%，湖盐探明储量 1794 万吨。此外，还有比较丰富的煤层气、高岭土、铝土矿、石灰岩、石英砂等资源。[②]

矿业是榆林市国民经济和社会发展的支柱产业之一。2015 年全年榆林市原煤产量

---

① 参见《榆林市 2014 年国民经济和社会发展统计公报》。

② 榆林市人民政府网，http://www.yl.gov.cn/site/1/html/zjyl/list/list_18.htm，2013 年 10 月 21 日。

为 36103.5 万吨，洗煤产量为 7053.05 万吨，煤炭开采洗选业完成产值 1291.49 亿元。[①]目前，榆林已建成神东超亿吨煤炭生产基地、靖边亚洲最大的天然气净化装置、榆阳国内最大的甲醇生产基地，而榆林国家级能源化工基地的"两区六园"的格局已经形成，是全国唯一的国家级能源化工基地——陕北能源化工基地的一部分。

（3）得分结果

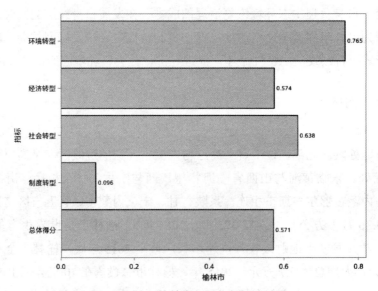

图 6.21.11　榆林市一级指标评分结果

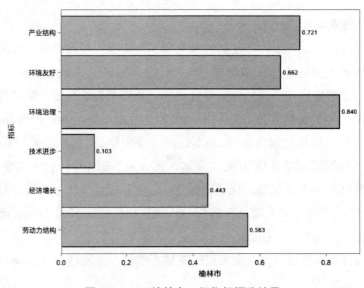

图 6.21.12　榆林市二级指标评分结果

---

① 参见《榆林市 2015 年国民经济和社会发展统计公报》。

（4）转型评价

从城市转型的总体评分来看，榆林市的得分为0.572，在所有115个被评价城市中位列第38位，说明榆林市发展转型取得了较好的成效，在所有的城市中比较突出。在推动榆林市转型的一级评价指标中，社会转型得分排名最高，为第4名，其次为环境转型，说明了近两年来榆林市对社会经济结构、文化形态、价值观念的调整成绩比较突出，在环境保护治理上也付出了极大的努力，有力地支撑了城市的转型发展。排在后两位的分别是经济转型和制度转型，其中制度转型的排名最低，是所有城市中排名倒数第4名，说明政府在制度转型方面不够重视推动力度不大，有待进一步调整和完善。

从经济转型的指标来看，得分贡献率最高的是产业结构得分为0.721，最低的是技术进步的分数仅有0.103。劳动力结构转型和经济增长的成绩处于普通水平。通过进一步分析，产业结构之所以成为经济转型的最大贡献因素，主要源于榆林市传统制造业转型贡献最大，采掘业和现代服务业转型成绩相对优秀。近年来，榆林致力于延伸煤炭产业的产业链，大力发展下游煤炭衍生品工业和能化项目，提升产品的附加值，改变以往单一的以挖煤、卖煤为主的煤炭开发模式，丰富了企业的业务范围，同时提高了企业的抗风险能力。这为榆林市的经济转型提供了极大的助力。而技术进步之所以未能发挥对经济转型的带动作用，是因为榆林市互联网普及率不足，科研创新能力不强，而企业融资难特别是民营企业资金短缺问题仍然突出，投入到科研方面的经费尤其缺乏，导致技术创新活力不足。

社会转型是榆林市发展转型的最大贡献因素，其各项都比较优秀，说明了榆林市义务教育、医疗、社会保障等社会事业发展相对均衡稳健，尤其是病床、医生和教师比例之高都是所有城市中最为突出的。这离不开榆林市在教育和医疗上大力投入。"十二五"期间，榆林市投资116.9亿元，组织实施了"百亿教育强市工程"，并投入27.9亿元大力改善医疗环境，增加病床4000余张。但需要注意的是，榆林市在社保参保比例上还有提高的空间。

在环境转型方面，榆林市环境治理方面的成绩好于环境友好方面的成绩。很显然榆林市作为一个煤矿富集区，环境污染问题十分严重，榆林市在工业烟粉尘排放治理、工业SO_2排放治理和工业固体废弃物利用上取得了不错的成绩，在工业污染物排放治理和生活污水的治理上还需要进一步的改善。同时因为榆林市的绿化覆盖率不高导致了其空气质量并不高，这是榆林市环境友好这一方面得分不高的原因。

制度转型是榆林市重视不够的一块，社会投资规模比例、金融发展情况和市场竞争的能力都排在所有城市的末尾，这是榆林市需要重点加强的一块。

（5）未来建议

对榆林市而言，经济上需要继续发挥传统煤炭产业的优势的基础上，扶持战略性新兴产业的发展，优化当地产业结构。积极支持重大能化项目正常生产，实行转化战略，确保现在正在规划的重大项目取得核准。同时坚定不移地推进品牌化战略，为了让"榆林煤"能更快地走向全国，需要加快煤炭外运绿色通道建设，把榆林市货运方式转变为以铁路运输为主。同时榆林市还需要扶持非公经济发展，帮助民营企业尽快走出困境，转型发展。需要注重经济发展观念的转变，摒弃以往一味追求经济发展速度的思维，要把重点放在提高经济增长的质量和效益上，这就需要榆林进一步发展科技，以科技创新为主要驱动力实现经济增长。

社会转型方面，榆林市应继续实施"百亿教育强市工程"和医院建设工程，落实项目用地，做好剩余建设项目的推进工作。积极丰富教育设备设施和完善医疗服务体系，尽量解决上学难和看病贵的问题。

制度转型方面，一定要重点提高政府和市场效率。把政府职能转变放在首要位置，处理好政府与市场、政府与社会及政府层级间的关系，推进简政放权，切实提高政府管理科学化水平。

环境转型方面，持续加大生态环境建设。一是要抓好城市绿化工作，大力发展绿化工程，促进人与自然和谐相处。二是扎实推进节能减排工作，对落后产能予以淘汰，鼓励企业进行技术升级，提升能源利用效率。三是加强当地在规定区域禁烧烟煤工作的力度，提升当地空气质量，全力推进国家环保模范城市和中国宜居城市的创建工作。

6.22　甘肃

6.22.1　金昌

（1）城市概况

金昌市是甘肃省地级市为古丝绸之路重要节点城市和河西走廊主要城市之一，位于甘肃省河西走廊东侧，与阿拉善台地和祁连山相邻，紧靠武威市和肃南裕固族自治县。截至 2015 年，金昌市总面积 9593 平方公里，人口 47.01 万。2015 年金昌市实现 GDP 224.52 亿元，同比增长 3.2%。2014 年 1 月，金昌市被国家城乡建设部命名为国家园林城市。2015 年，金昌市被中央文明委评选为全国文明城市，成为甘肃省唯一一座获得全国文明城市称号的城市。金昌有色金属资源得天独厚，是我国最大的镍钴生产基地、铂族贵金属提炼中心和全国资源综合利用三大基地之一，被誉为"祖国的镍都"。先后被确定为国家新材料产业化基地、国家新材料高技术产业基地、国家新型工业化示范基地、全国工业固废综合利用示范基地、创建国家循环经济示范城市、国家新型城镇化综合试点城市。[①]

（2）资源特点及利用概况

金昌市是因金川镍矿而建立起来的，以矿产资源开采为主的现代重工业城市，因盛产国防工业极度缺乏的有色金属镍被誉为"祖国的镍都"。此外，其铂、钯、膨润土、钴、硒、铜、伴生硫及花岗岩材等 20 种矿产的储量居全国首位，铜、钴等矿产储量居全国第二位。金川有色金属公司是我国最大的集采矿、选矿、冶金、化工及相关产品深加工相配套的特大型有色冶金联合企业，在我国镍钴行业中居于主导地位。2013 年，金川公司的镍产量为 14.1 万吨。金川镍矿的镍储量占国内已探明储量的 70%，占世界镍储量的 4%。目前金昌已成为我国最大的镍钴生产基地和铂族金属提炼中心，被列为全国矿产资源综合利用三大基地之一。此外，金昌农牧资源较为丰富，专用小麦面粉、高原无公害蔬菜、特色瓜果以及肉蛋奶皮毛等农畜产品加工基础好，不仅是甘肃省的粮食生产区，也是国家的重要商品粮生产地之一。

金昌作为一座旅游城市，特色鲜明，以丝绸古道为契机，配以人类早期活动的遗址，以及一些文化名胜。金昌这个后起之秀在坚持旅游业的新兴发展。

总的来说，金昌市是资源成熟型城市。但是金昌经济结构较为单一，接续替代产业发育迟缓，农业和服务业发展严重滞后。金川公司许多技术经济指标居国内领先水平，但同世界镍生产企业相比，该公司的经济总量不够大，经济增长的质量不够高，实物劳动生产率低，工艺流程相对落后，产业结构不尽合理，经济效益受国际市场镍价波动影响较大，国际市场竞争力较弱。[②]

---

① 参见《金昌市 2014 年国民经济和社会发展统计公报》。

② 金昌新闻网，http://www.jinchangnews.cn/a/shi_qing/gailan/20151126/35.html，2015 年 11 月 26 日。

（3）得分结果

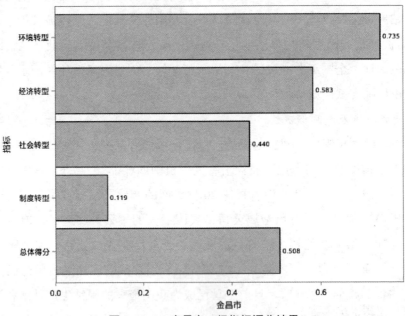

图 6.22.1　金昌市一级指标评分结果

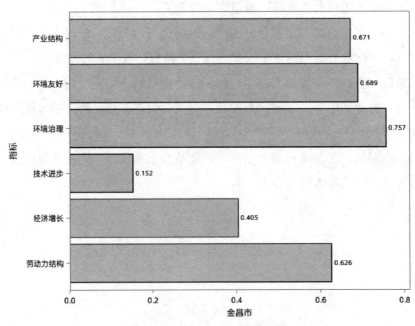

图 6.22.2　金昌市二级指标评分结果

（4）转型评价

从城市转型的总体评分来看，金昌市的得分为0.508，在所有被评价城市中位列第74位，说明金昌市的城市发展转型还有待努力的空间。在推动金昌市转型的一级评价指标中，社会转型的得分排名最高，其次为经济转型，说明了近两年来金昌市在产业结构、社会经济结构、文化形态、价值观念的调整等方面成绩比较突出，有力地支撑了城市的转型发展。排在最后的是环境转型和制度转型，尤其是金昌市制度转型排在倒数第10名，说明政府和市场在推动城市转型中的作用还不够显著，有待进一步调整和完善。

从经济转型的指标来看，金昌市的4个二级指标得分在所有的城市中都处于中等水平。得分贡献率最高的是产业结构，得分为0.671，最低的是技术进步，得分仅为0.152。通过进一步分析，产业结构之所以成为经济转型的最大贡献因素，主要源于近几年来金昌市延伸工矿产业链，提高矿产资源的综合开发利用水平；在发挥传统资源型产业优势的基础上，金昌市大力培育接替性新兴产业，进一步优化产业结构。而技术创新之所以未能发挥对经济转型的带动作用，原因在于虽然互联网的普及率已经很高，但是科研经费投入、专利授权数量的不足使得创新驱动力仍有不足。

从社会转型的指标来看，金昌市在所有的城市中排名靠前。其原因是金昌市除教育经费以外的4个二级指标的排名都位于前列。其中，每千人的执业医生人数为0.313，在所有的城市中排名第16位。社会转型的高分得益于金昌市近几年政策的有力实施。教育方面，从2014年起金昌市响应甘肃省"全面改善义务教育薄弱学校基本办学条件"项目，项目实施2年来，全市投入资金14864万元，实施校舍建设项目101个。社保方面，2015年甘肃省"五险合一"社保信息系统在金昌试点正式上线运行，金昌市政府给予了高度重视，有效提升了社会保险业务经办标准化、规范化、科学化水平，为参保群众高效便捷的信息化服务。医疗方面，金昌市一直在努力健全全民医保体系，建立科学补偿机制，完善药品价格，并支持发展社会办医。

在环境转型方面，环境治理的分数略高于环境友好的分数。支撑环境治理的最大动力源于工业气体污染物排放、生活污水治理等污染的治理，但是固体废物综合利用率得分十分低，一方面说明了对于工业固体废物的处理应该更加重视，另一方面也反映出金昌市虽然环境治理投入较多，但是全方位的环境转型依旧迫在眉睫。环境友好方面，金昌市应该在提高城市绿化面积上更加重视。

制度转型是金昌市发展转型的最小贡献因素，其中市场竞争程度和金融发展的得分都比较低，说明促进城市转型的市场化机制尚未建立，城市金融体系发展并不完整，未能有效地调动社会力量支持城市转型。

（5）未来建议

对金昌市而言，经济方面应充分利用其独特的镍矿优势，在现有产业链的基础上，不断延伸，大力开发新型材料和有色金属新产品，提高产品附加值和企业经济效益。与此同时，金昌市也要不忘发展现代农业和特色农业，加快农产品市场化进程，推动其向现代化、市场化的方向转变。金昌市有丰富的人文资源以及独特的自然景观，应努力把这些资源优势转化为经济优势，积极发展旅游业，以此来提升第三产业的水平。

环境转型方面，在环境治理投入已经足够的情况下，金昌市要全面地进行环境转型，上到政府决策，下到居民意识都应向环境保护靠拢。综合政府和社会的力量，在形成创新驱动，促进经济向高科技、绿色化方向转型的同时，加强环境污染治理，从源头和终端双管齐下，促进经济、社会、环境间的协调发展。

制度转型方面，一定要重点提高政府和市场效率，加强与国家产业政策、投资方向的衔接，按照国家供给侧结构性改革的要求，着力调整投资结构。另外需要紧随国际先进技术，适应市场需求，提升产品竞争力与市场占有率，打造品牌，提升品牌效应，并适当在政策上加以扶持。

社会转型方面，金昌市应该加快构建覆盖城乡、功能完善、设施齐备、结构合理的公共服务体系和更加公平可持续的社会保障体系。继续开展"省级创业型城市"和"创业金昌"等创建活动，加快推进基本实现教育现代化省级实验区建设，继续实施"全面改善义务教育薄弱学校基本办学条件"项目，严格落实城乡低保和社会养老保险、城乡居民临时救助等保障制度，全面实施社保全民参保登记计划和社保"五险合一"统一征缴制度，实现社保"五险合一"信息系统全覆盖，营造和谐稳定的经济社会发展环境。

6.22.2　白银

（1）城市概况

白银市又称"铜城"，地处祖国腹地，位于甘肃省中部，黄河上游，周边与甘肃、宁夏、内蒙古的 7 个市盟与 13 个县旗相邻，是西陇海经济带的重要区域城市。白银市现辖白银、平川两区与靖远、景泰、会宁三县，总面积 2.11 万平方公里，总人口 175.01 万。正如其"铜城"这个别名所表明的，白银市是一座因铜而生的城市，在我国的铜工业发展历程中有重要地位，曾经连续 18 年位居全国铜产量首位。因过度开采，白银市的矿产资源日益衰竭，在 2008 年，白银市被国务院确定为全国首批资源枯竭型城市。在资源枯竭的背景下，面对经济社会发展的种种矛盾，白银市委、市政府明确提出了依靠高新技术，改造提升传统产业，培育发展接续产业的经济转型工作思路，通过优化产业结构，开辟了具有白银特色的经济转型之路，并取得了较大成效，该模式也因此被誉为"白银模式"。近年来，白银市主要经济指标的增速在甘肃省都居于前列，经济发展良好，2015 年，全市完成生产总值 434.27 亿元，增速达 6.8%。[1]

（2）资源特点及利用概况

白银市矿产资源丰富，主要矿种有铜、铝、铅、锌、锰、金、煤炭、石膏等 30 多种，其中储量较为丰富的有煤炭、石膏和石灰石等，已探明煤炭储量 16.3 亿吨，石膏储量 2 亿吨，石灰石储量 10 亿多吨。近年来白银市新探明的坡缕石矿储量达 10 亿吨，规模之大居世界前列。[2] 白银市现已形成了一个完善的有色金属工业体系，许多金属加工企业已成长为国内外知名公司，产品畅销海内外。

（3）得分结果

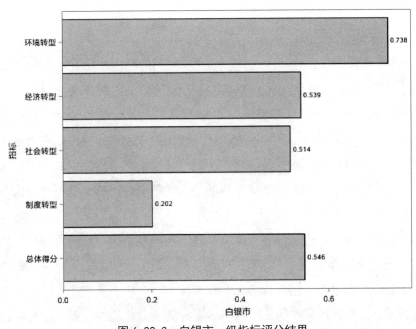

图 6.22.3 白银市一级指标评分结果

① 参见《白银市 2014 年国民经济和社会发展统计公报》。
② 白银市人民政府网，http://www.baiyin.cn/Item/41511.aspx，2012 年 2 月 23 日。

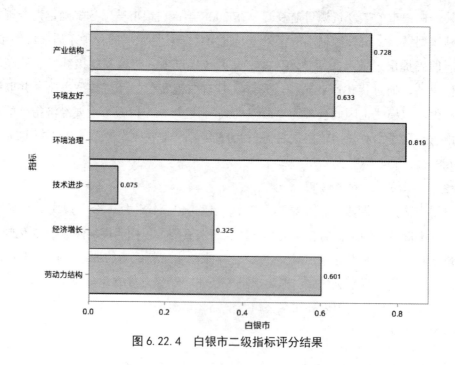

图 6.22.4　白银市二级指标评分结果

（4）转型评价

从城市转型的总体评分来看，白银市的得分为 0.546，在所有被评价城市中位列第 52 位，说明白银市的城市发展转型取得了一定的成效。在推动白银市转型的一级评价指标中，社会转型的得分排名最高，为 18 名。其次为环境转型，说明了近两年来白银市在社会福利的调整、环境治理和优化方面的成绩比较突出，有力地支撑了城市的转型发展。排名在最后的是经济转型和制度转型，说明白银市政府和市场在推动城市转型中的作用还不够显著，产业结构的调整、技术进步的成绩不够突出，有待进一步调整和完善。

从经济转型的指标来看，得分贡献率最高的是产业结构和劳动力结构，最低的是技术进步。通过进一步分析，产业结构和劳动力结构之所以成为经济转型的最大贡献因素，主要源于白银市根据自身实际，积极探索，大胆创新，改造传统产业和发展接续产业相结合，将结构单一的工矿城市转型与区域工业化进行有效结合促进经济转型，确立了发展当地"八大支柱产业"和建设"五大基地"的工作思路，成功创建了"白银现象"和"白银模式"。而技术创新之所以未能发挥对经济转型的带动作用，原因在于科研经费投入、专利授权数量的不足，创新驱动力仍有不足。

从社会转型的指标来看，教育方面的得分远比医疗以及社保方面的得分要高，其每万人教师数的比例甚至达到了1，排名第一。教育经费GDP占比0.436，在所有的城市中排名18。过去5年，白银市优先发展教育事业，新改扩建校舍129.6万平方米，乡镇中心幼儿园实现全覆盖并向行政村延伸，义务教育通过国家"两基"验收，巩固率达到99.4%，基本普及高中阶段教育，公民平均受教育年限达到10.5年。这说明了白银市对教育、文化的投入，成果是值得肯定的。但是医疗、社会保障等社会事业发展，仍有进一步提升空间。

在环境转型方面，白银是国家SO_2控制区，SO_2排放量居全省首位。由于缺乏环保意识，加之政府监管的缺失，大量工业废水和生活污水排入黄河，严重污染了当地水源，对当地居民的用水安全造成了严重威胁。然而白银市工业SO_2和工业粉尘治理的成绩位于前列，但是固体废物的利用和生活污水的治理成绩十分靠后。而环境友好方面，市区绿化面积的得分十分靠后，一方面说明了当前爱护环境的观念并没有真正地深入人心，绿化方面的发展不够突出；另一方面也反映出白银市全方位的环境转型依旧迫在眉睫。

制度转型是白银市发展转型的最小贡献因素，其中社会投资规模的成绩较差，说明促进城市转型的市场化机制尚未建立，未能有效地调动社会力量支持城市转型。

（5）未来建议

对白银市而言，经济转型方面应该加快产业转型的步伐，摒弃以往单纯依靠资源开发的经济发展模式，大力培育新兴产业，扶持高新技术产业，逐步形成层次分明的产业集群。白银市应找准城市定位，积极融入"兰白都市经济圈"建设，按照"经济互补、合理分工、联动开发、整体发展"的思路，打破原有的空间结构，充分发挥白银市的优势，实现互促互补，促进产业结构转型。

环境转型方面，白银市需要继续实施大气污染治理工程，避免仅有短暂性的效果。要从根本上加强企业的环保与责任意识，政府、企业、居民协调起来下定决心从源头上根治大气主要污染源，同时加快城乡人民饮水源建设，加大对重点污染企业的综合整治力度，让人民群众喝上干净的水。同时白银市也需要加大市区绿化面积，改善市民居住环境。

制度转型方面，白银市政府应在现有的法律基础上，进一步减少投资阻碍，加大对基础设施的投资力度，提供一个优质的投资环境，把白银市的转型和可持续发展作为政府宏观调控的重要目标，为白银市的转型提供制度保障。

社会转型方面，白银市应坚持以人为本的执政理念，以改善民生为重点，推进社会体制改革，采取综合措施，解决就业难题，积极建立面向城乡居民的医疗保障体系，统筹规划促进教育事业全面发展，为人民群众的生存发展构筑稳固的社会基础。

6.22.3 武威

（1）城市概况

武威市位于甘肃省中部，河西走廊的东端，是河西走廊的门户，东靠宁夏首府银川，西连青海省会西宁，南依甘肃省会兰州，北通敦煌。因汉武帝想要彰显大汉帝国军队的"武功军威"而得名。现辖凉州区、民勤县、古浪县和天祝藏族自治县，总面积 3.3 万平方公里，常住人口 181.36 万，武威自古以来就有"通一线于广漠，控五郡之咽喉"之称，一度是西北的军政中心，同时也是"人烟扑地桑柘稠"的富饶之地，"车马相交错，歌吹日纵横"的西北商埠重镇。截至 2014 年，全市实现生产总值 405.97 亿元，同比增长 9.1%。1986 年武威市被国务院命名为全国历史文化名城和对外开放城市，2001 年 5 月经国务院批准撤地设市，2005 年被命名为中国优秀旅游城市，2012 年 10 月被命名为"中国葡萄酒城"。[①]

（2）资源特点及利用概况

武威境内矿产资源种类较多，但储量相对较少，已发现的有黑色金属（铁、锰、钒、钼）、有色金属（铜、铅、锌、镍）、贵金属（金、银）、稀土（镧、铈）、能源（煤炭、油页岩）、化工（芒硝、湖盐、磷、重晶石、硫铁）、建材（石膏、石灰岩、砂石砾料、砖瓦黏土）、冶金辅料（白云岩、萤石、石英岩）及其他非金属矿产（石墨、高岭土、滑石、水晶）和地热、矿泉水等 10 类 36 个矿种。已发现的各类矿床和矿点有 100 余处，其中煤炭探明储量 16.6 亿吨，油页岩储量 8.8 亿吨，芒硝储量 0.08 亿吨，石膏储量 9.8 亿吨，石灰岩储量 4.02 亿吨，石墨储量 0.04 亿吨。境内有林地 758 万亩，森林覆盖率 12.1%，比全国和全省低 8.3 和 1.36 个百分点。[②]

总的来说，武威市是资源成长型城市，经济欠发达地区，资源禀赋少，工业基础弱，经济总量小，发展基础差。工业发展滞后，是武威现阶段最突出的矛盾，加快工业发展是武威实现转型升级的潜力所在、希望所在。

---

① 参见《武威市 2014 年国民经济和社会发展统计公报》。
② 武威市人民政府官方网站，http://www.ww.gansu.gov.cn。

（3）得分结果

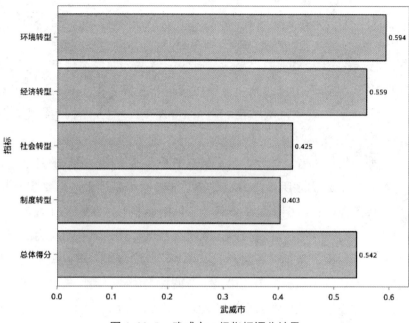

图 6.22.5　武威市一级指标评分结果

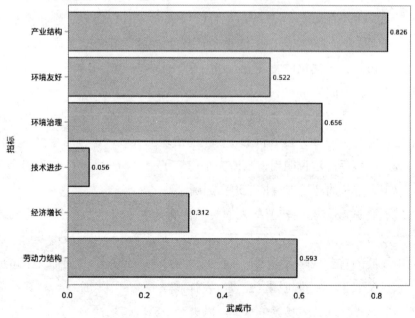

图 6.22.6　武威市二级指标评分结果

（4）转型评价

从城市转型的总体评分来看，武威市的得分为 0.542，在所有被评价城市中位列第 55 位，说明武威市的城市发展转型取得了一定的成效。在推动武威市转型的一级评价指标中，制度转型的得分排名最高，为 28 名，其次为社会转型，为 34 名，说明近两年来武威市在社会福利的提高、政府职能转型方面成绩优良，有力地支撑了城市的转型发展。排在后两位的分别是环境转型和经济转型，其中环境转型为所有城市中的倒数第三位，说明武威市在环境保护和治理，产业结构的调整和经济增长方面还有待提高。

从经济转型的指标来看，得分贡献率最高的是产业结构，最低的是技术进步。通过进一步分析，产业结构之所以成为经济转型的最大贡献因素，主要源于近几年来，武威市大力发展工业，在构架新型工业骨架上取得新突破，实施工业强市战略，积极进行招商引资，大力进行园区建设以发挥规模经济的作用，对有影响力的品牌予以重点扶持，在发展过程中，重视提高能源利用效率，降低能耗，重视技术创新与人才引进，已形成具有武威特色的新型工业化路子。而技术创新之所以未能发挥对经济转型的带动作用，原因在于武威市的科研经费投入、专利授权数量的不足使得创新驱动力仍有不足。

从社会转型的指标来看，教育方面的得分远比医疗以及社保方面的得分高，因为，近几年武威市实施"全面改薄"项目，投入大量财政资金，遵循保基本、兜住底、促公平的原则，改造校舍，采购设备，减免学费，着力改善贫困地区的办学条件。目前武威市教育、文化的发展要远超医疗、社会保障等社会事业发展，其社会转型仍有进一步提升空间。

环境转型是武威市成绩排名最好的。值得肯定的是武威市对生活污水的治理，得分排名第七。但是工业 SO_2 排放和工业粉尘的治理的失败，市区的绿化率不足，导致了武威市成绩的落后。这说明当前政府完全忽视了空气污染源的控制和绿化工作的必要性，武威市全方位的环境转型依旧迫在眉睫。

制度转型是武威市发展转型最大的贡献因素，其中社会投资规模的成绩尤为突出，说明武威市政府近几年在招商引资方面的成果显著，这与武威市委把工业强市战略作为当地发展的首要战略密不可分，在武威市委与市政府的领导下，全市形成了广泛共识，积极发展工业，推进园区建设，发挥规模效益，且创立了一些典型品牌。目前武威市需要重点提高其市场竞争水平，以进一步激发市场活力。

（5）未来建议

对武威市而言，经济上应该继续坚持工业强市战略，围绕落实发展思路，主动适应经济发展新常态，在突出重点的基础上，培育具有特色的、全方位的资源整合产业集群，发挥其地理优势，发展其作为西北地区物流节点和交通枢纽的重要作用。

社会转型方面，武威市应加快社保体系建设，扩大覆盖面，提高社会保障水平。扶持社区卫生服务中心和村卫生室等基层医疗机构建设，切实保障基本医疗服务的均等化。在教育方面，抓好基础教育工程建设，优化完善奖助体系，优化资源配置，保障各级教育均衡协调发展。

制度转型方面，武威市应当形成推进工业经济发展的立体政策体系，精简行政审批程序，鼓励市场要素充分发挥其决定性作用，让各类积极因素涌动，让创造活力竞相迸发。

环境转型方面，应当着重推进生态文明建设，从节水、造林、治沙、防污等多个方面多方同时推进，探索扶贫开发和绿化造林、生态农业并举的发展体系，发展循环经济，抓好重点企业的节能环保问题，优化"南护水源、中调结构、北治风沙"布局，推进生态文明建设。

6.22.4　张掖

（1）城市概况

张掖，得名于"张国臂掖，以通西域"。是甘肃省辖市。位于河西走廊中段，南依祁连山，北屏龙首、合黎二山，雪山高耸，弱水长流。其中部为走廊平原，地势平坦宽阔，土地肥沃，水源充足，林木茂盛，风景秀丽，鱼肥稻香，有"桑麻之地"、"鱼米之乡"的美称。在张掖有 38 个民族，面积 40874 平方公里，人口 126.95 万。2015 年张掖市实现生产总值 376.6 亿元，同比增长 7.5%。张掖市是新亚欧大陆桥的要道以及古丝绸之路重镇，是全国历史文化名城和中国优秀旅游城市。张掖被全国第二大内陆河黑河贯穿，是甘肃省重要的商品和优质瓜果蔬菜生产基地，也是全国重点建设的 12 个商品粮基地之一，素有"塞上江南金张掖"之称。[①]

（2）资源特点及利用概况

张掖市是铁、铜、钨、煤炭、萤石、石灰石等矿产的集中区。重要的矿产有肃南桦树沟铁、铜、重晶石矿、石居里铜矿、小柳沟钨矿、九条岭煤矿、高台罗城芒硝和七泉坝萤石矿等，矿产资源开发利用在经济发展中处于重要地位，是地方工业赖以发展和依托的物质基础。张掖市已初步探明资源量的矿产有煤、铁、铜、铅锌、钨钼、

---

① 参见《张掖市 2014 年国民经济和社会发展统计公报》。

芒硝、石膏、熔剂用灰岩、冶金用白云岩、花岗岩、大理岩、含碘凹凸棒石黏土矿等24 种。辖区内全市铁矿储量 8.93 亿吨，钨远景资源量 50 万吨（金属量），钼远景资源量 102 万吨（金属量），煤炭远景储量 10.5 亿吨，芒硝资源储量 2581.3 万吨，原盐资源储量 320 万吨，重晶石资源储量 1850 万吨，萤石矿资源储量 23 万吨，石灰石资源储量 4.62 亿吨，冶金用白云岩资源储量 6031 万吨，石膏储量 2.32 亿吨，含碘凹凸棒石黏土矿资源储量 1137 万吨。[①]

　　总的来说，张掖市是资源再生型城市。但张掖市矿业经济基础较为薄弱，规模小，存在产业结构单一，后备资源不足，资源开发经营粗放，地质生态环境脆弱等诸多问题。主要表现在：全市黑色金属储量丰富，资源保障能力相对较高；有色金属矿种多，资源储量较丰富，但开发规模较小。张掖市小型矿山比例大，多数矿山开采规模与矿区的储量规模不匹配，技术装备落后，矿产资源浪费严重。由于区内干旱少雨，森林覆盖率低，水资源短缺，环境承载力低，给资源开发带来严重的压力。

　　（3）得分结果

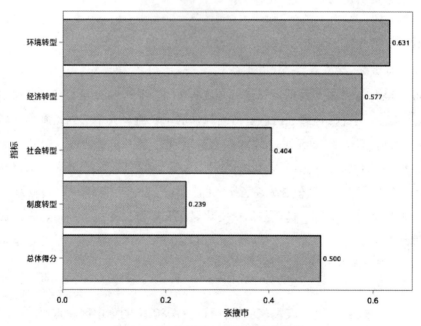

图 6.22.7　张掖市一级指标评分结果

① 常建峰：《张掖市矿产资源开发利用的 SWOT 分析》，《河西学院学报》2014 年第 5 期。

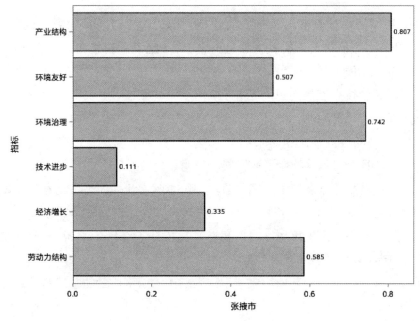

图 6.22.8　张掖市二级指标评分结果

（4）转型评价

从城市转型的总体评分来看，张掖市的得分为 0.500，在所有被评价城市中位列第 79 位，说明张掖市的城市发展转型尚待努力。在推动张掖市转型的一级评价指标中，社会转型的得分排名最高，为 39 位，其次为经济转型，排名为 54 位，说明近两年来张掖市在产业结构的调整、社会福利的调高上成绩比较突出，有力地支撑了城市的转型发展。排在后两位的分别是制度转型和环境转型，其中环境转型的排名十分靠后，说明政府在资源开采的过程中忽略了环境的治理与优化，有待进一步调整和完善。

从经济转型的指标来看，得分贡献率最高的是产业结构，最低的是技术进步。通过进一步分析，产业结构之所以成为经济转型的最大贡献因素，主要源于近几年，张掖通过大力实施"工业强市"、"产业富民"和"推进城镇化进程"三大战略，区域经济发展较快，产业化经营发展迅速，正在由农业强市向工业强市迈进，具备良好的自然、科技、经济和社会等基础条件，具有集中开发和超前发展的优势和潜力。以张掖丰富的农产品资源为依托，发展特色农产品加工，特色食品工业，同时以祁连山丰富的矿产资源为基础，发展煤炭化工，以新能源基地为条件，发展风能、光能、水能发电的新能源产业。坚持"一带一路"产业理念，发展新材料高端技术为新兴产业提供战略性指导。而技术进步之所以未能发挥对经济转型的带动作用，原因在于虽然互联网普及率比较高，但是科研经费投入、专利授权数量的不足使得创新驱动力仍有不足。

从社会转型的指标来看，教育方面的得分远比医疗以及社保方面的得分要高。"十二五"期间，张掖市共落实教育项目资金 10.98 亿元，新建和改扩建学校 206 所，投资近 7 亿多元建成了甘州区大成学校、甘州中学等 6 所规模 3000 人的城区中小学，有效缓解了城区学校大班额问题，促进了教育公平均衡发展。义务教育均衡发展，小学学龄儿童入学率达 100%，初中净入学率达 100%，15 周岁人口初等教育完成率 100%，国家评估验收并通过了全市的"两基"工作。说明了张掖市教育、文化的发展要远超医疗、社会保障等社会事业发展，说明社会转型仍有进一步提升空间。

张掖市制度转型的排名属于中间位置，得分贡献率最高的是市场竞争程度，贡献率最低的是社会投资规模。说明张掖市在制度转型方面还需要进一步努力。

在环境转型方面，张掖市环境治理和环境友好的排名十分靠后，其原因是城市建设速度的加快导致耕地面积的逐年减少，植被覆盖率低，水土流失严重，土地荒漠化加快。矿产开采无规范导致环境污染严重，人们的饮用水质量面临威胁，这是张掖市需要重点改善的方面。

（5）未来建议

对张掖市而言，经济上着力强化项目带动，坚持把发展作为第一要务，把项目作为第一支撑要素，把招商引资作为项目建设的持久动力。着力强化转型升级，主导产业规模效益大幅提升。坚持把转方式、调结构作为推动跨越发展的重中之重，大力发展特色优势产业，推动三次产业转型升级、协调发展。坚持绿色、循环、效益、品牌发展理念，加快建设现代农业大市。坚持走资源循环、企业聚集的生态工业发展之路，着力改善工业发展的基础条件，提高工业大项目的承载力。

社会转型方面，着力强化民生保障，使人民生活质量显著改善。坚持把惠民生、增福祉作为科学发展的根本取向，全面落实各项惠民政策，健全完善保障体系，社会各项事业协调发展。同时需要重点提高医疗项目建设的投资，改善城乡医疗卫生基础设施条件，做好重大疾病防控和基本公共卫生工作。

制度转型方面，应继续深化改革，严格落实党风廉政建设主体责任，加强重点领域、重点环节、重点部门监察审计，严肃查处违纪违规行为，政府效能进一步提升。同时增加招商引资，抓住抓准金融开放政策机遇，着力破解融资难题。

环境转型方面，应着力强化生态建设，坚持把强基础、保生态作为改善发展条件的战略选择，"一山一水"保护上升为国家战略，生态文明理念深入人心。由于张掖市水资源严重短缺，植被覆盖率低，应当加大退耕还林的力度，加强全民节俭意识，尤其是节水意识。

6.22.5 庆阳

（1）城市概况

庆阳市是甘肃省辖市。位于甘肃省最东部，属黄河中游内陆地区，连接陕、甘、宁三省区，是黄河中下游黄土高原沟壑区，素有"陇东粮仓"之称，是中华民族早期农耕文明的发祥地之一，资源丰富，文化深厚。截至 2013 年，全市总面积 27119 平方公里，总人口 222.27 万。2015 年，庆阳市完成生产总值 609.43 亿元，是"十一五"末的 1.86 倍。庆阳市以岐黄文化、农耕文化、民俗文化为代表的黄土地域文化浓厚。庆阳市是原陕甘宁边区的重要组成部分，是甘肃唯一的革命老区，具有宝贵的红色旅游资源。庆阳市是国家级陇东大型能源化工基地核心区，在这里有丰富的石油、天然气和煤炭，也因此是长庆油田的发源地。[①]

（2）资源特点及利用概况

庆阳市境内蕴藏着丰富的石油、煤炭、天然气等资源，是仅次于陕西榆林的中国第二大能源资源大市，是国家级陇东大型能源化工基地核心区，长庆油田的发源地，更是甘肃省新的经济增长极。现已探明，庆阳油气资源总量达 40 亿吨，占鄂尔多斯盆地总资源量的 41%，油气预测储量相当于榆林的 6.7 倍，庆阳市是甘肃最大的原油生产基地。[②]煤炭储量 2360 亿吨，占甘肃省预测总量的 94%，[③]其煤炭虽然埋藏较深，但胜在质量好，是优良的动力煤和化工煤。天然气（主要为煤层气）预测资源量达 1.36 万亿立方米，占鄂尔多斯盆地中生界煤层气总资源量的 30%；石油总资源量 32.74 亿吨，占鄂尔多盆地总资源量的 33%。石油三级储量 16.2 亿吨，探明地质储量 5.16 亿吨，2001 年新探明的西峰油田，三级储量达 4.25 亿吨。[④]可以说，庆阳市具备建设大型能源化工基地的基础条件和优势。

总的来说，庆阳是资源成长型城市。庆阳市丰富的矿产资源的勘探发现和开采加工及国家级陇东大型能源化工基地核心区的定位给庆阳市的经济发展带来了新的历史机遇。然而自身的劣势制约了庆阳市的发展：自然环境脆弱，干旱缺水，水土流失严重；区位上也不占优势，位于甘肃省的最东部，远离省会城市，周边地区的经济发展欠佳，难以得到它们的经济辐射和带动；通过对近年来的产业结构分析也不难看出，庆阳市的产业结构畸形发展，矿产型经济突出，工业占据着主体地位，比重过大，经济结构的不合理必然导致城市发展的不合理。

---

① 参见《庆阳市 2015 年国民经济和社会发展统计公报》。
② 中国共产党庆阳市委员会官方网站，http://www.qysw.gov.cn。
③ 庆阳市水务局官方网站，http://www.qyshuili.com。
④ 中国共产党庆阳市委员会官方网站，http://www.qysw.gov.cn。

（3）得分结果

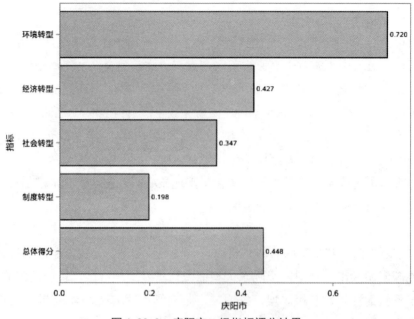

图 6.22.9　庆阳市一级指标评分结果

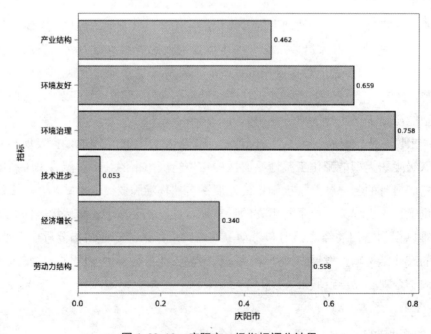

图 6.22.10　庆阳市二级指标评分结果

（4）转型评价

从城市转型的总体评分来看，庆阳市的得分为 0.448，在所有被评价城市中位列第 99 位，说明庆阳市的城市发展转型成果较差。在推动庆阳市转型的一级评价指标中，社会转型的得分排名最高，为 58 名，其次为环境转型，为 67 名。说明近两年来庆阳市在社会福利的提高和改善、环境治理和优化方面有一定的成效，有力地支撑了城市的转型发展。排在后两位的分别是经济转型和制度转型，其中经济转型的排名最低，说明庆阳市在产业结构调整、招商引资方面还需要进一步努力。

从经济转型的指标来看，得分贡献率最高的是劳动力结构，最低的是技术进步。通过进一步分析，劳动力结构之所以成为经济转型的最大贡献因素，主要源于近几年来，庆阳市展开了针对农民的集体培训工作，主要针对实用技术的学习，使 10 万人次农民有能力通过自己的双手脱贫致富。产业结构作为第二大贡献因素是因为庆阳市全力建设石油石化、煤炭生产转化两个千亿级产业链，加大推进水果、蔬菜、林业、草地的特色培育，实现集群化的产业链，同时加强地区旅游、金融产业建设，提高转型的能力，带动全市人民创造新生活。而技术进步之所以未能发挥对经济转型的带动作用，原因在于科研经费投入、专利授权数量的不足使得创新驱动力仍有不足。

从社会转型的指标来看，教育方面的得分远比医疗以及社保方面的得分要高，"十二五"期间，庆阳市的教育事业稳步发展，全市义务教育普及率达到99.8%，人均受教育年限比"十一五"末增加了 1.2 年；2015 年高考二本以上进线率达到 30.8%，比"十一五"末提高了 9.2%；实施全面改薄项目 1968 个，新建公办幼儿园 415 所，各级各类学校基础条件明显改善。这说明了庆阳市教育、文化的发展要远超医疗、社会保障等社会事业发展，说明社会转型仍有进一步提升空间。

在环境转型方面，庆阳市除了在固体废物的综合利用的排名位于前列以外，工业粉尘、工业 SO_2 的治理，污水处理以及市区绿化率都亟待提高。这说明庆阳市在环境治理上需要花大力气，全方位改善城乡区空气和饮用水，努力为市民营造舒心舒适的生活环境。

制度转型方面，得分贡献率最高的是市场竞争能力，排名为 16，而金融发展和社会投资的成绩不佳，说明促进城市转型的市场化机制尚未建立，未能有效地调动社会力量支持城市转型，政府在招商引资上需要多加努力。

（5）未来建议

对庆阳市而言，经济上，不能过分依赖资源，在以传统资源为依托的基础上，立足优势产业，不断外延现有产业链，打破原有产业结构上偏重工业、偏生产性、偏资源消耗性的传统格局，推动产业结构优化升级。政策上鼓励大型企业增加对研发的投入，同时扶持中小企业不断发展壮大，达到大型国企与中小企业"双轮驱动"，以期达到工业集聚发展的新局面。同时，发展现代生态农业系统与综合开发资源并举，转变当下单一资源型发展模式。

社会转型方面，应该加强医疗项目的投资，提升医疗卫生服务能力，强化医疗卫生专业人才队伍建设。强化社会保障，完善社保体制，扩大社保覆盖面，推动全民参保计划的实施，使基本保障惠及每一位居民。

制度转型方面，应优化政府服务工作，精简政府审批程序，加快推进"网上行权"。深化制度改革，着重深化重点领域改革，协调推进事业单位分类改革，有条不紊地深化商事制度改革。

环境转型方面，要在发展经济文明的同时不忘走生态文明之路。加大环境污染整治力度，培育生态环境友好型的低碳产业体系，做好资源开发的环境影响评价，利用高新技术替代传统的粗放式开采模式，实施绿色开采，严格控制污染物排放量，做好污染物的处理工作，尤其是大气污染和水污染，加强境内河流的治理与保护工作，减少环境污染。实施生态补偿制度，在资源开发的同时保证同步开展环境建设，并以良好的生态环境进一步促进区域经济发展。

6.22.6　平凉

（1）城市概况

平凉市是甘肃省地级市。位于甘肃东部，是西北地区重要的区域性中心城市，总面积 11325 平方公里，人口 206.8 万。平凉市地理位置重要，处于陕西、甘肃、宁夏交汇的区域，是古"丝绸之路"必经重镇，也是"欧亚大陆桥"第二通道的重要中转站，被视为西北地区承接中东部省份产业转移的东大门。2014 年，平凉市生产总值 356 亿元，同比增速 10.5%，经济总体运行情况较好。平凉市煤炭资源丰富，经济发展高度依赖煤电产业，受制于煤电市场的持续低迷，全市的工业经济虽平稳增长但仍面临着较大的下行压力，面对严峻的市场环境，平凉市委市政府积极应对，提出了"深化改革增活力，提质增效促转型，统筹兼顾调结构，凝心聚力干到位"的工作目标，在抓好工业生产的同时，积极进行招商引资，拓展三产发展空间，确保了平凉经济的平稳快速发展。①

（2）资源特点及利用概况

平凉市的主要矿产品种为煤炭、石灰岩、铅、锌、铁、硫、石油等。其中，煤炭和石灰岩的储量尤为突出，目前已探明煤炭储量 37 亿吨，占甘肃省探明储量的 40% 左右，且煤质优良，是目前全国最好的气化用煤。平凉的石油资源也有较大开发潜

---

① 参见《平凉市 2014 年国民经济和社会发展统计公报》。

力，目前已初步探明储量 4.3 亿吨。① 因其煤炭资源极其丰富，煤电产业是平凉市主导产业，占到全市工业增加值的三分之二。近几年来，煤电主导产业萎缩下滑的现状对平凉市的经济有巨大影响。平凉市产业发展面临着诸多制约问题，产业结构单一、经济成分单一严重制约着平凉市资源的可持续发展，因此全面的转型刻不容缓。

（3）得分结果

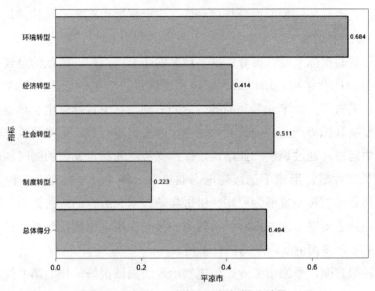

图 6.22.11 平凉市一级指标评分结果

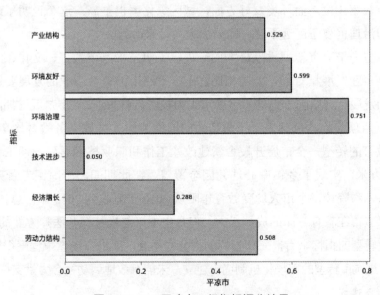

图 6.22.12 平凉市二级指标评分结果

---

① 平凉市人民政府官方网站，http://www.pingliang.gov.cn。

（4）转型评价

从城市转型的总体评分来看，平凉市的得分为 0.494，在所有被评价城市中位列第 83 位，说明平凉市的城市发展转型较慢。在推动平凉市转型的一级评价指标中，社会转型的得分排名最高，为第 20 名，说明了近两年来平凉市在公共服务、社会福利上的成绩比较突出，有力地支撑了城市的转型发展。排在后两位的分别是经济转型和环境转型，其中经济转型的得分排名最低，说明平凉市在产业结构的调整、经济增长方面的成绩并不理想。

从经济转型的指标来看，得分贡献率最高的是产业结构，最低的是技术进步。通过进一步分析，产业结构之所以成为经济转型的最大贡献因素，主要源于平凉人依托本地资源，采取了支柱产业带动品牌效应的原则，其中包括煤电、草蓄、果菜、旅游。平凉市发展其优势产业，使其更为优势，产生更多利益、更多税收，使得政府有精力关注民生问题。通过调整产业结构，保持优势产业稳定发展的同时加快煤电一体化发展，延长产业链，形成千亿级煤电产业集群；将"五个百万"工程继续落到实处，以支柱产业带领转型发展为原则，引进高新技术和适合的经营方式，实现产业转型。而技术创新之所以未能发挥对经济转型的带动作用，原因在于科研经费投入、专利授权数量的不足使得创新驱动力仍有不足。

在环境转型方面，平凉市工业固体废物治理的成绩很好，排名第 9 位，但是其他三项环境治理的成绩不尽如人意，其中城镇生活污水集中处理率不很理想，排名在所有城市中倒数第 3 位。而环境友好方面，城区绿化率也不高。这个说明了政府对于环境的优化和治理重视还远远不够，需要加大力度来改善。

社会转型是平凉市转型贡献最大的一项，说明了平凉市教育、文化、医疗、社会保障等社会事业发展相对好，但是相比之下，平凉市的教育事业的发展要远高于其他社会事业的发展，这归因于近几年平凉市大力投资教育事业。"十二五"期间，平凉市顺利通过了两项验收，包括关于"两基"的国检和国家县域义务教育均衡达标验收。为了实现教育的转型，全市展开校舍新建改建工作和职业技术学院一期工程，共完成 265.2 万平方米，实现了乡镇中心幼儿园全覆盖。在此期间，平凉医专晋升为全省唯一一所西医本科院校，全市人均受教育年限从 2010 年算起到 2015 年，总体提高了 1.8 年。虽说平凉市在教育方面的成绩优秀，但是也不可忽视社保和医疗方面的建设。

从制度转型的指标来看，三项指标的得分均不高，其中市场竞争程度得分最低，说明平凉市促进城市转型的市场化机制尚未建立，未能有效地调动社会力量支持城市转型。

（5）未来建议

经济转型方面，可以注意到平凉市近些年来依靠煤电产业得到了快速发展。但是值得注意的是平凉市不能仅仅依靠煤炭这一单一产业，其抵御市场风险能力并不高，而且受快速发展的清洁能源的影响，煤炭行业正遭受着冲击。因此，依靠煤炭产业的同时，大力发展多种产业，推动产业结构优化升级，重点扶持平凉工业园区和华亭工业园区，打造现代产业体系。

环境转型方面，应该着力提升城镇绿化率，鼓励新能源、电动汽车的应用；深入保护生态环境，严格规划生态功能区，加大封山禁牧的力度，进一步推进退耕还林、天然林保护等工程。同时重点保护水源地，综合治理相关流域，不断完善污染排放许可制度。煤电产业方面，平凉应在不断扶持发展的同时推动能源清洁高效利用。

制度转型方面，应该建立健全现代市场体系，提高市场竞争程度，完善价格机制。同时，平凉政府应积极构建与民间资本合作平台，简政放权，减少民间资本投资阻碍，持续扩大招商引资，建立多层次开放合作机制，加快向东融合、向西开放。

社会转型方面，继续加大教育扶持力度，始终坚持教育为首。不能忽视学前教育和职业培训，以甘肃医学院为依托建设相关学科和学院。完善社保体系，努力做到惠及全体居民。逐步提高城乡低保补贴，积极发展面向特定群体的保险体系。完善大病保障救助机制，健全基层医疗服务体系，鼓励中医药产业发展。

6.22.7　陇南

（1）城市概况

陇南市，坐落于甘肃省东南部，地处秦巴山区，东连陕西，南靠四川，扼陕、甘、川三省要冲，被称为"秦陇锁钥，巴蜀咽喉"。截至 2015 年，总面积 2.79 万平方公里，总人口 285.76 万。被誉为"陇上江南"的陇南是甘肃省唯一属于长江水系并拥有亚热带气候的地区，高山、河谷、丘陵、盆地交错，气候垂直分布，地域差异明显，有水杉、红豆杉等国家保护植物和大熊猫、金丝猴等 20 多种珍稀动物。此外陇南还盛产中国主要中药材和油橄榄。截至 2014 年末，实现生产总值 262.53 亿元，同比增长 9%。[1]

（2）资源特点及利用概况

陇南工业开发优势突出，矿产资源富集。全市矿产地 445 处。金属矿有铅、锌、金等，非金属矿有硅、重晶石、石灰石、大理石、石膏等，由于其丰富的储量和优质的品相而具有广泛的应用价值。其中西成铅锌矿带绵延 300 千米，金属储量近期为 1200 多万吨，远期为 2000 万吨，在我国广袤的矿体中排名第二，其中黄金的储量为 190 吨。现年产铅锌矿含铅 3.08 万吨，含锌 12.95 万吨。[2]陇南的矿床多集中，大中

---

① 参见《陇南市 2014 年国民经济和社会发展统计公报》。
② 陇南市人民政府官方网站，http://www.longnan.gov.cn。

型矿床达 20 多处。目前正在开发的有三大成矿带，包括西城铅锌矿带、西和崖湾锑矿带、白龙江和白水江流域的黄金矿带。此外，陇南还有丰富的旅游、生物、水力等自然资源，为发展创造了良好的基础。作为成长型的资源城市，陇南目前产业发展面临着诸多问题，人员结构单一、产业结构单一、经济成分单一等问题严重制约着陇南的可持续发展。陇南经济可持续发展的必由之路是城市转型。

（3）得分结果

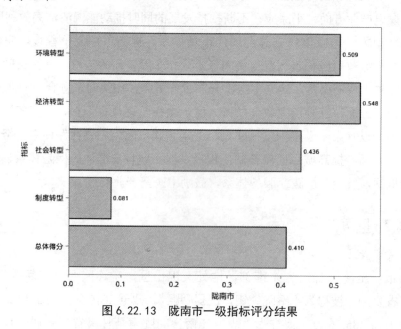

图 6.22.13　陇南市一级指标评分结果

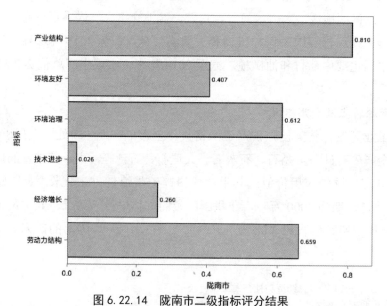

图 6.22.14　陇南市二级指标评分结果

（4）转型评价

从城市转型的总体评分来看，陇南市的得分为 0.410，在所有被评价城市中位列第 111 位，说明陇南市的城市发展转型是失败的。在推动陇南市转型的一级评价指标中，社会转型的排名最高，为第 31 名，其次为经济转型，为第 74 名，说明近两年来陇南市在社会福利的提高上成绩比较突出，有力地支撑了城市的转型发展。排在后两位的分别是环境转型和制度转型，分别是倒数第一名和倒数第二名，说明陇南市在环境转型和制度转型方面还有很长的路要走。

从经济转型的指标来看，得分贡献率最高的是产业结构和劳动力结构，最低的是技术进步和经济增长。通过进一步分析，产业结构和劳动力结构之所以成为经济转型的最大贡献因素，主要源于近几年来，陇南一直在努力调整产业结构、增加经济增长后劲，以经济发展的质量和水平作为评估标准，用科技提高农业发展质量，同时关注工业的转型发展。这些使得以电子商务、文化旅游、物流仓储为主的第三产业快速发展；以花椒、核桃、油橄榄、中药材为主的农业特色产业声名远播；以冶炼、酿造等为主的工业产业逐渐向中高端迈进。而技术创新和经济增长之所以未能发挥对经济转型的带动作用，原因在于科研经费投入、专利授权数量的不足使得创新驱动力仍有不足，且陇南市是一个贫困大市，投资拉动经济增长动力不足，传统发展动力进一步减弱，而新的发展动力还没有跟上，使得陇南市经济转型的成绩属于中等偏下的地位。

社会转型是陇南市做得最好的一方面，教育方面的得分远比医疗以及社保方面的得分要高，其教育经费占 GDP 的比例甚至在所有的城市中排名第一，说明陇南市在教育上花了大力气。近几年来，陇南市政府设立了市级教育发展专项资金并且在 2015 年达到了 2000 万元，并关注学前教育专项投资，规定县级及以上公办幼儿园教职工编制与幼儿比例为 1:10，乡镇及以下公办幼儿园教职工编制与幼儿比例为 1:12。积极解决农村地区教师流失问题，落实乡村教师生活补助，实行城乡教师交流制度。现有学校 1955 所。但是陇南市教育、文化的发展要远超医疗、社会保障等社会事业发展，说明社会转型仍有进一步提升空间。

从环境转型的指标来看，环境治理方面，除了工业粉尘排放治理的成绩不错之外其余固体废物综合利用、生活污水处理、工业 SO_2 治理都属于垫底的成绩。环境友好方面，城区绿化率很低，需要政府加强关注，环境治理和优化迫在眉睫。

制度转型方面，作为资源成长型城市，陇南市市场竞争程度的成绩比较优秀，但是投资比例和金融发展的落后使得陇南市制度转型的分数不佳。说明促进城市转型的市场机制尚未建立，未能有效地调动社会力量支持城市转型。

（5）未来建议

对陇南市而言，产业结构的调整，特别是"4+3"现代产业的建立，对于未来经济社会的可持续发展作用突出，应进一步巩固和强化。培育新兴主导产业、巩固支柱产业，在依托传统产业的基础上，逐步开发新兴产业，鼓励和扶持高新技术产业，合理规划产业布局，形成传统产业、新兴产业和高新技术产业三足鼎立的局面。

社会转型方面，需要继续扶贫工作，着力攻克特困地区贫困问题，推进农村经济发展。同时保有现在的教育投资力度，不断提高教育质量，努力办人民满意的教育。要坚持基础教育和高等教育并重的原则，构建相应的学前教育和培训教育体系。使劳动力需求与供给更加匹配，减少不必要的摩擦性失业。医疗方面，首先是在县级层面，推动公立医院改革。加快推进大病保险制度的实施，增加居民福利。在农村，深入推进新农合支付方式改革，设立适当的医保财政补贴标准。加快完善动态低保管理机制，更切实有效地落实低保政策。

制度转型方面，优化财政支出结构。探索更为完善的金融体系，推动中小微企业融资平台的建立，努力解决其融资难问题。加快解决民间融资难的问题，以政府为平台，辅以民间资本的注入。优化整体信用环境，尤其要是要重点处理贷款清收事宜。

环境转型方面，加快推进林业生态建设和生态治理工程，尤其要重视对水资源的监控，持续推进"两江一水"治理规划，加大力度建设水生态文明城市。开展污染减排和重金属污染治理，铅锌选矿企业污水治理项目。持续推进大气环境治理，严格控制主要污染物排放量。扩大城区绿化面积，为人民创造一个干净舒适的生活环境。同时，在现有财政支出结构中，加大对科技、环境治理的投入力度，并探索建立以财政资金为引导的社会化投资机制，综合政府和社会力量，共同支持科技创新和环境治理，在形成创新驱动，促进经济向高科技、绿色化方向转型的同时，加强环境污染治理，从源头和终端双管齐下，促进经济、社会、环境间的协调发展。在环境治理投入已经足够的情况下，陇南市要全面地进行环境转型，上到政府决策，下到居民意识都应向环境保护靠拢。

6.23　宁夏

6.23.1　石嘴山

（1）城市概况

石嘴山市坐落于宁夏回族自治区北部，得名于贺兰山脉与黄河交汇之处"山石突出如嘴"，总面积5310平方公里，其中市辖区面积2262平方公里，总人口达74.04万。2015年，石嘴山市生产总值482.4亿元，同比增长6.9%。石嘴山市是一座因煤而立、因煤而兴的资源型城市，国家重要的煤炭工业城市、西北重要的工业城市、宁夏能源重化工和原材料工业基地，以生产无烟煤而闻名中外，被称为"塞上煤城"。①

（2）资源特点及利用概况

石嘴山市号称"塞上煤城"，生产无烟煤而闻名中外。其煤炭的储量尤为丰富，已探明储量超25亿吨，产自该地的太西煤更是被誉为"太西乌金"，以其良好的物理、化学属性闻名全国，被广泛应用于炼化、冶金、化工等多个行业。石嘴山市其他储量较为丰富的矿产有硅石、黏土、金、铜、铁等，其中硅石储量达到5亿吨，黏土储量达1300万吨。②

总的而言，石嘴山市面临资源的日益减少甚至枯竭，被公认为资源枯竭型城市。究其原因，来自于对原有的煤炭不加节制的开采，导致矿井问题严重，状况连连，局面危机。这是经济增长与环境保护之间的矛盾，单一的结构问题严重影响企业的发展，自我封锁为求利益最大化使得贸易流通也受损。随着环境的不断恶化，人民的生活水平和质量也会受到波及，失业现象频发，引发不稳定的社会因素。这些不稳定因素造成巨大的社会压力，是政府亟待解决的问题。

（3）得分结果

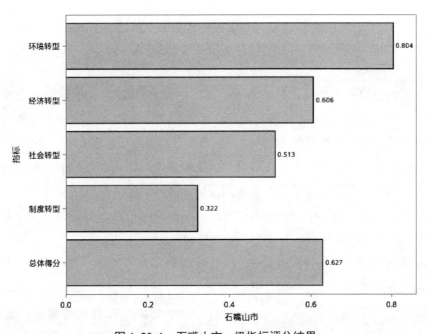

图6.23.1 石嘴山市一级指标评分结果

---

① 参见《石嘴山市2014年国民经济和社会发展统计公报》。
② 石嘴山市人民政府官方网站，http://www.nxszs.gov.cn。

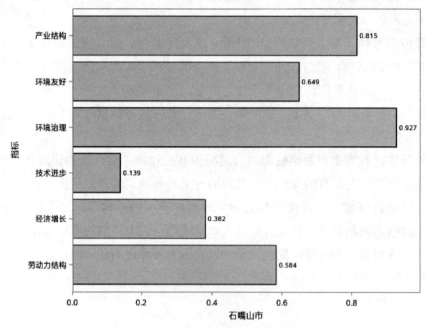

图 6.23.2　石嘴山市二级指标评分结果

（4）转型评价

从城市转型的总体评分来看，石嘴山市的得分为 0.627，在所有被评价城市中位列第 16 位，说明石嘴山市的城市发展转型十分成功。在推动石嘴山市转型的一级评价指标中，环境转型的得分排名最高，为 17 位，其次为社会转型，为 19 位，说明近两年来石嘴山市在社会福利和教育与医疗的基础建设的提高、环境治理和优化方面的成绩比较突出，有力地支撑了城市的转型发展。排在后两位的分别是经济转型和制度转型，在所有城市中属于中间偏前的位置，说明政府和市场在推动城市转型、提高经济增长中的作用还不够显著，有待进一步调整和完善。

从经济转型的指标来看，得分贡献率最高的是产业结构，最低的是技术进步结构。通过进一步分析，产业结构之所以成为经济转型的最大贡献因素，主要源于石嘴山市面对严峻复杂的宏观经济形势，准确把握经济发展新常态，坚持把产业转型作为城市转型发展的关键，按照"做强二产、做活三产、做精一产"的思路，加快推进产业转型升级和结构调整，不断提升经济发展质量和效益，让一个个奇迹不断发生，一个个新项目落地生根，成为助推全市经济发展的新引擎。一直以来，倚重依能的工业是石嘴山的当家产业、支柱产业，现如今，这一块也是转型发展的重点和难点，产业结构过于单一，轻工业发展速度缓慢，成为石嘴山市发展过程中的主要难题。2015年宁夏恒达纺织建设项目的开工，标志着石嘴山市在产业转型上实现了一个重大转身，不仅填补了石嘴山市纺织工业的空白，也结束了石嘴山市没有轻工业的历史，对于石嘴山市的工业发展具有里程碑式的重要意义，同时也对石嘴山市产业转型升级和可持续发展起到了积极的推动作用。而技术进步之所以未能发挥对经济转型的带动作用，原因在于科研经费投入、专利授权数量的不足，创新驱动力仍有不足。

从社会转型的指标来看，社保参保比例和医疗投资的排名比教育投资的排名要高，说明石嘴山市需要在教育方面加大投资，社会转型仍有进一步提升空间。

在环境转型方面，促进环境转型的最大动力源于工业 SO_2 和生活污水的治理。近几年，石嘴山市环保局将推进重点项目实施作为抓手，建立了水污染防治重点项目储备库，入库项目47个。同时，进一步确定"十三五"期间全市环境保护重点工作，主要抓好空气净化、水污染治理、固废"三化"、贺兰山自然保护区生态保护和修复、环境风险防控、环境监管能力提升六大战略性重点工程建设；建立"十三五"项目库，编制项目145个。而环境友好对促进环境转型的贡献作用不够突出，一方面说明了当前爱护环境的观念并没有真正地深入人心，绿化率不足导致空气质量不佳，另一方面也反映出石嘴山市虽然环境治理投入较多，但是全方位的环境转型依旧迫在眉睫。

制度转型是石嘴山市发展转型的最小贡献因素，其中市场竞争程度排名最高为第五名，而金融发展和社会投资规模的成绩是中等水平，说明促进城市转型的市场化机制需要继续完善，政府效率和招商引资的能力需要进一步提高。

（5）未来建议

对石嘴山而言，在经济转型方面，应该将工业转型升级作为重中之重，加快推进老工业基地调整改造，在现有老工业基地基础上，大力扶持开发区建设，进行产业结构优化转型。将第三产业作为加快产业转型的重要抓手和突破口，重点加快发展生产性服务业和文化旅游业。发展特色现代农业，扶持创新园区建设，重点培养农作物制种、水产养殖、瓜菜种植等产业，以点带面，推动农业现代化进程。

社会转型方面，应当重点加大在教育方面的投资，在全区率先实现义务教育基本均衡发展。在医疗方面，推动大病保险政策的实施，适当提高医保财政补助及报销比例，加强医院职工培训，提高医生执业水平。同时需要多增加社区卫生服务中心的建设，增大执业医师占全市人口比例。

制度转型方面，石嘴山市政府应充分发挥建立法律基础、提供非扭曲性的政策环境、投资于基本的社会服务与基础设施、保护承受力差的阶层、保护环境等五项战略方针的基础性作用，把石嘴山市的转型和可持续发展作为政府宏观调控的重要目标，为石嘴山市的转型提供制度保障。

环境转型方面，需要加大城市绿化面积，提高人们保护环境的意识。尤其对于煤炭企业，要着手重点规范煤炭市场发展，加大煤炭产业集中地区环境整治力度，取缔污染治理不合格的涉煤企业，继续环境保护和大气污染防治行动计划，实施污染治理项目，为石嘴山人民创造一个碧水蓝天的生活环境。

6.24　新疆

6.24.1　克拉玛依

（1）城市概况

"克拉玛依"是维吾尔语"黑油"的意思，是世界上唯一以石油命名的城市。克拉玛依于 1958 年建市，经过近 60 年的发展，现已成为一座以石油产业为依托的新型工业化城市。克拉玛依总面积 7700 平方公里，现有人口 40 余万，下辖克拉玛依、独山子、白碱滩、乌尔禾四个行政区。克拉玛依的经济高度发达，2014 年，全市实现地区生产总值 847.5 亿元，人均 GDP 超过 22 万元人民币，居于全国首位。由于高度依赖石油产业，克拉玛依产业结构较为单一，以第二产业为主，2014 年全市三次产业结构比例为 0.66∶84.93∶14.41。克拉玛依的旅游资源丰富，现有自然遗址、石油工业遗址、城市景观、荒漠生态农业景观四大类旅游景点，每年吸引众多游客，先后获评全国工业旅游示范点、中国优秀生态文化旅游城市、中国优秀旅游城市等荣誉称号。[①]

（2）资源特点及利用概况

克拉玛依的主要矿产资源为石油和天然气，其油气储量相当丰富，石油总资源量超过 80 亿吨，天然气总资源量超过 2 亿立方米，且伴随着新的油区的陆续发现，其探明储量仍在不断增长。其他矿产主要有天然沥青和沥青砂、煤炭、金丝玉、石膏、芒硝、耐火材料、砂石等。其中天然沥青和沥青砂储量丰富，沥青地质储量约 2.5 亿吨。[②]

---

① 参见《克拉玛依市 2014 年国民经济和社会发展统计公报》。
② 克拉玛依市政府网站，http://www.klmy.gov.cn。

（3）得分结果

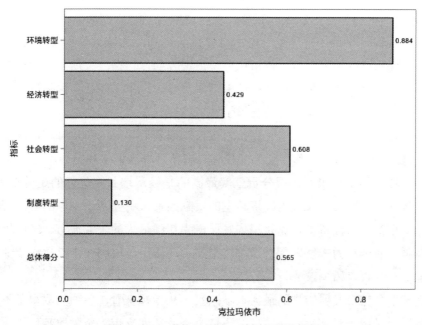

图 6.24.1 克拉玛依市一级指标评分结果

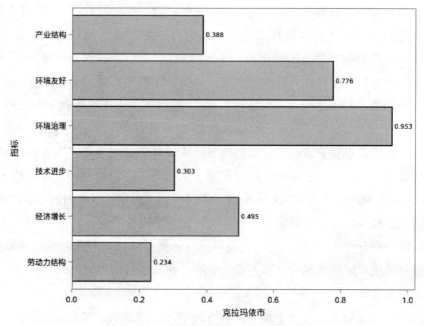

图 6.24.2 克拉玛依市二级指标评分结果

（4）转型评价

从城市转型的总体评分来看，克拉玛依市的得分为 0.565，在所有被评价城市中位列第 44 位，说明克拉玛依市的城市发展转型取得了一定的成效。在推动克拉玛依市转型的一级评价指标中，环境转型的得分排名最高，为第 1 名，其次为社会转型，为第 8 名，说明近两年来克拉玛依市在环境治理方面，包括减少烟尘粉尘排放、提高固体废弃物综合利用率和生活污水处理率都取得显著成果。在社会保障以及人们福利改善方面也投入很大资金，有力地支撑了城市的转型发展。排在后两位的分别是经济转型和制度转型，这两项严重拖了克拉玛依市转型的后腿，说明政府和市场在推动城市转型、提高经济增长中的作用还不够显著，有待进一步调整和完善。

从经济转型的指标来看，得分贡献率最高的是经济增长，最低的是劳动力结构。通过进一步分析，经济增长成为经济转型的贡献因素，主要源于雄厚的石油石化产业基础。凭借丰富的石油资源，克拉玛依发展成为新疆最大的工业城市，经济辐射和带动能力较强。而劳动力未能发挥对经济转型的带动作用，原因在于克拉玛依地处中国西部偏远地区，人口稀少。

环境转型是城市发展转型的最大贡献因素，从指标来看，各项均取得了不错的分数，究其原因是由于近年来，新疆克拉玛依市坚持环保立市，努力改善环境质量，从 2004 年到 2012 年，已累计投入 108.40 亿元进行污染治理及环境基础建设。相继完成了大批污染治理项目及环境基础建设工程，全力实施污染减排，奋力推进企业治污，着力改善环境质量，大力实施环境建设，努力打造生态城区，城市环境魅力与日俱增。克拉玛依市烟尘排放、工业污染源 SO_2 排放达标率达 100%。全年 365 天克拉玛依市的空气质量最多仅有 3 天低于优良级，使得该市的空气质量排名居前位。2011 年12 月，克拉玛依被授予"全国文明城市"称号，2014 年《中国城市竞争力报告》显示，克拉玛依被评为西北最宜居城市，全国排名第 22 位。

从社会转型的指标来看，克拉玛依市每万人教师数排名为第三名，社保参保比例得分 0.666，排名第 10。这两项有力地支撑了克拉玛依市的社会转型。但是从教育经费占 GDP 的比例、每千人病床数和每千人执业医生数来看，反映出虽然克拉玛依市在社会转型中投入较多，但是全方位的社会转型依旧迫在眉睫。

制度转型得分仅为 0.130，说明克拉玛依目前仍是以第二产业为主的资源型城市，需通过吸引外资，发展金融业、服务业，制度方面需要做出重大改革。

（5）未来建议

对克拉玛依市而言，经济上应该选择可持续的发展模式，转变依托自然资源求发展的思维定式。集约型的、动态的、可持续发展的模式才能保证克拉玛依市在石油资源逐渐减少的时候依旧兴旺发达。在现有以依托石油产业为主的工业体系基础上加快产业转型的步伐，居安思危。

　　制度转型方面，克拉玛依市应当采取配套的政策。纵向上从市政府、自治区政府和中央政府三个层面构建全面配套体系，横向上在各个领域深化政策改革，全方位立体化构建政策体系，加快政府职能转变。政策上的正确才能减少转型道路上的阻碍。

　　社会转型方面，应从人口因素出发，积极构建合理的教育体系，并促进就业培训体系的建立。在做好基础教育和高等教育的同时，积极发展职前培训，让人才与市场需求对口，减少就业市场上供需不匹配的问题。另一方面，通过对人事制度、就业制度的改革，推进就业市场化进程，建立一个更有效的劳动力市场。

　　环境转型方面，克拉玛依市现已取得了相当不错的成绩，但是千万不能骄傲自满，应该继续坚持环保立市，严格审查排放不合格的企业，为人民创造一个干净舒适的生活环境。

7 典型案例分析

为研究不同类型城市的转型特点，本书根据转型指标得分情况，分别选择了 8 个城市作为典型案例（见下表），重点分析其转型效果背后的现实因素和手段。这些城市既涵盖了成长型、成熟型、衰退型、再生型资源型城市，也体现了东中西部、南北方的地域差异，同时也注重区域性政策（京津冀一体化）、民族性政策（新疆克拉玛依）对城市转型的影响。

表7.1　典型城市的选取

城市	优势资源	类型	转型排名	典型特点
包头	铁矿、稀土	再生型	1	老牌重工业城市（第一个五年计划重点工业基地），转型总体成绩较好
铜陵	铜矿	衰退型	3	2013年、2014年国家组织的资源枯竭城市转型绩效考核中获优秀组第1名
大庆	石油	成熟型	11	老牌工业城市
鄂尔多斯	煤炭	成长型	17	曾因"鄂尔多斯经济现象"和"鬼城"、"民间信贷"等问题引起社会广泛关注
克拉玛依	石油	成熟型	44	民族地区的资源型城市，对民族地区经济社会成熟型发展意义重大
邯郸	煤、铁	成熟型	65	京津冀城市圈的重要城市，被誉为煤都、钢城
阜新	煤炭	衰退型	66	第一个被列为资源枯竭的城市，最早开始转型探索
鹤岗	煤炭	衰退型	113	经济已呈现负增长的态势，转型压力巨大

7.1　包头

再生型资源型城市，富产铁矿、稀土资源，第一个五年计划重点工业基地，在本书中转型综合排名第 1 位。

20 世纪 50 年代初，包头市被国家第一个五年计划确立为重点建设的工业基地，随着一机厂、二机厂及钢铁企业等工业企业在包头的建立，包头成为内蒙古地区最大的城市，也成为我国重要的工业城市，控制着我国钢铁、稀土资源的命脉。

随着资源的逐渐开采，生态的破坏、环境的污染以及产业结构的落后等一系列问题催生了包头的转型路程。在包头的转型方向上，当地政府确立了"五个基地"的发展思路，充分发挥包头得天独厚的资源优势，将包头建成国家和自治区重要的稀土新材料基地、清洁能源输出基地、新型冶金基地、现代装备制造业基地、新型煤化工基地。在这一思路的指导下，近年来包头逐步推出了一系列转型举措。随着政策的不断实施推进，转型效果日益突显。2014 年，包头装备制造、钢铁、铝业增速分别达到 14%、12% 和 19%，新能源、稀土新材料等战略新兴产业增长 13%，规模以上非公企业占全市工业比重达到 65.2%。服务业投资增长 20%，企业注册数量增长 61.5%。[①]

归纳来说，包头市的经济转型思路可以归纳为"三部曲"，即"工业转型升级"、"新兴产业战略性布局"、"服务业提质增量"同步推进：

一是推动钢铁传统产业升级。作为"一五"建立的老工业基地，包头工业和钢铁制造的成本逐渐上升，竞争优势丧失。面对优化结构、深化改革的迫切需求，包头从钢铁等传统行业着手，以技术创新为实现手段，通过提高钢铁的生产率，研发新产品，拓展产业链，提升产业附加值，使得包头在钢铁产业仍然十分具有优势。以包钢为例，作为包头钢铁企业的领军代表，包钢集团通过技术上的创新提高钢铁的生产效率，通过研发应用镧铈元素的新的产品，从而延长生产链，最终在提高产品质量和性能的基础上，扩大市场份额。[②]这些举措不仅有效地延伸了产业链，促进了传统产业的转型升级，同时有效地提升了经济附加值和科技含量，进一步巩固了传统产业的核心竞争力。

二是发展高新产业。众所周知，包头是稀土之乡，全球绝大部分的稀土均来自于包头。稀土产业是高新技术产业的基础，所以在发展高新技术方面包头是有绝对优势的。把高科技和传统的稀土产业相结合，给稀土赋予了极高的附加值，变资源优势为经济优势，使得产业由资源密集型向知识密集型发展，更加强化了包头的优势。此外，包头重视高科技项目，以更节能更环保的方式展开产业布局。例如新能源汽车、以宏达兴为代表的新材料。按部就班地展开现代煤化工工程，神华等煤化工产业以其优势的市场前景，在市场上占据着一席之地。[③]

三是发展服务业。在转型发展的过程中，包头市注重拓展非资源型产业，特别是具有高附加值的现代服务业方面，形成了以金融、商贸、文化为发展特色的现代服务

① 参见《2015 年包头市政府工作报告》，http://www.nmg.xinhuanet.com/nmgwq/bt/ttxwlibrary/2015-01/21/c_1114077036.htm。

② 张建芳：《转型升级打造包头经济升级版》，《包头日报》2015 年 4 月 9 日。

③ 赵遐：《转型发展春潮涌》，《包头日报》2015 年 4 月 15 日。

业体系。牢牢抓住"互联网＋"的发展机会，通过制定扶植措施加快电子商务发展，力争创建国家级的电子商务示范城市，以品牌效应带动区域发展。同时，大力提升传统商贸服务业，推进商贸集聚区、专业市场和特色商业街建设，恢复一批老字号、老品牌，实施苏宁广场、茂业天地、北京华联购物中心等 99 个亿元以上商贸重点项目，完成投资 338 亿元。[①] 作为汉族、满族和蒙古族文化完美融合的大都市，包头旅游业的发展优势显著，近年来包头把服务业与旅游业完美融合，极大地促进了服务业的发展，使得包头的经济发展结构更加全面、均衡。

7.2　铜陵

衰退型资源型城市，铜资源丰富。在 2013 年、2014 年全国资源枯竭城市转型绩效考核中获优秀组第 1 名。在本书中转型综合排名第 3 位。

铜陵因铜得名，依矿建市，是一座典型的资源型城市，素有"中国古铜都，当代铜基地"之称。2009 年铜陵列入国家第二批资源枯竭型城市转型试点市。在如何打破资源依赖的发展路径，培育具有发展潜力的替代产业，形成有实力、有活力、有潜力的产业经济结构的转型任务和压力之下，铜陵并没有选择完全替代式的经济转型模式，而是从当地经济社会发展的实际情况出发，提出"两条腿"走路和"四破四立"的转型发展观。所谓"两条腿"，一方面是要改造提升存量，做强传统优势产业，构筑转型发展的"硬脊梁"；另一方面培植壮大增量，大力发展新兴产业，锻造转型发展的"新引擎"。[②] 在这样一种新型的转型思路指导下，铜陵的转型成效显著。2013 年、2014 年，铜陵市连续两年被评为优秀等次。在本书中，铜陵转型综合排名第 3 位。

铜陵转型的思路概括起来说即"抓住铜、延伸铜，不唯铜、超越铜"，即"立足于自身优势谋转型"，在具体的措施上包括：

一是做大做强优势铜产业。铜陵市坚持发展优势产业铜基材料，提出打造"三个基地、一个中心"的铜产业发展定位，构建涵盖原材料开采、初级加工到精加工，甚至拓展到铜文化的完整的产业链，充分挖掘和发挥既有资源优势。2011 年以来，通过严格把关项目政策和平台的制定和建设，加强招商引资和项目建设管理，多策并举推进政府的"双千亿"工程，发挥铜产业发展的"洼地"效应。[③] 数据显示，2014 年，

---

① 《适应经济发展新常态为全面建成小康社会奠定坚实基础》，《包头日报》2015 年 1 月 16 日。
② 《铜陵绿色转型增添新动力》，《经济日报》2015 年 5 月 3 日。
③ 徐豪：《破题资源枯竭型城市转型》，《中国报道》2013 年 4 月 16 日。

铜产业产值在全市工业总产值中的占比由 2009 年的 59.7% 提高到 75.1%。铜陵有色集团已成为居国内第一、全球第二的电解铜生产企业。

二是加速培育战略性新兴产业。2011 年初，铜陵出台了《关于加快培育和发展战略性新兴产业的意见》，并专门针对铜基新材料、先进装备制造、节能环保、新能源、现代物流以及文化创意六大新兴产业编制发展规划，通过整合全市各类转型资金，将其中的 70% 单独列出，设立战略性新兴产业发展引导资金，支持新兴产业发展。同时，注重发挥技术创新引领作用，成立了中国科学院皖江新兴产业技术发展中心，对本地战略型新兴产业的成长起到了很好的引领作用。在政策和技术的双重作用下，以铜基新材料、印制电路板、特种阀门、光电等为代表的新兴产业实现了从无到有的跨越式发展。发展至今，铜陵市凭借其高度完整的产业链、大规模的企业数量和丰富的产品种类，成为安徽省 LED 产业的标杆。

三是加强节能减排促进经济环境协调发展。为了促进经济、环境协调发展，铜陵市在节能减排方面下足了功夫，2015 年全年节能量达 60 余万吨标煤，全市余热发电装机容量已达 30 万千瓦，可为本地工业提供三分之一以上用电量，仅此一项每年可为企业增加收益 10 亿元以上。此外，全市累计引入社会资本约 20 亿元，率先在污水处理、生活垃圾处理、危险固废处理、餐厨废弃物处理、建筑垃圾处理等领域全面实施 PPP 建设模式，是具有代表性的全方位、多种类处理废弃物的城市。

四是以文化为抓手促进社会转型。在本书的转型评价中，铜陵社会转型排名第 1位，这背后离不开铜陵对社会治理和文化建设的不断强化。近年来，铜陵市针对基础设施建设不完善、文化社会事业发展欠账多等问题，着力还欠账、补短板、强功能，加大投入力度，加快项目建设。在政府投入的有力保障下，铜陵市荣获全国文明城市称号，成功申报创建国家公共文化服务体系示范区，这些是近年来铜陵市用文化驱动城市转型的发展成果。在处理资源型城市中棚户区的问题时铜陵不断强化改造力度，2010 年以来，累计完成棚户区改造面积 451.99 万平方米，超额完成安徽省政府下达的棚户区改造和农村危房改造目标任务。

7.3　大庆

成熟型资源型城市，富产石油。在本书中转型综合排名第 11 位。

"因油而生、因油而兴"是大庆市的真实写照，石油经济占到了当地 GDP 的 65%，地方财政资金有 75% 来源于石油经济，可以说"油"是大庆市的命门。在探索城市转型方面，大庆市以发展壮大接续产业为主线，充分发挥创新驱动作用，有力地推动了经济、社会、环境的协调发展，其做法和经验得到黑龙江省以及国务院有关部门的重视，是当前我国资源型城市转型的典型城市之一。总体来看，大庆转型成功的因素可归纳为：

一是巩固传统资源型产业优势。大庆充分利用自身资源优势，分别从油、气两个领域着手改革，来巩固传统资源型产业的既有优势。在"'强'油"方面，通过改进工艺路线，提高优势产品产量，充分满足市场需求。在"'大'气"方面，把天然气化工打造成推动地区经济增长的重要领域。

二是加快培育接替产业。加大力度，分别在第一、第二、第三产业发展方面"做文章"。在发展第一产业方面，以现代畜牧业、特色种植业为着力点，积极发展现代农业；在第二产业发展中，以现代化的产业园区为基地，发挥聚集效应，促进材料、信息等新兴产业的集群化发展；在第三产业发展中，加强对服务业的全面扶持、全面发展，尤其是在金融、物流、旅游等产业发展中，建立一批具有竞争力和行业品牌的企业，实现新的突破。在不断地努力之下，大庆的油经济与非油经济的比例由 1992 年的 85：15，调整到 2011 年的 52：48。到 2013 年，非油经济比重超过油经济比重，两者比例达到 42.8：57.2。[①]

三是注重经济社会协调发展。作为传统的资源型城市，近年来大庆市累计投入 1406 亿元，开工建设了 188 项城市重点工程，提升了城市基础设施水平，并重新规划了城市功能布局，为经济的转型提供了良好的软硬件基础。同时，针对资源型城市普遍存在的下岗矿工再就业、社会保障和棚户区改造等问题，大庆市加大财政投入力度，以政府资金为主，社会资金为辅，加大就业引导，实施棚户区改造工程，扩大基本医疗、养老等社会保障覆盖范围，提升了社会公共服务水平，为经济转型发展营造了和谐、安定的发展环境，实现了经济转型和社会转型的相互促进、协调发展。

四是推进生态市建设，恢复区域生态。良好的环境转型成绩得益于对环境污染治理和生态保护的并重。在治理污染方面，大庆深入开展废气、废水、垃圾等综合治理工程，一定程度上遏制了城市污染持续扩大的趋势。同时，大庆通过植树、复草、治水等生态修复工程，提升了生态环境质量，实现了发展与生态的平衡。

---

① 崔立东：《大庆转型 22 年非油经济占了"半边天"》，http://heilongjiang.dbw.cn/system/2014/12/24/056221263.shtml，2014 年 12 月 24 日。

7.4 鄂尔多斯

成长型资源型城市，富产煤炭，曾因"鄂尔多斯经济现象"、"鬼城"、"民间信贷"等问题引起广泛关注。在本书中转型综合排名第17位。

20世纪90年代以来，鄂尔多斯市在快速的工业化发展部署中，经济规模迅速扩大，实现了以农牧经济为主向工业经济为主的产业结构转变。但随着近几年煤炭行业的衰退，鄂尔多斯以资源为主的工业结构问题逐步突出，经济下滑明显，并且引发了"民间借贷"、"房地产泡沫"等一系列问题，成为社会各方的关注重点。面对发展不可持续、社会矛盾突出等问题，鄂尔多斯以经济结构转型为着力点，进行了新一轮的改革部署，取得了一定的成效。

在探索转型方面，鄂尔多斯的主要特色是：

一是强化优势产业的核心竞争力。在煤炭行业不景气的情况下，鄂尔多斯以提升核心竞争力为目标进行了全面的探索和改革。目前，鄂尔多斯以"大和多"为发展目标，以煤炭大企业和大项目为依托，以实现煤化工的基地化。[1] 以鄂尔多斯大路工业园区为例，园区至今共入驻企业28家，引进重点工业项目38个，煤炭资源的就地转化得到大大提升，进一步加快了产业的转型升级。除矿产资源外，鄂尔多斯还拥有丰富的农牧资源，因此在积极推动经济转型的过程中，鄂尔多斯通过探索同类地区转变生产方式、创新经营机制和管理模式等，推进生态型集约化草原牧业示范区建设，推动传统农牧业向高质、高效的现代农牧业转变，提高农牧民收入。

二是大力发展"草原科技"。面对"云"计算耗电量大的特殊情况和巨大前景，鄂尔多斯充分利用当地的电力资源开拓云计算IDC产业，在转型过程中，鄂尔多斯在大草原建设了10平方千米的云计算园区，是极具价值的转型成果。不仅有效地利用了当地每年数百万千瓦的剩余电量，并且为当地经济发展树立了新的名片，有利于发挥科技对产业的带动作用。据报道显示，[2] 以发电成本0.17元到0.2元计算，最终电价即便再加上网费和税费也不过0.28元，此外还有风能、太阳能等补充能源，因此与北京、上海相比，在鄂尔多斯设立数据中心，将节约50%—80%的电力成本。目前，已经有10家企业对云计算领域充满兴趣，签订了与鄂尔多斯的合作协议，投资额达到

---

① 郭俊楼、杨利伟：《煤都转身 煤仍是主角》，《内蒙古日报》（汉）2013年2月1日。
② 《再转型中的鄂尔多斯》，《农民日报》2014年6月19日。

450 亿元。

三是以经济带动城市转型。在经济、社会全面可持续发展的理念下，鄂尔多斯注重发挥经济对城市转型的引领作用，突出体现在社会转型资金的筹集方式上。鄂尔多斯市政府为了保障煤炭矿区居民的生活，在煤炭销售数量每吨提取 5—15 元不等，将其用作补偿金、养老保险及医疗、居民的安置与搬迁、治理矿区环境等方面，[①]一定程度上减轻了政府财政负担，同时实现了工业发展和社会发展的互动。

四是打造旅游城市新名片。在转型过程中，鄂尔多斯当地政府强调把旅游业的牵动作用作为重要支撑来带动城市的全面发展，为此提出了"大力构建以旅游业为牵动的现代消费服务业体系，把旅游业作为城市转型的战略支柱产业和战略切入点"的转型思路，为促进旅游城市的转型发展，制定旅游计划、旅游项目、基础旅游设施建设、精品路线制定，通过政府的整体把关，实现鄂尔多斯的转型发展。

7.5　克拉玛依

成熟型资源型城市，富产石油，我国民族地区的重要资源型城市。在本书中转型综合排名第 44 位。

克拉玛依市是我国重要的石油石化产业基地之一和新疆中部的重要核心城市。在资源型城市转型的过程中，除了共性问题外，克拉玛依面临的特殊性体现在市场有限，区位偏远。首先，新疆当地石化产品市场需求量有限是制约克拉玛依石化产业发展的主要因素。克拉玛依石化下游配套产业尚处于起步阶段，对石化产品的消费能力有限。而除满足本地需求外，克拉玛依的石化产品及相关配套产业产品主要销往天山北坡周边地区，但由于这些地区有限的经济规模和经济结构导致有限的市场需求。其次，克拉玛依与我国东部能源消费主体市场空间距离较远，制约了其市场范围的扩展。新疆地处西部边陲，大宗的石化产品只能依靠铁路运输。而受铁路运能和距离的限制，致使大部分石化产品以初级原料的形式销往东部地区，未能充分发挥资源优势。[②]

在转型方面，克拉玛依的特点是：

一是大力发展技术服务。2011 年克拉玛依油田数字化建设开始向决策智能化阶

---

① 《再转型中的鄂尔多斯》，《农民日报》2014 年 6 月 19 日。
② 王亮、宋周莺、余金艳等：《资源型城市产业转型战略研究——以克拉玛依为例》，《经济地理》2011 年第 8 期。

段正式迈进。作为中国首个提出并建设智能油田的企业在智能油田建设过程中，"最浅垂深水平井"钻井技术、"综合录井仪"等一批批具有自主知识产权、达到世界先进水平的新技术、新工艺不断涌现，并成功进入中亚市场。克拉玛依油田已经具备了面向中亚石油富集区乃至世界其他油气产地提供系统的技术、装备、产品服务和管理模式的能力。目前国内有很多技术队伍，已经在国外组织生产、开发油田、搞技术服务，使克拉玛依的技术、设备、产品实现了"走出去"。克拉玛依也已经有几十家企业在中亚和西亚乃至南非和南美进行油气勘探开发服务。其核心理念就是跳出克拉玛依，发展克拉玛依，走国际化和外向型发展路线，发展外向型经济。

二是经济发展机械制造业，推进工业化。2013 年 9 月中国·克拉玛依国际石油天然气及石化技术装备展览会在克拉玛依顺利进行。展览会有来自 11 个国家和地区的 405 家企业参展，其中有世界 500 强企业 23 家，国内外著名企业 71 家。本次展览会就是以更高的水平，更丰富多彩的活动、更优质的服务为国内外装备制造业搭建展示推荐的平台，吸引更多国内外装备制造业来新疆投资、来克拉玛依投资。目前，克拉玛依石化工业园区已有 32 家机械装备制造企业落户，其中 10 家企业已建成并投产。在克拉玛依市石化工业园区的整体规划中，已将机械制造业（包括能源钻采装备、炼化设备、新能源设备及其他制造业）纳入到重点支持产业范围。机械制造覆盖石油天然气勘探、开发、生产所需的主要装备，将立足克拉玛依以及西部油田，辐射中亚乃至俄罗斯的油气生产。

三是大力扶持金融产业。2013 年克拉玛依市金融业增加值达到 15.3 亿元，同比增长 12.75%，比全市 GDP 增速高 5.9%，占全市第三产业比重的 14%，接近广东、江苏等发达地区。其中，银行业发展迅速，各项人民币存款余额 1108.4 亿元，同比增长 18.3%，各项人民币贷款余额 323.8 亿元，同比增长 127.4%，增速位于全自治区第一。保险业发展稳健，累计实现保费收入 13.2 亿元，同比增长 5.1%。证券业发展活跃，交易总额 262.2 亿元，同比增长 53.6%。

四是积极开发旅游产业。2002 年，克拉玛依全年接待游客 15.3 万人次，旅游收入还不足亿元。2012 年，上述的统计结果变成了"324.6 万人次"和"18.7 亿元"。十年时间，克拉玛依市旅游收入增长了近二十倍。从政府和民间都认可的一些头衔来看，2001 年到 2012 年克拉玛依的发展与旅游业关系密切，克拉玛依先后获得了中国人居环境范例奖、国家卫生城市、中国优秀旅游城市、国家环保模范城市、国家园林城市、全国文明城市等奖项或称号。克拉玛依拥有的自然旅游资源和人文旅游资源有 40 多处。有以世界魔鬼城为代表的雅丹地貌，还有独山子的泥火山和蓬勃兴起的戈壁玉；有咕咕冒黑油的黑油山，还有美丽蜿蜒的穿城河；有具有历史意义的 1 号井，还有气势磅礴的九龙潭。这里有天然的鬼斧神工，也有人造的巧夺天工。这些旅游景观为克拉玛依旅游业奠定了坚实的基础。2013 年，旅游业总收入 23.4 亿元，增长 25.1%。入境旅游人数 4452 人次。其中，外国人 4240 人次，香港、澳门和台湾同胞 212 人次。国际旅游外汇收入 151.8 万美元。[①]

7.6 邯郸

　　成熟型资源型城市，富产煤炭、钢铁，京津冀城市圈的重要组成部分。在本书中转型综合排名第 65 位。

　　邯郸市作为依托资源优势发展起来的新型工业城市，除具有资源型城市的一般特点外，由于其独特的区位和发展历程形成了自己的鲜明个性。一是邯郸隶属沿海省份而不是沿海城市，是历史上的中原地带而不属中部地区，是以资源开采为基础发展起来的以资源型为主的新型工业城市，而未被列入全国 60 个典型资源型城市。二是邯郸虽然历史悠久，有些行业如采掘、冶炼、陶瓷等历史渊源可以追溯到几千年前，但真正发展壮大是在新中国成立以后，特别是在"一五"、"二五"、"三五"时期国家投入大量资金进行了几次大规模的建设，具备了相当的发展基础。三是国有企业多。邯郸作为老工业基地，国有企业在整个国民经济中占有十分突出的位置。一方面这些企业过去为国家经济建设做出了重大贡献，另一方面在由计划经济向市场经济过渡中也背上了较重的包袱。虽然经过近些年来的国企改革，改制面已达到 92.8%，中小企业国有资本也退出了 80% 以上，但目前规模以上工业企业中仍有国有企业 140 家，占全部规模以上工业企业的 29.4%。四是市内资源蕴藏丰富，但由于技术攻关跟不上，致使一些资源还难以开发利用。如下组煤的开采，伴生矿和废弃物的利用等，资源开发利用的潜力还很大。

　　邯郸在转型时的主要特点是：

　　一是用好财税政策和财政资金支持产业转型。产业的转型和替代产业的培育在资源型城市转型过程中起到了十分重要的作用，但这两者都需要大量的资金投入，而在这方面邯郸市进行了周密的部署，很好地发挥了财税政策和财政资金对产业转型升级的支持作用，而在产业转型的同时，也为当地财政培育了新兴的后续财源，形成了财政资金收支和产业发展的良性循环。一方面，通过开辟"绿色通道"，精简财政资金下达的环节和手续，缩短资金拨付到位的时间，促使重点项目尽早开工建设、投产达

---

① 《克拉玛依市 2013 年国民经济和社会发展统计公报》，《克拉玛依日报》2014 年 3 月 24 日。

效，以培植新的财源。同时，针对中小企业发展中的资金难题，从税收、收费、资金等多方面，出台多元化的财税优惠手段支持中小企业发展，以盘活中小企业来增强经济发展活力。此外，发挥财税政策引导作用，通过制定以奖代补等办法，激励企业节能减排，发展循环经济，提高经济发展的绿色化程度。

二是抓住京津冀一体化的相关政策契机。邯郸市在转型中，牢牢抓住京津冀一体化的相关政策部署，精准打造发展平台，形成了冀南新区、邯郸经济技术开发区、冀津循环经济示范区等重点发展基地，因地制宜建设不同层级的示范基地、产业园区，使协同发展真正有抓手、见实效。同时，在新兴产业培育上力求突破，重点发展新兴支柱产业，着力打造精品钢材、装备制造、食品工业、节能环保、现代物流 5 大超千亿元产业。依托北大邯郸科技园、中科院邯郸科技园等，支持云计算、大数据、物联网发展，一手抓高新技术企业，一手抓科技型中小企业，营造大众创业、万众创新的政策和制度环境。[①]

三是发挥人才和科技创新的引领作用。邯郸市高度重视人才引进工作。统计数据显示，邯郸市科技局在建立院士工作站上卓有成效，已建成 14 家，其中有 9 家企业工作站，共签订 26 项合作项目，其中有 23 项企业合作项目。期间有 52 名院士前来针对技术和工作展开指导，形成 180 项优秀成果。针对企业而言，经过人才引进和科技创新，26 项新产品得到开发，其中有 18 项取得专利，获得多达 11.3 亿的经济效益。近年来，邯郸市采取措施发展高端人才合作，创新性地推进高端人才的创业就业问题。[②]此外，邯郸市探索建立了"创业苗圃＋孵化器＋加速器"的三级孵化模式，着力培育具有高科技含量、较强技术实力的中小企业，充分发挥科技创新对产业转型升级的引领作用，并通过园区、开发区的建设，发挥产业聚集效应和品牌示范效应。[③]

7.7 阜新

资源枯竭型城市，富产煤炭，我国第一个被认定为资源枯竭的城市，较早地开始转型探索，并获得国家支持。在本书中转型综合排名第 66 位。

阜新市是我国第一个被确认为资源枯竭的城市，也是最早进行资源型城市经济转型试点的城市，其转型工作一直备受国内外关注。阜新的转型动力不仅来自于城市自

---

① 《邯郸：以转型为核心聚力工业强市建设》，《河北日报》2015 年 11 月 3 日。
② 《牵手高端力促转型发展》，《邯郸日报》2014 年 7 月 18 日。
③ 《九大举措培育科技小巨人》，《邯郸日报》2015 年 4 月 15 日。

身发展的压力，并且还来自于国家相关政策的有力支持。在过去的 20 年之间，阜新凭借自己的"天时地利人和"，走出了一条颇具特色的转型之路。

天时——政策的保驾护航。资源枯竭城市的转型不是一蹴而就的，转型的过程中很可能会伴随着大量的失业和经济的大幅度下滑。对于阜新的转型，就是因为遇到了政策的支持，得到了国家财政 6 个亿支持煤炭产业改造，才能使得煤炭企业正常运营，保障了转型产业兴起前的就业，经济的稳定，为转型提供了稳定的社会环境。

地利——资源为转型提供了条件。阜新土地辽阔，农业资源丰富，在发展畜牧养殖业和农产品精深加工业上十分具有优势，不仅可以形成具有竞争力的新产业，并且还能吸纳大量劳动力解决就业及温饱问题。因此，现代农业成为当时决策者选择发展接续替代产业的主攻方向。此外，阜新煤层气资源十分丰富，这种清洁能源很大程度代替了传统的煤、汽油资源，促进了阜新的环保可持续地发展，推动了阜新装备制造、新型建材和新型电子等优势产业的迅速发展。

人和——外资和技术的进入推动了转型进程。天时地利为阜新的投资发展创造了良好的条件，然而最重要的还是资金和技术。所以转型期间阜新积极引进外资和先进技术，双汇、伊利和草原新发等 70 多家农产品加工龙头企业先后在阜新办厂，形成了"企业—基地—农户"模式，不但解决了大量就业问题，同时也给阜新经济发展注入了新鲜的血液，技术的进入也为阜新优势产业的发展提供了条件。阜新在得天独厚的自然环境下，依靠着"天时地利人和"的优势打破了单一产业结构，转型得以成功。

7.8　鹤岗

衰退型资源型城市，富产煤炭，经济发展已呈现出负增长，转型压力巨大。在本书中转型综合排名第 113 位。

作为东北老工业基地的组成部分，鹤岗这座资源型城市的转型已到了"生死攸关"的关口。2013 年、2014 年，鹤岗地区生产总值连续两年出现大幅下降，经济发展出现较大波动，如何有效地、快速地实现转型发展，尤其是经济转型，成为这座旧时"煤城"的迫切任务。幸运的是，2015 年起由国家发改委主导编制的《东北东部经济带发展规划》，有意将鹤岗纳入其中，这将为这座背负着沉重的转型压力的城市注入新的动力。归纳过往经验，鹤岗在以下几方面的努力和尝试值得进一步加强：

一是拓展传统产业链条实现经济转型。立足于既有资源优势，通过产业转型升级来实现新的发展是多数城市转型的最优选择。对于鹤岗而言也不例外，在过去的发展中，鹤岗面对存量日趋减少的煤炭资源，以延伸产业链、提高产业附加值为改革的方向，加强煤炭优势产业的转型升级，实现经济转型。通过打造产业链，发展煤焦化和副产品的加工利用，发展煤制化肥的项目开发，发展煤制乙二醇的深加工。[①] 依托石墨储量位居亚洲第一的优势，快速推进高端石墨产业发展，构建起电池、密封、阻隔等全产业链条。

二是发挥农业资源优势推进绿色产业发展。除了矿产资源外，鹤岗还拥有丰富的农业资源。在近年来的发展中，鹤岗市瞄准绿色食品发展契机，在玉米、大豆、猪肉等农副产品发展上大做文章，在促进农业发展的同时实现了农民增收。在农产品深加工方面，通过推进产业链开发，着重建设加工豆瓣酱、维生素 E 等，提高产能和产业附加值。在畜牧养殖深加工产业链上，重点打造特色猪肉、鸡肉、乳制品加工以及淡水养殖等产业链，形成品牌效应。此外，充分发挥林业资源优势，通过大规模的招商引资，构建模式化的"企业＋合作社＋基地＋农户"，实现林业发展的提质增效。

三是坚持社会转型与经济转型并重。尽管经济转型效果差强人意，但总体来看鹤岗的社会、环境转型效果相对突出，是带动城市总体转型的"加分项"。值得注意的是，鹤岗把社会转型作为城市转型的基础，建立了社会风险评估、舆情综合管控等社会稳定机制，并通过公安、社区、安置单位之间的衔接，特别加强对特殊人群，如刑释解教人员、社会闲散人员、外来务工人员等的管理力度，[②] 营造了稳定的社会秩序，为经济发展提供了良好的氛围。

---

① 邵晶岩：《鹤岗市市长梁成军：加快产业升级实现"五位一体"转型》，《黑龙江日报》2014 年 12 月 18 日。
② 王凯：《早调早主动 早转早受益 资源型城市鹤岗确立转型新目标》，http://news.xinhuanet.com/politics/2012-11/12/c_113668269.htm，2012 年 11 月 12 日。

8 总结

8.1 主要研究结论

本书作为资源型城市转型系列研究的开篇之作，进行了两个方面的开创性探索，一是对转型指标体系的研究性探索，包括指标选择方法、数据处理方法、指数计算方法等；二是对转型指标的运用性探索，即运用转型指标评价了 115 个资源型转型城市的转型效果，客观呈现了 2014 年我国资源型城市的转型状态。这些工作为下一步展开资源型城市能力、压力、路径等系列转型研究，乃至未来计划进行的面向所有城市的可持续发展评价研究等奠定了基础。

正是基于这种开创性的探索，本书发现了以往研究未能提炼出的、具有较高实践指导价值的结论，概括如下：

第一，多数资源型城市在转型中未能很好地实现经济、社会、环境的协调发展，往往呈现出经济转型效果和环境转型效果相对较好，相比之下社会转型和制度转型有所欠缺的失衡发展，从而影响了城市的总体转型效果。为此，在下一步的发展中，要注重经济、社会、环境之间的有机协调，以及外部制度环境的建设。

第二，指数排名靠前的城市在地理上具有比较明显的地区集聚现象，说明了在转型过程中，转型效果相对较好的城市对周边地区的转型发展具有带动作用，这种作用通对周边地区所形成的榜样示范和转型紧迫压力等途径发挥效果。

第三，对于某一个城市来说，经济转型指数偏低的情况下，往往总体转型指数排名也相对靠后；经济转型对环境转型的带动作用不显著，很可能是由于我国资源型城市转型尚未进展到经济发展方式实质性改变阶段所造成的；市场制度的完善有利于促进经济转型，可通过提高社会投资规模比例、市场竞争程度、金融支持力度来发挥市场对经济转型的促进作用。

第四，解决好基本生活保障问题有助于促进资源型城市的社会转型。社会转型得分较高的城市，往往居民参保比重、病床数和医生配置等基本生活保障相对完善，有助于化解转型中所产生的不稳定因素，使社会转型的成效更为显著。

第五，当环境治理和环境保护两者同步推进时，对环境转型的促进作用最大。当前资源型城市对环境污染治理普遍较重视，但对环境保护，如森林覆盖率、人均公共绿地面积等投入不足。而实际上，只有当环境污染治理和环境保护同步推进时，合力才能达到最大。

第六，优先获得财政资金支持（资源枯竭型城市转移支付）的城市转型效果未必优于其他城市。受到更多中央财政转移支付支持的资源枯竭型资源型城市的转型成就并未显著优于其他资源型城市。造成这种情况的原因可能是中央财政资金对资源枯竭型城市的支持主要集中在社会领域，外部支持对资源型城市转型的整体助推作用有限，抑或者这些城市的历史遗留问题较多，转型包袱沉重，有限的外部支持不足以促进城市转型。有关具体的作用机制有待进一步研究。

第七，对于不同发展类型的资源型城市来说，成长型、再生型城市的经济转型指数较高，原因在于这些地区要么资源开发处于上升阶段，资源型产业发展势头强劲，要么经济发展基本摆脱了资源依赖，形成了新的发展路径，但环境转型和制度转型指数普遍偏低，若不"居安思危"，强化环境规制或制度建设，将进一步影响总体转型效果。多数衰退型城市的经济转型落后于其余三类城市，若不尽快实施有效转型战略，城市转型将持续陷入困境。值得注意的是，得益于中央财政资金支持，衰退型城市社会转型普遍排名较好。成熟型城市的各项转型无突出特点，排名分散于各个层次之中，强调不同转型指标的同步推进是成熟型城市未来转型的重点。

8.2 政策建议

资源型城市转型在经济层面的核心是产业结构优化升级，这是一个使支柱产业摆脱自然资源存量束缚的过程。产业结构的优化是经济转型的关键，将使经济社会的产业组成比例发生显著变化，非资源型经济、非公有经济比重大大提高，逐渐形成与资源经济、公有经济相适应的经济结构。

从具体措施来看，资源型城市转型既可以采取培育非资源型接续产业的办法，使自然资源不再成为经济发展的绊脚石，即"开源"；也可以针对产业链，通过延伸原自然资源产业链条，通过"提质增效"的方式来延缓资源衰退的速度，即"节流"。对于多数资源型城市而言，"节流"往往作为首选，是转型的立足根本。总的来说，资源总有使用到尽头的一天，因此既强调"节流"，同时又加强"开源"，以多元化的发展策略实现城市转型往往成为最终的选择。

8.2.1 发展新兴主导产业

新兴产业的内涵是要建立起基本不依赖原有资源的新的产业或产业群，可以视为是最彻底的产业转型模式。但由于资源型城市的经济发展中无一例外地都存在着路径依赖的问题，新兴主导产业完全替代原有主导产业存在一定的压力，并且即使是新兴产业自身的发展，也离不开资源开发中所积累的资本、人才和技术，甚至于外部的力量。所以如何摆脱原有主导产业带来的定式思维习惯和行为方式，选择有竞争力的替代产业是该模式面临的最大挑战。

该模式适用产业链条短的资源型产业，也就是那些延伸产业链进行深加工也无法提高附加值，没有很强的带动性的产业。所以选择的替代新兴产业，应该具备产业高级化特点，具备较高的科技含量，代表未来的发展方向。同时，产业应具备较强的辐射能力，具有对前向、后向以及辅助产业的辐射扩散功能，从而能带动整个城市区域经济发展。在这样一种发展模式下，可以彻底摆脱资源型城市发展中的路径依赖问题。一旦转型获得成功，城市的经济会在新兴主导产业的辐射和带动下迅速发展，生产要素中资本、劳动力可以流向产出效率最高的生产中，劳动力的素质普遍提高，人们在新产业下福利效用也会相应地增加。但是转型初期也会面临生产要素不能匹配生产的需要，资金不能及时输入，下岗员工如何进行再学习和重新配置等一系列问题，同时还要面对因路径依赖而产生的反抗情绪，而且高科技和高素质的人才引进和培育都是需要时间的。所以，转型初期的这些问题并不是所有城市能够完全应对的，培育新兴主导产业这一转型模式具有一定的挑战性。

8.2.2　主导产业延伸产业链

产业链运行的关键在于各产业中的企业之间的供需关系，上下游形成输送—反馈的互换价值关系，上游向下游传输产品、服务，下游向上游反馈信息。以矿产资源为例，在资源型城市长期发展过程中，依赖自然矿产资源的采掘业，其对外生产和输出的产品几乎都是未经深加工的初级产品，该产业的下游几乎缺乏矿产资源加工产业。这样的产业结构布局不仅导致资源型城市的产业结构过于单一，也导致这些城市的产业一直处于产业链的低端，削弱了地区的经济发展能力。因此，在扶持主导产业发展的同时，应当通过开拓下游产业，促进资源深加工，从而形成一种纵向关联的发展路径。在资源型城市转型中，采用产业链延伸模式，即在保持当前产业的同时，向前延伸产业链，发展与原产业关联度较大的深加工、运输等产业。这种路径适用于在资源储量和开采成本方面具有一定优势的资源型城市，该模式的优点如下：一是通过充分利用本地优势实现转型，难度较小且成本低。二是实现了产业合理优化布局。以我国产业发展为例，西部地区矿产资源相对较多，而东部发达地区的高耗能、高污染产业较多。将西部大量的资源运往东部不仅耗费较大的成本，而且给交通运输造成较大的压力，同时污染了发达地区的环境。而如果能够在矿产原产地建设深加工产业，不仅可以降低成本，而且缓解了交通压力。三是有利于资源城市带来的经济聚集效应。资源型城市的深加工、运输等产业发展使得大量与采掘业相关联的企业向该城市聚集，形成完整有层次的产业链，从而提升资源型城市的竞争力。当然，产业延伸的转型模式仍然是在资源型城市原有产业格局上面进行延伸，依然具有一定的路径依赖性。随着自然资源的耗费，该产业链仍然面临着衰竭的风险。

8.2.3 产业多元化

从上述两种模式来看，培育新的主导产业比产业链延伸更有利于资源型城市产业结构彻底的转型，实现地区产业结构多元化、健康化、合理化发展；而原有产业链延伸则更具有低成本优势。部分资源型城市在产业结构转型中，采取两种模式相结合的方式，以缓冲两种模式各自可能带来的问题。这种模式被称作分阶段模式，或者多元化发展方式。即在转型初期采用产业链延伸模式，发展与资源相关的深加工产业；在转型步入成熟期后，逐步培育新兴主导产业，演变为多元化的产业结构，形成综合型城市。

一般来说，采取分阶段模式转型的资源型城市，在初期通常会发展资源深加工产业，避免直接对外输送初级产品，从而提高产品附加值。在产业链逐渐延伸的过程中，运输等下游产业也会逐渐健全，大量的加工或运输企业将聚集在这些城市，实现人员充分就业、产业结构优化、科技水平提高等良好格局。随着资源深加工产业群的成熟，企业的科技水平、人员素质等均得以提高。当科技、劳动力素质、生产效率发展到一定程度，对于产业升级、寻求新兴主导产业替代产业将成为市场的必然选择。随着产业发展带来的辐射效应增强，也为其他产业发展带来了机遇。资源型城市应当善于利用国内外重大技术创新带来的新的投资机会，进行产业升级和培育新兴产业，逐步摆脱对于资源的依赖，推动资源型城市产业结构的成功转型。

无论采取哪种产业结构调整方式，为了实现产业结构的优化升级和资源型城市的可持续发展，应当注重发挥创新驱动的作用，注重发挥市场的作用，坚持政府引导、突出发展优势的原则。总之，结合我国新常态的时代背景，资源型城市在选择转型模式时，应当注意以下几个方面：

一是政府应当营造良好的发展环境，为吸引外部投资、人才、先进技术等提供良好的平台，例如廉洁高效的行政部门，良好的市场运行机制和文明和谐的社会环境都是吸引外部资源的关键要素。

二是生产要素的配置需求。资金方面，政府可以建立城市转型专项基金，更主要的是合理利用外部资金，由于资源型城市在某种资源以及大量土地、劳动力方面具有一定优势，因此可以制定优惠的政策，吸引城市以外的投资者来投资；人才方面，应从两个方向努力，由于资源型城市转型会造成一部分工人失业，可以鼓励发展较低成本的小型企业，不仅可以增强市场活力，而且可以有效安置一些因转型而失业的员工，对社会稳定起到积极的作用。在新的主导产业的发展推进中，离不开高素质人才的贡献，资源型城市转型中应当高度重视高素质人才的引进和培育，只有具备与产业、技术发展水平相匹配的人才，才能确保转型的可持续发展；技术方面，在新兴主导产业的发展中，科技是具有决定性的推动力，科技的发展对提升产业水平、提升产品附加值、增强产业竞争力、促进资源型城市可持续发展都能起到重要作用。

三是在经济所有制成分上，应当转变以往以公有制为主的所有制结构，尽量引进其他所有制的经济主体，减少公有制在所有制中的比重，激发市场活力，更好地发挥市场在资源配置中的作用。

数据来源

1. 国家统计局城市社会经济调查司编：《中国城市统计年鉴 2015》，中国统计出版社 2015 年版。

2. 空气质量数据来源于绿色和平组织（Greenpeace）。

主要参考文献

1. 国家计委宏观经济研究院课题组：《我国资源型城市的界定与分类》，《宏观经济研究》2002 年第 11 期。

2. 中华人民共和国中央政府门户网站，http://www.gov.cn。

3.《国务院关于印发全国资源型城市可持续发展规划（2013—2020 年）的通知》国发〔2013〕45 号。

4. 国家统计局城市社会经济调查司编：《中国城市统计年鉴 2015》，中国统计出版社 2015 年版。

附表1：样本城市目录

（按拼音首字母排序）

A 鞍山市	河池市	娄底市	T 泰安市
安顺市	贺州市	泸州市	唐山市
B 白山市	鹤壁市	洛阳市	通化市
白银市	鹤岗市	吕梁市	铜川市
百色市	黑河市	M 马鞍山市	铜陵市
包头市	衡阳市	牡丹江市	W 渭南市
宝鸡市	呼伦贝尔市	N 南充市	乌海市
保山市	葫芦岛市	南平市	武威市
本溪市	湖州市	南阳市	X 咸阳市
毕节市	淮北市	P 攀枝花市	忻州市
亳州市	淮南市	盘锦市	新余市
C 长治市	J 鸡西市	平顶山市	邢台市
郴州市	吉林市	平凉市	徐州市
承德市	济宁市	萍乡市	宣城市
池州市	焦作市	濮阳市	Y 雅安市
赤峰市	金昌市	普洱市	延安市
滁州市	晋城市	Q 七台河市	阳泉市
D 达州市	晋中市	庆阳市	伊春市
大庆市	景德镇市	曲靖市	宜春市
大同市	K 克拉玛依市	S 三门峡市	榆林市
东营市	L 莱芜市	三明市	云浮市
E 鄂尔多斯市	丽江市	韶关市	运城市
鄂州市	辽源市	邵阳市	Z 枣庄市
F 抚顺市	临沧市	石嘴山市	张家口市
阜新市	临汾市	双鸭山市	张掖市
G 赣州市	临沂市	朔州市	昭通市
广安市	六盘水市	松原市	淄博市
广元市	龙岩市	宿迁市	自贡市
H 邯郸市	陇南市	宿州市	

附表2：资源型城市的各项转型指数排名

城市	综合转型指数	经济转型指数	社会转型指数	环境转型指数	制度转型指数
包头市	1	2	7	40	11
三明市	2	4	81	5	9
铜陵市	3	9	1	20	77
湖州市	4	8	21	15	34
池州市	5	32	107	4	4
乌海市	6	83	9	63	13
龙岩市	7	5	86	2	17
南平市	8	10	91	28	10
韶关市	9	3	26	7	70
广元市	10	72	50	11	15
大庆市	11	65	5	10	61
新余市	12	17	55	3	29
宣城市	13	23	103	31	6
滁州市	14	24	108	42	5
牡丹江市	15	48	56	112	3
石嘴山市	16	40	19	17	41
鄂尔多斯市	17	21	10	14	82
萍乡市	18	16	53	61	20
承德市	19	26	71	87	14
河池市	20	22	76	27	24
东营市	21	20	2	48	110
攀枝花市	22	39	3	102	59
云浮市	23	1	70	57	71
朔州市	24	103	30	8	23
广安市	25	78	114	50	2
伊春市	26	105	41	107	1

续表

城市	综合转型指数	经济转型指数	社会转型指数	环境转型指数	制度转型指数
晋中市	27	91	35	41	21
赣州市	28	7	68	66	38
安顺市	29	33	85	12	32
白山市	30	87	12	104	27
张家口市	31	49	80	24	25
雅安市	32	18	36	38	54
毕节市	33	12	67	52	36
马鞍山市	34	51	77	60	18
邵阳市	35	42	110	74	7
吉林市	36	31	32	54	48
铜川市	37	95	16	22	50
榆林市	38	56	4	32	112
宜春市	39	15	93	9	42
本溪市	40	29	15	95	65
淄博市	41	14	11	81	105
洛阳市	42	13	47	75	53
通化市	43	44	38	51	43
克拉玛依市	44	98	8	1	103
丽江市	45	50	29	18	76
郴州市	46	57	78	45	26
衡阳市	47	45	88	91	19
忻州市	48	86	13	79	63
景德镇市	49	38	51	6	89
葫芦岛市	50	60	60	43	37
辽源市	51	89	49	55	31
白银市	52	80	18	53	86
抚顺市	53	73	44	73	39
临汾市	54	76	33	71	46
武威市	55	70	34	113	28
运城市	56	36	22	99	84
贺州市	57	6	105	21	78
亳州市	58	63	115	84	8

城市	综合转型指数	经济转型指数	社会转型指数	环境转型指数	制度转型指数
大同市	59	101	17	16	80
三门峡市	60	43	42	94	49
宝鸡市	61	35	73	62	44
南充市	62	81	99	86	16
自贡市	63	47	112	101	12
济宁市	64	55	46	90	51
邯郸市	65	41	101	77	30
阜新市	66	102	62	26	33
普洱市	67	58	92	47	40
盘锦市	68	94	14	23	108
延安市	69	97	6	44	111
赤峰市	70	68	66	65	45
徐州市	71	19	90	33	81
临沂市	72	11	98	70	66
呼伦贝尔市	73	69	27	111	55
金昌市	74	52	28	59	106
临沧市	75	62	59	35	88
莱芜市	76	61	52	83	69
邢台市	77	34	89	108	35
唐山市	78	37	61	100	64
张掖市	79	54	39	103	67
长治市	80	96	37	58	60
咸阳市	81	71	40	68	96
黑河市	82	93	24	36	104
平凉市	83	104	20	92	73
焦作市	84	46	54	109	56
泰安市	85	77	69	30	92
宿迁市	86	25	104	64	74
娄底市	87	64	109	13	75
百色市	88	27	102	85	62
渭南市	89	82	79	80	57
淮北市	90	107	48	29	68

城市	综合转型指数	经济转型指数	社会转型指数	环境转型指数	制度转型指数
淮南市	91	109	43	25	58
晋城市	92	110	25	39	85
昭通市	93	75	64	88	83
松原市	94	90	95	56	47
达州市	95	85	111	106	22
保山市	96	67	72	93	93
宿州市	97	53	113	69	52
泸州市	98	66	96	82	79
庆阳市	99	99	58	67	87
枣庄市	100	84	87	78	94
鹤壁市	101	79	63	76	113
吕梁市	102	106	45	46	107
曲靖市	103	100	100	19	91
阳泉市	104	111	23	98	100
鞍山市	105	28	94	114	98
平顶山市	106	92	74	97	97
鸡西市	107	113	65	34	90
鄂州市	108	30	97	96	115
濮阳市	109	88	83	89	102
双鸭山市	110	112	84	49	72
陇南市	111	74	31	115	114
南阳市	112	59	106	110	95
鹤岗市	113	114	57	37	109
六盘水市	114	108	82	105	101
七台河市	115	115	75	72	99

附表3：资源型城市的综合转型指数及排名

城市	总体得分	排名	城市	总体得分	排名	城市	总体得分	排名	城市	总体得分	排名
包头市	0.773	1	白山市	0.582	30	大同市	0.536	59	百色市	0.483	88
三明市	0.696	2	张家口市	0.581	31	三门峡市	0.535	60	渭南市	0.482	89
铜陵市	0.694	3	雅安市	0.580	32	宝鸡市	0.534	61	淮北市	0.482	90
湖州市	0.675	4	毕节市	0.579	33	南充市	0.530	62	淮南市	0.481	91
池州市	0.667	5	马鞍山市	0.579	34	自贡市	0.528	63	晋城市	0.481	92
乌海市	0.667	6	邵阳市	0.578	35	济宁市	0.528	64	昭通市	0.476	93
龙岩市	0.666	7	吉林市	0.576	36	邯郸市	0.527	65	松原市	0.471	94
南平市	0.648	8	铜川市	0.572	37	阜新市	0.524	66	达州市	0.466	95
韶关市	0.642	9	榆林市	0.571	38	普洱市	0.523	67	保山市	0.463	96
广元市	0.639	10	宜春市	0.571	39	盘锦市	0.522	68	宿州市	0.460	97
大庆市	0.638	11	本溪市	0.570	40	延安市	0.521	69	泸州市	0.458	98
新余市	0.635	12	淄博市	0.569	41	赤峰市	0.517	70	庆阳市	0.448	99
宣城市	0.633	13	洛阳市	0.566	42	徐州市	0.514	71	枣庄市	0.444	100
滁州市	0.632	14	通化市	0.565	43	临沂市	0.511	72	鹤壁市	0.440	101
牡丹江市	0.628	15	克拉玛依市	0.565	44	呼伦贝尔市	0.510	73	吕梁市	0.436	102
石嘴山市	0.627	16	丽江市	0.565	45	金昌市	0.508	74	曲靖市	0.435	103
鄂尔多斯市	0.625	17	郴州市	0.563	46	临沧市	0.506	75	阳泉市	0.432	104
萍乡市	0.621	18	衡阳市	0.556	47	莱芜市	0.505	76	鞍山市	0.425	105
承德市	0.604	19	忻州市	0.553	48	邢台市	0.501	77	平顶山市	0.425	106
河池市	0.603	20	景德镇市	0.553	49	唐山市	0.500	78	鸡西市	0.424	107
东营市	0.602	21	葫芦岛市	0.549	50	张掖市	0.500	79	鄂州市	0.423	108
攀枝花市	0.596	22	辽源市	0.547	51	长治市	0.498	80	濮阳市	0.419	109
云浮市	0.595	23	白银市	0.546	52	咸阳市	0.498	81	双鸭山市	0.417	110
朔州市	0.593	24	抚顺市	0.544	53	黑河市	0.497	82	陇南市	0.410	111
广安市	0.591	25	临汾市	0.543	54	平凉市	0.494	83	南阳市	0.406	112
伊春市	0.588	26	武威市	0.542	55	焦作市	0.491	84	鹤岗市	0.387	113
晋中市	0.587	27	运城市	0.541	56	泰安市	0.487	85	六盘水市	0.374	114
赣州市	0.583	28	贺州市	0.539	57	宿迁市	0.487	86	七台河市	0.339	115
安顺市	0.582	29	亳州市	0.539	58	娄底市	0.483	87			

附表4：资源型城市的经济转型指数及排名

城市	经济转型	排名	城市	经济转型	排名	城市	经济转型	排名	城市	经济转型	排名
云浮市	0.859	1	鄂州市	0.625	30	南阳市	0.570	59	濮阳市	0.495	88
包头市	0.759	2	吉林市	0.624	31	葫芦岛市	0.569	60	辽源市	0.491	89
韶关市	0.749	3	池州市	0.623	32	莱芜市	0.569	61	松原市	0.489	90
三明市	0.749	4	安顺市	0.622	33	临沧市	0.567	62	晋中市	0.487	91
龙岩市	0.737	5	邢台市	0.615	34	亳州市	0.567	63	平顶山市	0.479	92
贺州市	0.732	6	宝鸡市	0.614	35	娄底市	0.565	64	黑河市	0.477	93
赣州市	0.723	7	运城市	0.612	36	大庆市	0.565	65	盘锦市	0.476	94
湖州市	0.714	8	唐山市	0.611	37	泸州市	0.562	66	铜川市	0.459	95
铜陵市	0.709	9	景德镇市	0.610	38	保山市	0.562	67	长治市	0.442	96
南平市	0.698	10	攀枝花市	0.606	39	赤峰市	0.562	68	延安市	0.438	97
临沂市	0.691	11	石嘴山市	0.606	40	呼伦贝尔市	0.561	69	克拉玛依市	0.429	98
毕节市	0.686	12	邯郸市	0.602	41	武威市	0.559	70	庆阳市	0.427	99
洛阳市	0.686	13	邵阳市	0.601	42	咸阳市	0.559	71	曲靖市	0.427	100
淄博市	0.672	14	三门峡市	0.597	43	广元市	0.556	72	大同市	0.423	101
宜春市	0.667	15	通化市	0.594	44	抚顺市	0.552	73	阜新市	0.422	102
萍乡市	0.666	16	衡阳市	0.592	45	陇南市	0.548	74	朔州市	0.418	103
新余市	0.656	17	焦作市	0.590	46	昭通市	0.548	75	平凉市	0.414	104
雅安市	0.649	18	自贡市	0.589	47	临汾市	0.546	76	伊春市	0.407	105
徐州市	0.642	19	牡丹江市	0.589	48	泰安市	0.546	77	吕梁市	0.407	106
东营市	0.641	20	张家口市	0.588	49	广安市	0.543	78	淮北市	0.406	107
鄂尔多斯市	0.641	21	丽江市	0.586	50	鹤壁市	0.539	79	六盘水市	0.402	108
河池市	0.639	22	马鞍山市	0.583	51	白银市	0.539	80	淮南市	0.364	109
宣城市	0.638	23	金昌市	0.583	52	南充市	0.539	81	晋城市	0.361	110
滁州市	0.633	24	宿州市	0.578	53	渭南市	0.535	82	阳泉市	0.353	111
宿迁市	0.633	25	张掖市	0.577	54	乌海市	0.529	83	双鸭山市	0.343	112
承德市	0.630	26	济宁市	0.576	55	枣庄市	0.520	84	鸡西市	0.339	113
百色市	0.629	27	榆林市	0.574	56	达州市	0.519	85	鹤岗市	0.287	114
鞍山市	0.626	28	郴州市	0.574	57	忻州市	0.507	86	七台河市	0.174	115
本溪市	0.626	29	普洱市	0.570	58	白山市	0.506	87			

附表5：资源型城市的社会转型指数及排名

城市	社会转型	排名	城市	社会转型	排名	城市	社会转型	排名	城市	社会转型	排名
铜陵市	0.722	1	朔州市	0.437	30	临沧市	0.347	59	衡阳市	0.280	88
东营市	0.676	2	陇南市	0.436	31	葫芦岛市	0.346	60	邢台市	0.276	89
攀枝花市	0.648	3	吉林市	0.433	32	唐山市	0.341	61	徐州市	0.275	90
榆林市	0.638	4	临汾市	0.433	33	阜新市	0.341	62	南平市	0.271	91
大庆市	0.636	5	武威市	0.425	34	鹤壁市	0.335	63	普洱市	0.270	92
延安市	0.631	6	晋中市	0.422	35	昭通市	0.331	64	宜春市	0.268	93
包头市	0.621	7	雅安市	0.417	36	鸡西市	0.331	65	鞍山市	0.255	94
克拉玛依市	0.608	8	长治市	0.412	37	赤峰市	0.326	66	松原市	0.246	95
乌海市	0.579	9	通化市	0.412	38	毕节市	0.326	67	泸州市	0.246	96
鄂尔多斯市	0.572	10	张掖市	0.404	39	赣州市	0.326	68	鄂州市	0.244	97
淄博市	0.568	11	咸阳市	0.402	40	泰安市	0.325	69	临沂市	0.239	98
白山市	0.564	12	伊春市	0.398	41	云浮市	0.324	70	南充市	0.237	99
忻州市	0.563	13	三门峡市	0.396	42	承德市	0.324	71	曲靖市	0.236	100
盘锦市	0.547	14	淮南市	0.390	43	保山市	0.324	72	邯郸市	0.235	101
本溪市	0.529	15	抚顺市	0.389	44	宝鸡市	0.318	73	百色市	0.233	102
铜川市	0.526	16	吕梁市	0.388	45	平顶山市	0.316	74	宣城市	0.233	103
大同市	0.521	17	济宁市	0.386	46	七台河市	0.316	75	宿迁市	0.233	104
白银市	0.514	18	洛阳市	0.384	47	河池市	0.310	76	贺州市	0.224	105
石嘴山市	0.513	19	淮北市	0.384	48	马鞍山市	0.307	77	南阳市	0.222	106
平凉市	0.511	20	辽源市	0.382	49	郴州市	0.302	78	池州市	0.217	107
湖州市	0.508	21	广元市	0.373	50	渭南市	0.302	79	滁州市	0.209	108
运城市	0.498	22	景德镇市	0.372	51	张家口市	0.301	80	娄底市	0.202	109
阳泉市	0.481	23	莱芜市	0.370	52	三明市	0.297	81	邵阳市	0.199	110
黑河市	0.476	24	萍乡市	0.369	53	六盘水市	0.295	82	达州市	0.156	111
晋城市	0.475	25	焦作市	0.358	54	濮阳市	0.290	83	自贡市	0.149	112
韶关市	0.472	26	新余市	0.356	55	双鸭山市	0.289	84	宿州市	0.149	113
呼伦贝尔市	0.447	27	牡丹江市	0.353	56	安顺市	0.286	85	广安市	0.139	114
金昌市	0.440	28	鹤岗市	0.353	57	龙岩市	0.283	86	亳州市	0.128	115
丽江市	0.440	29	庆阳市	0.347	58	枣庄市	0.283	87			

附表6：资源型城市的环境转型指数及排名

城市	环境转型	排名	城市	环境转型	排名	城市	环境转型	排名	城市	环境转型	排名
克拉玛依市	0.884	1	泰安市	0.769	30	金昌市	0.735	59	昭通市	0.688	88
龙岩市	0.868	2	宣城市	0.767	31	马鞍山市	0.732	60	濮阳市	0.688	89
新余市	0.858	3	榆林市	0.765	32	萍乡市	0.728	61	济宁市	0.687	90
池州市	0.846	4	徐州市	0.764	33	宝鸡市	0.726	62	衡阳市	0.686	91
三明市	0.844	5	鸡西市	0.761	34	乌海市	0.726	63	平凉市	0.684	92
景德镇市	0.837	6	临沧市	0.760	35	宿迁市	0.724	64	保山市	0.680	93
韶关市	0.837	7	黑河市	0.760	36	赤峰市	0.722	65	三门峡市	0.677	94
朔州市	0.834	8	鹤岗市	0.760	37	赣州市	0.721	66	本溪市	0.672	95
宜春市	0.824	9	雅安市	0.756	38	庆阳市	0.720	67	鄂州市	0.671	96
大庆市	0.822	10	晋城市	0.752	39	咸阳市	0.718	68	平顶山市	0.666	97
广元市	0.822	11	包头市	0.752	40	宿州市	0.714	69	阳泉市	0.662	98
安顺市	0.812	12	晋中市	0.750	41	临沂市	0.713	70	运城市	0.661	99
娄底市	0.812	13	滁州市	0.749	42	临汾市	0.713	71	唐山市	0.657	100
鄂尔多斯市	0.811	14	葫芦岛市	0.748	43	七台河市	0.711	72	自贡市	0.653	101
湖州市	0.805	15	延安市	0.747	44	抚顺市	0.709	73	攀枝花市	0.634	102
大同市	0.804	16	郴州市	0.747	45	邵阳市	0.707	74	张掖市	0.631	103
石嘴山市	0.804	17	吕梁市	0.746	46	洛阳市	0.707	75	白山市	0.629	104
丽江市	0.803	18	普洱市	0.746	47	鹤壁市	0.706	76	六盘水市	0.623	105
曲靖市	0.803	19	东营市	0.745	48	邯郸市	0.706	77	达州市	0.614	106
铜陵市	0.801	20	双鸭山市	0.743	49	枣庄市	0.706	78	伊春市	0.611	107
贺州市	0.800	21	广安市	0.743	50	忻州市	0.702	79	邢台市	0.608	108
铜川市	0.798	22	通化市	0.740	51	渭南市	0.700	80	焦作市	0.604	109
盘锦市	0.789	23	毕节市	0.739	52	淄博市	0.700	81	南阳市	0.603	110
张家口市	0.786	24	白银市	0.738	53	泸州市	0.698	82	呼伦贝尔市	0.601	111
淮南市	0.780	25	吉林市	0.738	54	莱芜市	0.695	83	牡丹江市	0.599	112
阜新市	0.779	26	辽源市	0.738	55	亳州市	0.695	84	武威市	0.594	113
河池市	0.778	27	松原市	0.736	56	百色市	0.692	85	鞍山市	0.582	114
南平市	0.775	28	云浮市	0.736	57	南充市	0.691	86	陇南市	0.509	115
淮北市	0.770	29	长治市	0.736	58	承德市	0.689	87			

附表7：资源型城市的制度转型指数及排名

城市	制度转型	排名	城市	制度转型	排名	城市	制度转型	排名	城市	制度转型	排名
伊春市	0.707	1	邯郸市	0.391	30	攀枝花市	0.259	59	临沧市	0.198	88
广安市	0.706	2	辽源市	0.386	31	长治市	0.257	60	景德镇市	0.195	89
牡丹江市	0.705	3	安顺市	0.386	32	大庆市	0.254	61	鸡西市	0.188	90
池州市	0.682	4	阜新市	0.385	33	百色市	0.245	62	曲靖市	0.187	91
滁州市	0.666	5	湖州市	0.365	34	忻州市	0.244	63	泰安市	0.172	92
宣城市	0.625	6	邢台市	0.355	35	唐山市	0.244	64	保山市	0.172	93
邵阳市	0.584	7	毕节市	0.344	36	本溪市	0.242	65	枣庄市	0.171	94
亳州市	0.581	8	葫芦岛市	0.339	37	临沂市	0.240	66	南阳市	0.167	95
三明市	0.566	9	赣州市	0.338	38	张掖市	0.239	67	咸阳市	0.167	96
南平市	0.563	10	抚顺市	0.337	39	淮北市	0.237	68	平顶山市	0.159	97
包头市	0.561	11	普洱市	0.336	40	莱芜市	0.233	69	鞍山市	0.158	98
自贡市	0.546	12	石嘴山市	0.322	41	韶关市	0.230	70	七台河市	0.156	99
乌海市	0.530	13	宜春市	0.311	42	云浮市	0.225	71	阳泉市	0.145	100
承德市	0.529	14	通化市	0.306	43	双鸭山市	0.223	72	六盘水市	0.145	101
广元市	0.528	15	宝鸡市	0.299	44	平凉市	0.223	73	濮阳市	0.130	102
南充市	0.477	16	赤峰市	0.293	45	宿迁市	0.223	74	克拉玛依市	0.130	103
龙岩市	0.476	17	临汾市	0.293	46	娄底市	0.221	75	黑河市	0.129	104
马鞍山市	0.472	18	松原市	0.292	47	丽江市	0.220	76	淄博市	0.124	105
衡阳市	0.466	19	吉林市	0.291	48	铜陵市	0.217	77	金昌市	0.119	106
萍乡市	0.463	20	三门峡市	0.290	49	贺州市	0.216	78	吕梁市	0.115	107
晋中市	0.461	21	铜川市	0.290	50	泸州市	0.216	79	盘锦市	0.108	108
达州市	0.458	22	济宁市	0.288	51	大同市	0.215	80	鹤岗市	0.106	109
朔州市	0.451	23	宿州市	0.288	52	徐州市	0.214	81	东营市	0.103	110
河池市	0.441	24	洛阳市	0.279	53	鄂尔多斯市	0.212	82	延安市	0.101	111
张家口市	0.428	25	雅安市	0.277	54	昭通市	0.211	83	榆林市	0.096	112
郴州市	0.424	26	呼伦贝尔市	0.275	55	运城市	0.210	84	鹤壁市	0.087	113
白山市	0.405	27	焦作市	0.273	56	晋城市	0.205	85	陇南市	0.081	114
武威市	0.403	28	渭南市	0.261	57	白银市	0.202	86	鄂州市	0.076	115
新余市	0.398	29	淮南市	0.261	58	庆阳市	0.198	87			

附表8：按城市分类的各项转型指标排名

城市	城市类型	经济转型	社会转型	环境转型	制度转型	总分排名
三明市	成熟型	4	81	5	9	2
湖州市	成熟型	8	21	15	34	4
池州市	成熟型	32	107	4	4	5
龙岩市	成熟型	5	86	2	17	7
南平市	成熟型	10	91	28	10	8
广元市	成熟型	72	50	11	15	10
大庆市	成熟型	65	5	10	61	11
宣城市	成熟型	23	103	31	6	13
滁州市	成熟型	24	108	42	5	14
牡丹江市	成熟型	48	56	112	3	15
承德市	成熟型	26	71	87	14	19
河池市	成熟型	22	76	27	24	20
东营市	成熟型	20	2	48	110	21
攀枝花市	成熟型	39	3	102	59	22
云浮市	成熟型	1	70	57	71	23
广安市	成熟型	78	114	50	2	25
晋中市	成熟型	91	35	41	21	27
赣州市	成熟型	7	68	66	38	28
安顺市	成熟型	33	85	12	32	29
张家口市	成熟型	49	80	24	25	31
雅安市	成熟型	18	36	38	54	32
邵阳市	成熟型	42	110	74	7	35
吉林市	成熟型	31	32	54	48	36
宜春市	成熟型	15	93	9	42	39
本溪市	成熟型	29	15	95	65	40
克拉玛依市	成熟型	98	8	1	103	44

城市	城市类型	经济转型	社会转型	环境转型	制度转型	总分排名
郴州市	成熟型	57	78	45	26	46
衡阳市	成熟型	45	88	91	19	47
忻州市	成熟型	86	13	79	63	48
临汾市	成熟型	76	33	71	46	54
运城市	成熟型	36	22	99	84	56
亳州市	成熟型	63	115	84	8	58
大同市	成熟型	101	17	16	80	59
三门峡市	成熟型	43	42	94	49	60
宝鸡市	成熟型	35	73	62	44	61
自贡市	成熟型	47	112	101	12	63
济宁市	成熟型	55	46	90	51	64
邯郸市	成熟型	41	101	77	30	65
普洱市	成熟型	58	92	47	40	67
赤峰市	成熟型	68	66	65	45	70
金昌市	成熟型	52	28	59	106	74
临沧市	成熟型	62	59	35	88	75
莱芜市	成熟型	61	52	83	69	76
邢台市	成熟型	34	89	108	35	77
长治市	成熟型	96	37	58	60	80
黑河市	成熟型	93	24	36	104	82
平凉市	成熟型	104	20	92	73	83
泰安市	成熟型	77	69	30	92	85
娄底市	成熟型	64	109	13	75	87
百色市	成熟型	27	102	85	62	88
渭南市	成熟型	82	79	80	57	89
淮南市	成熟型	109	43	25	58	91
晋城市	成熟型	110	25	39	85	92
达州市	成熟型	85	111	106	22	95
保山市	成熟型	67	72	93	93	96
宿州市	成熟型	53	113	69	52	97
鹤壁市	成熟型	79	63	76	113	101
吕梁市	成熟型	106	45	46	107	102

城市	城市类型	经济转型	社会转型	环境转型	制度转型	总分排名
曲靖市	成熟型	100	100	19	91	103
阳泉市	成熟型	111	23	98	100	104
平顶山市	成熟型	92	74	97	97	106
鸡西市	成熟型	113	65	34	90	107
鄂州市	成熟型	30	97	96	115	108
鄂尔多斯市	成长型	21	10	14	82	17
朔州市	成长型	103	30	8	23	24
毕节市	成长型	12	67	52	36	33
榆林市	成长型	56	4	32	112	38
武威市	成长型	70	34	113	28	55
贺州市	成长型	6	105	21	78	57
南充市	成长型	81	99	86	16	62
延安市	成长型	97	6	44	111	69
呼伦贝尔市	成长型	69	27	111	55	73
咸阳市	成长型	71	40	68	96	81
昭通市	成长型	75	64	88	83	93
松原市	成长型	90	95	56	47	94
庆阳市	成长型	99	58	67	87	99
陇南市	成长型	74	31	115	114	111
六盘水市	成长型	108	82	105	101	114
铜陵市	衰退型	9	1	20	77	3
乌海市	衰退型	83	9	63	13	6
韶关市	衰退型	3	26	7	70	9
新余市	衰退型	17	55	3	29	12
石嘴山市	衰退型	40	19	17	41	16
萍乡市	衰退型	16	53	61	20	18
伊春市	衰退型	105	41	107	1	26
白山市	衰退型	87	12	104	27	30
铜川市	衰退型	95	16	22	50	37
景德镇市	衰退型	38	51	6	89	49
辽源市	衰退型	89	49	55	31	51
白银市	衰退型	80	18	53	86	52

城市	城市类型	经济转型	社会转型	环境转型	制度转型	总分排名
抚顺市	衰退型	73	44	73	39	53
阜新市	衰退型	102	62	26	33	66
焦作市	衰退型	46	54	109	56	84
淮北市	衰退型	107	48	29	68	90
泸州市	衰退型	66	96	82	79	98
枣庄市	衰退型	84	87	78	94	100
濮阳市	衰退型	88	83	89	102	109
双鸭山市	衰退型	112	84	49	72	110
鹤岗市	衰退型	114	57	37	109	113
七台河市	衰退型	115	75	72	99	115
包头市	再生型	2	7	40	11	1
马鞍山市	再生型	51	77	60	18	34
淄博市	再生型	14	11	81	105	41
洛阳市	再生型	13	47	75	53	42
通化市	再生型	44	38	51	43	43
丽江市	再生型	50	29	18	76	45
葫芦岛市	再生型	60	60	43	37	50
盘锦市	再生型	94	14	23	108	68
徐州市	再生型	19	90	33	81	71
临沂市	再生型	11	98	70	66	72
唐山市	再生型	37	61	100	64	78
张掖市	再生型	54	39	103	67	79
宿迁市	再生型	25	104	64	74	86
鞍山市	再生型	28	94	114	98	105
南阳市	再生型	59	106	110	95	112

课题组成员名单

张先琪、付阳、李灿、陆春华、张驼、张岩、周子君

后 记

自 2013 年 9 月国家资源经济研究中心成立之初，资源型城市问题就已摆在了中心的研究计划之首。历经两年多，在中心即将迎来三周岁生日之际，资源型城市转型系列研究终于有了一个阶段性成果。

这一研究成果凝结了中心研究成员近三年的辛勤劳动：从最初对该领域的陌生，到对资源型城市内涵的理解把握；从对该问题的浅显认识，到对制衡其转型的深层次原因的挖掘；从以单一因素评估转型效果，到多角度、全方位的综合性的考量；从各种复杂评估方法的试错，到最终所采用的常规有效的评价手段；从一个一个城市、一个一个指标数据的艰难寻找，到 115 个地级资源型城市多方位数据的累积，其中的每点每滴，都凝结着参与此项目研究的老师同学们的辛勤劳动，在此一并感谢！尤其是要特别感谢张先琪、付阳、周子君、陆春华、翟悦、张岩等同学的辛勤付出！

同时特别要感谢的是我的学术引领人、我的博士生导师刘伟校长，正是他 2013 年的前沿性指导，使得资源型城市转型问题的研究成为了国家资源经济研究中心组建后的第一个重点研究命题，该命题的前瞻性、重要性也通过后续 2013 年 11 月 12 日国家发展和改革委员会出台的《全国资源型城市可持续发展规划（2013—2020 年）》得到了印证。感谢刘伟老师的精心培育和辛勤培养！

在此，也要特别感谢长期以来一直给予国家资源经济研究中心支持帮助的所有中心顾问、学术指导委员会的专家，以及其他专家学者和行业内的朋友们！感谢我的学生们，他们牺牲了大量闲暇娱乐休息时间，辛勤地努力工作！感谢我的家人数十年来的默默付出，坚定的一如既往的支持、关怀！谢谢你们！

我相信，未来，在各位领导老师朋友们的继续帮助支持下，在中心研究团队的共同努力下，国家资源经济研究中心将会创造出更多、更好的研究成果，以回馈社会、服务社会！

李虹

北京大学首都发展研究院 副院长

国家资源经济研究中心主任

2016 年 5 月